KB194012

신음악의 철학

신음악의 철학

초판 인쇄 2012년 9월 13일
초판 발행 2012년 9월 20일

—

지은이 Theodor W. Adorno　**옮긴이** 문병호 · 김방현
펴낸이 이방원
편집 안효희 · 조환열 · 김명희 · 강윤경　**디자인** 손경화 · 박선옥　**마케팅** 최성수

—

펴낸곳 세창출판사
신고번호 제300-1990-63호
주소 120-050 서울시 서대문구 냉천동 182 냉천빌딩 4층
전화 723-8660　**팩스** 720-4579
이메일 sc1992@empal.com
홈페이지 www.sechangpub.co.kr

—

ISBN 978-89-8411-378-7 03160

값 29,000원

Philosophie der neuen Musik by Theodor W. Adorno
Edited by Rolf Tiedemann
Copyright ⓒ Suhrkamp Verlag Frankfurt am Main 1975

All rights reserved. No part of this publication may be used or reproduced in any manner
whatever without written permission except in the case of brief quotations
embodied in critical articles or reviews.

Korean Translation Copyright ⓒ 2012 by Sechang Publishing Co.
Korean edition is published by arrangement with Suhrkamp Verlag GmbH & Co. KG
through BC Agency, Seoul

이 책의 한국어판 저작권은 BC에이전시를 통한
저작권자와의 독점 계약으로 '세창출판사'에 있습니다.
저작권법에 의해 한국 내에서 보호를 받는 저작물이므로 무단전재와 복제를 금합니다.

이 도서의 국립중앙도서관 출판시도서목록(CIP)은 e-CIP홈페이지(http://www.nl.go.kr/ecip)와 국가자료공동목록시스템(http://www.nl.go.kr/kolisnet에서 이용하실 수 있습니다.(CIP제어번호: CIP 2012004144)

신음악의 철학

Th. W. 아도르노 지음

문병호 · 김방현 옮김

세창출판사

쇤베르크와 진보

스트라빈스키와 복고

책 머리에

　이 책은 저자가 7년의 간격을 두고 쓴 두 편의 논문에 하나의 서론을 붙여서 한 권으로 묶은 책이다. 이 책 전체의 구성과 특징에 대해 몇 마디 설명을 하는 것도 괜찮을 것 같다.

　저자는 1938년에 『사회조사연구』[1]에 「음악에서의 물신적 특징과 청취의 퇴행에 관하여」라는 논문을 출판한 적이 있었다. 그 의도는 오늘날[2] 음악에 나타난 기능의 변전을 서술하는 것이었다. 음악적 현상들이 그것들 자체로 상업화된 대량생산에 편입됨으로써 고통을 받게 되는 내적인 변화들을 증명함과 동시에 표준화되는 사회에서 인간의 행동에 나타나는 변이들이 음악적 청취의 구조에까지도 침투해 들어온다는 사실을 보여주고 싶었던 것이다. 당시에 이미 저자는 음악의 상태에 대해 결정하는 작곡의 상태 자체를 변증법으로 다루는 작업에 끌어들이려고 계획하고 있었다. 저자의 눈에는, 사회적 총체성이 행사하는 폭력이 음악의 영역처럼 표면상으로는 사회의 중심으로부터 벗어나 있는 영역에까지 드러나고 있었다. 저자 스스로 전공하였던 예

----

1) 프랑크푸르트학파가 발행한 학술지임(역주). 이 번역본에 나오는 각주들은 두 가지임. 괄호 뒤에 '역주'라고 표기된 각주는 옮긴이가 독자들의 이해를 돕기 위해 임의로 붙인 주석이며, '원전 각주'라고 표기된 각주는 아도르노가 원전에서 붙여 놓은 각주임. 번역하지 않은 채 원문 그대로 놓아둔 각주도 원전 각주임.

2) 이 책이 저술된 1940년대를 의미함(역주).

술[3]이 그것의 순수하고도 비타협적인 형상에서조차도 모든 것을 지배하는 사물화[4]로부터 예외적인 현상으로 남아 있지 못하였다. 그뿐만 아니라 예술의 통합성(Integrität)[5]을 방어하려는 노력에서도 사물화에 지배되는 특징들을 예술 스스로부터 드러내 보이고 있다는 사실을 저자는 속일 수가 없었다. 사물화에 저항하는 것이 예술의 본질임에도 예술 스스로 사물화에 빠져들고 있었던 것이다. 저자에게는 예술이 처해 있는 객관적인 이율배반[6]들을 인식하는 것이 중요한 문제였다. 예술이 갖는 작용력에 눈길을 돌리지 않은 채 예술 자신이 제기하는 요구에 충실한 예술이 이질적인 현상의 와중에서 필연적으로 현실에 붙잡혀 있다는 사실이 바로 예술이 처한 이율배반을 보여주고 있었다. 그러한 이율배반들이 환상에 빠지지 않은 채 최후의 순간까지 견디어

3) 어머니가 성악가였던 아도르노는 유년 시절부터 음악에 심취하였으며, 프랑크푸르트 대학에서 철학, 사회학, 심리학을 공부하던 시기인 1920년대에도 음악에 관련된 활동을 하였고, 박사학위를 받고 교수자격취득 논문을 쓴 이후인 1930년대에도 음악비평 등에 종사하였다. 빈에서 쇤베르크, 알반 베르크 등과 교유하였으며 스스로 작곡도 하였다. 아도르노는 생을 마칠 때까지 음악에 대한 저술을 지속하였고, 『신음악의 철학』은 『음악사회학』과 더불어 음악에 관한 아도르노의 저작 중에서 매우 중요한 비중을 갖는 책이다. 독일의 주어캄프사에서 출간된 아도르노 전집의 절반 이상이 음악에 관련된 글이다. 20세기 최고의 예술이론가로 우뚝 솟아 있는 아도르노는 음악학, 음악이론, 음악비평 분야에서도 20세기 최고의 이론가로 평가받고 있다(역주).
4) 인간의 의식이 상품구조에 종속되는 현상을 뜻한다(역주).
5) 예술작품은 사회로부터 발원하지만 사회와의 관계에서 하나의 스스로 완성된 형상으로 존재하는 자율성을 가지고 있다는 것이 아도르노 예술이론의 핵심이다. 여기에서 말하는 통합성은 완성된 형상으로 존재하는 자율성이라는 의미로 사용한 개념이라는 해석이 가능해진다는 것이 옮긴이의 생각이다(역주).
6) 원어는 Antinomie이며, 우리말로 이율배반으로 옮기는 경우 이 개념을 표현하는 데 한계가 있다고 본다. 그럼에도 다른 마땅한 표현이 없어서 이율배반으로 옮기기로 한다(역주).

내는 것 이외에는 달리 이율배반을 극복할 방도가 없었다는 것이 저자가 가진 생각이었다.

　이런 상황에서 쇤베르크에 대한 논문이 나왔다. 그 논문은 1940-1941년에야 완성되었지만 당시에는 출판되지 않은 상태에 머물러 있었기 때문에 뉴욕에 있었던 사회조사연구소의 몇몇 구성원들을 제외하고는 극히 소수의 사람들만이 이 논문을 접할 수 있었다. 오늘날 이 논문은 원래의 모습으로 세상에 나오게 되었으며, 오직 쇤베르크의 후기 작품들에 관련되는 몇몇 사항들만이 추가되었다.

　2차 세계대전이 끝난 후 독일에서 출판을 결심하게 되었을 때, 저자는 쇤베르크의 부분에 스트라빈스키의 부분을 첨가하는 것이 불가피하다는 생각을 하게 되었다. 이 책이 정말로 신음악에 대해 전체적으로 무엇인가를 말하려고 한다면, 이 책이 채택한 일반화와 분류화를 싫어하는 방법론은 어떤 특정 악파(樂派)를 다루는 것에서 머무르지 않고 그 수준을 넘어서야 할 것이다. 그 악파가 음악적 재료[7]가 현재 처해 있는 객관적 가능성들에 충실하고 음악적 재료가 당면해 있는 어려움들에 비타협적인 태도를 갖고 있다 할지라도, 그 악파만을 다룰 수는 없었던 것이다. 쇤베르크와는 극단적으로 대조적인 모습을 보이고 있는 스트라빈스키의 처리기법에 대한 해석이 필요했었다. 이것은 스

---

7) 재료(Material)는 아도르노 예술이론에서 특이하게 나타나는 개념이다. 재료는 예술작품을 생산하는 데 필요한 소재 등과 같은 차원에 머물러 있는 개념이 아니고, 예술가의 능력에 관련되는 개념이다. 재료는 예술가들이 예술작품의 창조과정에서 마지막으로 성취시키는 결과이다. 아도르노에 따르면, "교육과 수련의 결과로 형성된 생산력의 총체"(아도르노, 『음악사회학』)인 예술적 처리방식이 이미 도달된 재료와 비판적 대결을 통하여 성취한 상태가 바로 재료이다. 재료에 대한 자세한 논의는 옮긴이의 저작인 다음을 참조: 『아도르노의 사회이론과 예술이론』(2001, 문학과 지성사), 135쪽 이하, 240쪽(역주).

트라빈스키의 처리기법이 공론(公論)의 장에서 획득하고 있었던 통용성과 작곡의 수준 ―수준이라는 개념은 그것 자체로서 독단적으로 전제될 수 있는 것은 아니며, '취향'으로서 설명의 대상이 된다― 때문만은 아니었다. 스트라빈스키의 처리기법에 대한 해석이 무엇보다도 절실했던 것은 다음과 같은 이유에서였다. 음악에서 지속적으로 이어지는 진보가 이미 지나간 것의 복원에 의해 이율배반에 이르게 되는 경우에는 음악적 이성이 그것 스스로 알아차리고 있는 모순에서 무엇인가를 희망해도 되지 않나 하는 결과에 빠져들게 되는데, 저자는 이처럼 무책임하게 빠져나갈 수 있는 출구를 차단시키기 위해 스트라빈스키의 처리기법에 대한 해석에 나섰던 것이다. 진보에 대한 어떠한 비판도 정당한 것이 되지는 못한다. 다만 진보에 내재하는 반동적 모멘트를 부자유가 지배하는 곳에서 거론하고, 그렇게 함으로써 기존의 질서를 유지시키는 데 연루되는 모든 오용(誤用)을 철저하게 배제시킬 수 있는 비판이라면 별문제이지만, 그렇지 않은 경우에는 어떠한 비판도 정당성을 얻을 수 없는 것이다. 낡아서 붕괴된 것이 긍정적인 것으로 복귀하는 것은 시대의 파괴적 경향과 결탁하는 것임을 드러낸다. 이러한 복귀는 파괴적인 것으로 낙인찍혀 불타 없어진 것이 돌아오는 것보다 더욱 근본적으로 결탁하는 것에 해당된다. 제 입으로 스스로 질서라고 외치는 질서는 무질서가 은폐된 것에 지나지 않는다. 그러므로 표현에 고취된 급진적인 작곡가인 쇤베르크의 처리기법이 음악적 객관성의 차원에서 그 개념들을 움직이게 하는 반면에, 반(反)심리주의인 스트라빈스키의 처리기법은 그러나 그의 작품들을 재단하고 있는 훼손된 주체와 관련된 문제를 제기하고 있다. 이렇게 볼 때, 쇤베르크와 스트라빈스키의 처리기법에서도 변증법적 모티브가 작용하고 있음을 알 수 있다.

　　저자는 이러한 시도가 가진 도발적인 특징들을 변명하고 싶지는 않다. 유럽에서 일어난 일[8]과 세계를 지속적으로 위협하고 있는 것들을 생각하면 현대음악의 작곡기법에서 나타나는 비의적(祕義的)인 문제들을 마치 수수께끼를 풀듯이 파헤치는 일에 시간과 정신적인 에너지를 낭비하는 것은 냉소적으로 보일 것이 분명하다. 더구나 이 책에서는 예술가의 기법에 대한 논쟁이 집요하리만큼 자주 등장한다. 예술가의 기법에 대한 논쟁들에 대해서 현실은 관심을 보이고 있지 않음에도 그러한 논쟁들이 마치 현실에 대해 직접적으로 이야기하고 있는 듯이 자주 등장하고 있는 것이다. 어떤 상태에 대해 신뢰를 선언하는 것은 그 상태를 은폐시키는 것에나 오로지 소용될 뿐이며, 사람들이 공론적(公論的)으로 무언가 이상한 일이 생겼다고 추측하는 곳에서는 어떤 상태에 대한 항의의 목소리가 커지는 법이다. 이렇게 볼 때, 저자가 중심에서 벗어나서 시작하고 있는 신음악의 철학은 어떤 상태에 대해 조그만 조망이라도 제공하지 않을까 하는 기대를 갖는다. 세계가 처한 상태와 이 상태에 대한 저항을 보여주는 것이 바로 음악이다. 음악은 세계가 어떤 상태에 있어야 하는가를 온전히 보여주는 예술이며, 대위법의 문제들에서 이미 화해될 수 없는 갈등들에 대해 증언하는 기능을 갖고 있는 것이다. 경험세계[9]가 인간에게 강요하는 간난(艱難)이 더 이상 침투해 들어오지 않은 곳에서조차 삶이 전율에 떨고 있으며 경직되어 있다는 것이 예술에 반사되어 있다면, 오늘날 인간의 삶이라는 것이 근본적으로 얼마나 광란스러운 상태에 처해 있는가? 잔혹한 규범이 인간에게 강요하고 있는 압박으로부터 인간에게 피난처를 제공해 줄 수 있다고 인간들이 생각하는 영역에서조차, 인간들이 삶에 대해 기대하는 것을 삶이 거부함으로써 삶이 인간에게 한 약속을 이행하는 영역에

---

8) 나치즘, 파시즘, 제2차 세계대전 등의 재앙을 의미함(역주).

9) 아도르노에게 경험세계는 불의의 총체적 상호연관관계이며, 인간에게 자기 주체의 자기 포기를 강요하는 폭력의 메커니즘에 지나지 않는다(역주).

서조차 삶은 전율에 떨고 있고 경직되어 있는 것이다.

이 책의 서론은 쇤베르크를 다룬 논문과 스트라빈스키에 관한 논문에 모두 공동으로 해당되는 고찰들을 담고 있다. 서론은 책 전체의 완결성을 강조하려고 하였음에도 먼저 집필된 논문과 나중에 집필된 논문 사이에 존재하는 차이들, 특히 언어적인 차이들은 지워지지 않고 남아 있다. 두 논문 사이에 놓여 있는 기간 동안 저자는 20여년에 걸쳐 막스 호르크하이머와 함께 공동으로 철학적 작업을 진행하였다. 저자가 책임지는 것은 음악에 관련되는 소재에만 국한되어 있을 뿐, 이론적 인식의 어느 부분이 각기 저자에게 속하는 것인지, 또는 호르크하이머에서 나온 것인지를 구분할 수는 없다. 저자는 이 책이 『계몽의 변증법』에 대한 더욱 자세한 여론(餘論)과 같은 책으로 읽히기를 바란다.

이 책에서 무언가 확고부동한 것이 보여지고 규정된 부정(bestimmte Negation, 否定)[10]이 우리 인간을 도와주는 힘에 대한 신뢰가 입증된다면, 그것은 호르크하이머와 저자가 맺고 있는 정신적이고도 인간적인 연대감에 감사를 드릴 일에 해당된다.

캘리포니아, 로스앤젤레스

1948. 7. 1.

---

10) 부정의 부정도 부정이 되어야 한다는 의미를 갖고 있는 개념으로 아도르노 철학 전체를 관통하는 핵심 개념이다. 부정이 영구적으로 진행되어야만 세계가 더욱 좋은 상태로 변화될 수 있다고 하는 생각을 담고 있다(역주).

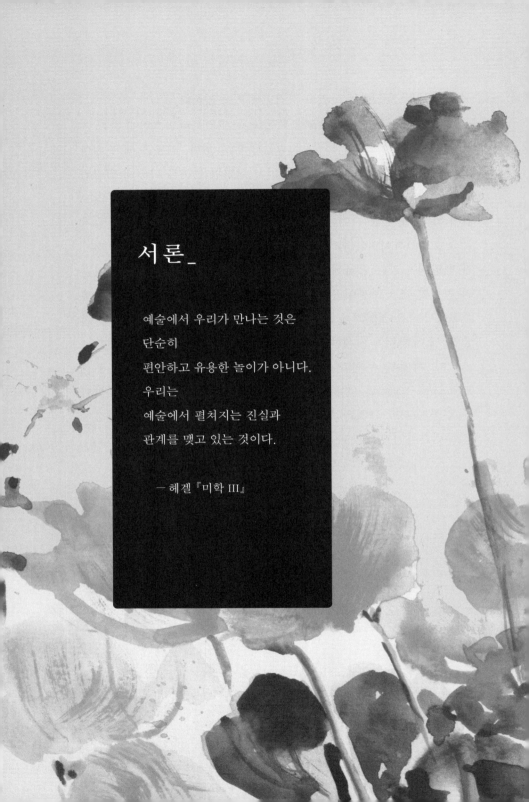

서론_

예술에서 우리가 만나는 것은
단순히
편안하고 유용한 놀이가 아니다.
우리는
예술에서 펼쳐지는 진실과
관계를 맺고 있는 것이다.

— 헤겔 『미학 III』

🌳 _ 연구대상의 선택에 대하여

"'원천에 관한 학문으로서의 철학적 역사'[1]는 다음과 같은 하나의 형식이다. 즉, 이 형식은 상궤로부터 크게 벗어난 극단들로부터, 그리고 역사의 전개에서 겉으로 드러나는 난마처럼 얽혀 있는 모습들로부터 이념의 성좌적(星座的) 배열(Konfiguration)[2]을 확연히 드러나게 할 수 있을 때 원천에 관한 학문으로서의 철학적 역사가 된다. 여기에서 이념의 성좌적 배열이란 위에서 말한 극단들이나 난마와 같은 모습들에서 나타나는 대립들이 서로 의미 있게 나란히 존재할 수 있는 가능성이라고 특징지을 수 있는 총체성을 의미하며, 이러한 총체성을 확연히 드러낼 수 있을 때 비로소 원천에 관한 학문으로서의 철학적 역사가 되는 것이다."[3] 벤야민이 그의 『독일 비애극의 원천』에서 인식비

---

1) 초기 벤야민 사상에서 이미 특징적으로 드러나고 있는 '자연사' 개념을 지칭한다(역주).

2) 이 개념은 아도르노 사상에서 나타나는 중요한 개념이다. 그는 개념이 대상을 일방적이고도 총체적으로 규정하고 지배하는 인식의 대안으로서 이 개념을 도입하였다. 원래는 어떤 하나의 별은 별들이 서로 관계를 맺고 있는 관계에서만 제대로 인식될 수 있다는 뜻이다. 옮긴이는 이 개념을 '사물들이 함께 만나는 관계들에서 생기는 전체 현상으로서 사물을 파악하는 것'으로 이해한다. 아도르노는 이 개념을 1930년대 행한 강연인 「철학의 현재적 중요성」에서 제안하였으며, 소집단화, 특정한 방식으로 정리를 시도해 보는 것, 구성과 같은 개념들을 동시에 제시하였다. 이어지는 번역에서는 이 개념을 성좌라고 옮긴다(역주).

3) 이 부분은 매우 난해한 내용을 담고 있기 때문에 옮긴이는 '총체성으로서의 이념의 성좌적 배열'이 독자에서 더욱 편하게 다가설 수 있도록 표현을 반복하면서까지 원전을 풀어서 번역하였다. 원전에 충실하게 번역하는 것만으로는 원전의 내용이 독자에게 편안하게 다가서지 않는다고 옮긴이가 판단할 경우에는 이러한 방식이 이 책 전체에 걸쳐 시도될 것이다. 아도르노는 벤야민의 글을 인용하고 인용 부호를 붙여 놓고 있지만, 인용된 부분에 대한 구체적 각주는 이 자리에 달아 놓지 않았다(역주).

판의 모티브로 채택한 이 원칙은 서로 결코 결합되어질 수 없는 두 명의 핵심 인물들인 쇤베르크와 스트라빈스키에 의해 본질적으로 대표되는 신음악에 대한 철학적 고찰에 적용될 만하며, 이는 신음악이라는 대상 자체로부터 근거가 세워질 수 있기도 하다. 왜냐하면 신음악의 본질은 오로지 극단적인 것들에서 선명하게 각인되어 나타나기 때문이다. 극단적인 것들만이 신음악이 갖고 있는 진리내용을 인식하게 해 줄 수 있다. 쇤베르크가 《혼성합창을 위한 3편의 풍자시》 발문에서 말하였듯이, "가운데 있는 길이 로마로 이르지 않는 유일한 길이다." 두 음악가를 여기에서 논의하려는 것은 이러한 이유 때문이지, 그들이 위대한 인물이라는 환상 때문이 아니다. 연대기적으로 새로운 것이 아니라 질을 기준으로 새롭다고 볼 수 있는 작품들을 과도기적인 작품들이나 절충적인 작품들까지 포함해서 면밀하게 검토해 보면, 작품에 대한 단순한 기술(記述)이나 전문가적인 평가만으로 만족하지 않는 한, 위에서 말한 극단적인 것들과 부딪치게 되는 것을 피할 수는 없을 것이다. 그렇다고 해서 이것이 가치에 대해 필연적으로 무언가 말하고자 하는 것은 아니며, 쇤베르크와 스트라빈스키의 중간에 위치하면서 대표성을 지닌 작곡가들의 비중에 대해 이야기하고자 하는 것도 아니다. 여러 가지 면에서 쇤베르크와 스트라빈스키를 화해시키려고 노력했던 벨라 바르톡의 빼어난 작품들[4]은 그 밀도나 충만감에서 볼 때 스트라빈스키를 능가하고 있다. 힌데미트(Hindemith)나 미요(Milhaud)와 같은 신고전주의 2세대는 악파의 우두머리인 스트라빈스키의 사려 깊은 태도에 비해서, 이로 인해 부조리 음악으로까지 과도하게 과장된 순응주의에 비해서 더욱 주저함이 없이 시

---

[4] Cf. René Leibowitz, Béla Bartók ou la possibilite du compromis dans la musique contemporaine, in : Les Temps Modernes, 2 année, Paris, Octobre, 1947, p.705 ff.

대의 전체적 경향에 순종하였다. 이렇게 보면 신고전주의 2세대는 최소한 겉으로 보기에는 스트라빈스키보다 더 충실하게 시대의 경향을 반영했다고 볼 수 있다. 그러나 그들의 해석은 두 혁신가가 생각했던 것 내부로 필연적으로 흡수되고 말았다. 그 까닭은, 두 혁신가에게 역사적인 우선권이 부여되며 제2세대는 그들로부터 파생되어 나왔기 때문이 아니다. 오로지 두 혁신가만이 타협을 모르는 수미일관성에서 그들의 작품에 내재하는 충동들이 사물 자체[5]의 이념들로 읽힐 수 있을 때까지 충동들을 밀어붙였기 때문에 2세대 작곡가들이 생각했던 것들이 쇤베르크와 스트라빈스키에 흡수될 수밖에 없는 것이다. 충동들이 사물 자체의 이념들로 읽힐 수 있는 것은 쇤베르크와 스트라빈스키가 구사하는 처리방식에 있는 독특한 성좌적 배열에서 가능해진다. 그것은 양식들의 일반적인 설계에서 일어나지 않는다. 양식들은 요란하게 울려 퍼지는 문학적 구호들에 의해 도출된다. 이러한 특징들을 갖고 있는 양식들은, 그것들에 내재하는 일반성에 힘입어, 작품에 내재하되 결코 강령적이지 않은 순수한 이념이 견지하는 수미일관성을 방해하는 바로 저 잘못된 효과가, 다시 말해 작품에 내재하는 이념들을 감퇴시키는 효과가 작품에 들어오도록 용인해준다. 예술을 철학적으로 논구하는 목적은 작품에 내재하는 이념을 해석하기 위함이다. 작품에 내재하는 이념이 양식 개념들과 서로 접해 있다 할지라도 예술에 대한 철학적 논구는 양식 개념들에 관련되어 있지는 않은 것이다. 쇤베르크나 스트라빈스키의 작품들이 진실이냐 또는 비진실이냐 하는 문제를 논의하는 것은 무조성(無調性), 12음 기법, 신고전주의와 같은 카테고리들을 단순히 설명하는 것에서 드러날 일

---

5) 사물 자체는 작품을 의미하는 것으로 볼 수 있음. 아도르노에게는 작품 자체가 작품으로 출현하는 것이 사물 자체(Sache selbst)이다(역주).

은 아니다. 진실과 비진실과 같은 문제는 오로지 음악 자체의 틀에서 그러한 카테고리들이 구체적으로 결정(結晶)된 것에서 드러날 뿐이다. 미리 결정(決定)되어 작품에 적용된 양식의 카테고리들은 작품이라는 형상물의 총괄적인 모습을 표현하지 못한다. 그러한 카테고리들은 예술적 형상과 결합되지 못한 채 머물러 있을 뿐이다. 이와는 달리, 피할 수 없는 어떤 특별한 사정이 작품들을 그러한 양식으로 밀어 붙였는가, 또는 양식이 추구하는 이상(理想)이 작품의 재료(Material)와 작품이 구축하는 총체성에 대해 어떤 관계를 갖고 있는가와 같은 문제와 관련하여 신고전주의가 논의되는 경우에는, 양식의 정당성에 관한 문제에 대한 결정 가능성도 용인될 수 있을 것이다.

✿_ 새로운 순응주의

위에서 말한 양극단들 사이에서 자리를 잡고 있는 작곡가들이 양극단들과의 관계에서 내보이는 의미를 논의하는 것은 오늘날 사실상 더 이상 불필요하며, 그러한 작곡가들의 음악에 대해서는 관심을 가질 필요가 없기 때문에 그 음악에 대하여 이렇다 저렇다 하는 식의 사변도 아무런 소용이 없다. 신음악 운동의 역사는 "대립들 속에서도 의미 있게 나란히 존재하는 것"을 감당하지 못한다. 제1차 세계대전을 전후하여 펼쳐졌던 영웅적인 10년 이래 신음악 운동의 역사는 전통적인 것으로의 퇴행이며 몰락의 역사에 지나지 않는다. 현대 회화가 대상성으로부터 이탈하는 경향을 보이는 것은 음악에서 나타난 무조성과 같은 형태의 분기점에 해당된다. 그것은 예술이 기계화된 상품으로 전락하는 것으로부터 예술을 방어해야 하겠다는 것에서 나타난 것이었으며, 특히 사진으로부터 회화를 보호하려는 시도였다. 급진적 음악[6]이 대응하는 방식도 그 원천에 있어서는 회화와 다를 바

없었다. 전래적으로 내려오는 음악이 상업적으로 타락해 가는 것에 급진적 음악이 저항함으로써 음악을 방어하고자 하였던 것이다. 급진적 음악은 문화산업이 음악의 영역을 덮치면서 팽창해오는 것에 저항하는 반(反)테제였던 것이다. 음악이 대량상품으로 계산되어 대량생산되는 단계로 넘어가는 데는 문학이나 조형 예술에서 이와 유사하게 진행되었던 과정에 비해 더욱 많은 시간이 걸렸다. 쇼펜하우어 이래로 음악이 비합리주의적 철학의 전통에 들어가도 된다는 추천을 가능하게 했던 것인 음악의 비개념적,[7] 비구상적 요소는 음악이 판매가능성을 기준으로 삼는 합리성에 결코 굴복하지 않게 해주었다. 발성 영화, 라디오, 상업 가요의 시대에 접어들면서 음악은 마침내 바로 자신에 내재하는 비합리성에서 상업적 이성에 의해 완전하게 압류되고 말았다. 모든 문화상품들을 산업이 관리하는 것이 총체적인 것으로 정립이 되자마자, 문화에 대한 산업적 관리는 예술적으로 순응하기를 거부하는 것에 대해서도 역시 지배력을 획득하게 되었다. 저급한 작품, 대량으로 생산되어 매진되는 문화상품을 처리할 수 있는 분배 메커니즘이 막강한 위력을 발휘하고, 음악의 청중들이 사회적으로 미리 감응이 되어 결정된 상태에서 음악을 대하게 되면서 급진적 음악은 후기산업사회에서 완전한 고립에 빠져들게 되었다. 이러한 고립은 살아남고자 하는 작곡가들에게는 도덕적, 사회적 핑계를 제공하는 결과를 낳았고, 이것은 잘못된 평화[8]에 대한 구실에

---

6) 아도르노는 신음악이라는 용어 이외에도 급진적 음악, 아방가르드 음악 등의 용어를 병용하고 있다(역주).

7) 예술은 아도르노에게는 비개념적인 인식을 성취한 특별한 기능을 갖고 있다 (역주).

8) 작곡가들이 사회적 현실에 대해 불협화음을 내지 않고 현실에 순응하는 현상을 잘못된 평화라고 표현하고 있는 것으로 보인다. 예술이 평화로운 모습을 보이는 경우에는, 아도르노에게는, 그것은 예술이 아니다. 예술은 카프카의

지나지 않았다. 이렇게 해서 음악에서 하나의 유형이 그 모습을 드러
내게 된다. 이 유형은 현대적인 것이면서도 진지한 것이라면서 스스
로 당당하게 미리 요구하는 겉치레를 보이면서, 정신박약중 중세와
더불어 대중문화와 야합하게 된다. 힌데미트 세대는 여전히 재능과
수공예를 함께 지니고 있었다. 힌데미트 세대의 작곡가들이 취했던
중용주의는 정신적인 혼종에서 무엇보다도 우선적으로 보존되어 있
었다. 그들의 정신적 굴종은 아무것에도 뿌리를 내리지 못하였으며,
시대가 그들에게 가져온 것을 작곡하는 데 급급하였다. 그들은 이렇
게 해서 천박한 강령주의처럼 마침내 음악에서 무언가 불편한 것으
로 나타나는 모든 것을 폐기해 버렸다. 힌데미트 세대의 작곡가들은
존경스러울 정도로 천편일률적인 네오아카데미즘에서 끝을 맺었다.
그러므로 네오아카데미즘이 제3세대를 지배했다는 사실은 비난거리
가 되지 못한다. 인간적인 것이라고 치장하면서 청중과 야합하는 현
상은 진보된 것이라고 평가받았던 작곡이 성취하였던 기술적 표준들
을 해체시키기 시작한다. 이러한 단절을 앞에 두고 통용되었던 방식
은, 즉 조성(調性, Tonalität)을 통해 음악적 연관관계를 정립시키는 방
식은 이제 회복할 수 없게 되어 버린다. 제3세대는 그들에게는 눈 감
고도 쓸 수 있지만 이제는 존폐의 기로에 놓이게 된 3화음을 신뢰하
지도 못하며, 그들로부터 나오는 진부한 수단들을 다른 음(音)이라고
설정하는 능력밖에 없겠지만 이것도 역시 공허한 음에 지나지 않는
다. 예술가적 양심을 가지고 아무리 노력해 보아야 근본적으로 실패
하며, 이러한 노력은 시장에서 '새로운 언어'라는 결과로 보상받을 뿐
이다. 제3세대는 이러한 결과로부터 벗어나고자 했다. 그러나 그것도

작품에서 보이는 것처럼 추하고 괴기스러우며 수수께끼와 같은 형상을 표현
할 때 진정한 예술이다(역주).

실패로 귀결된다. "사라지면서 복수하는 여신"[9]인 역사적 폭력은 예술의 영역에서도 타협을 금지시키는 힘을 갖고 있다. 이것은 타협이 정치의 영역에서 다시는 돌아오지 못할 정도로 사라져 버린 것과도 같은 현상이다. 제3세대는 오래전부터 확실하게 보증된 것에서 도피처를 찾고 무지한 자들이 실험이라고 명명했던 것에 스스로 만족을 느낀다고 주장하면서 그들도 모르는 사이에 그들을 가장 화나게 한다고 생각했던 것에 그들을 맡긴다. 제3세대는 무정부주의에 빠져든 것이다. 잃어버린 시간을 찾아나서는 것이 쉽게 길을 열어주는 것으로 이어지지는 않는다. 그들은 모든 견고함을 상실하게 한다. 낡은 것을 고집스럽게 자의적으로 끌어안고 있는 것은 그것이 보존시키고자 하는 것을 위태롭게 하며, 양심을 거역하면서 새로운 것에 대해 아무런 감각을 느끼지 못하게 한다. 무엇에 정통한 것과 어찌할 바를 모르는 것이 허약하게 혼합된 상태에서는 아류에 속하는 자들이나 아류에 적대적인 자들 모두 어느 나라를 가리지 않고 서로 비슷한 존재들일 뿐이다. 소련 당국에 의해 문화적 볼셰비키라고 부당하게 처벌받았던 쇼스타코비치(Schostakowitsch), 배움을 주는 스승 스트라빈스키를 거침없이 따르는 제자들, 의기양양하지만 빈약한 벤자민 브리튼(Benjamin Britten), 이들 모두는 무취향에서 취향을, 교양 없음에서 오는 단순성을, 모든 것이 투명하게 드러났다고 생각하는 것에서 오는 미성숙함을, 기술적 처리기법의 결핍을 하나같이 공통적으로 갖고 있다. 독일에서는 제국음악원이 쓰레기더미만 가득 남겨 놓았다. 제2차 세계대전 후에 나타난 만인에게 통하는 양식은 해체된 것들을 적당히 취합한 절충주의일 뿐이다.

---

9) Georg Wilhelm Friedrich Hegel, Phänomenologie des Geistes(정신현상학), hrsg. von Georg Lasson, 2. Aufl., Leipzig 1921, S.382.

🌳 _음악적 의식이 잘못되어 있는 것에 대하여

스트라빈스키도 신음악 운동에서 역시 하나의 극단을 차지하고 있다. 그의 음악 자체, 그의 음악이 차지하고 있는 비중, 작품에서 작품으로 이어지는 과정에서 나타나는 것들에서 신음악 운동의 굴욕이 기록될 수 있다는 점에서 스트라빈스키는 신음악 운동의 한 극단을 보여주는 것이다. 그러나 오늘날 하나의 새로운 국면이 드러나고 있으며, 이러한 국면이 전개되고 있는 것에 대해 스트라빈스키에게 직접적으로 책임을 돌릴 수는 없다. 이러한 국면은 다만 그의 처리기법이 변화되는 양상들에서만 암시되고 있을 뿐이다. 단적으로 말해서, 시민사회의 초기 시대부터 퇴적되어 왔던 기준들이, 즉 어떤 것이 좋은 음악이고 어떤 것이 나쁜 음악인가를 평가하는 모든 기준들이 와해되고 있는 것이다. 음악의 역사상 최초로 딜레탕트들이 도처에서 대작곡가들로 행세하는 상황이 전개되고 있는 것이다. 경제력이 음악 생활에서도 지속적으로 중심을 차지하는 현상은 이들 딜레탕트들을 공개적으로 인정하는 것을 강요한다. 20년 전만 하더라도 엘가(Elgar)의 조작된 명성은 국지적인 것에 지나지 않은 것으로 보였으며, 시벨리우스(Sibelius)의 명성은 비평계의 무지에서 나온 하나의 예외적인 현상인 듯이 보였다. 그러한 수준이 보여주는 현상들은, 불협화음의 사용에서 더욱 자유롭다고 인정한다 할지라도, 오늘날 규범으로 등장하고 있다. 위대한 음악은 19세기 중반 이래로 효용가치로부터 철저하게 거리를 유지해왔다. 위대한 음악이 지속적으로 형성되면서, 위대한 음악은 시민사회의 습성에 익숙한, 청중이 조작하고 동시에 스스로 만족감을 느끼는 욕구들과는 모순관계에 빠져 들게 되었다. 음악을 이해하는 소수의 사람들은 음악회의 회원권을 살 수 있는 사람들과 다른 사람들에게 그들의 문화적 생활을 증명하고자 하는 사람들에 의해 대체되었다. 음악회에 다니는 사람들이 갖는 취향과 작품들의 질 사이에 간격이 벌어지게 되었다. 작품들 자체를 소비자의 취향에 맞춰 책략적으로 계획하는 작곡가의 전략이 작품들의 질에 스며들었거나, 음악에 대해 잘 안다고 하는 음악가와 비평가의 열정주의가 작품들의 질에 침투되었다. 급진적인 현대음악은 이러한 모든 것에 더 이상 기대를 걸 수 없었다. 당시의 음악을 지배했던 언어는 작곡가에게 음악적으로 올바른 것을 지켜야 한다는 부담감을 더 이상 덜어줄 수 없었기 때문에, 모든 급진적인 작품의 질은 전통적 작품의 질에 관련하여 설정되는 한계와 동일한 선에서 결정될 수 있다. 동시에, 급진적 작품의 질은 전통적 작품에 비해 더욱 설득력 있는 것으로, 그리고 더욱 좋은 것으로 평가될 수도 있다. 급진적 작품의 질에 대해 이러한 결정이 이루어질 수 있음에도, 타고난 중재자라고 자처하는 사람들은 그러한 결정 능력을 상실하고 말았다. 작곡 과정이 침묵하면서도 일반적으로 받아들여지는 요구들이 아니고 오로지 모든 개별 작품의 고유한 형태에서 작곡 과정의 기준을 설정한 이래로, 어떤 음악이 좋고 어떤 음악이 나쁜가를 "배운다는 것"은 더 이상 불가능하게 되었다. 음악의 질에 대해 평가하고자 하는 사람은 이제는 일반적인 음악이론이나 음악사가 그에게 가르쳐줄 수 없는 문제들, 즉 개별적 형상에 놓여 있는 결코 다른 것으로 교환될 수 없는 문제들, 대립주의들에 직면해야 한다. 음악의 질에 대해 평가하는 능력을 가진 사람은 급진적 작곡가 이외에는 거의 없을지도 모른다. 급진적 작곡가는 개념과 논리를 통해 무엇을 깨우쳤다고 생각하는 것[10]에 대부분의 경우 저항하는 사람이기 때문이다. 급진적 작곡가

---

10) 아도르노는 개념과 논리의 능력에 대해 매우 부정적이다. 그는 개념과 논리가 대상을 원래 있는 그대로 파악하지 않고 대상을 총체적으로 지배한다고 본다. 예술이 비개념적으로 인식을 성취하는 능력을 갖고 있다고 생각

는 자기 자신과 청중 사이를 매개하는 중재자들을 더 이상 고려할 필요가 없다. 비평가들은 말러(Mahler)의 가곡에 나타난 가사처럼 문자 그대로 높으신 이해력에 따라, 다시 말해 비평가들 자신이 그것을 이해하느냐 또는 이해하지 못하느냐 하는 기준에 맞춰 음악을 평가하게 된다. 특히 지휘자들을 포함한 연주자들은 연주되는 작품에서 가장 현저한 효과가 있고 파악하기 쉬운 것들의 모멘트에 그들의 몸을 맡긴 채 철저하게 끌려다니게 된다. 이렇게 된 상태에서, 베토벤은 이해가 되고 쇤베르크는 이해가 되지 않는다는 견해조차 객관적 기만이 되고 마는 것이다. 신음악에서 표면에 나타나는 것들이 음악 작품의 생산과는 완전히 단절되어 있는 청중들에게는 낯선 것으로 들릴지 모르지만, 신음악이 가장 강력하게 노출시키는 현상들은 바로 음악이 생산되는 배경인 사회적이고 인간학적인 전제 조건으로부터 튀어 나온 것이며, 이것들은 청중들 자신이 처한 전제 조건들이기도 하다. 청중들을 경악시키는 불협화음[11]은 청중들이 처한 상태에 대해 말하고 있다. 오로지 바로 이러한 이유 때문에 청중들에게 불협화음은 견딜 수 없는 고통으로 다가오는 것이다. 역으로, 지나치게 친숙한 음악이 갖고 있는 내용은 오늘날 인간을 드리우고 있는 현실과는 너무나 동떨어져 있어서 인간들 스스로 경험하고 있는 것이 전통적 음악이 표현해 주고 있는 것과 거의 소통할 수 없는 지경에 이르게 되었다. 인간들이 무엇을 이해했다고 믿는 그곳에서 인간들은 단지 확실한 소유물로서 보호되고, 소유물이 되는 순간에 인간들은 이

하는 아도르노가 예술에 특별한 관심을 갖는 것은 따라서 필연적이었다 (역주).

11) 아도르노는 현대음악에서 나타나는 불협화음은 세계가 처해 있는 비극적 상황, 세계가 인간에게 가하는 고통을 표현하는 것으로 해석하고 있다(역주).

미 사라져 버린 것들이 남겨 놓은 죽어 있는 주조물만을 생각할 뿐이다. 그것은 중성화된 것이며, 비판받는 실체의 모습을 상실한 것이며, 어떻게 되더라도 상관이 없는 전시품에 지나지 않는 것이다. 이렇게 됨으로써 사실상 지극히 조악한 것만이 전통적 음악으로부터 청중들에게 포착되어 들어올 따름이다. 전통적 음악에서 잘 보존될 수 있는 악상들, 불길할 정도로 아름다운 구절들, 무드들, 연상들만이 청중의 귀에 들어오는 것이다. 음악 예술이 매개하는 의미를 밀어주는 기능을 갖고 있는 음악적 연관관계는, 라디오에 길들여진 청중에게는, 쇤베르크의 4중주에서 숨겨진 채로 머물러 있다. 그러한 청중이 베토벤의 모든 초기 소나타를 듣는다고 해서 크게 달라질 것도 없다. 쇤베르크의 4중주는 최소한 청중들의 머리 위에 있는 하늘에서 그들이 즐기는 감미로운 바이올린 음만이 들어오는 것만은 아니라는 것을 청중들에게 상기시키고 있음에도, 청중들은 음악적 연관관계를 깨닫지는 못한다. 어떤 작품은 그것이 생산된 시대에서만 이해될 수 있으며, 그렇지 않은 경우에는 작품에 대한 이해도가 낮아지거나 역사주의에 넘겨진다고 말할 수 없다. 사회적으로 나타나는 전체적 경향은 그러나 오늘날에도 잘 팔리고 있는 음악 재고품에 깔려 있었던 휴머니티를 인간이 의식적으로, 그리고 무의식적으로 불태워 버리게 하였다. 사회적 전체 경향이 음악회라는 공허한 의식에서 휴머니티의 이념을 무책임하게 반복하고 있는 동안에도 위대한 음악의 철학적 유산은 유산의 상속을 경멸하는 것에 넘겨지고 말았다. 음악 재고품을 칭찬하면서 전기 도금한 제품처럼 선전함으로써 음악 재고품을 비하시키는 상업적 음악 관리조직은 청중들의 의식 자체가 이 수준에 머물러 있음을 확인시켜 준다. 이러한 의식에서는 체념적으로 얻어지는 빈(Wien) 고전주의의 조화와 낭만주의의 터질 것 같은 동경이 장식물들로서 집에 나란히 놓이면서 소비재로 전락하게 된다. 지하

철에서 남자가 휘파람으로 부는 주제가 되기도 하는 작품들을 제대로 감상하는 일은 사실은 가장 급진적인 음악을 감상하는 일보다 한층 더 많은 노력들을 요구한다. 잘못된 연주와 상투적인 반응방식들이 만들어 내는 치장을 쳐서 떨어뜨리는 노력들이 필요한 것이다. 그러나 문화산업은 문화산업에 의해 희생되는 소비자들에게 정신적 소비를 위해 할당된 자유시간에는 스트레스를 피하라고 교사해왔기 때문에, 문화산업 소비자는 본질을 차단시키는 외적 현상에 더욱더 집착하게 된다. 실내악에 대한 해석도 마찬가지이지만, 오늘날 최고의 광택을 내면서 지배적 위치를 점하고 있는 해석은 본질로부터 많이 떨어져 있다. 오늘날 대중들의 귀에 경음악이 범람하는 것은 다른 음악이 경음악을 다른 음악에 대비되는 음악으로, 즉 "고전적인 음악"의 경지에 도달했다고 생각하기 때문만은 아니다. 도처에 널려 있는 유행가는 청중의 청취 능력을 지나치게 수축시켜 책임감을 갖고 청취에 집중하는 것을 불가능하게 하고, 유행가가 부리는 횡포에 들어있는 기억의 흔적들이 음악 청취의 집중력을 지배하게 된다. 더 나아가, 신성하다는 전통음악 자체도 그것이 연주되는 특징에서나 청취자의 생활이라는 측면에서나 공히 상업적 대량생산에 동화되었고, 전통음악의 실체도 이런 영향을 받지 않을 수 없다. 클레멘트 그린버그(Clement Greenberg)가 모든 예술은 저급한 예술과 아방가르드로 구분될 수 있다고 명명한 바 있었듯이, 음악도 그의 구분에 동참하고 있다. 이윤 동기가 문화에 대해 자행하는 독재의 산물인 저속한 작품은 사회적으로 보존되어 온 문화의 특별한 영역을 오래전부터 저속함에 종속시켜 온 것이다. 예술적인 객체성에서 진리의 전개를 거론하는 성찰들은 그러므로 공식적인 문화로부터는 배제되어 있는 아방가르드만을 오로지 지목하게 되는 것이다. 오늘날, 음악 철학은 오로지 신음악의 철학으로서만 가능하다. 우리가 지켜야 할 것은 바로 저 이윤 동기에 의해 지배당하는 문화를 폐기하는 일이다. 이 문화는 야만성에 대해 자기 스스로 격분하면서도 자기 스스로 야만성을 조장하는데 기여하고 있을 뿐이다. "나는 그것을 이해할 수 없어"라는 경박한 말로 쇤베르크에게 말을 거는 사람들, 그 겸손함을 이용해 음악을 이해하지 못하는 것에서 나오는 분노를 음악에 대한 이해로 합리화시키는 사람들은 음악에 대해 교양을 갖춘 청중이라고 평가될지 모르지만, 저자는 이들이야말로 사람을 가장 화나게 하는 청중들이라고 간주한다.

🌱_ 신음악이 주지주의라는 비난에 대해

그들이 고집스럽게 반복하는 비난들 중에서 가장 확산되어 있는 비난은 신음악이 주지주의에 빠져 있다는 비난이다. 신음악은 머리에서 나오는 음악이며, 가슴이나 귀에서 발원하지 않아서 감성적으로 표상되어 있지 않을 뿐만 아니라 악보 위에서 계산되어 나오는 음악일 따름이라는 것이다. 이러한 상투적인 비난은 궁색하기 그지없다. 지난 350년 동안 지속된 조성적(調性的) 어법이 마치 음악의 본성이라도 되는 것처럼 주장하고 음악에서 확고부동하게 정립된 어법을 넘어서는 것은 ―확고부동함 자체가 사회적 압력에 시달리고 있음을 보여주고 있음에도― 음악의 본성을 훼손하는 것처럼 떠들고 있는 것이다. 조성적 체계가 만들어낸, 음악에서 나타나는 제2의 본성은 역사적으로 발원된 하나의 가상(假像, Schein)일 뿐이다. 조성 체계에서 나타나는 제2의 본성은 그 폐쇄적이고 배타적인 권위를 교환사회에 기대어서 발휘한다. 교환사회의 역동성은 총체성을 지향하며, 총체성에 내재하는 가능성과 모든 조성적 요소들의 가능성이 가장 깊은 곳에서 상호 일치하고 있기 때문이다. 음악의 새로운 수단들은 그러나 전통음악에 내재하는 운동으로부터 발원하지만, 음악은 동시에 질적인 도약을 통해 그러한 운동과는 거리를 두는 특징도 지닌다. 신음악 운동에서 주목받는 작품들이 전통음악에 비해서 주지주의적 요소는 더욱 많으나 감성적 표상능력은 더 낮다고 말하는 것은 신음악에 대한 몰이해에서 나오는 투사(投射)일 뿐이다. 쇤베르크와 베르크는 실내 앙상블 《달에 홀린 피에로》와 《룰루》의 오케스트라에서 필요할 때는 언제든지 인상주의자들의 향연을 능가하는 색채적 음향을 구사하였다. 이성은 물건을 거래하는 장사와 같은 것이 되고 말았으며, 이러한 이성의 충실한 보완물인 음악적 반주지주의가 감정이라고 부르는 것은 대부분 아무런 저항도 못한 채 이미 통용되고 있는 연속적 흐름에 흡수당할 뿐이다. 이렇게 볼 때, 유행가 선율로 절망을 묘사하기도 하였던 인기 만점의 차이코프스키가 유행가 선율에서 쇤베르크의 지진계와도 같은 작품 《기대》보다도 더욱 많은 감정을 재현한다고 말하는 것은 도무지 이해가 되지 않는다.[12] 다른 한편으

---

12) 물론 소비자의 입맛으로 볼 때는 예술작품이 옹호하고자 하는 감정보다는 예술작품이 자극적으로 불러일으키는 쾌락적 이득이 입맛에 더욱 많이 관련되어 있다. 소비자는 쾌락적 이득을 예술로부터 얻어 간다고 생각하는 것이다. 예술에서 이처럼 실제적인 차원에서 중시되는 감정적 가치는 예로부터 소박한 계몽주의에 의해 촉진되어 온 것이 사실이다. 헤겔은 그러한 계몽주의, 그리고 이와 비슷한 종류인 아리스토텔레스주의에 대해 다음과 같은 판정을 내리고 있다. "예술이 예를 들어 외경심이나 동정심 같은 감정들을 어떻게 유발하는가, 이러한 감정들이 어떻게 해서 인간에게 편안하게 다가오는가, 불행을 표현하는 작품이 어떻게 만족감을 보증하고 있는가 등과 같은 문제들이 제기된다. 이러한 방향을 따라가는 성찰은 특히 모제스 멘델스존 시대 이래로 기록되고 있으며, 그의 저작들에서 그러한 고찰들이 발견된다. 그럼에도 그러한 고찰은 멀리 나아가지는 못하였다. 감정이라는 것이 정신에서는 규정되지 않은 모호한 영역에 속하기 때문이다. 느껴진다는 것은 가장 추상적이면서도 개별적인 주관성의 형식에 숨겨진 채로 머물러 있을 뿐이다. 그러므로 느낌의 차이들도 매우 추상적인 차이들이며, 대상 자체에 내

로는, 음악이 표현하는 사물 자체(Sache)가 객관적으로 수미일관된 모습을 보이는 것만이 오로지 위대한 음악에게 그 품격을 부여한다. 이러한 수미일관성은 예로부터 작곡 과정에서 형성되는 주체적 의식을 통한 깨어 있는 통제로부터 얻어진다. 음을 감성적이고 수동적으로 지배하는 것을 넘어서서 수미일관성의 논리를 배우는 과정은 미식가의 식도락과는 격이 다른 위상을 갖는다. 신음악이 수미일관성의 논리를 순수하게 형상화하면서 새로운 방식으로 숙고하고 있다는 점에서 볼 때는, 신음악은 푸가(Fuge) 기법, 베토벤, 브람스의 전통에 접맥된다. 신음악이 주지주의에 빠져들었다고 비난할 바에는 매력적인 것과 천박한 것을 그럴 듯하게 혼합하는 것을 맛보기하듯이 즐기는 적당주의적인 모더니티를 고발하는 것이 차라리 옳을 것이다. 적당주의적인 모더니티를 즐기는 작곡가는 음 하나하나에서부터 음악 형식의 특징에 이르기까지 음악의 형태에 들어 있는 통합적 법칙을 따르기 때문에 개별 모멘트들을 청취자가 자동적으로 파악하는 것을 방해하는 작곡가보다 더욱 비난받아 마땅한 것이다. 이러한 모든 사정에도 불구하고 주지주의에 대한 비난은 너무도 집요하기 때문에 어리석은 주장에 대해 현명한 주장으로 맞서는 것보다는 그러한 비난이 일어나게 된 사정을 더욱 포괄적으로 인식하는 것이 더욱 이로울 것이다. 일반적 의식을 논의할 때 개념적으로 보아 가장 불확실하

재하는 차이들이 아니다. … 느낌에 대한 성찰은 주관적인 자극과 그것이 갖고 있는 특수성을 관찰하는 것에 만족한다. 대상 자체, 즉 예술작품에 깊이 침잠해 들어가서 단순한 주관성과 그 상태들이 그 위로 지나가 버리게끔 하는 것 대신에 주관적인 자극을 고찰하는 것 수준에서 자족하고 있는 것이다"(Hegel, Werke, Vollständige Ausgabe durch einen Verein von Freunden des Verewigten, Bd. 10 : Vorlesungen über die Ästhetik(미학 강의), hrsg. von H. G. Hotho, 2. Aufl., Berlin 1842/43, 1. Theil, S.42 f. 원전 각주).

고 불명료한 자극들에 속하는 것으로는 우선적으로 기만을 들 수 있다. 이 외에도, 대상을 규정하는 데에는 결코 빠트릴 수 없는 요소인 대상 자체의 부정성의 흔적들도 그러한 불확실하고 불명료한 자극들에 숨겨져 있다. 예술은 계몽의 과정에 직접 참여하고 계몽과 더불어 진보하지만,[13] 전체적으로 볼 때는 예술이, 특별하게 볼 때는 음악이 오늘날 계몽의 과정에 의해 충격을 받아 동요하고 있다. 헤겔은 예술가에게 "정신의 자유로운 형성"을 요구하였다. "이처럼 자유로운 형성에서는, 직관과 서술의 특별한 형식들에 제한된 채 머물러 있을 뿐인 모든 미신과 믿음이 단순한 측면들이나 모멘트들로 격하될 뿐이다. 자유로운 정신은 그러한 측면들이나 모멘트들에서는 그 정신이 자신을 드러내고 자신을 형성시키는 방식을 즉자적 및 대자적으로 정당화시키는 어떠한 조건들을 볼 수 없기 때문에 그러한 측면들이나 모멘트들을 지배하게 된다."[14] 위에서 본 이유로 인해 헤겔이 예술가에게 정신의 자유로운 형성을 요구하였다면, 전통적 형식들에 규정되어 있는 절대적 진리로부터 자유롭게 되었듯이 정신의 대상이 스스로 규정하는 자명한 전제로부터도 자유롭게 된 정신으로서의 주지주의에 대해 격분하는 것은 예술작품에서 정신은 객관적이고도 필연적으로 등장함에도 이것이 잘못되었다고 그 책임을 주지주의에게 뒤집어씌우는 것과 마찬가지이다. 이처럼 주지주의에 책임을 전가시키는 시각에서는, 주지주의는 불행이나 죄로 보일 뿐인 것이다. "시

---

13) 아도르노는 계몽이 타락시킨 문명사를 계몽시키는 것을 예술의 본질적인 것으로 보고 있다. 세계를 주술로부터 해방시킨다고 하는 계몽은 세계를 다시 주술화시키는 타락에 빠져든다. 예컨대 나치즘은 탈주술화된 세계가 다시 주술의 세계에 빠져든 것을 극명하게 보여주는 타락의 전형적인 증거이다. 아도르노는 예술이 이처럼 계몽이 주술화한 세계를 다시 탈주술화함으로써 계몽에 대한 계몽의 기능을 갖는다고 보았다(역주).

14) Hegel, Ästhetik(미학), l. c., 2. Teil, S.233 f.

대가 처한 곤경, 산문적인 의미, 관심의 부족 등으로 인해 외부로부터 예술에 닥쳐온 것들을 우리는 단순한 우연적인 불행으로 간주할 필요는 없다. 이것은 오히려 예술 자체가 행사하는 작용력이며 예술이 지속적으로 진행되고 있음을 보여주고 있다. 예술은 자신에 스스로 내재하는 소재를 대상적으로 직관화하는 능력을 보이며, 이러한 도정 자체에서 예술이 서술된 내용으로부터 자신을 해방시킴으로써 획득하는 모든 예술적 진보가 이루어진다. 이렇게 해서 예술은 그 영향력을 행사하면서 앞으로 나아가고 있는 것이다."[15] 위에서 말한 정신의 자유로운 형성은 예술가들에게 사고가 절대적으로 필요함을 지적하고 있음에도, 예술가들이 더욱 많이 사고하지 않는 것이 좋을 것이라는 충고는 대중문화에 순응되어 산산조각이 난 한탄을, 다시 말해 소박함의 상실에서 오는 비탄을 표현하는 것과 다름이 없다. 오늘날 낭만주의에서 유래하는 원(原)모티브는 성찰을 피하고 전통적으로 이미 주어진 재료들과 형식적 카테고리들에 굴복하라고 추천하고 있을 정도이다. 이러한 재료들과 카테고리들은 이미 사라지고 없음에도 추천하고 있는 것이다. 비탄의 대상이 되는 것은 실제로는 부분적인 타락, 즉 예술적 행사들을 통해 치유될 수 있는 ―이것 자체가 합리적인― 타락이 아니고, 진보가 남겨 놓은 그늘이다. 진보의 부정적 모멘트는 진보가 현재 도달시킨 국면 전체에 걸쳐 명백하게 지배력을 행사하고 있기 때문에 사람들은 예술에게 이에 저항하라고 외쳐보지만 예술도 역시 스스로 진보가 드리워 놓은 표지(標識) 밑에 놓여 있을 뿐이다. 아방가르드 예술에 대한 분노는 격렬해져서 후기산업사회에서 아방가르드 예술이 차지하는 역할과 후기산업사회가 과시하는 문화적 행사들에서 아방가르드 예술이 갖고 있는 몫까지 넘어설

15) Hegel, l. c., S.231.

정도가 되었다. 그 이유는 두 가지이다. 새로운 예술에서 나타나는 극도로 불안해진 의식은 자신을 총체적 계몽으로부터 탈출시켜 줄 수 있을 것으로 기대했던 통로가 막혀 있다는 것을 알아차렸기 때문이다. 이것이 하나의 이유이다. 오늘날 예술은, 그것이 실체를 갖고 있는 한, 사람들이 잊어버리고 싶어 하는 모든 것을 가차 없이 성찰하고 이를 의식으로 변화시키는 능력을 갖고 있다는 사실이 두 번째 이유가 된다. 이러한 중요성으로부터 아방가르드 예술은 사회에 아무 것도 주지 못하는 하찮은 예술에 지나지 않는다는 비아냥이 구축되는 것이다.[16] 빈틈을 보이지 않는 다수의 예술가들은 헤겔이 역사적 변환기로부터 극도로 냉정하게 도출한 다음과 같은 사실을 이용하고 있다. "우리는 예술이나 사고와 같은 수단을 통해서 대상을 우리의 감성적, 정신적 시각 앞에 너무나 완벽하게 놓이게 할 수 있다. 그러나 이러한 완벽함으로 인해 대상의 내용은 소진하고 모든 것이 밖으로 끌려 나오게 되며, 어둡고 내면적인 것은 어떠한 것도 더 이상 남아 있지 않게 된다. 우리의 시각이 대상을 완벽하게 지배하는 것에서 절대적 관심이 사라지게 된다."[17] 철학적 체계들이 총체적으로 그 통용성을 주장하면서 예술을 종교 체계의 뒤에 있는 체계로 보아 저승으로 몰아 버렸던 시대인 19세기의 예술이 압류시켰던 것이 바로 '절대적 관심'[18]이었다. 바그너의 바이로이트(Bayreuth) 구상은 예술이 처한 그러한 곤궁으로부터 탄생된 오만 중에서도 가장 극단적인 오만이었다. 아방가르드 예술은 위에서 말한 어두움을 포기하지 않고

---

16) 위에서 말한 두 가지 이유가 아방가르드 예술의 존재 가치를 높여주고 있음에도 사람들은 이를 제대로 인식하지 못하고 있다는 사실을 아도르노가 비판하고 있다고 보아야 할 것 같다(역주).

17) Hegel, l. c., ibid.

18) 작은 따옴표는 독자의 이해를 위해 옮긴이가 임의로 붙인 것임(역주).

도 그것이 내보이는 본질들에서 오만으로부터 벗어날 수 있었다. 헤겔도 예술에서 어두움이 지속되지 않고 사라져 버릴까 하는 것을 걱정하였는바, 이 점에서 헤겔은 진술한 시민이었다. 진보의 정신이 추동하여 모든 것이 항상 새롭게 시작되는 상황에서, 진보의 정신에 의해 억누름을 당할 처지에 놓여 있는 어두움은 지배적 정신이 인간의 내적 본성 및 외적 자연에 대해 행사하는 압력[19] 덕택에 오늘날까지 형상을 변화시키면서 끊임없이 예술에서 재생산되고 있다. 어두움은 헤겔 미학의 자리에 나오는 순수한 즉자대자존재(An-und-für-sich-Sein)가 아니다. 예술에 관해서는 오히려 헤겔의 정신현상학이 적용될 수 있다. 정신현상학은 모든 직접성이 그 내부에서 이미 매개된 것이라고 가르치고 있기 때문이다. 이를 다른 말로 하면 다음과 같다. 예술은 지배의 결과로 비로소 생산되어지는 것이다. 묻지 않은 채 당연하게 받아들여지는 소재들과 형식들이 갖고 있는 직접적인 자기 명증성이 예술에서 소멸하게 되면, 예술에게는 어두움이 "절박한 위급의 의식"[20]에서, 인간을 덮치면서 쳐들어오는 끝없는 고통에서, 그 고통의 흔적과 더불어 주체 자체 내부에서 싹터 오르게 된다. 이렇게 움트는 어두움은 하나의 에피소드로서 나타나 만개한 계몽을 중단시키는 역할을 하는 것이 아니고, 만개한 계몽이 최근에 보이는 국면[21]을

---

19) 이러한 압력이 예술에게는 오히려 어두움을 표현하게 해 주는 요소가 된다는 의미로 해석될 수 있다고 보임(역주).

20) Hegel, Ästhetik, l. c., 1. Teil, S.37.

21) 만개한 계몽은 아도르노에게는 다시 신화로 돌아가며, 이것은 폭력이다. 예컨대 나치 폭력은 20세기의 만개한 계몽이 행사하는 신화적 폭력의 구체적 예이다. 예술에 나타나는 어두움은 폭력을 표현하는 수단이다. 폭력이 증대될수록 예술에 나타나는 어두움도 커진다는 것이 아도르노의 생각이다. 아도르노는 현대예술에서 나타나는 특징인 수수께끼적인 형상에 특히 주목하였다. 계몽이 행사하는 폭력에 인간이 지배당하는 현실에서 예술은 수수께

그늘로 가리면서 어두움 자신이 갖고 있는 실재적 위력을 통해서 예술적 형상에서 서술적 표현을 거의 배제시켜 버린다. 막강한 위력을 지닌 문화산업이 현실을 밝게 해주는 원리 자체를 유린하고 예술에서 살아남은 어두움이 존재하게 하는 대가를 지불하게 하기 위해서 인간을 다루는 데 있어서 현실을 밝게 해주는 원리를 타락시키면 시킬수록, 예술은 거짓으로 치장된 밝음에 대해 더욱더 대립각을 세우게 된다. 예술은 쫓겨난 어두움의 자리에 들어선 네온사인의 찬란한 배열이 보여주는 시대적 양식에 대항한다. 예술은 세계의 밝음을 예술 자신에 내재하는 어두움으로 의식적으로 인도하면서 세계를 밝게 해주는 것에 도움을 주고 있는 것이다. 인간이 평화로운 시대에 처해 있을 때, 예술은 비로소 사멸할 수 있을 것이다.[22] 오늘날 실제의 위협으로 다가오는 예술의 죽음은 단순한 현존재가 의식이 향하는 시선을 제압하면서 올리는 환호성으로만 유일하게 가능할 것 같다.[23] 제압당한 시선은 의식을 지탱해 주지 못하고 있다.

끼와 같은 형상을 내보임으로써 현실을 고발한다는 것이다. 따라서 그에게는 현대예술이 구체적이고도 객관적인 서술을 거의 배제시키는 것이 결코 이상한 현상이 아니다(역주).

22) 이것은 아도르노의 유명한 예술종말론 테제이다. 아도르노는 헤겔의 예술종말론과는 정반대의 시각에서 예술종말론을 전개하였다. 예술은 세계가 인간에게 주는 고통을 표현하기 때문에 존재하며, 세계가 화해된 평화로운 상태, 즉 유토피아의 상태에 놓이게 되면 예술은 더 이상 존재할 수 있는 가치를 상실하게 된다는 것이다(역주).

23) 예술의 죽음을 결코 인정하지 않으려는 의도를 보이고 있는 구절로 읽힐 수 있다고 본다(역주).

❀_ 급진적 음악이라고 해서 모두 저항력을 갖지는 않는다

그러한 위협은 그나마 어렵게 생산되고 있는 소수의, 수용자들과 친숙해지기 어려운 예술작품들 위에도 드리워져 있다. 이러한 예술작품들은 문화사업 조직의 교활한 천박성을 무시하면서 자신의 내부에서 총체적 계몽을 실현시킴으로써,[24] 문화 장사를 하는 조직이 조종하는 총체적 통제에 대항하는 불쾌한 반(反)테제가 되며, 이는 예술작품들이 자신들에 내재하는 진리를 보존시키기 위해 취하는 태도이다. 이렇게 함으로써 동시에 예술작품들은 자신들이 대항하였던 것이 갖고 있는 본질적 구조에 자신들을 비슷하게 하며, 예술작품들이 원래 갖고 있는 관심사에 반대되는 방향으로 나아가는 것이다.[25] "절대적 관심"에의 상실은 사회에서 예술작품이 처한 외적인 운명에 관련되어 있다. 사회는 예술작품이 사회에 대해 분노함으로써 사람들이 예술작품에 주목하게 되는 현상을 점차적으로 줄여나갈 수 있고, 이렇게 함으로써 신음악에 대해 어깨를 들썩이면서 비웃듯이 바라보라고 손가락질할 수 있는 능력을 갖고 있기 때문이다.[26] 그뿐만 아

---

24) 아도르노에게, 예술은 계몽이 타락시킨 세계를 다시 계몽시키는 기능을 갖고 있다. 예술은 신화에 타락적으로 빠져든 계몽을 다시 계몽시키는 심급(Instanz)인 것이다(역주).

25) 예술작품이 갖고 있는 고유한 관심사가 무엇인지에 대해 아도르노가 구체적으로 언급을 하고 있지 않아서 이 문장을 이해하는 데 어려움이 따른다. 옮긴이가 보기에는, 현대예술이 세계의 부정성에 대해 충격, 추함, 부조리 등의 표현수단들을 통해 저항하면서 대상을 있는 그대로 표현하고자 했던 원래의 관심사와는 대립관계에 놓이게 된다는 뜻으로 해석된다(역주).

26) "절대적 관심"을 잃어버리면 예술작품에 표현된 분노를 소멸시킬 수 있는 능력을 가진 사회가 예술작품에 대해 주목하는 것을 없애 버릴 수도 있다는 뜻으로 읽힌다. 신음악에 내포되어 있는 사회에 대한 분노를 옹호하는 뜻이 들어 있다고 보면 될 것 같다(역주).

니라 신음악은 정치적 당파들과도 운명을 나누는 처지에 놓여 있다. 어떤 정치적 당파들이 스스로 가장 진보적인 이론의 형태를 갖고 있다고 할지라고 기존의 모든 권력들과의 불편한 관계 때문에 현실에 맞지 않는 당파들이라고 몰리게 되며 결국 기존의 질서에 봉사하게 되는 운명을 벗어날 수 없다는 사실을 볼 때, 신음악도 이와 비슷한 운명에 놓여 있는 것이다. 작품들의 즉자 존재는 작품들이 전개되는 것에 따라 성립되며 결코 감소될 수 없는 자율성을 생명으로 한다. 작품들의 즉자 존재는 오락을 거부하는 단호함에 의해 유지되며, 수용에 저항하는 것에 대해 결코 무관심하지 않다.[27] 예술작품이 자기 스스로는 극복할 수 없는 사회적 고립은 예술작품에게는 치명적 위험이면서도 예술작품을 성공에 이르게 하는 요소이다. 중요 작품들이 항상 비의적(祕義的)인 상태에 머물러 있는 절대 음악에 대해서 거리를 두었던 헤겔은 칸트 미학을 거부하는 입장에 맞춰 무엇이 음악에게 최종적으로 생명력을 불어넣어 주는가에 대해서 조심스럽게 언급한 적이 있었다. 그의 주장의 핵심은 심미감이 없는 소박성에 머물러 있기는 하지만 그래도 결정적인 것을 보여주고 있다. 음악이 갖고 있는 순수한 내재성에 음악을 맡겨 두어야 한다는 결정적 주장을 헤겔이 펼치고 있는 것이다. 음악의 전개에 내재하는 법칙과 음악이 사회적인 반향을 상실하는 것, 바로 두 요소가 음악에게 이미 자신을 순수한 내재성에 맡겨 놓으라고 강요하고 있듯이 음악을 순수한 내재

---

27) 이 구절에는 아도르노 예술이론의 중요 개념들이 들어 있다. 작품이 작품 자체로서 존재하는 것이 그에게는 이미 사회에 대한 비판이다(작품에 내재하는 사회성, Die Immanenz der Gesellschaft im Werk). 오락의 거부는 그의 문화산업론의 핵심에 해당된다. 그는 예술이 수용자들에 의해 자의적으로, 대량적으로 수용되는 것을 단호하게 거부하였다. 이런 점에서 그는 수용미학의 창시자인 야우스(Hans Robert Jauβ)와는 의사소통이 되지 않는다(역주).

성에 맡겨 두라는 것이다. "개별 작품들의 체계"를 논의하는 장에서 헤겔은 작곡가에 대해 다음과 같이 말하고 있다. "그러한 내용에 무관심한 작곡가에게 중요한 것은 그의 작품에 내재하는 순수한 구조와 작품의 구성 양식에 들어 있는 재간이라고 말할 수 있다. 이러한 측면에서 볼 때, 음악적 생산은 교양에서 우러나오는 깊은 의식과 정취를 필요로 하지 않는 것, 다시 말해 사고와 감정이 결여되어 있는 결과물이 될 수 있는 것이다. 음악적 생산에서 이처럼 사고와 감정이 비어 있기 때문에 우리는 작곡가의 재능이 이미 아주 어린 나이에 발달되는 것을 자주 보고 있을 뿐만 아니라 재능이 빼어난 작곡가들이 그들의 생애 전체에 걸쳐서 의식이 없고 사고와 감정이 빈곤한 사람들로 머물러 있는 것을 경험하고 있는 것이다. 따라서 다음과 같은 것을 더욱 깊게 고려할 필요가 있다. 작곡가가 두 가지 측면, 즉 간단히 규정되지는 않는 내용을 표현하는 측면과 음악적 구조라는 측면 모두에 작곡가는 기악에서도 같은 비중을 두고 주목해야 하는 것이다. 이렇게 함으로써 작곡가는 때로는 선율에 우위를 두다가, 때로는 특징적인 것에 우위를 두고, 때로는 이러한 요소들을 서로 매개시키는 것에 우위를 두는 우왕좌왕으로부터 자유롭게 된다."[28] 음악이 사고와 감정을 결여하고 있다고 비난받는 것은 음악이 재주를 피운다거나 실체적으로 무엇을 채워 넣는다고 해서 임의적으로 극복될 수는 없다. 음악이 이렇게 된 것은 음악의 내용이 빈곤해지는 것이 역사적으로 상승된 결과이며, 표현이 매개하는 이념이 객관적으로 붕괴되면서 나타난 결과이다. 헤겔은, 음악에 대해 그가 가진 생각에는 반대적이기는 하지만, 동시에 옳은 생각도 보여주고 있다. 헤겔 미학이 한마디 하고 싶은 내용보다는 음악에 역사적으로 부여된 강제적

28) Hegel, Ästhetik, l. c., 3. Teil, S.213 f.

속박이 더욱 멀리 미치고 있다. 현재의 역사가 처해 있는 단계를 볼 때 예술가는 헤겔이 자유주의 시대의 초기에 생각할 수 있었던 것보다는 비교가 되지 않을 정도로 자유롭지 못한 처지에 놓여 있다. 이미 존재했던 것들이 해체된 것은 소재와 기술에 관련된 모든 것을 마음 내키는 대로 처리할 수 있는 가능성으로 인해 초래된 결과가 아니다. 소재와 기술을 마음대로 처리할 수 있다는 망상을 품었던 자들은 딱하기 짝이 없었던 혼합주의자들이었다. 심지어는 말러의 교향곡 8번처럼 거대한 구상들도 그러한 가능성에 대한 환상으로 인해 실패하고 말았다. 이미 존재했던 것들이 해체된 것은 혼합주의 때문이었다. 혼합주의는 그것 스스로 품고 있는 의도들을 단순히 집행하는 것이 되고 말았다. 의도들은 혼합주의에 낯설게, ─혼합주의가 작업을 한 결과로 출현하는─ 형상물들로부터 나오는 가차 없는 요구사항들로서 혼합주의에 반대하면서 나타나는 것이다.[29] 위에서 본 것처럼, 헤겔은 작곡가의 자유를 인식하고 있었다. 헤겔이 작곡가에게 부여하였던 이러한 종류의 자유, 그리고 헤겔이 베토벤에 대해 언급한 사실은 없지만 이러한 자유의 극단적 실현을 베토벤에서 보았던 자유는 항상 이미 주어진 것에 필연적으로 관련되어 있으며, 이미 주어진

---

29) 예술작품들의 주관적-심리적 내용을 전적으로 강조하였던 프로이트의 후기 저작들에서 이 문제를 마주치게 되는 것은 정말로 놀라운 일이 아닐 수 없다. 프로이트는 다음과 같이 말한다. "예술가의 창조력은 항상 그가 가진 의지로부터 따라나오는 것은 아니다. 작품은, 작품이 할 수 있는 대로, 성공에 이른다. 작품은 자주 창조자에 의존되지 않은 채, 때로는 창조자에게 낯설게, 창조자에게 맞서게 된다"(Sigmund Freud, Gesammelte Werke, Bd. 16, London 1950, S.211, [»Der Mann Moses und die monotheistische Religion«, 모세와 일신교 종교]. 원전 각주).

　본문의 이 문장을 제대로 이해하는 것은 매우 어려운 것으로 보이며, 아도르노가 붙여 놓은 위 각주가 이해에 도움이 되는 결정적 근거가 될 수 있을 것으로 생각한다(역주).

것들이 구축한 틀에서 가능성들의 다양함이 열려 있는 것이다. 이에 반해서, 스스로 산출되어 자기 자신만을 위해 단순히 존재하는 것은 있는 그대로의 자신 이외의 다른 것이 될 수 없으며, 헤겔이 기악의 구원을 약속했던 화해적인 작용들을 배제시킨다. 이미 주어진 모든 것을 제거하는 것, 음악을 동시에 절대적 단자(單子)로 환원시키는 것은 음악을 경직시키고 음악의 가장 깊은 곳으로부터 나오는 내용을 병적(病的)으로 변화시킨다. 음악이 자급자족하는 활동 영역에 머물러 있을 때, 음악은 사회가 부분별로 분할되어 조직되는 것, 다시 말해 당파적 이해관계가 구축한 완고한 지배를 용인하는 것에 연루된다. 지배는 절대적 단자(單子)가 이해관계가 없는 상태에서 자신을 알리는 동안에 그 배후에서 감지될 수 있다.

❀ _ 신음악의 이율배반

모든 음악, 특히 신음악에서는 필연적인 매체가 되는 폴리포니 (Polyphonie)가 원시 제전에서 제사와 춤이 집단적으로 실행되는 것으로부터 발원하였다는 사실은 제사와 춤이 음악의 "출발점"이었다는 단순한 사실을 말해 줄 뿐이다. 이렇게 출발한 음악이 자유를 향하여 스스로 형성되는 과정을 밟았다고 해서 음악이 당면한 문제들이 극복되는 것은 아니다. 오히려 역사적인 원천이, 음악이 이미 오래전부터 모든 집단적인 행사와 결별했음에도, 음악에 고유하게 내재하는 의미 연관관계로 남아 있다. 다성 음악은 자기 스스로 작곡가의 표상에서나 유일하게 살아 있으며, 따라서 어떠한 생동감 있는 것도 이루지 못하면서도 "우리"를 말한다. 경험세계에서 나타나는 집단성과는 분리되어 있는 것으로서 음악이 자기 자신의 내부에 갖고 있는 것인 이상적(理想的) 집단성은 음악이 결코 처리할 수 없는 사회적 고립과,

그리고 이러한 고립의 결과로 음악에 나타난 표현상의 특징과 모순 관계에 놓이게 된다. 많은 사람들이 음악을 들어서 이해하게 된다는 것은 음악적 객체화 자체에 그 근거가 놓여 있다. 청취를 통한 이해가 배제된 곳에서는, 음악적 객체화가 필연적으로 거의 하나의 허구적인 것으로 내려앉게 되며, 이는 예술적 주체가 부리는 오만이 된다. 단지 나에 지나지 않으면서도 "우리"와 함께 설정하지 않고는 아무것도 말할 수 없는 상태에 빠진 예술적 주체가 우리를 말하면서 오만에 빠지고 마는 것이다. 유아론(唯我論)적인 어떤 작품이 대규모 오케스트라에 부적절한 이유는 무대 위에서 연주할 많은 연주자들에 대한 공시(公示)와 연주자들 앞에 놓여 있는 텅 빈 청중석들 사이의 불균형에서 초래된다. 그뿐만 아니라 그러한 부적절함은 나라는 입장에서 시도되는 형식이 그것 자체로서 필연적으로 나를 넘어서고 있음에도, 나라는 입장에서 성립되고 나라는 입장을 서술하는 음악이 나라는 입장을 넘어설 수 없다는 사실을 증명해 보이고 있다. 이러한 이율배반은 신음악에 내재하는 힘들에 붙어서 그러한 힘들을 소진시키는 것을 대가로 해서 유지된다. 신음악에서 보이는 경직성은 음악적 형상물이 그 앞에 출현한 절망적 비진실에 대해 느끼는 불안을 표현한 것이다. 음악적 형상물은 경련을 일으키듯이 자신에 고유한 법칙 안으로 침잠함으로써 절망적 비진실로부터 도망가려고 노력하지만, 자신의 경직성으로 인해 비진실을 배가시킬 뿐이다. 오늘날의 위대한 절대 음악인 쇤베르크 악파의 음악은, 헤겔이 그의 시대에 최초로 고삐 풀린 기악의 노련함에 대해 곁눈질하면서 우려하였던 "사고와 감정이 결여된" 음악의 반대편에 서 있는 것이 확실하다. 그러나 그것은 또한 더욱 높은 경지에서 이루어지는 질서에 들어 있는 공허함과 같은 것을 알려 주고 있으며, 헤겔이 말한 "불행한 자아의식"과 유사하지 않은 것만은 아니라고 말할 수 있다. 헤겔은 "불행한 자아의식"에 대해 다음과 같이 말하고 있다. "그러나 이러한 자아는 자신의 공허함을 통해 내용을 자유롭게 해 준다."[30] 쇤베르크에 따르면 음악의 전체 역사에 걸쳐 부단히 일어났다고 하는, 음악의 표현을 담지하는 요소들이 재료(Material)로 변신하는 것은 오늘날 지나치게 급진적인 형태로 나타나서 표현의 가능성 자체가 문제될 정도가 되었다. 급진적 음악에 고유하게 내재하는 원리가 유발하는 결과는 음악적 현상을 '무엇을 의미하는 것'으로부터 '자체로서 불투명한 현존재적인 것'[31]으로 더욱더 끊임없이 경직시키고 있다. 오늘날 어떠한 음악도 "그대에게 보답하리라"[32]와 같은 음조(Tonfall)를 말할 수는 없을 것 같다. "더 좋은 세상"을 추구하는 이념은 음악에 2가지 손실을 가져왔다. 인간적인 것을 추구하는 이념 자체도,[33] "더 좋은 세상"이라는 이념과 더불어, 베토벤의 음악에 생명력을 불어넣는 원동력이기도 한 인간을 넘어서는 힘을 손상시키는 것에서 끝나지 않았다. 그뿐만 아니라 음악은 도처에 편재하는 사업조직에 대항하여 자신을 주장하는 유일한 근거인 형상물의 엄격함을 음악 내부에서 경직시킴으로써 음악이 자신의 외부에 존재하는 것, 현실적인 것에 더 이상 도달하지 못하게 한다. 외부에 존재하는 것과 현실적인 것은 한때 음악에게 내용을 가져다주었던 요소였으며, 절대적 음악이 진정

---

30) Hegel, 『Phänomenologie des Geistes(정신현상학)』, l. c., S.482.

31) 작은 따옴표는 옮긴이가 독자의 이해에 도움이 되도록 임의로 붙인 것임(역주).

32) "그대에게 보답하리라"(Dir werde Lohn)는 베토벤의 오페라 피델리오 2막 후반 3중창 가운데 플로레스탄이 부르는 대목을 가르킴. 지하 감옥에 갇혀 있다가 남장한 부인 레오노레(피델리오)가 건네주는 포도주와 빵을 보며 감격하며 부르는 노래. "Euch werde Lohn in besseren Welten" "더 좋은 세상이 오면 두 분(레오노레, 로코)께 보답하리라."

33) 이 개념이 부정적으로 쓰이고 있음은 뒤의 내용에서 알 수 있다(역주).

으로 절대적인 것이 될 수 있도록 해 준 요소였다. 그러한 내용을 음악에게 기습적으로 되돌려 주려는 시도들은, 음악적 형상 자체가 그러한 시도들로부터 스스로 문을 닫고 있기 때문에, 대부분의 경우 가장 외적이고 구속력이 없는 요소인 소재들 수준에서나 그럭저럭 처리될 수 있을 것이다. 표현 형태들을 완결적으로 구성하고 표현 형태들에 따라 열(列)을 만드는 방식을 취하고 있는 쇤베르크의 후기 작품들만이 오로지 "내용"의 문제를 실체적으로 제기하고 있다. 쇤베르크의 후기 작품들은 내용이 유기적으로 형성한 완결체가 음악의 작곡 과정들에서 내용을 미리 요구하지 않은 상태에서 작품으로 형상화되고 있는 것이다.[34] 아방가르드 음악에게 남아 있는 것이라고는 자신의 경직성을 고집스럽게 유지하는 것밖에 아무것도 없다. 이것은 위에서 말한 인간적인 것을 받아들이지 않고 이루어져야 한다. 유혹하듯이 자신의 본질을 몰아붙이고 있는 인간적인 것을 아방가르드 음악은 비인간성의 탈을 쓴 가면임을 꿰뚫어 보고 있다. 아방가르드 음악의 내부에서 조직된 의미의 공허함으로 통해 그 음악이 결코 알고 싶지 않은 조직화된 사회의 의미를 인정하지 않은 것에서, 아방가르드 음악이 갖는 진실은 비로소 '없애 가짐'[35]에 도달할 수 있을 것 같다. 사회는 마치 자신의 내부에서 스스로 긍정적인 의미를 갖는 능력이라도 있는 것처럼 존재하지만, 아방가르드 음악은 이것을 거부하고 있는 것이다. 아방가르드 음악은 현재의 조건들에서는 규정된 부정(bestimmte Negation)의 행동을 보이고 있는 것이다.

---

34) 어떤 특정 이념이 예술작품에게 강요되어 탄생한 작품을 아도르노는 작품으로 전혀 인정하지 않았다. 이런 이유에서 그는 루카치의 사회주의적 리얼리즘을 혹독하게 비판하였다(역주).

35) 작은 따옴표는 옮긴이가 임의로 붙인 것임(역주).

❀_ 어떻든 상관없다는 태도에 대해서

　객관적 정신이 표현된 모든 산물들에서처럼, 음악에서도 오늘날 아주 오래된 죄를 물어야 한다. 그것은 정신과 육체의 분리, 정신노동과 육체노동의 분리에 기인한 죄이며, 특권에서 유래하는 죄이다. 주인과 노예에 관한 헤겔의 변증법은 종국에는 가장 높은 곳에 있는 주인, 다시 말해 자연지배적 정신으로까지 번진다. 자연지배적 정신이 하나의 자율성으로 진보를 거듭해 나갈수록, 자연지배적 정신은 그것에 의해 지배된 모든 것과의 구체적인 관계로부터 더욱더 떨어져 나간다. 이러한 변증법은 인간들과 재료들에게도 똑같이 해당된다. 자연지배적 정신에 놓여 있는 가장 고유한 환경인 자유로운 예술적 생산의 환경에서 자연지배적 정신이 마지막 남은 이질적인 것을, 즉 재료적인 것을 완전히 지배해 버리는 순간에, 이 정신은 자기 자신에 붙잡힌 상태에서 자신의 내부를 맴돌기 시작한다. 이러한 상태에서는, 저항하는 것을 자신에게 스며들게 하는 것에서 유일하게 자신의 의미를 느꼈던 자연지배적 정신은 저항하는 것으로부터도 분리된다. 정신적 자유의 완벽한 실현은 정신의 거세와 일치한다. 정신의 물신적 성격, 단순한 반성 형식이 실체화된 것으로서의 정신의 실체화는 다음과 같은 경우에 그 모습이 드러난다. 다시 말해서, 스스로 정신이 아니고 '모든 정신적 형식들에 의해 함축적으로 의도된 것'으로서 '정신적 형식들에게만 유일하게 정신적 형식들의 실체성을 부여한 것'[36]과 정신이 맺고 있는 마지막 의존성이 사라지게 되면, 물신적 성격과 단순한 반성 형식의 실체화가 갖는 문제가 드러나는 것이다.

---

36) 작은 따옴표는 독자를 위해 옮긴이가 임의로 붙인 것임. 작은 따옴표로 강조한 부분을 보면, 아도르노가 정신적 형식들에 주목하고 있는 것을 알 수 있음 (역주).

현실과 일치하지 않는 모습을 보이고 있는 아방가르드 음악도 목적이 없는 수단으로서의 정신, 다시 말해 정신이 어떻든 상관없다는 태도로부터 보호를 받고 있는 것은 아니다. 아방가르드 음악은 사회에 대한 반(反)테제, 사회로부터의 고립에 힘입어 사회적 진실을 보존시킨다. 그러나 사회는 다시 아방가르드 음악을 메마르게 한다. 아방가르드 음악에게는 생산에의 자극, 존재의 이유가 박탈당한 것처럼 보이는 것이다. 그럼에도 예술로부터 나오는 가장 고독한 말은 역설을 먹고 산다. 예술가의 말이 갖고 있는 고독화에 힘입어, 그리고 사람들에게 미끄러져 들어가 새겨 넣듯이 이루어지는 의사소통을 포기하는 것에 힘입어 예술가의 말은 그 생명을 유지하는 것이다. 이렇지 않은 경우에는, 예술가의 근성 자체가 아무리 용감할지라도 마비된 것, 파괴적인 것이 예술작품의 생산에 들어오게 된다. 그러한 마비의 징후들 중에서도 가장 특별한 징후는 아마도 다음과 같은 것이 해당될 것이다. 다시 말해, 자율성을 통해 청중을 장악함으로써 민주적으로 넓은 층을 형성한 청중을 다시 자율성을 수단으로 해서 끌어 모으는 데 성공한 진보음악(fortgeschrittene Musik)이 시민사회적 혁명 이전의 시기에 속하며 본질적으로 자율성을 배제시키고 있는 계약 작곡[37]을 회상시키는 것이야말로 미래의 가장 특별한 징후라고 할 만하다. 이러한 새로운 풍습은 쇤베르크의 《피에로》까지 거슬러 올라가며, 스트라빈스키가 디아길레프(Djaghilew)를 위해 작곡한 곡도 새로운 풍습에 근접해 있다. 완성된 형태로 노출되는 거의 모든 작품들은 시장에서 팔리지 않으며, 예술 애호가들이나 기관들이 작곡 비용을 지불한다.[38] 계약과 자율성 사이에서 발생하는 갈등은 마음이 내키

---

37) 수요자와의 계약에 의해 작곡되는 음악(역주).

38) 이러한 경향은 결코 아방가르드적인 작곡에 국한되지 않고, 대중문화가 지배하는 현실에서 비의적(秘義的)인 것으로 도장이 찍힌 모든 작품들에 해당

지 않은 상태에서 머뭇거리면서 이루어지는 예술적 생산에서 그 모습을 드러낸다. 절대주의 시대와는 다르게 오늘날에는, 서로 항상 불안정한 관계에 놓여 있었던 예술애호가와 예술가는 더욱더 상호간에 낯선 관계에 놓여 있다. 예술애호가는 작품과 어떠한 관계도 갖고 있지 않으며, 위에서 말한 "문화적 의무감"의 특별한 경우로서 작품을 주문하는 것이다. 이러한 의무감이라 해 보아야 그것 자체가 문화의 중성화(中性化)를 알리고 있을 뿐이다. 그러나 예술가에게는 사정이 다르다. 작품 납품 기한만 정해주고 특정한 기회만 주어도 예술가가 해방된 표현 능력이 필요로 하는 것인 비자의성을 없애 버리는 충분한 조건이 되는 것이다. 작품이 팔리지 않기 때문에 작곡가로 하여금 계약 작곡이라도 해야 되는 궁지로 몰고 가는 물질적 곤궁과 작곡가가 자율적 작품을 창조하기 위해 형언할 수 없는 노력으로 획득하는 기술로 자율성과는 이질적인 계약 작곡을 해야 하는 과정에서 발생하는 내적 긴장을 느슨하게 해야 하는 것 사이에는 역사적으로 이미 설정된 조화가 그 지배력을 과시하고 있다. 작곡가가 계약 작곡의 임무를 수행하는 대가는 자율적 작품으로부터의 빗나감으로 이어진다. 예술작품에 이처럼 녹아 있는 긴장감 자체는 주체와 객체, 작품 내부와 외부 사이에서 나오는 긴장감이다. 경제적으로 모든 것이 철저하게 조직화되어 있는 현실의 압박에 놓여 있는 오늘날의 상황에서 주체와 객체는 잘못된 동일성[39]에서, 대중이 지배 장치에 동조하는 것

된다. 미국에서는 스스로 유지될 수 있는 현악4중단이 없다. 대학이나 관심이 있는 부자들이 주는 보조금에 의해서나 유지될 수 있는 것이다. 심지어는 여기에서도 일반적 특징이 관철된다. 즉, 자유기업가 정신이 만든 토대를 벗어나지 못하고 동요하는 예술가를 아예 조직에 고용된 직원으로 변신시켜 버리는 것이다. 이것은 음악에서뿐만 아니라 객관적 정신의 모든 영역들, 특히 문학 영역에서도 일어난다. 그 원인은 경제적 집중이 점차 심화되는 것과 자유 경쟁의 사멸에서 찾을 수 있다(원전 각주).

에서 통합되고 말았다. 이러한 시대 상황에서, 위에서 말한 긴장감과 더불어, 작곡가의 생산적 충동은 물론이고 작품을 창조하는 중력까지 와해되고 만다. 작품이 한때나마 이러한 중력이 작곡가의 몫이 되게 하는 역할을 하였지만 이제는 역사적 경향이 더 이상 작품의 곁에 함께 있지 못하게 되었기 때문에 작품을 창조하는 중력도 무너지고 마는 것이다. 작품은 "이념"이 밀어붙이는 완벽한 계몽에 의해 순화된 채 음악적인 사실들에 단순히 첨가되는 이데올로기로 나타날 뿐이며, 이러한 상태에서 작품은 작곡가의 사적인 세계관으로 출현하는 것에 지나지 않는다. 이렇게 해서, 작품은 바로 작품이 절대적으로 정신화되는 힘에 의해서 맹목적으로 존재하는 것으로 전락되는 결과에 이르게 된다. 이것은 예술작품의 본질과는 현저한 모순관계를 노출시키고 있다. 각기 존재하는 예술작품을 정신의 출현으로 규정하는 것도 필연적이기 때문이다. 영웅적인 노력과 더불어 아직도 현존하고 있는 것은, 그렇게 현존하는 것만큼이나 똑같이 현존하지 않는 것일 수도 있다는 것을 의미한다. 슈토이어만(Steuermann)이 한때 언급한 바 있듯이, 오늘날 급진적 음악으로 넘어가 있는 위대한 음악이란 개념은 역사의 한순간에만 속한다는 의심은 충분한 근거가 있다. 라디오와 축음기가 도처에 널려 있는 시대에서 인간은 음악을 경험하는 것을 아예 망각해 버렸다는 의구심도 역시 있을 만하다. 음악은 목적을 위한 목적으로 순화된다. 음악은 무목적성에서 신음한다. 이것은 소비재가 소비 목적에 맞춰지기 위해 신음하는 것과 별로 다르지 않다. 사회적으로 이로운 노동을 중시하는 것이 아니고 최고의 성과와 유용성만을 요구하는 것을 중시하는 속성을 갖고 있는 노

---

39) 아도르노는 예컨대 문화산업을 주체와 객체의 잘못된 동일성이 실현된 현상으로 보고 있다. 이 생각은 『계몽의 변증법』의 문화산업 비판에서 개진되고 있다(역주).

동분업[40]이 바로 음악에서 보여지고 있다. 이것은 의문의 여지가 많

---

40) 헤겔은 그의 음악미학에서 딜레탕트와 음악을 아는 집단으로 대비시켰다.
두 집단은 절대적 음악을 이해하는 것에서는 서로 갈라질 것 같다(Cf.
Hegel, Ästhetik, I. c., 3. Teil, S.213). 헤겔은 딜레탕트의 청취에 대해서는
속을 꿰뚫는 듯이, 그리고 실질적으로 비판을 하였으나 음악을 아는 집단에
게는 주변 사정을 고려하지 않고 청취 권리를 부여하였다. 헤겔이 이런 태도
를 취했다는 것은 경악할 만한 것이며, 이는 헤겔 자신이 위와 같은 종류의
문제가 있을 때마다 전적으로 즐겨 이용하였던 건강한 시민사회적 인간 오
성으로부터도 벗어나는 태도이다. 이렇게 함으로써, 바로 노동분업의 결과
로 나타나는 아마추어와 전문가의 두 형태에 내재된 의견의 차이가 필연적
임을 인식하지 못하고 있는 것이다. 수공업 자체가 대량생산으로 해체되었
을 때, 예술은 고도로 특화된 수공업적 처리 방식이 남아 있는 유산이 되었
다. 이것은 그러나 음악을 아는 사람이 비진실을 만들어내는 부정적 결과를
낳았다. 예술에 대해 그가 갖고 있는 명상적 관계가 헤겔 미학이 그토록 근
본적으로 꿰뚫어 보았던 의심스러운 취향을 예술 감상에 포함시키는 태도를
취하게 하였던 그는 그러나 이러한 태도로 인해 스스로 비진실을 전개시켰
던 것이다. 이러한 비진실은 아마추어가 일과를 마치고 그도 음악에서 무엇
인가를 기대하고 있다고 흥얼거리는 것에서 나오는 비진실과 서로 보충적
관계에 놓여 있다. 음악을 아는 사람은 이렇게 해서 음악 전문가가 되었다.
음악 감상이라는 사안을 성취시키는 유일한 수단이 그의 지식을 동시에 상
투적인 결정적 지식으로 둔갑시키면서 음악 감상을 죽이는 결과에 이르게
한다. 음악을 아는 사람은 그 집단에서 나오는 패거리적인 편협성을 순진함
과 결합시키는데, 문제의 심각성은 그가 편협성과 우둔한 순진함을 자기 목
적으로서 존재하는 요소에 불과한 기술을 넘어서서 존재하는 모든 것(예술
작품은 기술을 넘어서서 존재하는 차원에서 형상화된다는 아도르노의 생각
이 들어 있다. 역주)에서 하나로 결합시킨다는 사실에서 드러난다. 한편으로
는 음악을 아는 사람이 대비되는 모든 점을 통제할 수 있는 능력을 보이는 동
안에, 그는 모든 전체가 무엇을 위해 존재하는가 또는 전체가 아직도 좋은 것
인가 하는 문제를 오래전부터 간과하게 된다. 전문성으로 특화되어 음악에
가까이 다가선다는 태도는 눈멀기로, 인식은 행정적인 보고서와 같은 것으
로 전도된다. 문화 상품들을 보호하기 위한 목적을 갖고 더욱 많이 아는 척
하는 열정에서 음악 전문가는 교양 있는 청취자와 만나게 된다. 그 전문가의
제스처는 반동적이다. 그는 진보를 독점한다. 그러나 이러한 전개가 작곡가

은 흔적들이며, 비합리성의 흔적들이다. 이러한 결과가 직접적으로 나타나는 것은 음악이 음악의 청취와 분리되어 있을 뿐만 아니라 모든 음악에 고유하게 내재하는 기능인 이념들과의 소통과도 분리되어 있기 때문이다. 다음과 같이 말해도 될 정도이다. 음악이 철학과의 소통으로부터 분리되어 있다. 위에서 말한 비합리성의 흔적들이 출현하는 것은 당연하며, 따라서 오해의 여지가 없다. 신음악이 정신, 철학적 및 사회적 주제들과 담판을 벌이기 시작하면서 한편으로는 어쩔 줄 모르면서 방향 감각을 잃은 모습을 보여줄 뿐만 아니라 동시에 신음악 내부에 스스로 갖고 있는 저항의 노력들을 이데올로기를 통해 거부하는 모습을 보이고 있기 때문이다.[41] 바그너의 니벨룽겐의 반지가 갖고 있는 문학적 질은 쇼펜하우어가 생의 의지를 부인하는 것을 조야하게 엮어서 박아 놓은 알레고리가 아닌가 하는 의문을 자아내는 수준에 머물러 있었다. 이미 비의적인 것으로 통용되었던 니벨룽겐의 가사가 날이 새듯 시작되고 있었던 시민사회적인 타락을 보여주는 중심적인 사실관계들을 다루고 있다는 사실은 명백하다. 이는 음악적 형상과 음악적 형상을 객관적으로 규정하는 이념들의 본질 사이에서 나타나는 매우 생산적인 관계만큼이나 명백하게 드러나고 있는 것이다. 쇤베르크에서 보이는 음악적 실체는 언젠가는 바그너의 음악적 실체보다 우월한 것으로 증명될지도 모른다. 그러나 쇤베르크의 가사들은 좋은 측면에서든 나쁜 측면에서든 총체성을 지

들을 전문가들로 각인시키면 시킬수록, 전문가가 된 작곡가들이 특권화된 집단의 대리인이 되어 음악에 가져오는 것이 음악의 내적 합성에 더욱더 많이 침투하게 된다(원전 각주).

41) 옮긴이의 눈에는, 아도르노가 비합리성을 어떻게 보고 있는가를 원전에서 분명하게 드러내고 있지 않다는 생각이 든다. 이런 이유에서, 이 문장을 이해하는 어려움이 뒤따른다(역주).

향하고 있는 바그너의 가사들에 비해서 사적이며 우연적이다. 그뿐만 아니라 쇤베르크의 가사들은 양식에서도 음악과 불협화음을 일으키면서 사랑이 유행을 넘어서서 승리하는 모습과 같은 것을 선포하고 있다. 쇤베르크의 가사들이 음악과 불협화음을 일으키는 모습이 반항심에서 나왔든 구호에서 나왔든 그 진실성은 모든 악장에서 거부되고 있음에도 유행에 대한 사랑의 승리를 대략 보여주고 있는 것이다. 음악의 질이 음악이 채택한 주제의 질과 무관한 경우는 결코 없었다. 모차르트의 《여자는 다 그런 것》, 베버의 《오이리안테》와 같은 작품들은 그것들의 대본 문제 때문에 음악적으로 고민을 하게 된다. 그러나 그러한 작품들은 어떠한 문학적 또는 연출상의 보조 장치를 통해서도 구제될 수는 없다. 극단으로 치닫는 음악의 정신화와 과도한 것으로 빠져드는 조야한 대상 사이에서 발생하는 모순이 갈 때까지 간 것을 보여주는 것이 무대 예술작품들이다. 오로지 이러한 방법을 통해서만이 모순을 상호 화해시키려는 상태로 치닫고 있는 무대 예술작품들이 《여자는 다 그런 것》보다 더 성공하기를 기대하는 것은 무리이다. 오늘날 가장 좋은 음악이라 할지라도 그 음악이 잘못된 성공에 대한 극단적인 거부를 통해 자신을 철저하게 스스로 필연적으로 정당화시키지 않는다면, 가장 좋은 음악도 존립하지 못하고 사라져 버릴 수 있을 것이다.

🌳 _ 방법론에 관하여

이러한 모든 것들이 발생하게 된 원인을 사회에서 직접적으로 찾을 수 있으며, 부르주아지의 쇠퇴에서 도출될 수 있다는 사실은 명백하다. 부르주아지 사회의 속성에 가장 일치하는 예술적 수단이 바로 음악이었기 때문이다. 전체적인 것을 지나치게 빠르게 바라봄으로써 전체적인 것에 내재하며 전체적인 것에 의해 규정되면서 다시 해체되는 부분적인 모멘트를 오인하고 그 가치를 낮게 평가하는 타성이 존재한다. 부르주아지 사회의 속성에 일치하는 음악적 처리방식이 바로 이러한 타성에 젖어 있으며, 이로 인해 음악적 처리방식이 위험에 처하게 되는 것이다. 그러한 처리방식은 전체나 거대한 경향의 파당만을 움켜 쥔 나머지 이러한 파당에 적응하지 않는 것을 이단시하는 성향을 지니고 있다. 이렇게 해서 예술은 사회를 변화시키는 효소가 되지 못하고 사회의 단순한 노출물이 되고 만다. 예술은 부르주아지적인 의식의 전개를 용이하게 해 준다. 부르주아지적인 의식은 모든 정신적인 형상물들을 단순한 기능으로, 다른 것을 위해 존재하는 것으로, 마침내 소모품으로 끌어 내리는 속성을 지니고 있으며, 예술은 이 속성으로부터 벗어나지 못하게 되는 것이다. 예술작품에 내재하는 논리는 사회를 거부한다. 예술작품과 이러한 관계에 놓여 있는 사회로부터 예술작품을 연역해 보는 경우에는 예술작품이 그것의 물신주의, 즉자 존재로서의 이데올로기를 깨뜨리고 있는 측면도 있다. 그러한 영역은 그러나 다른 한편으로는 상품사회에서 모든 정신적인 것들이 사물화되는 것을 침묵하듯이 받아들이게 된다. 사회적 진실을 가늠하는 비판적 척도로서의 예술이 자신의 생존권을 위해 스스로 소비재가 되는 척도로 전락하게 되는 것이다. 이렇게 해서 그러한 영역은 스스로 느끼지도 못한 채 타협주의에 봉사하게 되며, 예술을 마치 종(種)처럼 견본에 적용시키는 것을 경고한 이론의 의미를 전도시킨다. 총체성을 향하여 치닫고 철저하게 조직화된 시민사회[42)]에서는 현재와는 다른 사회를 추구하는 정신적 잠재력은 시민사

---

42) 원어는 bürgerlich이다. bürgerlich란 개념을 이해하는 데 가장 정확한 방법은 이 개념을 feudal(봉건적)에 대비시키는 것이다. 서구 중세의 봉건사회를 붕괴시키는 최초의 행동은 16세기 초반 오늘날의 남부 독일과 스위스에서

회와 동일하지 않은 것에서만 오로지 존재할 수 있다. 아방가르드적인 음악을 그것의 탄생 배경이 되는 사회적 원천과 그것의 사회적 기능에 환원시켜 고찰해 보는 방식은 그 음악이 부르주아지적이고 퇴폐적이며 사치에 지나지 않는다는 적대적이고도 무차별적인 규정을 거의 넘어서지 못한다. 그것은 속되고도 관료적인 억압의 언어이다. 아방가르드적인 음악이 음악적 형상물들을 자신이 설정한 위치에 더욱 권위를 주장하면서 단단하게 못을 박듯이 박으면 박을수록, 아방가르드적인 음악은 자신이 쌓아 올린 벽으로부터 더욱 무력하게 퇴짜를 맞게 된다. 변증법적 방법, 다시 말해 머리에서 발로 향하듯 뒤집혀진 변증법적 방법은 개별적인 현상들을 이미 확고하게 놓여 있는 것, 개념이 운동을 통해 스스로 해방시킨 것의 도해(圖解)들이나 견본들로 다루는 것에서 성립될 수는 없다. 개별적인 현상들을 이렇게 다룰 경우에는 변증법적 방법은 국가 종교와 같은 것으로 변종하고 만다. 요구되는 것은 오히려 다음과 같은 것이다. 즉, 일반적인 개념이 갖고 있는 힘을 구체적 대상의 자기 전개로 변환시키고 구체적 대상에 내재하는 사회적인 수수께끼적인 형상43)을 일반적인 개념에

발생한 농민전쟁이었다. 여기에서 신민이 아닌 시민으로서의 자각이 최초로 발생하였으며, 독일어에서는 이를 Bürgertum이라 명명한다. 따라서 bürgerlich라는 표현은 봉건적인 것과는 대비되는 표현인 '시민성의, 시민사회적인' 등으로 번역되어야 한다. 그러나 시민성에 기초한 시민사회는 19세기에 이르러 계급성이 강화되면서 시민 귀족이 형성되는 형태로 변모하게 된다. 시민사회 스스로 마치 봉건사회와 같은 계층과 계급을 갖는 사회로 굳어진 것이다. 이런 이유에서 bürgerlich를 '부르주아지적인'으로 번역할 수 있다. 옮긴이는 문맥에 따라 bürgerlich를 '시민사회적, 부르주아지적'의 두 가지로 번역한다(역주).

43) 아도르노는 사회가 개인에게 고통을 주면 줄수록, 사회가 불의의 총체적 연관관계로서 개인에게 폭력을 행사하면 할수록, 사회가 비합리성에 빠져들면 들수록, 사회로부터 발원하지만 사회에 대한 반(反)테제인 예술은 더욱더 수

고유한 개별화의 힘을 빌려 해체해서 열어 보이는 작업이 요구되는 것이다. 이러한 작업이 목표로 하는 것은 사회적인 정당성 부여가 아니다. 대상들의 한가운데에서 예술이 해도 되는 것과 해서는 안 될 일을 명확하게 설명하는 것의 힘을 통해 사회적인 이론을 확실히 하고자 하는 것이 그러한 작업의 목표이다. 개념은 단자(Monade)까지 침잠해 들어가야 한다. 단자에 고유한 역동성이 갖고 있는 사회적인 본질이 뚜렷하게 드러날 때까지 개념은 단자에 몰두해야 하는 것이다. 개념은 단자를 대우주의 특별한 경우로 분류시킨다거나 후설의 표현을 따라 "위로부터" 규정하는 방식으로 단자를 적당한 수준에서 끝내 버리려는 태도를 가져서는 안 된다. 신음악이 보여주는 극단적인 것에 대한 철학적 분석은 신음악이 처해 있는 역사적 상황뿐만 아니라 신음악이 발생하게 된 화학적 요소까지 고려해야 한다. 그러한 화학적 분석은, 그것이 의도한 바에 따라, 신음악을 사회학적 기준에 따라 분류하는 것과는 구분된다. 신음악에 대한 철학적 분석은 또한 작품이 발생하게 된 원인을 제공하는 외부 요소인 사회적 현실과 동떨어진 채 미리 분류된 철학적 연관관계들로부터 연역하여 만들어진 미학과도 근본적으로 구분된다. 지속적으로 밀고 나가야 할 변증법적 방법이 안고 있는 책무들 중에 헤겔의 다음과 같은 변증법을 따르는 것은 결코 가볍게 넘길 사안이 아니다. "어떤 척도들을 가져와서 논구하는 과정에서 떠오르는 착상들이나 생각들에 이러한 척도들을 적용할 필요는 없다. 이러한 척도들을 제거함으로써 우리는 즉자적 및 대자적 존재인 사물을 고찰하는 데 이를 수 있을 것이다."[44] 그러

___

수께끼적인 형상을 가질 수밖에 없다고 보았다. 이런 입장을 가진 아도르노는 보들레르, 카프카, 프루스트, 베케트, 첼란 등과 같은 예술가들을 옹호하였다. 이것이 바로 아도르노가 전개한 모더니즘 이론이었다(역주).

44) Hegel, Phänomenologie des Geistes(정신현상학), l. c., S.60.

나 동시에 신음악에 대한 철학적 분석의 방법론은 "즉자적 및 대자적 존재로서의 사물"을 관례에 따라 유보해 놓는 방식을 취하는 모든 활동들과도 구분된다. 그러한 활동들의 예를 들면 다음과 같다. 서술적·기술적 분석, 작품을 옹호하는 해설, 비평이 그러한 활동들에 해당된다. 기술적 분석은 이 책의 모든 곳에서 전제되어 있고 자주 설명된다. 그러나 기술적 분석이 정신과학이 남겨 놓은 재고품 수준을 넘어서서 신음악과 진실과의 관계를 표현하고자 한다면, 가장 작은 것에서도 의미를 내보이게 해 줄 수 있는 능력을 보완하는 것이 필요하다. 기존의 학문적 관행에 대해 어느 때보다도 적절한 반(反)테제인 옹호적 해설은 그러나 그것 자체로 긍정적인 것에 제한된 채 머물러 있다. 마지막으로, 비평은 작품들의 가치와 무가치를 판정하는 작업에 국한되어 있는 것으로 보인다. 비평이 내리는 판정들은 작품을 철학적으로 해석하는 작업에 단지 산발적으로만 들어갈 뿐이다. 판정들은 부정성[45]을 꿰뚫고 이론적인 운동이 가능하도록 해 주는 수단이다. 다시 말해, 이것은 수단에 의해 만들어진 필연성에서 파악되는 예술적 실패에 해당되는 것이다. 작품들의 이념과 작품들의 연관관계에서 나오는 이념은, 그것이 때로는 예술작품에 의해 실현된 것을 넘어서는 경우가 있더라도, 철학적으로 구성되어야 한다. 변증법적 방법은 작품의 처리방식과 작품들에 함축되어 있는 요소들을 밖으로 내보이게 한다.[46] 변증법적 방법은 이렇게 해서 작품들이 가져오는

---

45) 여기에서 부정성이 무엇을 지칭하는지에 대해 아도르노가 관계 문장 등을 통해 구체적으로 밝히고 있지 않아 의미 파악에 어려움이 따르고 있음(역주).

46) 서로 비교되는 많은 대상들에 공통적으로 나타나는 표징들에서보다는 개별적 대상을 고집하는 것에서 더욱 많은 것을 끌어낼 수 있기를 바라는 입장을 갖고 있는 철학적 의도나 예술적 인식론에는 소재의 완벽성이 들어설 자리가 없다. 이 책에서는, 이념의 구성에 대해 가장 빼어난 성과를 입증한 작품

고유한 결과가 그 결과에 대한 비평이 될 때까지 두 부류의 음악적 현상들이 갖고 있는 이념을 규정하고 추적해 나간다. 처리방식은 작품 내재적이다. 현상 자체에서만 전개되어야 한다는 의미에서의 현상의 정합성은 한편으로는 현상에 내재하는 진실에 대한 보증이 되기도 하지만 동시에 현상이 지닌 비진실을 싹트게 하는 효소가 되기도 한다. 여기에서 주도적인 카테고리로 등장하는 모순은 그것 자체로 이중적인 본질을 갖고 있다. 작품들이 모순을 형성하고 모순이 형성되는 과정에서 동시에 작품들의 미완성성의 흔적들을 보이면서 다시 모순을 드러내 보이는 것은 작품이 성공하였다는 것을 보여주는 척도가 되지만, 이와 동시에 다른 한편으로는 모순의 힘이 작품의 형성 과정을 조롱하면서 작품들을 파괴하고 있는 것이다. 그러한 방식들에 들어 있는 내재적인 방식은 물론 그 방법에 대한 대극(對極)으로서 대상보다 선험적으로 존재하는 철학적 지식을 전제로 하며, 이는 이 책의 전편에 걸쳐 해당된다. 내재적 방법은 헤겔의 "순수한 들여다보기"와 같은 것에 의존할 수는 없다. "순수한 들여다보기"가 진실을 약속하는 유일한 근거로 삼은 것에 동의할 수는 없다. 진실은 주체와 객체의 동질성에 대한 착상이 전체를 담지하며, 이렇게 해서 대상을 바라보는 의식이 대상에서 사라지는 것이 완벽해지면 완벽해질수록 그 의식은 스스로 더욱더 확실해진다는 헤겔의 주장에 동의할 수 없기 때문이다. 주체와 객체의 화해가 악마와 같은 패러디가 되고 주체가 객체적인 질서에서 절멸하는 것이 나타남으로써 세계가 전도된 모습을 보여주는 역사적 순간에서는 아직도 철학만이 화해에 기여할

들이 선택되었다. 많은 작품들 중에서 쇤베르크가 청년시절에 쓴 작품들에 대해서는 다루어지지 않는다. 스트라빈스키에 대한 부분에서도 역시 많은 것이 빠진다. 너무나 잘 알려진 《불새》에서부터 《3악장의 교향곡》에 이르는 많은 작품들을 다루지 않는다(원전 각주).

수 있다. 철학은 화해에 놓여 있는 기만을 경멸하면서 보편적으로 출현하는 자기 소외에 대항하여 아무런 희망이 없는 채 소외되어 있는 것을 ―이것에 대해 "사물 그 자체"를 논하는 것은 더 이상 아무런 의미가 없으리라― 유효하게 함으로써 화해를 말할 수 있는 것이다. 그럼에도 내재적 처리방식은 헤겔의 긍정적 초월성에 교조적으로 의지해서는 안 된다. 인식은 확연한 모순에 붙들린 채 머물러 있을 뿐이며, 이것은 인식의 대상에도 역시 똑같이 해당된다.

쉰베르크와 진보_

그러나 순수한 통찰은 일단은
내용이 없다. 오히려, 순수한
통찰은 순수한 통찰의 내용이
순수하게 사라지는 것을 의미
한다. 그러나 순수한 통찰의
부정적인 것에 대항하여 부정
적으로 움직이는 것을 통해서
순수한 통찰은 스스로 실현되
면서 내용을 제공하게 된다.

─ 헤겔 『정신현상학』

✿_ 작품 개념이 동요하는 것에 대해서

지난 30년 동안에[1] 음악은 많은 변화들을 경험하였다. 그럼에도 이러한 변화들이 음악에 미친 전체적인 영향력이나 결과를 따지면서 변화들의 의미를 고찰하는 시도는 지금까지도 거의 이루어지지 않고 있다. 저자가 여기에서 문제 삼고자 하는 것은 그동안 음악의 위기다, 위기다 하면서 여기저기서 사람들이 많이 외쳤던 위기가 아니다. 저자는 카오스의 상태에서 흥분하면서 떠드는 상태를 문제 삼고자 하는 것이 아니다. 이러한 흥분 상태는 곧 종말을 고할 것이며, 무질서의 다음에는 질서가 다시 위로 떠오르게 될 것이다. 미래에 일어날 새로움에 대해 생각을 해 보는 것은, 그것이 위대하고 완성된 작품들에서 일어나든 음악과 사회의 축복받는 조화에서 일어나든, 첫째 그동안 음악에 무엇이 발생하였는가 하는 문제와 둘째 억눌려 있었지만 보이지 않는 상태로 놔둘 수는 없는 것이 무엇인가 하는 문제를 인식하는 것을 거부하는 결과로 이어진다. 음악은 음악 자체에 고유하게 내재하면서 작곡, 연주, 청취 등의 과정과 더불어 뒤따르는 결과에 속박되는 특징을 지닌다.[2] 음악은 이러한 속박에 처해 있으면서도 완성된 작품이라는 이념을 비판적으로 해체시켰으며, 음악을 매개로 해서 집단적으로 일어날 수 있는 작용의 상호연관관계를 절단시켰다.[3] 그 어떤 위기도, 예를 들어 경제 위기도, 그 개념 내부에 이미 관

---

1) 이 책이 출간된 해인 1949년을 기준으로 해서 30년을 의미함. 쇤베르크론은 1940-41년에 집필되었으며, 이 점을 고려하면 대략 1910년대 초반 이후의 시간을 의미하는 것으로 볼 수 있음(역주).

2) 원문은 eigenen sachlichen Konsequenz로 되어 있다. 여기에서 sachlich는 음악에 관련되는 작곡, 연주, 청취 등을 나타내며 Konsequenz는 이것들이 만들어내는 결과를 의미하는 것으로 보인다(역주).

3) 음악은 생산에서도 완성된 작품이라는 이념을 더 이상 추구하지 않을 뿐만

리된 재건(再建)이 함께 들어 있는 문화적 위기도 공식적인 음악생활을 저지하지는 못하였다. 음악에서도 역시 억세고 쓸모 있는 것이 독점적으로 생존을 유지해 왔다. 조직화된 문화와 그 소비자들이 구축한 관계망으로부터 벗어나 있는, 흩어지면서 출현하는 음(音) 앞에서는 그러나 이러한 문화가 협잡임이 드러난다. 문화를 상품화하는 문화관리 조직은 여기에서 벗어나는 다른 것이 떠오르지 못하게 해 놓고는 다른 것이 "성과"를 내지 못하기 때문에 떠오르지 못한다고 책임을 전가한다. 문화관리 조직의 외부에 있는 사람들은 선구자들, 기존의 궤도를 깨뜨리는 사람들, 그리고 무엇보다도 특히 비극적인 사람들이라는 것이다. 그들을 뒤따르면서 그들 이후에 등장하는 사람들은 더 좋은 기회들을 얻게 될 것이라는 것이다. 뒤따르는 사람들은 선구자들이 만들어 놓은 궤도에 그들을 일치시키기만 하면 그들에게 기회가 만들어지도록 해 준다는 것이다. 그러나 문화관리 조직의 밖에 있는 사람들이 미래의 작품들이 나아갈 방향을 준비해 주는 사람들은 전혀 아니다. 그들은 성과 개념과 작품 자체에 대해 도전장을 던지고 있을 뿐이다. 쇤베르크 악파의 창작에서 이미 모든 것이 보여졌다는 사실을 증거로 끌어 들여 급진적 음악을 옹호하는 사람도 그가 견지하고자 하는 입장을 이미 거부하였다. 오늘날 중요하다고 생각되는 작품들은 더 이상 작품들이 아닌 것들이다. 이것은 쇤베르크 악파의 성공한 작품들이 이 악파의 초기 시대를 증언해주는 작품들

아니라, 수용에서도 작품에 집단적으로 수용되는 것을 허용하지 않는다는 의미로 해석된다. 아도르노는 예술작품이 집단적으로 수용되는 것을 단호히 거부하였다. 아도르노는 예컨대 사회주의적 리얼리즘을 격렬하게 비난하였다. 사회주의적 리얼리즘은 작품이 생산과정에서 정치적 이념을 담아야 하며 생산된 작품은 집단적으로 수용되어야 한다는 주장을 펼치기 때문에 예술로 볼 수 없다는 것이다(역주).

과의 관계에서 내보이는 특징에서 인식될 수 있다. 순간의 영원함을 400마디에 걸쳐 전개시키고 있는 모노 드라마 《기대》로부터, 삶이 단순히 시간에만 정착될 수 있기 전에 삶을 자신의 내부에서 다시 얻은 것을 급박하게 돌아가는 형상으로 표현하는 《행복한 손》으로부터, 베르크의 위대한 오페라 《보체크》가 탄생하였다. 《보체크》는 어떻든 위대한 오페라이다. 《보체크》는 불안을 표현하는 작품으로서 그 세부 내용뿐 아니라 구상에서도 《기대》와 닮았다. 《보체크》는 또한 심리적 주체의 다층성(多層性)을 나타내는 알레고리인 화성적 복합체들이 결코 채워질 수 없을 정도로 중첩된다는 점에서는 《행복한 손》을 닮은 작품이다. 그러나 베르크는 쇤베르크의 표현주의적 작품에서 하나의 단순한 가능성으로 제시된 것을 《보체크》가 충족시켰다는 생각까지 하고 있었던 것 같지는 않다. 오페라로 작곡된 비극인 《보체크》는 작품의 외연이 보여주는 충만감과 작품 건축술에서 명상적 지혜를 보여준 것만으로도 그 가치를 증명하고 있다. 표현주의적인 쇤베르크가 매개 과정을 거치지 않고 《보체크》에서 기록되고 있으며, 이것은 감동을 유발하는 새로운 형상이 된다. 형식의 안정성은 충격을 흡수하는 매체임이 증명된다. 불의가 기계장치처럼 작동되는 곳에서 무력한 병사가 당하는 고통은 양식이 되며, 이 양식에서 병사의 고통이 편안한 상태로 승화된다. 고통은 포용되고 진정된다. 뮤직 드라마는 불안을 분출시키는 데 적합한 장르이다. 그러나 불안을 반영시키는 음악은 체념하면서도 동의한 채 불안을 변용시켜주는 모형 안으로 다시 들어가며, 여기에서 자신의 모습을 발견한다.[4] 《보체크》는 걸작이다. 《보체크》는 전통적 예술에 속하는 작

---

4) 청중을 진정시키는 이러한 작용은 오페라 《룰루》에서 완벽할 정도로 나타난다. 오페라가 구사하는 음악적인 억양을 통해서 알바(Alwa)는 열정적인 독일 청년이 되며, 이렇게 함으로써 베르크가 품고 있던 낭만적인 원천들이

품이다. 《기대》를 많이 떠올리게 하는, 마치 가축을 몰아대는 듯한 긴박감이 넘치는 32분 음표의 모티브는 주도 동기(Leitmotiv)가 된다. 이 모티브는 반복 가능하며, 또 반복된다. 주도적 동기가 이렇게 해서 작품의 흐름과 미끄러지듯 평탄하게 조화를 이룰수록, 주도적 동기는 그것이 문자 그대로 받아들여지는 것을 더욱 고집스럽게 포기한다. 주도 동기는 표현의 담지자로서 퇴적되며, 반복은 주도적 동기에서 정점을 분리시키는 효과를 갖는다.[5] 《보체크》를 신음악이 남겨 놓은 최초의 성과들 중의 하나라고 칭찬하는 사람들은 그들의 칭찬이 아직도 명철하게 해석되지 못하고 있는 작품인 《보체크》를 얼마나 많이 깎아 내리고 있는지를 모르고 있다. 베르크는 다른 모든

그의 성숙한 의도들과 가장 감동적으로 화해할 수 있는 가능성이 열리게 된다. 그뿐만 아니라 오페라의 텍스트 자체도 이상주의적으로 숨겨진 효과도 거두고 있다. 룰루는 문명에 의해 농락당하는 여성적인 자연 존재로 단순화되고 있는 것이다. 베데킨트(Frank Wedekind, 독일의 극작가, 룰루의 원작자임, 역주)는 자신의 작품이 이렇게 전회되는 것에 대해 아마 냉소적으로 반응하였을 법하다. 베르크의 휴머니즘이 창녀의 문제를 자신의 문제로 받아들이면서, 그것은 동시에 창녀는 시민사회를 현혹시키는 가시와 같은 존재라는 사실을 제거시키고 있다. 창녀가 구조되는 원리는 그것 자체로서 시민사회적인 원리이며, 성을 허위적으로 승화시키는 원리이다. 판도라의 상자에서는 죽어가는 게슈비츠가 다음과 같이 마지막 말을 남기고 있다. "룰루! 나의 천사여 一너를 다시 한 번 보게 해 다오!一 나는 네 곁에 있다! 네 곁에 가까이 있으리! 一영원히! … 오 저주스럽다!一 (그녀가 죽는다)." 결정적으로 중요한 마지막 말인 "오 저주스럽다"는 베르크에 의해 삭제된다. 게슈비츠는 사랑의 죽음을 맞는다(원전 각주).

5) 음악 작품을 해석하는 아도르노의 언어가 매우 난해하게 나타나 있는 부분이다. 주도적 모티브는 작품의 흐름에서 하나의 정점(Spitze)으로 작용하는데, 반복의 기법이 주도적 모티브가 정점에 머물러 있는 것을 떼어 놓는다는 의미로 읽힌다. 이것은 옮긴이의 눈에 읽히는 내용일 따름이다. 아도르노가 더 깊은 내용을 여기에 표현했는가에 대해서까지 파고드는 것은 옮긴이의 능력을 벗어나는 일이다(역주).

작곡가들보다도 앞서서 실험적인 대담함을 갖고 장기간에 걸쳐 음악에서 새로운 수단들을 시도하였다. 음악적 특성들이 보이는 변화의 풍부함은 결코 쇠진되고 있지 않다. 베르크에서는 건축주의 설계와 같은 위대함이나 필적할 만한 위대함이 보여진다. 몸짓으로 나타내지는 않지만 함께 고통을 느끼게 하는 음조에서는 용감한 패배주의가 깨어 있는 것이다. 그럼에도 《보체크》는 이 작품이 원래 출발했던 지점을 다시 취한다. 이 작품이 원래 전개되었던 모멘트들로 되돌아가는 것이다. 음악적 원자들 속에 살아 있으면서 작품에서 내보이는 충동들은 음악적 원자들로부터 탈선해 있는 작품들에 대항하여 반기를 든다. 그러한 충동들은 어떠한 궁극적 결과도 허용하지 않는다. 예술적으로 머물러 있는 것을 소유해 보겠다는 꿈은 외부로부터 예술에 가해지는 위협적인 사회적 상태에 의해서만 방해되는 것은 아니다. 음악적 수단들이 역사적으로 드러내는 경향 자체가 그러한 꿈을 스스로 거부하는 것이다. 신음악의 처리방식은 많은 진보주의자들이 신음악으로부터 기대하는 것에 대해 의문을 제기한다. 신음악은 오페라나 음악회 박물관에서나 영구히 관찰될 수 있는, 자신의 내부에만 조용히 머물러 있는 형상물이어야 한다는 기대에 대해 물음을 던지고 있는 것이다.

🌳 _ 재료의 경향

음악적 수단들이 역사적으로 내보이는 경향을 받아들여야 한다는 생각은 음악의 전개에 대하여 전래적으로 파악되는 내용과는 모순관계에 놓인다. 음악의 재료는 물리학적으로, 기껏해야 음향심리학적으로 정의된다. 이러한 정의에 따르면, 음악의 재료는 작곡가들이 개별적으로 구사할 수 있는 음향들의 총체이다. 음성들이 축적되어 있는 것과 언어가 상이하듯이, 작곡의 재료도 음의 총계와는 다른 것이다. 음악의 재료는 역사의 진행과 더불어 축소되거나 확대되는 것만은 아니다. 음악 재료에 특별한 모든 특징들은 역사적 과정들이 남겨 놓은 표지(標識)들이다. 이러한 표지들이 더욱 직접적으로 역사적 특징들로 읽힐 수 있는 가능성이 줄어들면 들수록, 그 표지들은 더욱더 완벽하게 역사적 필연성을 스스로 동반한다.[6] 음악 재료에 들어 있는 역사적 표현이 더 이상 화음에서 청취될 수 없게 된 순간에 직면하여, 음악 재료는 자신이 역사적으로 내보이고 있는 함축된 의미들에 대해 고려해 주기를 강제적으로 요구한다. 자신을 둘러싸고 있는 것이 무엇인가를 고려해 달라고 요구하고 있는 것이다. 음악 재료가 역사적으로 내보이는 함축적 의미들은 이렇게 해서 음악 재료의 천성과 같은 것이 된다. 음악적 수단들의 의미는 그 수단들의 생성에서 출현하는 것이 아니지만 그렇다고 해서 그 생성과 분리될 수는 없다. 음악은 자연법(Naturrecht)을 모른다. 따라서 모든 음악심리학은 의문스러울 뿐이다. 음악심리학은, 모든 시대의 음악을 불변적인 "이해"의 틀로 가져가려는 노력에서, 음악적 주체의 항구성을 전제한다. 음악심리학이 전제하는 바는 심리학적 분화보다는 자연 재료의 항구성을 받아들이는 쪽에 더욱 가깝게 붙어 있다. 심리학적 분화가 충분하고도 구속력 있게 설명하지 못한 것은 음악 재료의 운동법칙들을 인식하게 되면 밝혀진다. 그러한 운동법칙들에 의하면, 모든 것이 어느 시대에나 가능한 것은 아니다. 음의 재료 자체나 모든 평균율 체계에 의해 여과된 음의 재료에 어떠한 경우에도 존재론적 고유 권리가 부

---

6) 예컨대 경험세계가 인간에게 고통을 가하면 가할수록 예술작품에서 나타나는 형상은 더욱더 수수께끼와 같은 모습이 된다. 수수께끼와 같은 형상들은 역사가 처해 있는 상황을 표현하는 필연성에서 나온 것이다. 아도르노의 이러한 생각이 이 문장에 들어 있는 것으로 보인다(역주).

여될 수는 없다. 이것은 다음과 같은 주장에서나 —그 주장이 배음관계들에서 나오든, 청각의 생리학에서 도출되든 관계없이— 일어날 법하다. 다시 말해, 3화음이 음악을 파악하는 데 필연적이고 일반적으로 통용되는 조건이며 따라서 모든 음악은 3화음에 구속되어야 한다는 주장에서나 가능한 것이다. 힌데미트(Hindemith)도 자기 것으로 만들었던 이 주장은 반동적 작곡 경향을 위한 상부구조와 다름이 없다. 이 주장은 아래와 같은 사실을 관찰해 보면 진실이 아니라는 것이 드러난다. 잘 발달된 청각은 가장 복잡한 배음관계들도 단순한 배음관계들처럼 화성적으로 정교하게 파악할 수 있으며, 따라서 이른바 불협화음을 "해체"시키려는 충동을 느끼기보다는 오히려 해체를 더욱 더 유치한 청취방식으로의 퇴보로 보면서 이와 동시에 해체에 저항하는 태도를 취한다. 이것은 마치 통주저음 시대에 5도 진행이 일종의 원시적인 퇴행으로 비난받았던 것과 유사하다. 재료들에서 주체에 가해지는 요구들은 "재료" 자체가 퇴적된 정신이며, 사회적이고, 인간의 의식에 의해 처음부터 끝까지 미리 형성되어 있는 것이라는 사실에서 유래한다. 재료에 내재하는 그러한 객체적인 정신은 자기를 스스로 잃어버리는 주체성과 같은 것이며 그것에 고유하게 내재하는 운동법칙들을 갖고 있다. 재료의 운동은 언뜻 보기에는 단순한 자기운동처럼 여겨지지만 사회적 과정과 같은 근원을 갖고 있고 사회적 과정의 흔적들에 의해 항상 다시 실행되면서 진행된다. 재료와 사회적 과정은 서로에 대해 잘 모르고 서로 적대적인 곳에서도 실재 사회가 진행되는 것과 같은 의미에서 진행되고 있는 것이다. 그러므로 작곡가가 재료에 대해서 벌이는 대결은 사회와의 대결이 된다. 사회가 작품 안으로 들어오고 단순히 외부적인 것, 이질적인 것에 머물러 있지 않으며 작품 생산의 소비자나 적대자로서 마주 서 있지 않은 한, 작곡가와 재료의 대결은 사회와의 대결인 것이다. 재료가 작곡가에게 부과하는 지침들이 재료와 작곡가에 내재하는 상호작용에서 구축되며, 작곡가는 지침들을 따르면서도 변화시키게 된다. 어떤 기법의 초기 단계에서 그 이후의 단계를 선취될 수 없다는 것은 자명하다. 선취되더라도 단편적인 수준에 머물러 있을 뿐이다. 그러나 그 반대의 경우도 통용된다. 작곡가는 예전에 사용되었던 모든 음(音) 조합을 아무 구별 없이 구사하는 것은 결코 아니다. 비교적 둔감한 귀도 19세기 살롱 음악의 감7화음이나 반음계적 경과음의 초라함과 맥빠진 느낌을 쉽게 알아차린다. 기법적으로 경험이 풍부한 사람들에게는 그러한 막연한 불쾌감은 그러한 음들을 피해야겠다는 금지의 규준과 같은 것으로 전환된다. 모든 것들이 기만적인 것이 아님에도, 그러한 규준은 오늘날 이미 음조의 수단들을, 즉 전통적인 음악의 모든 수단들을 배척한다. 그러한 음들이 낡았고 시대에 맞지 않는다는 이유로만 배척하지는 않는다. 그러한 음들은 잘못된 것들이며, 그 기능을 더 이상 충족시키지 못한다. 기법적인 처리방식의 가장 발달된 상태는 음들이 이루어야 할 임무들을 앞에 제시하며, 이러한 임무들 앞에서 전통적인 음들은 무력한 상투적인 음들로 드러난다. 현대의 곡들 중에서도 그 내부의 맥락에서 때에 따라 조성음을 삽입한 곡들이 있다. 불협화적인 것은 그러한 3화음들이지 불협화음이 아니다. 3화음들은 때로는 불협화음의 대리자로 정당화될 수도 있을 것이다. 3화음들이 잘못되어 있는 것에 대한 책임은 순수한 양식에만 있는 것은 아니다. 오히려 조성음들이 혐오스러운 모습을 드러내고 있는 발원지가 되는 기법적인 지평이 오늘날 모든 음악을 움켜쥐고 있다는 것에 그 책임이 있는 것이다. 오늘날 어떤 작곡가가 시벨리우스처럼 철저하게 조성음들을 붙들고 있다면, 조성음들은 무조음의 영역에서 잘못된 소리를 낼 것이다. 이는 자국의 영토에 있는 타국의 영토가 잘못된 것과 같은 이치이다. 조성음들만 붙들고 있는 것은 따라서 제한을 필요로 한다. 화음들이 제대로 된 것이냐 또는 잘못된 것이냐 하는 것에 대해서는 그 화음들이 따로 분리되어서 나타난 상태가 결정하는 것이 아니다. 화음들이 제대로 되어 있는가의 여부는 오로지 기법의 전체적 상태에서만 측정 가능하다. 19세기 살롱 음악에서는 잘못된 화음으로 들리는 감7화음은 베토벤의 소나타 op.111 앞부분에서는 온갖 표현으로 가득 차 있는 상태를 보여주면서 제대로 들리고 있다.[7] 이렇게 제대로 들리는 이유는 감7화음이 여기에서 깨지지

---

7) 이와 동일한 것이 신음악에도 해당된다. 본질적으로 옥타브 중복을 내포하고 있는 화음은 12음 기법의 영역에서는 잘못된 음으로 들린다. 12음 기법이 옥타브 중복을 배척하는 것은 일단은 자유로운 무조성과 대비해 볼 때 매우 중요한 제한으로 간주되었다. 그러나 이러한 금지는 오늘날 재료의 상태에 대해 엄격하게 적용되는 것이지, 12음 기법 이전의 작품들에 적용되는 것은 아니다. 《행복한 손》에 들어 있는 수많은 옥타브 중복은 아직도 여전히 적확하게 들린다. 이 작품의 구성에 기초가 되는 현상인 화성적 음향의 기판(基板)이 지나칠 정도로 음이 많은 상태에서 중첩되고 있기 때문에 이 작품에서는 옥타브 중복이 기법적으로 불가피하였다. 옥타브 중복은 대부분의 경우에 중화된다. 중복된 음들은 각기 상이한 부분 복합체에 속하면서 서로 직접적인 관계를 맺지 않고 있으며, 또 《행복이 손》에서는 얻으려고 전혀 노력하지 않는 순수한 화음이 내는 효과를 어느 곳에서도 중지시키고 있지 않기 때문이다. 옥타브 중복은 동시에 재료의 질에서 그 존재를 증명해 보이고 있다. 자유로운 조성은 이끎음(Leitton)과 친밀한 관계에 있는 효과들을 갖고 있다. 이것은 조성이 남겨 놓은 잔재, 즉 목적음(Zielton)을 "으뜸음(Grundton)"으로 파악하는 것을 조건으로 해서 성립된다. 옥타브 중복의 가능성은 조성이 남겨 놓은 그러한 잔재와 상응하는 것이다. 기계적으로 강요되는 속박이나 더욱더 정교해지는 청각이 12음 기법에 이르게 한 것은 아니다. 12음 기법에 이르게 한 것은 오히려 재료의 경향이다. 즉, 어떤 경우에도 개별적인 작품의 경향들과 함께 가지 않고 이 경향들에 충분히 대립하는 경향이 12음 기법을 창출한 원동력인 것이다. 그 밖에도, 12음 기법을 사용하는 작곡가들은 악절의 순수성을 위해 옥타브 중복을 지속적으로 기피할 것인가, 또는 악절의 명료성을 위해 옥타브 중복을 다시 허용할 것인가에 대해 아직도 태도를 정하지 못한 채 동요하고 있다(원전 각주).

않았다는 사실과 감7화음이 악절의 구성적인 성향으로부터 출현한다는 사실뿐만 아니라 베토벤이 갖고 있는 기법의 전체적 수준에 근거한다. 다시 말해, 베토벤에서 가능한 가장 극단적인 불협화음과 협화음 사이의 긴장감, 선율에서 일어나는 모든 사건들을 자기 내부로 끌어 들이는 조화적인 관점, 전체로서 출현하는 조성을 역동적으로 구상하는 능력이 베토벤의 화음에 특별한 비중을 부여하고 있는 것이다. 화음은 역사적 과정을 통해 이러한 특별한 비중을 상실하게 된다. 그럼에도 역사적 과정은 비가역적이다.[8] 화음은 사멸된 기법이기는 하다. 그러나 사멸된 기법으로서의 화음 자체는 흐트러져 있는 상태에서도 전체로서 존재하는 기법의 상태를 대변한다. 기법에 내재하는 이러한 상태는 오늘날 중요하게 실행되고 있는 기법 상태와 대립적인 관계에 놓여 있다. 음악의 모든 개별적인 것이 제대로 된

---

8) 유럽 동남부의 여러 농업지역들처럼 서구 음악이 전개되는 경향이 순수하게 실행되지 못한 곳에서는 최근까지도 조성적인 재료가 스스럼없이 사용될 수 있었다. 서구 음악의 전개 경향에서는 벗어나 있지만 그 귀결에서는 위대한 음악인 야나체크의 예술, 민속적인 경향을 갖고 있지만 유럽의 가장 진보적인 음악에 속했던 바르톡의 수많은 작품들을 상기해 볼 수 있겠다. 변방에서 전개된 그러한 음악의 정통성은 그러한 음악이 내부에서 일치하며 서구 음악의 경향에서 기법을 선별적으로 받아들여 나름대로 규준을 형성했다는 사실에서 부여된다. 변방에서 전개된 진정으로 치외법권적인 음악은 서구 음악과는 전혀 다르게 조직되어 있고 스스로에게 익숙한 재료를 갖고 있다. 이처럼 치외법권적인 음악은 혈통과 밑바탕을 강조하는 이데올로기와는 대립각을 세운다. 이 음악은 아방가르드 예술과는 짝을 이루면서 낯섬 효과를 획득하지만 국수주의적인 반동에는 적대적이다. 낯섬 효과는 외부로부터 음악 내부로 들어와서 음악 내부적으로 진행되는 문화 비판을 돕는 역할을 한다. 이는 마치 낯섬 효과가 급진적인 현대 음악에서 스스로 표출되는 것과 비슷하다. 혈통과 밑바탕을 강조하는 이데올로기적인 음악은 항상 체제 긍정적이며 "전통"에 붙들려 있다. 모든 공식적인 음악에 들어 있는 바로 이 전통이 3화음의 한복판에서도 자기 스스로의 언어를 형성하는 야나체크의 작곡법에 의해 중지되었다(원전 각주).

것이냐 또는 잘못된 것이냐 하는 문제가 기법에 내재하는 그러한 전체적인 상태에 의존되어 있다고 하더라도, 기법의 전체적인 상태는 작곡가에게 부여된 임무들에서 나타나는 성좌적(星座的) 배열과 같은 특정한 관계들에서만 읽혀질 수 있다. 어떠한 화음도 "그것 자체로는" 잘못된 것이 아니다. 그것 자체로서만 존재하는 화음들은 존재하지 않기 때문이며, 모든 화음은 전체와 전체 역사를 그 내부에서 담지하고 있기 때문이다. 바로 이러한 이유 때문에 무엇이 제대로 되어있고 무엇이 잘못된 것인가를 알아차리는 청각의 인식은 필연적으로 다시 이러한 하나의 화음에 붙어 있는 것이며 기법적인 전체 수준에 대한 추상적 성찰에 붙어 있는 것이 아니다. 그러나 이렇게 함으로써 동시에 작곡가의 상(像)도 변전한다. 이처럼 변전된 작곡가 상은 이상주의적 미학이 예술가에게 고취시키는 데 익숙한 위대함 속에 들어있는 자유를 잃어버린다. 작곡가는 무에서 유를 만드는 창조자가 아니다. 시대와 사회가 외면적으로 작곡가를 제약하는 것이 아니라, 작곡가가 창조한 형상물이 작곡가에게 부과하는 적확성에 대한 엄격한 요구에서 시대와 사회가 작곡가를 제약하는 것이다. 기법의 상태는 작곡가가 과감하게 시도하고자 하는 모든 마디에서 문제로 출현한다. 전체로서의 기법은 작곡가에게 모든 마디가 기법에 맞아야 하며 매 순간마다 기법이 허용하는 단 하나의 올바른 답을 제시할 것을 요구한다. 바로 그러한 답을 제공하는 것이 작곡이다. 기법적으로 만들어지는 수수께끼와 같은 형상들을 풀어내는 작업이 작곡이다. 수수께끼와 같은 형상들을 읽어낼 수 있으며 이를 자신의 음악으로 이해하는 사람은 작곡가 자신뿐이다. 작곡가가 행하는 것은 영원히 지속되는 작은 것에 들어 있다. 이러한 작은 것은 작곡가의 음악이 작곡가에게 객관적으로 요구하는 것을 집행하는 것에서 충족된다. 그러나 작곡가가 이처럼 복종하기 위해서는 모든 불복종, 독립성, 자발성을 필요로 한다. 음악적 재료의 운동은 이처럼 변증법적이다.

🌳_ 가상과 유희에 대한 쇤베르크의 비판

그러나 오늘날 이러한 변증법적 운동은 자체로서 완결된 작품[9]
과 이것을 구성하는 모든 것에 대항하는 방향으로 향하고 있다. 작품
의 이념을 덮치는 질병은 사회적인 상태로부터 유래할 수도 있다. 다
시 말해, 스스로 자족하는 작품이 사회와의 조화를 담보할 수 있을 만
큼 작품과 사회를 구속력 있게 연결해 주고 확인해 줄 수 있는 것을
제시하지 못하는 사회적 상태가 작품의 이념을 덮치는 질병의 원인
이 될 수 있는 것이다. 자체로서 완결된 작품이라는 이념을 방해하는
여러 가지 어려움들은 그러나 사회적 상황에 대한 성찰에서 그 모습
을 드러내는 것이 아니고 작품 자체에서 나타나는 어두운 내면에서
드러난다. 오로지 확대되는 형식으로만 음악에서 작품들을 구성하는
요소인 시간이 더 이상 확대되지 못하고 수축되는 현상에 대해, 즉 음
악에서 가장 현저하게 나타나는 징조에 대해 생각해 볼 필요가 있으
며, 그 원인을 따져 볼 필요가 있다. 음악에서 시간이 수축되는 현상
은 궁극적으로는 작곡가가 느끼는 개인적인 무력감, 형식을 만들 수
없는 무능력에 그 책임이 있다고 볼 수 있다. 쇤베르크는 이러한 무
력감과 무능력을 깨트린 작곡가이다. 형식 형성의 밀집도와 견고함
에서 쇤베르크와 베베른의 극히 짧은 악장들보다 빼어난 작품들은
거의 없을 것이다. 이들 악장들이 갖고 있는 짧음은 가장 높은 수준

---

9) 사회적 현실과 관련이 없이 자체로서 닫혀진 채 하나의 완결된 작품으로 존
   재하는 작품을 의미한다. 아도르노는 사회적 현실이 작품에 내재하는 것(die
   Immanenz der Gesellschaft im Werk)이 예술작품의 진리 내용을 구성하는
   전제가 된다고 보았다(역주).

의 견고함을 갖추겠다는 욕구로부터 유래한다. 이러한 짧음은 불필요하게 남아도는 것을 금지시킨다. 이러한 짧음은 이렇게 해서 18세기 이래, 확실하게는 베토벤 이후 음악 작품에 대한 표상의 근원을 이루는 시간적 확대에 대항하는 방향을 취하고 있는 것이다. 작품 개념, 시간 개념, 가상 개념에 일격이 가해지는 것이다. 시간의 확대를 지향하는 모형에 대한 비판은 상투어나 이데올로기에 대한 내용적 비판과 맞물려 있다. 음악은, 순간으로 수축된 모습을 보이면서, 부정적 경험을 매개하는 새싹으로서 그 참된 모습을 보여준다. 음악은 실재 세계가 인간에게 가하는 고통을 표현하면서 실재적 고통이 된다.[10] 그러한 정신에서 신음악은 장식적인 것들을 파괴하고, 이렇게 함으로써 대칭을 이루면서 확대되는 작품들을 파괴해 버린다. 과거의 문화관리 집단과 새로운 문화관리 집단의 이해관계에 더욱 확실하게 힘을 실어 주기 위해서 쇤베르크의 작품들을 폄하하는 주장들이 있다. 이러한 주장들 중에서도 문화관리 집단에 불편한 존재인 쇤베르크를 낭만주의나 개인주의로 분류하여 과거로 추방하고 싶어 하는 주장이 가장 넓게 퍼져 있다. 이러한 주장은 쇤베르크를 "에스프레시보 음악가"로 보면서 그의 음악이 이미 효력을 잃어버린 표현 원리를 "극단화시킨 것"에 지나지 않는 것이라고 낙인을 찍고 있다. 바그너적인 에스프레시보에서 쇤베르크의 원천을 찾는 것을 부인할 필요도 없고, 그의 초기 작품들에서 나타나는 전통적인 에스프레시보

---

10) "네 노래가 왜 그렇게 짧아졌니? 이제는, 옛날처럼 노래를 더 이상 사랑하지 않니? / 희망의 시절, 너는 청년이었지 / 네가 노래를 부르면 끝이 없었지? / 내 노래는 나의 행복. ─너는 황혼녘에 / 기쁜 마음으로 목욕이라도 하려는지? 해는 이미 떠났고, 대지는 차갑다. / 그리고 저녁의 새가 지저귄다 / 네 눈 앞에서 편하지 못한 모습으로"(Friedrich Hölderlin, Sämtliche Werke. Leipzig o. J. [Insel-Ausgabe], S.89 [»Die Kürze《].

—요소들을 간과할 필요도 없다. 쇤베르크의 초기 작품들은 순수하게 텅 빈 상태에서도 성장하고 있었음을 보여주었다. 그 사이 쇤베르크의 에스프레시보는 처음부터는 아니더라도 피아노곡 op.11과 게오르게 가곡에서부터는 전통과 결별하였으며, 낭만적인 에스프레시보를 종말에 이르게 하는 "극단화"를 통해 낭만적인 에스프레시보와는 질적으로 상이하게 되었다. 17세기 초 이후 전개된 서구의 표현적인 음악이 채택했던 표현은 작곡가가 극작가처럼 극적인 형상들뿐만 아니라 그가 만든 모든 형상들에 할당해 주는 형식을 취하였다. 이렇게 표현된 자극들은 작품 내에서 매개되지 않은 채 직접 현재화되고 현실화되는 요구를 제기하지는 않았다. 진정한 무지카 픽타(musica ficta)로서의 극적인 음악은 몬테베르디에서 베르디에 이르기까지 양식화되어 ─매개된 표현으로서의 표현을 제공하였다. 극적인 음악이 제공한 것은 정열의 가상이었다. 극적인 음악이 이것을 뛰어 넘고 가상을 넘어서서 표현되어 있는 감정들의 실체를 표현하려는 요구를 제기하였던 곳에서는, 이러한 요구는 영혼의 자극들을 당연히 반영해야 하는 개별적인 음악적 자극들을 거의 붙들지 못하였다. 이러한 요구를 보증했던 것은 오로지 형식의 총체성이었다. 형식의 총체성이 구사한 것은 음악적 특징들과 연관관계를 지배하는 힘이었다. 쇤베르크에서는 이 모든 것이 달라진다. 그에게서 고유하게 나타나는 혁명적인 모멘트는 음악적 표현의 기능이 변전된다는 사실에서 드러난다. 더 이상 격정적인 겉치레는 나타나지 않는다. 오히려 음악이라는 매체에서 무의식, 충격, 상흔(傷痕)의 살아 있는 자극들이 왜곡되지 않은 채 기록된다. 그러한 자극들은 형식이 부과하는 금기들을 공격한다. 왜냐하면 이러한 금기들은 자극들을 금기가 가하는 검열에 종속시키고, 합리화시키며, 형상으로 변형시키기 때문이다. 쇤베르크가 형식에서 시도한 혁신들은 표현 내용의 변화와 짝을 이루고 있

었다. 쇤베르크의 혁신들은 표현 내용이 표현하고자 하는 현실을 꿰뚫는 것에 기여하고 있다. 초기의 무조적인 작품들은 심리분석에서 꿈의 기록과 같은 기록들인 것이다. 칸딘스키는 쇤베르크에 대한 그의 최초의 저작에서 쇤베르크의 그림을 "뇌의 활동"이라고 명명하였다. 표현의 혁명이 남긴 상처들은 얼룩들이 되며, 얼룩들은 작곡가의 의지를 거역하는 무의식의 전령으로서 형상들과 음악에 달라붙어 있으면서 밖으로 나타나는 표면을 일그러뜨린다. 얼룩들은 동화에 나오는 핏자국들이 거의 지워지지 않는 것처럼 나중에 고치려고 해도 거의 지워지지 않으면서[11] 표현의 혁명을 일으키고 있는 것이다. 실재 세계가 주는 고통이 그러한 얼룩들을 예술작품에 고통의 표지(標識)로 남겨 놓은 것이며, 이 표지는 세계가 주는 고통이 예술작품의 순수한 자율성을 더 이상 인정할 수 없다는 것을 알려주고 있는 것이다. 자율성에 들어오게 된 이질성은 음악이 스스로 자족하는 가상에 머물러 있는 것에 대해 도전장을 던지고 있다. 가상은 모든 전통적인 음악에서 미리 주어져 있으며 형식적으로 퇴적되어 있는 요소들로 음악에 자리를 잡고 있어서 매 경우마다 빼놓을 수 없는 확고부동한 필연성인 것처럼 받아들여지는 것에서, 또는 가상이 미리 주어져 있는 형식 언어와 동일한 것처럼 여겨지는 것에서 성립된다. 부르주아 시대의 초기부터 모든 위대한 음악은 가상과 형식 언어의 통합성을 균열이 없이 성취된 통합성인 것처럼 속이고, 모든 위대한 음악이 종속되어 있는 관습적인 일반적 법칙성을 그러한 음악에 내재하는 개별화를 근거로 들어 정당화시키는 것에서 만족해왔다. 신음악은 이러한 만족에 저항한다. 장식에 대한 비판, 관습에 대한 비판, 음악 언

---

11) 그러한 얼룩들이 있는 곳은 예를 들면 다음과 같은 곳들이다. 6개의 피아노 곡(op.19) 중 첫 번째 곡의 트레몰로 부분이나 《기대》의 제10, 제269, 제382 마디가 해당된다(원전 각주).

어의 추상적 일반성에 대한 비판은 같은 의미를 갖는다. 음악은 형상을 만들지 않는다는 특징을 통해, 다시 말해 가상이 없다는 특징을 통해 다른 예술이 갖지 못한 특권을 갖고 있다. 그럼에도 음악은 음악에 고유한 특별한 관심사와 인습의 지배를 화해시키려는 지칠 줄 모르는 노력을 통해 부르주아지적인 예술작품이 갖고 있는 가상적 특징에 정력적으로 참여해왔다. 쇤베르크는 화해적인 일반성에 종속되면서 음악적 가상의 가장 내적인 원리를 완성시켜주는 표현에 대해서는 부정적 태도를 취함으로써 위에서 말한 가상적 특징에 따르는 것을 거부하였다. 그의 음악은 일반적인 것과 특수한 것이 화해되어 있다는 것을 부정한다. 이러한 음악이 식물이 뻗어나가는 것과 같은 충동에 많은 정도로 근원을 두고 있다고 할지라도, 그리고 이 음악이 갖고 있는 불규칙성이 유기적인 형식들에 많은 정도로 유사한 모습을 보이고 있다고 할지라도, 이 음악은 어느 곳에서도 총체성을 보여주지 않는다. 니체도 기회가 있을 때마다 위대한 예술작품의 본질에 대해 언급하였다. 니체에 따르면, 예술작품은 그것이 처하게 되는 모든 모멘트들에서 다른 모습으로 나타날 수 있다는 것에서 예술작품의 본질이 규정된다. 이처럼 예술작품이 가진 자유를 통해 예술작품을 규정하는 것은 부르주아지 시대 이후 내려오는 관습들이 구속력 있게 통용된다는 것을 전제로 한다. 그러한 관습들이 미리 앞서서, 그리고 모든 문제들로부터 벗어나서 총체성을 보증하는 곳에서 모든 것이 사실상으로 다른 것이 될 수 있을 것 같다. 왜냐하면 그 어떤 것도 다른 것이 아닐 것 같기 때문이다.[12] 모차르트가 창조한 대부분의

---

12) 문장 자체로서는 그 뜻이 명확하게 드러나지 않는 부분이다. 이 문장의 앞과 뒤에 나오는 니체의 예술관에 대한 아도르노의 해석, 뒤이어 이 항목이 끝나는 부분까지 계속되는 쇤베르크 음악에 대한 아도르노의 해석과 연관을 지어 읽어 보면 아도르노가 이 문장에서 의도하는 바가 드러난다고 사료된다(역주).

악장들은 어떤 것도 잃어버리지 않은 상태에서 작곡가에게 지속적으로 대안들을 제시할 수 있을 것 같기도 하다. 니체도 예술에서 내려오는 관습들에 대해 일관적으로 긍정적인 입장을 갖고 있었으며, 그의 최후 수단은 그 실체가 사라진 형식들과 아이러니한 유희를 벌이는 것이었다. 유희에 순응하지 않은 것은 니체에게는 천민적인 것, 프로테스탄트적인 것으로서 의심의 대상이 되었다. 니체가 가진 이러한 취향에서 많은 것은 바그너와의 투쟁의 결과로 나타난 것이었다. 그러나 쇤베르크에 이르러 비로소 음악은 그의 도전을 수용하였다.[13] 쇤베르크의 작품들은 실제로 그렇게 되는 것 이외에는 다르게

---

13) 음악에서 관습을 완벽하게 씻어내는 것인 무조성의 원천에는 동시에 야만성과 같은 것도 들어 있다. 이러한 야만성은 쇤베르크가 일으키는 문화적대적인 돌발에서 쇤베르크 음악의 예술성 넘치는 외관을 떨리게 만든다. 불협화음은 협화음에 비해서 더욱 분화되고 진보된 화음일 뿐만 아니라 문명적인 질서의 원칙이 불협화음을 완전히 제어하지는 않는 것처럼, 어느 정도까지는 불협화음이 조성보다 더욱 오래된 것처럼 들리기도 한다. 그러한 혼돈 상태에서는, 조화를 이루는 데 무관심한 성부(聲部) 결합인 피렌체의 아르스 노바(Florentiner Ars Nova) 양식과 같은 것이 음악에 대해 교육을 받지 않은 사람들에 의해 "선적 대위법"이 마구잡이로 산출하는 것들과 혼동하는 결과로 이어진다. 음악을 잘 모르는 사람들은 귀를 감각적인 출현에만 맞추기 때문이다. 복합적인 화음들은 순진한 청중에게는 "잘못된 것", 아직은 정확하게 들을 수 없는 것처럼 여겨진다. 이것은 마치 급진적인 그래픽이 그래픽을 잘 알지 못하는 사람들에게는 "잘못 그려진 것"처럼 보이는 것과 같은 이치이다. 관습에 저항하면서 진보는 유치한 것, 퇴행적인 것도 그 내부에 갖고 있다. 쇤베르크가 가장 먼저 내놓았던 무조적인 작곡들, 특히 피아노곡 op. 11은 그 복잡성을 통해서보다는 원시성을 통해 청중들을 경악시킨다. 베베른의 작품은 작품에서 나타나는 모든 쪼개짐의 한복판에서 유지되고 있으며, 바로 이를 통해 철저할 정도로 원시적인 특징을 유지한다. 이러한 충동에서 쇤베르크와 스트라빈스키가 한순간이나마 서로 접점을 형성한다. 쇤베르크에서는 혁명적 국면을 보이는 원시주의는 표현 내용과도 관련을 맺고 있다. 쇤베르크는 어떠한 관습에 의해서도 제어되지 않으면서 고통을 조금도 완화시키지 않은 채 표현하고 있다. 그러므로 그의 표현은 조야하게 보

될 수 없는 최초의 작품들이다. 그것들은 기록과 구성이 하나에서 만나고 있음을 보여주는 작품들이다. 쇤베르크가 창조한 기록과 구성에는 유희의 자유를 보증하는 관습들이 아무것도 남아 있지 않다. 쇤베르크는 가상에 대해 적대적인 것만큼이나 유희에 대해서도 적대적이다. 쇤베르크는 신즉물주의적인 악사들, 이들과 같은 방향을 갖고 있는 집단들에 대해서는 그가 낭만적 장식에 대해 세웠던 만큼 예리한 대립각을 세우고 있다. 신즉물주의적 악사들과 낭만적 장식에 대해 그는 아래와 같이 정리하고 있다. "음악은 치장하는 태도를 가져서는 안 된다. 음악은 진실해야 한다. 예술은 '무엇을 할 수 있다'로부터 나오는 것이 아니고 '무엇을 해야 한다'[14]로부터 나온다."[15] 음악은 가상과 유희를 부정함으로써 인식을 향해 나아간다.

🌳_ 고독의 변증법

인식은 그러나 음악의 표현 내용 자체에 바탕을 두고 있다. 급진적 음악이 인식하는 것은 인간이 당하는 어두운 고통이다. 인간의 무력감은 음악이 가상과 유희를 허용하지 않을 정도로 중대되었다. 쇤베르크 음악은 본능의 갈등들이 성적인 것에서 발생한다는 것을 의

일 수도 있다. 쇤베르크의 표현은 말러(Mahler)에게 "자제를 잃지 말라"라고 경고했음에도 말러가 훼방을 놓았던 영국의 가정교사가 설정한 금기를 침범하고 있다. 쇤베르크에 대한 국제적인 반발은 그 가장 내적인 동기에서 볼 때는 엄격하게 조성을 지킨 말러에 대한 반발과 조금도 다를 것이 없다 (Cf. Max Horkheimer und T. W. Adorno, Dialektik der Aufklärung, Amsterdam 1947, S.214, 원전 각주).

14) 작은 따옴표는 독자의 이해를 위해 역자가 임의로 붙인 것임(역주).

15) Arnold Schönberg, Probleme des Kunstunterrichts(예술 수업의 문제들), in : Musikalisches Taschenbuch 1911, 2. Jg, Wien, 1911.

심할 여지없이 인식시켜 주는 음악이다. 증거로 기록된 문서[16]와 같은 쇤베르크 음악에서, 본능의 갈등들은 음악을 위안하면서 부드럽게 하는 것을 음악에서 금지시키는 힘을 얻는다. 표현주의 시기의 쇤베르크 음악은 "예감"으로서의 불안을 표현함으로써 인간의 무력감을 증언한다. 모노 드라마 《기대》는 어둠이 주는 모든 공포들을 감내하면서 밤에 애인을 찾아 나섰으나 마침내 살해되어 있는 애인을 발견하는 어느 여인을 주인공으로 하고 있다. 그녀는 동시에 정신분석의 대상이 되는 환자로서 음악에 맡겨지고 있는 것이다. 증오와 욕망, 질투와 용서에 대한 고백, 더 나아가 무의식의 모든 상징성이 그녀에게서 추출된다. 여주인공이 마침내 광기에 이르게 되었을 때, 음악은 비로소 그녀에게 위안의 효과가 있는 이의(異議) 제기에의 권리를 떠올리게 된다. 상흔의 충격을 마치 지진계처럼 기록하는 것은 그러나 동시에 음악이 구사하는 기법상의 형식 법칙이다. 형식 법칙은 연속성과 전개를 금지시킨다. 음악 언어는 그것이 가진 극단적인 것들에 따라 극단화된다. 충격의 제스처, 신체 경련, 불안에 의해 경직되어 유리처럼 정지되어 있는 상태에 따라 극단화되는 것이다. 이것이 바로 성숙한 단계의 쇤베르크뿐만 아니라 베베른의 전체 형식 세계가 의존되어 있는 극단화이다. 이러한 극단화는 쇤베르크 악파에 의해 예전에 예측하지 못했던 정도로 상승되고 있었던 음악적 "매개", 주제와 발전의 차이, 화성적인 흐름의 항구성, 부서지지 않은 선율 선(線)을 파괴한다. 쇤베르크가 시도한 기법적인 혁신들 중에서 그어떤 것도 표현에서 보이는 바로 이러한 극단화에 소급되지 않은 것

---

16) 원어는 protokollarisch이다. 독일어의 Protokoll은 증거를 기록으로 남기기 위해 작성된 문서를 뜻한다. 아도르노는 쇤베르크의 음악이 Protokoll과 같은 특징을 갖고 있다고 강조하고 있다. 이어지는 번역에서 옮긴이는 '기록문서적'이라는 표현을 사용한다(역주).

은 없다고 할 것이며, 혁신들이 남겨 놓는 흔적을 이러한 극단적 표현의 영향권을 넘어서까지 보존하고 있지는 않을 것이다. 사람들은 모든 음악에서 형식과 내용이 서로 맞물려 있다는 통찰을 여기에서 얻을 수도 있다. 지속적으로 추동되는 기법상의 접합을 형식주의적인 것이라고 배척하는 것은 어리석은 짓이다. 음악의 모든 형식들은 퇴적된 내용들이다.[17] 이것은 표현주의 음악에 이르러 비로소 나타난 것이 아니고, 그 이전의 음악에도 해당된다. 형식들에는 형식들에 퇴적되어 있지 않으면 망각되는 내용들과 더 이상 직접적으로 말해 질 수 없는 내용들이 살아남아 있다. 형식에서 도피처를 찾은 것들은 형식이 존속되는 것에서 이름도 없이 함께 살아 있는 것이다. 예술의 형식들은 인간의 역사를 기록물들보다 더욱 올바르게 기록해두고 있다. 예술에서 출현하는 형식의 경직이 경직된 삶에 대한 부정으로 읽히지 않을 수는 없을 것이다. 고독한 사람이 느끼는 불안이 예술적인 형식 언어의 규준이 되었다는 사실은 고독에 내재하는 비밀에 대해 무엇인가를 누설해 주고 있다. 예술에서 후기 개인주의가 나타나고 있다는 비난은 개인주의의 사회적 본질을 제대로 파악하지 못하고 있기 때문에 궁색한 비난에 불과하다. "고독하게 말하기"는 의사소통하는 말하기에 비해 사회적 경향에 대해 더 많은 것을 이야기해 준다. 쇤베르크는 고독하게 말하기를 극단까지 붙들고 있으면서 고독의 사회적 특징과 맞부딪치고 있다. 《음악을 지닌 극(Drama mit Musik)》[18], 《행복한 손》은 음악적으로는 성공에 이른 가장 중요한 작품일 것이다. 전체에 대한 꿈이 전체적인 교향곡으로서 실현된 적이 한 번도 없었기 때문에 이 작품이 추구하는 전체에 대한 꿈은 더욱

---

17) 이것은 아도르노 예술이론에서 핵심을 이루는 내용이며, 그의 대표적 저작인 『미학이론(Ästhetische Theorie)』의 전편에 걸쳐 나타난다(역주).
18) 《음악을 지닌 극》은 《행복한 손》의 장르명임(역주).

더 충분한 근거를 갖고 있는 것이다. 가사는 비록 불충분한 임시방편에 머물러 있지만 음악과 분리될 수는 없다. 쇤베르크의 음악에 압박된 형식을 명령하듯이 부여해 주고 음악에서 폭발력과 밀도가 실현되도록 해주는 것이 바로 조야하게 축소되어 있는 가사들이다. 그럼에도 가사의 조야함에 대한 비판은 표현주의 음악의 역사적 중심으로까지 치고 들어간다. 《행복한 손》의 주인공은 성적으로뿐만 아니라 노동에서도 거절을 경험하는 스트린드베리(Strindberg)적인 고독한 주체이다. 쇤베르크는 주인공을 산업사회의 산물로 보아 "사회심리학적으로" 설명하는 것을 경멸한다. 그러나 쇤베르크는 주체들과 산업사회가 지속적으로 모순관계를 갖고 있으며 불안을 통해 서로 소통한다는 것을 악보로 기록하였다. 드라마의 제3막은 작업장에서 펼쳐진다. 사람들은 "작업복을 입은 몇몇 노동자들이 작업장에서 일하고 있는 것을" 본다. "어떤 이는 줄질을 하고, 어떤 이는 기계 위에 앉아 있으며, 어떤 이는 망치질을 한다." 주인공은 "그 일은 더 간단하게 해치울 수 있지" —이것은 남아도는 불필요한 사람들에 대한 상징적인 비판이기도 하다— 라고 말하면서 마법의 힘으로 내리쳐서 금조각에서 장신구를 완성한다. 노동자들이 이러한 장신구를 만들어내기 위해서는 더욱 복잡한 분업적인 절차가 필요하지만 주인공은 마법적으로 만들어내는 것이다. "그가 망치를 위로 올려 내리치려고 하자 노동자들이 펄쩍 뛰며 그에게 돌진하려는 표정을 보인다. 그 사이에 그는 노동자들이 취하려는 위협을 인지하지 못한 채 위로 쳐든 왼손을 바라본다. … 망치가 내리쳐지자 노동자들의 얼굴은 경악으로 인해 굳어진다. 모루의 중앙이 갈라졌고, 벌어진 틈으로 금이 가라앉았다. 그는 몸을 굽혀 왼손으로 그것을 위로 쳐든다. 그것을 천천히 아주 높이 쳐든다. 그것은 보석으로 장식된 왕관이다." 그가 노래한다. "신통함이 없이도 이렇게 간단하게 보석을 만들 수 있지." "노동자의 표정은 위협적이 된다. 그리고 나서 경멸적인 표정으로 된다. 노동자들은 그 남자에 대해서 어떤 행동을 취해 보라고 서로 권유하다가 그 남자에 대항하여 공격하는 준비를 하는 것처럼 보인다. 그 남자는 비웃으면서 왕관을 노동자들에게 던진다. 노동자들은 그 남자를 향해 돌진하려고 한다. 그 남자는 몸을 돌리면서 노동자들을 보지 않는다." 이와 함께 장면이 바뀐다. 이러한 과정들에서 드러나는 객관적인 순진함은 노동자들을 "거들떠 보지 않는" 그 남자의 순진성과 다름이 없다. 그 남자는 사회에서 이루어지는 실재적인 생산과정에서 소외되어 있으며, 노동과 경제 형식과의 상호연관관계도 더 이상 인식할 능력이 없다. 그 남자에게는 노동 현상이 절대적인 것으로 나타날 뿐이다. 양식화된 드라마에서 노동자들이 실재와 같은 모습으로 등장하는 것은 물질적인 생산으로부터 분리되어 있는 사람이 물질적 생산에 대해 불안을 느끼는 것과 상응한다. 불안이 꿈의 무대와 현실 사이에 나타나는 표현주의적인 갈등을 철저할 정도로 지배하고 있는 것에서 보이듯이, 그것은 깨어 있어야 한다는 것에 대한 불안이다. 꿈에 붙잡혀 있는 그 남자는 노동자들의 눈으로 보기에는 자기 자신이 너무나 좋은 상황에 있는 사람이기 때문에, 위협이 노동자들로부터 온다고 생각하지 자신과 노동자들을 서로 갈라놓는 전체로부터 온다고 생각하지 않는다. 체계가 받쳐주는, 인간의 노동관계들에서 나타나는 카오스적인 무정부상태는 무정부상태가 유발시키는 죄를 무정부상태로 인해 희생되는 사람들에게 옮겨 놓은 것에서 그 모습을 표현하고 있다. 노동자들이 그 남자에게 가하는 위협은 노동자들이 저지르는 경범죄가 아니고, 새로운 발명이 출현할 때마다 노동자들의 생존을 위협하는 일반적인 불의에 대해 노동자들이 보여주는 응답과 같은 것이다. 주체를 "보지 못하게" 하는 현혹의 상호연관관계[19]는 그러나 그것 스스로 객체적인 것과 같은 것이며, 계급의 이데올로기이다. 해명되지 않은 것을 해명되지 않은 채 놓아둠으로써 《행복한 손》에서 나타나는 카오스적인 측면은 가상과 유희에 반대하는 입장을 보이는 쇤베르크의 지적 성실성이다. 그러나 카오스의 현실은 전체 현실이 아니다. 카오스의 현실에서는 교환사회의 법칙이 출현하며, 이 법칙에 따라 교환사회는 맹목적으로, 그리고 인간의 머리 위에서 재생산된다. 이 법칙은 다른 사람들을 제멋대로 다루는 권력의 지속적인 증가를 포함하고 있다. 세계는 가치법칙과 집중에 의해 희생당하는 사람들에게는 카오스적이다. 그러나 세계는 "그것 자체로서는" 카오스적이지 않다. 세계를 지배하는 원리가 혹독하게 짓밟는 대상인 개별 인간만이 세계가 카오스적이라고 생각할 따름이다. 개별 인간에게 세계가 카오스로 나타나게 만드는 폭력들이 종국적으로는 카오스의 재조직을 떠맡는다. 카오스는 폭력이 만들어내는 세계이기 때문이다. 카오스는 코스모스의 기능을 갖고 있으며, 질서에 앞서서 나타나는 무질서이다. 철학에서 카오스와 체계가 함께 속해 있듯이, 사회에서도 카오스와 체계가 함께 속해 있다. 표현주의적으로 나타나는 카오스의 한복판에서 구상된 가치 세계는 기세를 올리면서 떠오르는 새로운 지배의 특징들을 담지하고 있다. 《행복한 손》의 그 남자는 노동자들과 마찬가지로 연인도 거의 보지 않는다. 그는 자기 자신에 대해 갖는 연민을 정신의 비밀스런 왕국으로 끌어올린다. 그는 이 왕국의 우두머리이다. 그의 강력한 힘은 음악에서,

---

19) 이 개념은 아도르노 인식론에서 핵심에 속한다. 대상을 사고의 폭력에 총체적으로 종속시키는 동일화사고가 보편적 총체로 되는 현상을 의미한다. 이 상태에서는 따라서 객체가 있는 그대로 존재하는 것이 정지되며 모든 것이 인식 주체에 의해 동일화된다. 그러므로 주체가 존재하지 않는 상태가 된다. 아도르노 사회 이론에서 이 개념과 짝을 이루는 개념이 바로 '관리된 세계 verwaltete Welt'라는 유명한 테제이다(역주).

그의 나약함은 가사에서 효과를 발휘한다. 그가 대변하고 있는 사물화 비판은 바그너의 사물화처럼 반동적이다. 그의 사물화 비판은 사회적 생산관계들을 향하고 있지 않으며, 분업을 향하고 있다. 쇤베르크에게 고유하게 나타나는 사물화 비판의 실제는 이러한 혼동으로 인해 병들어 있다. 쇤베르크는 음악에서 고도로 특화된 지식을 문학적인 시도를 통해 보완하려고 하였지만 바로 문학적인 시도에 의해 쇤베르크의 사물화 비판의 실제는 중압감에서 벗어나지 못하고 있다. 여기에서 또한 바그너적인 경향이 붕괴되고 있다. 바그너의 종합예술작품에서 예술적 생산과정의 합리적인 조직을 통해 아직도 응집되어 있고 이렇게 해서 바그너 작품의 진보적인 요소를 유지시켜 주던 것이 쇤베르크에서는 괴리되면서 산산조각이 난다. 《행복한 손》의 남자는 기존의 질서에 경쟁자로 등장하면서도 기존의 질서에 충실하게 머물러 있다. 그는 다른 사람들보다 "더욱 간단하게 그렇게 할 수 있는" 것이다. 쇤베르크가 작품에서 창조한 남자는 "터키 사람들의 수급 2개를 매단 밧줄을 허리띠처럼 몸에 두르고", "칼집에서 빼든 피 묻은 칼을 손에 들고 있다." 그에게는 이 세계에서 이처럼 잘못된 일이 생기고 있지만, 그는 그럼에도 힘을 가진 사람이다. 그의 목덜미를 물어뜯고 있는 불안이라는 괴물은 그에게 복종을 강요한다. 무력한 자는 자신의 무력함과 스스로 타협을 하면서 그에게 자행된 불의를 다른 사람들에게 자행한다. 이러한 행동을 하는 그 남자는 역사적으로 이중의 의미를 갖고 있다. 무대를 "기계기술자의 작업장과 대장장이의 작업장의 중간 정도로 꾸미라는" 연출자의 지시만큼 그 남자가 갖고 있는 역사적 이의성(二義性)을 정확하게 지적해 주는 것도 없을 것이다. 새로운 즉물성의 예언자인 주인공은 ―장인(匠人)으로서― 옛 생산방식이 갖고 있는 마력을 살려내야 한다. 쓸모없는 것을 거부하는 그의 단순한 몸동작은 왕관을 생산하는 데 도움이 된다.

그가 귀감으로 삼고 있는 지크프리트는 최소한 칼을 만들어냈다. "음악은 장식적이어서는 안 된다. 음악은 진실하여야 한다." 그러나 예술작품은 다시 오로지 예술만을 그 대상으로 삼는다. 예술작품은 자신이 사회적으로 속해 있는 현혹의 상호연관관계로부터 예술적 탈출을 감행하지 않을 수 없다. 극단적으로 소외된 절대적 예술작품은 실명 상태에 빠진 채 오로지 자기 자신에 대해서만 동어반복적으로 관계를 가질 뿐이다. 예술작품의 상징적 중심은 예술이다. 이렇게 해서 예술작품은 공허해진다. 신즉물주의에서 표명되는 공허함은 표현주의의 정점에서 그 힘을 과시한다. 표현주의가 이러한 공허함에서 선취하는 것은 유겐트양식(Jugendstil)과 표현주의 이전에 존재하였던 공예 예술에서도 있었다. 《행복한 손》에서 나타나는 색채 상징과 같은 모멘트들은 위의 두 가지 양식에 빚을 지고 있다. 가상으로 되돌아가는 것은 그러므로 표현주의적 저항에서는 매우 쉬운 일이다. 표현주의적 저항이 가상에서 발원하며, 개별성이라는 가상으로부터 유래하기 때문이다. 표현주의적 저항은 본의 아니게 가상에 머물러 있다. 이것은 1900년경의 예술이 고백했던 것이다. 예술이 고백한 것은 양식으로서의 고독이다.

_ 양식Stil으로서의 고독

《기대》는 "수천 명의 사람들이 지나간다"[20]라는 말과 더불어 가장 노골적으로 나타나는 자리인 결말 부근에서 어떤 음악적인 인용을 포함하고 있다. 쇤베르크는 이 인용을 초기의 조성적인 가곡에서 끌어 오고 있다. 쇤베르크는 이 가곡의 주제와 대위법을 무조성을

20) 411 마디 이하, 401마디 이하 참조(원전 각주).

파괴하지 않은 채 《기대》의 자유분방한 성부 조직 속으로 교묘하게 끌어 들이고 있는 것이다. 가곡의 제목은 《길모퉁이에서》이며, 유겐트양식의 시들을 가사로 한 작품6(op.6)에 속한다. 가사들은 슈티르너의 전기를 썼던 멕케이(John Henry Mackay)로부터 유래한다. 가사들은 유겐트양식과 표현주의의 접점을 브람스의 피아노 서법으로 독자적인 반음계적 보조음과 대위법적인 충돌을 통해 조성을 흔들어 놓는 가곡의 작곡처럼 잘 고정시키고 있다. 가사는 다음과 같다. "수천 명의 사람들이 지나간다, /내가 애타게 보고 싶은 사람, 그는 거기에 없네! / 시선들이 평온을 잃은 채 위로 날아 가네, / 시선들이 서둘러 가는 이에게 물어보네, / 혹시 그이가 내가 보고 싶은 분이 아닌지 ⋯ / 시선들은 묻고 또 묻지만 헛일이네. / 대답하는 이는 아무도 없네. '여기에 내가 있다오. 조용히 있으면 된다오.' / 동경은 삶의 영역들을 가득 채운다, / 동경은 가득 차도 끝이 없고, / 그래서 나는 이렇게 길모퉁이 넓게 퍼진 곳에 서 있네, / 사람들이 지나가는 동안에도, / 햇볕에 그을릴 때까지─ / 피곤에 지친 내 눈이 감길 때까지." 여기에 고독의 양식이라는 정형이 들어 있다. 고독은 공통적인 고독이다. 그것은 서로를 모르고 사는 도시 거주자들의 고독이다. 고독을 표현하는 몸동작은 서로 비교될 수 있다. 이렇게 해서 고독의 몸동작이 인용될 수 있는 것이다. 표현주의자는 고독이 일반적인 것임을 밝혀낸다.[21] 그는 아무것도 인용되지 않은 곳에서 또 인용을 하고 있

---

21) 알반 베르크는 유겐트양식으로부터 완전하게 벗어나지 못하였고, 그에게서는 표현을 양식화하는 경향이 지배적으로 나타난다. 이런 이유 때문에 알반 베르크에서는 《보체크》 이래 인용이 더욱더 전면으로 부상하게 된다. 그래서 《서정 조곡》은 쳄린스키의 《서정 교향곡》의 한 부분과 《트리스탄과 이졸데》의 시작 부분에 있는 음을 있는 그대로 표현하고 있다. 《룰루》의 한 장면은 《보체크》의 최초 몇 마디를 표현하고 있다. 그러한 인용들에서 형식의 자율성이 효력을 상실하면서, 형식이 갖고 있는 단자적(單子的)인 밀

다. "여보, 여보, 아침이 오고 있어요"(《기대》제389마디 이하)라는 악구들이 《트리스탄과 이졸데》제2막 "들어 보아요"와 관련이 있다는 것을 부인할 수는 없을 것이다. 학문에서처럼 인용은 작곡에서도 권위를 표상해 준다. 고독한 사람이 갖고 있는 불안은 인용에 의지하여 기댈 곳을 찾는다. 인용은 통용되는 것에서 기댈 곳을 찾아 주는 좋은 수단이기 때문이다. 고독한 사람의 불안은 표현주의적인 기록들에서 부르주아적인 표현상의 금기로부터 해방된다. 그러나 해방된 것으로서의 고독은 더욱 강한 것에 몸을 팔게 되며, 이를 방해하는 것은 아무것도 없다. 예술에서 절대적 단자가 갖고 있는 입장은 두 가지이다. 하나의 입장은 사회가 잘못 조직되고 있는 것에 대한 항거이며, 다른 하나는 사회가 더욱더 나쁘게 조직되는 것을 준비하는 입장이다.

🌲_ 즉물성으로서의 표현주의

주체적인 것이 객체화되는 것[22]은 필연적으로 발생하게 된다. 이러한 변환은 표현주의가 가진 내실, 즉 절대적 주체가 절대적이지

도는 동시에 가상으로 인식된다. 이처럼 특이한 형식을 만족시킨다는 것은 다른 모든 형식들에 부과되었던 것을 실행시키는 것을 의미한다. 인용에 의존하는 이 표현주의자는 소통에 굴복하는 모습을 보이고 있는 것이다(원전 각주).

22) 이어지는 부분에서는 절대적으로 주체적인 것이 예술작품에서 객체화된다는 아도르노의 이론이 전개되고 있다. 예컨대 카프카가 인간을 벌레로 묘사하는 것에서 보이는 것처럼 현대예술에서 특징적으로 나타나는 절대적으로 주체적인 것이 작품에서 알레고리로 형상화되면서 아도르노에서는 예술작품이 내보이는 얼굴을 뜻하는 표현(Ausdruck)에 이르게 되면서 객체화된다는 것이 이 이론의 요체이다. 주체적인 것의 객체화에 성공한 예술작품은 경험세계에 대한 객관적 인식을 제공하게 된다(역주).

않다는 것으로부터 시작된다. 절대적인 주체가 개별적인 것으로 되는 것, 바로 이것에서 사회가 출현한다. 이에 대해서는 쇤베르크의 6개의 남성합창곡 작품35의 마지막 곡이 간단하고 명료한 설명서를 제공해 주고 있다. "너도 그러한 사회에 속해 있다는 것을 부인하라! 너 혼자만이 오로지 그것을 부인하고 있는 것은 아니다." 그러한 "연결성"은 순수한 표현들이 그 고립성에서 상호주체적인 요소들을, 그리고 이와 결합된 예술적 객체성의 요소들을 자유롭게 풀어 놓는다는 사실에서 명백하게 드러난다. 작품이라는 전통적 카테고리에 도전하는 모든 표현주의적 시도가 불러일으키는 결과는 '그렇게 될 수 있고 다르게는 될 수 없다'[23]는 것이 맞다는 새로운 요구들을 제기한다. 이렇게 함으로써 표현주의는 자기 스스로 조직화하는 것이다. 표현이 음악적 연관관계를 표현이 구사하는 극단에 따라 극단화시키면서 극단의 결과는 다시 연관관계를 만들어낸다. 형식법칙으로서의 대비는 전통 음악에서의 경과에 못지않게 구속력이 있다. 후기 12음기법을 대비의 체계, 결합되어 있지 않은 것을 통합시키는 기법이라고 정의할 만도 하다. 예술이 직접적인 삶과의 거리를 잠시라도 중단하는 한, 예술은 예술의 자율성과 형식 내재성이 갖고 있는 그림자를 넘어서서 도약할 수 없다. 작품 카테고리에 적대적인 표현주의가 작품 카테고리에 적대성을 보이고 있으면서도 오로지 작품의 견고함에서만 보존되는 자율성을 ─소통을 거부하면서까지─ 고집하는 모순이 생길 수도 있다. 표현주의가 이러한 모순을 보이면 보일수록 자율성을 넘어서서 도약하는 것은 더욱 어렵게 된다. 이것은 피할 수 없는 모순이다. 이 모순이 표현주의적인 입장을 고집하는 것을 금지시키고 있기 때문이다. 예술적 객체가 순수하게 여기에 있는 것으로 규정

---

23) 작은 따옴표는 옮긴이가 독자의 편의를 위해 붙인 것임(역주).

되어야 한다는 것은 부정적 규정에 해당된다. 이러한 규정은 예술적 객체를 간섭하는 모든 것을 거부하고 있기 때문이다. 이러한 거부는 예술적 객체에 고유하게 내재하는 법칙과도 같은 것이다. 그러나 예술적 객체는 이처럼 자신을 간섭하는 모든 것을 거부하는 능력에 근거하여 순수하게 여기에 있는 것을 넘어설 수 있다. 특수한 것이 일반성으로부터 절대적으로 해방되는 것은 예술적 객체를 다시 일반적인 것으로 변환시킨다. 일반성에 대해 극단적이고도 원칙적인 관계를 갖는 것을 통해 특수한 것이 일반적인 것으로 바뀌는 것이다. 특정적인 것이 단순히 개별적인 것이 된다는 것은 선명하게 각인되어 있다. 특정적인 것은 그러나 그것에 고유하게 내재하는 이러한 각인에 힘입어 단순히 개별적인 것으로 되는 것을 넘어선다. 《기대》에서 나타나는 충격의 몸동작들이 오로지 한 번만 반복되어 돌아옴에도 정형과 비슷한 것이 된다. 충격의 몸동작들은 이렇게 해서 그 동작들이 에워싸는 형식을, 즉 마지막에 부르는 노래가 피날레가 되는 형식을 끌어들이게 되는 것이다. 정합적인 구성에 속박되는 것을 즉물성이라고 명명한다면, 즉물성은 표현주의에 단순하게 대항하는 움직임이 아니다. 즉물성은 표현주의가 다른 모습으로 존재하는 것에서 나타나는 움직임이다. 표현주의 음악은 전통적인 낭만주의 음악으로부터 표현의 원리를 철저할 정도로 탈취하였으며, 그 결과 표현의 원리가 기록문서와 같은 특징을 갖게 되었다. 그러나 이렇게 해서 표현의 원리가 근본적으로 변환된다. 표현의 기록 문서로서의 음악은 더 이상 "표현이 풍부한" 예술 장르가 아니다. 표현된 것이 음악저 너머의 거리를 측정할 수 없는 먼 곳에서 더 이상 부유(浮遊)하지도 않으며, 음악에 무한한 여운을 부여해주지도 않는다. 음악이 표현된 것, 다시 말해 음악의 주관적 내실을 예리하고도 명백하게 고정시키는 순간에 음악의 주관적 내실은 음악의 시선 아래에서 객관적인 것으로 굳어진다.[24) 음악이 갖고 있는 순수한 특징이 객관적인 것의 존재를 거부하는 것처럼 보이지만 이처럼 객관적인 것으로 굳어지는 것이다. 음악은 그것의 대상에 대해 기록문서적인 태도를 취하면서 스스로 "사물적인" 것으로 된다. 음악에서 발생하는 이러한 돌발들과 더불어 주관성으로 남고 싶다는 꿈은 관습이 무너지는 것과 마찬가지로 무너지는 것이다. 기록문서와 같은 특징을 보이는 화음들은 주관적 가상을 부숴 버린다. 이러한 화음들은 그러나 이렇게 함으로써 마침내 그것들이 갖고 있는 표현 기능까지 없애 가진다.[25) 기록문서와 같은 특징을 갖는 화음들은 항상 세밀하다. 그러나 그것들이 객체로서 모사하는 것이 객관적이냐 또는 주관적이냐 하는 것은 별로 중요한 문제가 아니다. 그것은 동시에 주관성과 동일한 것이다. 주관성이 갖는 마력은 작품이 주관성을 향해 던지는 시선의 세밀성 앞에서 사라진다. 이렇게 해서 기록문서와 같은 특징을 갖는 화음들은 구성의 재료(Material)가 되는 것이다. 바로 이러한 것이 《행복한 손》에서 일어난다. 《행복한 손》은 정통 표현주의에 대한 증언이라는 요소와 작품이라는 요소가 하나에서 만나는 것을 보여주는 작품이다. 이 작품은 반복, 오스티나토(Ostinato)와 지속 화음, 마지막 장의 트롬본의 간결한 이끔화음이 한데 어울려 만들어 놓은 건축물과 같은 작품이라는 것을 고백하고 있는 것이다.[26) 그러한 건축물은 음악적 심리주의를 부정하지만, 음악적 심리주의는 그러나 그러한 건축물 내부에

---

24) 언뜻 보기에는 이해가 되지 않는 문장으로 여겨질 수 있다. 그러나 이 소절 (즉물성으로서의 표현주의)의 첫 문장과 이에 대한 옮긴이의 주석을 참조하면 이해가 더 용이해질 수 있을 것 같다(역주).

25) '없애 가진다'의 원어는 aufheben이다. 아도르노의 사고가 철저하게 변증법적임을 감안하여 이렇게 옮겼다(역주).

26) 제214마디 이하, 제248마디, 252마디(원전 각주).

서 완결된다. 음악은 이렇게 해서, 가사와 마찬가지로, 표현주의의 인식 수준의 뒤쪽으로 되돌아갈 뿐만 아니라 동시에 표현주의의 인식 수준을 뛰어 넘는 것이다. 작품이라는 카테고리, 다시 말해 하나의 닫혀진 전체로서 존재하며 그 내부에서 갈라진 틈이 없이 조화를 이루는 전체로서의 작품 카테고리는 표현주의가 기만이라고 비난하는 가상(Schein)에서는 떠오르지 않는다. 작품 카테고리는 스스로 이중적 특징을 갖는다. 작품이 고립되고 철저하게 소외된 주체에게 조화에 들어 있는 기만, 작품 자신 및 다른 것들과의 화해에 들어 있는 기만으로서 그 모습을 드러내게 되면, 이것은 동시에 하나의 심급이 되는바, 이 심급은 잘못된 사회에 속해 있는 잘못된 개별성에게 자제하도록 요구하는 기능을 갖는다. 개별성이 작품에 대해 비판적 입장을 취하면, 작품도 개별성에 대해 비판적 태도를 취한다. 개별성에 들어 있는 우연성이 개별성 자신의 발원지이기도 한 비난의 대상이 되는 사회적 법칙에 저항하면, 작품은 그러한 우연성을 손에 쥐는 도형을 고안해낸다. 사회의 비진실을 인식하지만 동시에 스스로 비진실이기도 한 개인에 대항하여 작품은 사회가 처해 있는 그대로의 모습을 대변한다. 오로지 작품들에서만 주체와 객체가 제약받고 있는 상태를 똑같이 뛰어넘는 것들이 나타난다. 가상적인 화해로서의 작품들에는 현실적인 화해가 반사되어 있다. 음악은 표현주의적 단계에 와서 총체성에 대한 요구 제기를 무효라고 선언하게 되었다. 그러나 표현주의 음악은 "유기적인" 것에 머물러 있었으며,[27] 언어는 주

---

27) 유기적인 것을 대하는 태도에서 표현주의와 초현실주의는 서로 갈라선다. 표현주의의 "균열성"은 유기적인 비합리성에서 유래한다. 유기적인 비합리성은 거친 몸동작과 미동도 않는 육체라는 두 가지 면에서 측정되며, 유기적인 비합리성이 보이는 리듬은 깨어 있는 것과 잠들어 있는 것의 리듬을 모방한 것이다. 초현실주의적 비합리성은 육체의 생리학적인 통일이 붕괴되었다

관적이고 심리적인 것이었다. 이것이 다시 음악을 총체성으로 몰고 갔다. 표현주의가 유기적인 것을 붙드는 미신에 저항하여 충분히 급진적인 태도를 취하지 않았지만 유기적인 것의 청산은 작품이라는 이념을 다시 한 번 결정(結晶)시켰다. 표현주의적 유산은 필연적으로 작품이라는 카테고리로 귀속된다.

✿ _ 요소들의 철저한 조직화

이후에 가능할 것처럼 보이는 것은 제한이 없는 것 같다. 조성이라는 모든 것을 좁게하는 선별원리들은 붕괴되었다. 전통적 음악은 극히 제한된 수의 음 콤비네이션을 특히 수직적 구조에서 사용하는 형식으로 영위되어 왔다. 일반적인 것을 이리저리 배열하여 특별한 것을 뽑아내는 것에 만족하여야만 하였다. 이러한 배열은 역설적이게도 특별한 것을 단 한 번 나타나는 것과 동일한 것으로 출현하게 한다. 베토벤의 모든 작품은 그러한 역설을 펼쳐 놓은 것이다. 이에 반해 오늘날에는 화음들의 구체적 도입이 도입을 불가피하게 하는 요구들에 따라 이루어진다. 어떤 관습들도 작곡가가 여기에서, 바로 단순히 여기에서 필요로 하는 음을 사용하는 것을 금지하지는 못한다.

___

고 전제한다. 파울 벡커(Paul Bekker)도 쉔베르크의 표현주의를 "생리학적인 음악"이라고 명명한 바 있었다. 초현실주의적 비합리성은 반(反)유기적이며, 죽은 것에 관련되어 있다. 초현실주의적 비합리성은 육체가 사물화되어 있다는 것을 사회에 확인시켜 주기 위해 육체와 사물세계의 경계를 허물어 버린다. 그 형식은 몽타주 형식으로 나타난다. 이 형식은 쉔베르크에게는 매우 낯선 것이다. 그러나 표현주의에서 주체성이 사물세계에 대해 갖는 권리를 포기하고 사물세계가 갖고 있는 절대 권력을 비난하면서도 이 권력을 인정하면 할수록, 주체성은 사물세계의 미리 주어진 형식을 수용하는 것에 대해 더욱더 순종하게 된다(원전 각주).

어떤 관습들도 작곡가가 이미 낡은 일반적인 것에 순응하도록 작곡가에게 강요하지는 못한다. 재료로부터의 속박에서 벗어남과 동시에 재료를 기법적으로 장악할 수 있는 가능성이 증대되었다. 이렇게 해서, 음악은 음악의 소재가 가하는 최후의 잘못된 자연적 속박으로부터 빠져나온 것처럼 보이며, 음악의 소재를 자유롭고 의식적으로 그 내부를 들여다보면서 장악할 수 있게 되었다. 작곡가가 음들과 더불어 해방된 것이다. 선율 방식, 화성법, 대위법, 형식, 관현악법 등처럼 조성을 사용하는 서양 음악에서 나타나는 여러 차원들은 역사적으로 볼 때 상호간에 서로 의존되지 않은 채 전개되었다. 계획이 없이, 다시 말해 "있는 그대로" 전개된 것이다. 낭만주의 시대에는 선율 방식이 화성법의 기능을 가졌던 것처럼, 어떤 하나의 차원이 다른 차원의 기능이 된 곳에서도 실제로 어떤 하나의 차원이 다른 차원으로부터 유래한 것은 아니었다. 여러 차원들은 단순히 상호간에 서로 동화된 것들이었다. 선율 방식은 화성적 기능을 "대체하였으며", 화성법은 선율적 가치에 기여하기 위해 분화되었다. 그러나 선율 방식이 낭만주의 가곡을 통해 낡은 3화음적 특징으로부터 해방되었지만 화성적인 일반성의 테두리를 벗어나 있는 것은 아니다. 특히 베토벤 이후 음악적 생산력의 전개에서 원동력이 되었던 맹목성은 불균형으로 귀결되었다. 어떤 특정한 고립된 재료 영역이 역사의 전개과정에서 발전할 때마다 다른 영역들은 항상 뒤로 처졌고, 작품의 통일성이라는 면에서 더욱 앞서 있는 재료들은 허위로 비쳐졌다. 무엇보다도 낭만주의의 대위법이 거기에 해당되었다. 그러한 대위법은 호모포니적인 악장에 단순히 붙여진 것에 지나지 않는다. 그것은 호모포니적인 주제들을 외면적으로 결합시키거나 또는 단순히 화성적인 "코랄(Choral)"을 위장 성부로 포장하여 장식하는 수준에 머물러 있다. 이런 점에서 바그너(Wagner), 슈트라우스(Strauss), 레거(Reger)는 서로 비슷하다. 그러나 동시에 모든 대위법은 그것이 가진 고유한 의미에 따라 독립적인 성부들의 자발성을 고집한다. 대위법이 이를 망각하면, 잘못된 것이 되고 만다. 그 단적인 예들이 바로 "너무나 좋은" 후기낭만주의적인 대위법들이다. 그것들은 선율적-화성적으로 구상되었다. 선율적-화성적 대위법들이 성부 구조의 부분적 형상으로 작용해도 되는 곳에서도, 그 대위법들은 중심 성부로 작용한다. 그것들은 그 결과 성부의 진행을 불명료하게 하며 주제넘게도 가곡과 같은 외양을 취하려고 함으로써 구성을 부인하게 된다. 그러한 불균형들은 그러나 기법적인 세부사항에만 제한되어 있는 것은 아니다. 그러한 불균형들은 전체(das Ganze)가 갖는 역사적인 힘들이 된다. 개별적인 재료 영역들이 더욱 발전하면 할수록, 그리고 낭만주의 음악에서 악기 음향과 화성이 보여주듯이 재료 영역들 중에서 많은 것이 서로 융합되면 될수록, 전체적인 음악 재료의 합리적인 완전한 조직화라는 이념이 ㅡ이것이 그러한 불균형들을 제거한다ㅡ 더욱 분명하게 드러나기 때문이다. 그러한 이념은 이미 바그너의 종합예술에 간여하고 있었지만, 쇤베르크에 의해 비로소 본격적으로 실현되었다. 쇤베르크의 음악에서는 모든 차원들이 똑같이 전개될 뿐만 아니라 모든 차원들이 수렴되는 방식으로 서로 관련을 맺으면서 산출된다. 쇤베르크는 표현주의적 단계에서 예를 들어 울림 색채 선율과 같은 개념에서 그러한 수렴을 염두에 두고 있었다. 이 개념은, ㅡ이 개념이 등장하기 이전의 의미에서 볼 때ㅡ 선율에 무슨 변화가 일어나지 않아도, 동일한 음들에 대해서 단순히 악기의 음색 변화만으로 선율적인 힘을 얻을 수 있다는 것을 말하고 있다. 그 이후 음악의 모든 차원을 위한 공통분모가 모색되었다. 이것이 바로 12음 기법의 원천이다. 12음 기법은 다성적 푸가 형식과 호모포니적 소나타 형식의 대립이라는 서양 음악에서 나타나는 근본적인 대립을 없애 가지려는 의지에서 정점에 이른다. 베베른은 그의 마지막 현악4중주와 관련하여 이러한 의지를 표현하였다. 한때 쇤베르크는 브람스와 바그너의 종합으로 이해되기도 하였다. 음악은 최근 작품들에서 더욱 높은 것을 포착하고 있다. 음악은 가장 내적인 원리에서 바흐와 베토벤을 서로 결합시키고 싶어 한다. 대위법의 복위는 음악을 이 방향으로 몰고 간다. 그러나 대위법의 복위는 브람스와 바그너를 하나로 합치려는 유토피아에서 다시 무너지고 만다. 대위법에 내재하는 특별한 본질, 즉 이미 주어진 정선율에 대한 관계는 효력을 잃게 된다. 베베른의 후기 실내악 어느 곳에서도 대위법은 더 이상 찾아볼 수 없다. 이 작품에서 드물게 나타나는 음들은 수직적인 것과 수평적인 것의 융합이 남겨 놓은 찌꺼기들이며, 동시에 무관심 속에서 침묵하고 있는 음악이 보여주는 기념비와 같은 것이다.

🌳 _ 총체적 전개

작품의 합리적 완전 조직화의 이념에 대립하고 작품에서 재료의 여러 차원들이 서로 "무관심한 것"에 대립하는 태도를 취하는 경우가 있다. 이러한 태도는 스트라빈스키(Strawinsky)와 힌데미트(Hindemith)의 처리방식들이 반동적인 것임을 알게 해준다. 두 사람의 처리방식들은 기법적으로 반동적이며, 일단은 사회적인 입장을 고려하지 않은 점에서 반동적이다. 악사 근성은 재료의 한 영역을 분리해서 능숙하게 처리하는 근성이다. 악사 근성은 재료의 모든 층(層)들을 동일한 법칙에 종속시키는 원리인 구성적 귀결 대신에 재료의 한 영역만을 분리하여 재주를 부리고 있는 것이다. 그러한 약삭빠름은 완고한 단순함을 보이면서도 오늘날 공격적인 양상을 띠게 되었다. 예술작품의 통합적 조직화는 이러한 약삭빠름과 대치하는 원리이며, 오늘날 예술작품이 갖고 있는 단 하나의 가능한 객관성이다. 예술작품의 통합적 조직화는 따라서 악사 근성의 음악이 주관성에는 "우연"이 있다고 비난하는 바로 그 주체성의 산물이다. 오늘날 파괴된 관습들은 사실상 항상 음악의 외곽에만 머물러 있었던 것은 아니었다. 한때는 생동감 넘치는 경험들이 그 관습들 내부에 퇴적되어 있었듯이, 관습들은 잘못되었든 잘못되지 않았든 간에 하나의 기능을 충족시켜왔다. 그것은 조직화의 기능이었다. 바로 조직화의 기능이 자율적인 예술적 주체성에 의해 그러한 관습들에서 축소되었다. 이러한 주체성은 예술작품을 자체로부터 출발하여 자유롭게 조직화하려고 노력하기 때문이다. 음악적 조직화가 자율적인 주체성으로 전이(轉移)되는 것은 전개(Durchführung)가 갖고 있는 기법적인 원리의 능력에 의해 실행된다. 18세기 초에는 전개는 소나타의 작은 한 부분에 불과하였다. 일단은 원칙으로 정해지고 존재하는 것으로 받아들여진 주제들에서 주체적인 조명과 동역학이 실험적으로 시도되었던 것이다. 베토벤에 이르러 전개는 주제의 운명을 결정하는, 주제에 대한 주체적인 성찰이 되었으며, 이렇게 해서 전체 형식의 중심이 되었다. 형식이 관습으로서 미리 주어져 있는 곳에서도 전개는 형식을 자발적으로 다시한 번 산출시킴으로써 형식을 정당화시킨다. 그리고 형식의 정당화에 도움을 주는 수단이 있다. 상대적으로 오래 되어 뒷전으로 밀려나 있는 수단이 바로 그것이며, 이 수단은 베토벤 이후의 단계에서 잠재적인 가능성을 노출시키게 된다. 음악에서는 지나간 것으로부터 유래하는 잔재들이 기법의 각 단계에서 성취된 수준을 넘어서는 경우가 종종 발생한다. 이렇기 때문에 전개가 변주(變奏)를 기억해내는 것이다. 베토벤 이전의 음악에서는 극히 소수의 예외를 제외하고는 변주는 가장 현저하게 드러나는 기법상의 처리방식, 다시 말해 동일하게 얻어지는 소재에 대해 단순히 가면을 씌우는 처리방식에 속하였다. 변주는 그러나 이제는 전개와의 연관관계에 놓이게 되면서 보편적이고도 구체적이며 도식적이지 않은 관계들의 산출에 기여하게 된다. 변주가 역동적이 되는 것이다. 변주는 또한 이제는 출발점이 되는 재료를 —쇤베르크는 이를 "모델"이라고 명명한다— 동일한 것으로 붙드는 역할까지 맡는다. 모든 것이 "동일한 것"이 되는 것이다. 그러나 이러한 동일성에 내재하는 의미는 자신을 비동일성으로 성찰한다. 출발점이 되는 재료를 붙들어 맨다는 것은 동시에 그것을 변화시키는 것을 의미한다. 이러한 특징이 출발점이 되는 재료에 내재되어 있다. 출발점이 되는 재료는 즉자적으로는 아무것도 "아니며", 전체의 가능성의 관점에서만 존재하는 것이다.[28] 주제가 제기하는 요구에 충실하다는 것은 모든 모멘트들에 주제가 개입하여 주제를 변화시키는 것을 의미한다. 동일성을 비동일성으로 변화시키는 그러한 능력에 힘입어 음악은 시간에 대해 전혀 새로운 관계를 갖게 된다. 음악은 시간 속에서 흐르면서도 시간에 대해 이처럼 전혀 새로운 관계를 갖는 예술이 되는 것이다. 음악은 더 이상 시간에 대해 어떻든 상관없다는 태도를 취하지 않는다. 음악은 시간 속에서 임의적으로 반복되는 것이 아니라 변화하기 때문이다. 그렇다고 해서 음악이 단순히 시간에 귀속되지도 않는다. 음악은 이러한 변화에서 자신을 동일한 것으로 지켜 나가기 때문이다. 음악에서 고전적인 것의 개념은 시간에 대한 이러한 역설적인 관계를 통해 정의된다. 시간은 그러나 동시에 전개의 원리를 제한하는 것에도 개입한다. 전개가 총체적이지 않는 한에서만, 전개에 종속되지 않은 것, 즉 칸트적 의미에서 음악적 물 자체가 전개에 미리 주어져 있는 한에서만, 음악은 시간이 행

---

28) Cf. T. W. Adorno, The Radio Symphony, in: Radio Research 1941, New York 1941, pp. 110 ff., passim.

사하는 공허한 폭력을 멀리 축출할 수 있다. 따라서 영웅교향곡처럼 베토벤의 극히 구속력 있는 "고전" 작품들에서는 각 요소에 개입하는 변주는 한 "부분"으로서 소나타 전개부에 만족하게 되며, 제시부와 재현부를 존중하게 되는 것이다. 그러나 그 이후에는, 관습적인 잔재들을 파괴시키는 주체적 표현의 역동적인 힘들이 점차로 증대하여 우세를 보이는 것에 힘입어, 공허한 시간의 흐름이 음악에게는 점점 더 위협적으로 된다. 주체적인 표현의 모멘트들이 시간적 연속으로부터 이탈한다. 이러한 모멘트들은 더 이상 통제될 수가 없다. 시간적 연속과 만나기 위해 변주적 전개는 소나타 전체를 넘어서서 확장된다. 소나타 전체에 나타나는 문제성 있는 총체성은 보편적 전개에 의해 재구성되어야 한다. 브람스에서 이미 주체적 작업으로서의 전개는 소나타 전체를 점거하고 있다. 주체화와 객체화가 교차되고 있는 것이다. 브람스의 기법이 서정적 인테르메조(Intermezzo)와 아카데믹한 서법을 하나로 묶도록 강제하고 있듯이, 주체화와 객체화의 두 경향을 하나로 만들고 있는 것이다. 브람스는 조성의 내부에서 관습적인 공식들과 잔재들을 폭넓게 밀쳐내고 동시에 작품의 완결성을 모든 순간에 새롭게 창출해낸다. 이러한 동력은 자유로부터 유래한다. 이렇게 함으로써 브람스는 음악의 모든 우연적인 모멘트들을 배척하고 가장 두드러지는 다양성을, 즉 동일한 것으로 유지되는 재료들을 발전시키는 옹호자가 된다. 이것은 모든 면에서 가장 경제적인 형태로 나타난다. 비주제적인 것은 더 이상 존재하지 않는다. 항상 잠재된 채로 존재하는 것이라 할지라도 동일한 것으로부터 도출되는 것으로서 존재하지 않은 것은 더 이상 존재하지 않는다. 쇤베르크가 베토벤-브람스의 경향을 수용함으로써 그는 유물 변증법이 헤겔과 관련되는 것과 매우 유사한 의미에서 고전주의적 시민 음악의 유산을 물려받았다고 주장할 수 있게 되었다. 신음악의 인식력은 신음악이 "위대한 시민사회적인 과거", 즉 프랑스 혁명기의 영웅적인 의고전주의로 돌아가는 것이 아니라 낭만주의적인 분화를 신음악의 실체성에 맞춰 기법적으로 내부에서 없애 가지는 것을 통해 정당성을 확보한다. 이처럼 신음악의 인식력에 정당성을 확보해 주는 시민 음악의 유산은 기록문서와 같은 것이다. 이러한 기록문서적인 유산의 수용이 이끌어 내는 신음악의 주체는 후기 시민사회적 단계의 해방되었지만 고독한 실재적인 주체이다. 이러한 실재적인 주체성과 주체성에 의해 급진적으로 철저하게 형식화된 재료가 쇤베르크에게 예술적 객체화의 규준을 부여해주고 있는 것이다. 쇤베르크의 깊이는 이 규준에 따라 측정된다. 동기-주제 작업의 통일성은 베토벤에서는 주체적 동역학과 전통적인 ―"조성적인"― 언어 사이에 균형을 이루는 방식으로 획득되었다. 이것은 브람스에는 완벽하게 이루어진다. 이 같은 주체적인 실행은, 언어로서 관습적 언어에 개입하여 그것을 변화시킴이 없이, 관습적 언어로 하여금 두 번째로[29] 말을 하도록 강요한다. 언어의 변화는 음악 자체에 내재하는 객체성과 구속성을 희생시키는 대가로 해서 낭만주의적-바그너적 노선에서 성취되었다. 언어의 변화는 가곡들에서 동기적-주제적 통일성을 해체하고 주도 동기와 표제로 대체하였다. 쇤베르크는 바그너적으로 볼 때 새롭고 주관적이며 해방된 재료에서 음악에서 보편적 통일성과 경제성의 원칙을 최초로 발견하였다. 바그너가 출범시킨 음악 언어의 명목론을 일

---

29) 두 번째로(zum zweiten Mal)란 표현이 쉽게 이해되지 않는 부분이다. 관습적 언어가 첫 번째로 말을 했다는 것을 전제로 할 때만이 이 표현이 성립된다고 보는 것이 논리적일 것이다. 관습적 언어는 원래 첫 번째로 말하는 차원이 있으며, 음악에서 전개가 관습적 언어에 영향을 미쳤지만 결과적으로는 관습적 언어로 하여금 두 번째로 말을 하도록 강요하는 것에 이르게 되었다는 뜻으로 해석될 수밖에 없다고 본다(역주).

관성 있게 추구하면 할수록, 음악 언어는 합리적으로 더욱더 완벽하게 지배될 수 있다는 것을 쇤베르크의 작품들이 증명하고 있는 것이다. 이것은 음악 언어에 내재하는 경향에 힘입어 지배한다는 것을 의미하며, 박자나 취향의 균형을 통해 지배하는 것을 의미하지 않는다. 이것은 화성법과 다성음악의 관계에서 가장 잘 인식될 수 있다. 폴리포니는 해방된 음악의 조직화에 적합한 수단이다. 호모포니 시대에는 화음적인 관습들에 의해 조직화가 실행되었다.[30] 화음적인 관습들이 조성과 더불어 한번 폐기되면, 화음을 형성하는 모든 단순한 음은 성부 진행의 경과에 의해 입증되지 않는 한 일단은 우연적인 것이 되고 만다. 성부 진행의 경과에 의해 입증된다는 것은 폴리포니적으로 입증된다는 것을 의미한다. 후기 베토벤, 브람스, 확실한 의미에서 바그너까지도 폴리포니에 전력을 다하였다. 그들은 조성이 형식을 형성하는 능력을 상실하고 공식과 같은 것으로 경직되는 것으로 발생하는 손해를 보완하기 위해 그렇게 노력하였던 것이다. 그러나 쇤베르크는 폴리포니의 원리가 더 이상 해방된 화성법에 이질적인 원리가 아니며 해방된 화성법과 더불어 비로소 화해되어질 수 있는 원리도 아니라고 주장한다. 쇤베르크는 폴리포니의 원리가 해방된

---

30) 3화음 화성들은 언어가 경우에 따라 그때 그때 보여주는 표현들과 비교될 수 있다. 경제에서 돈이 차지하는 역할과 비교하는 것은 이보다 더욱 적합한 비교가 될 수 있다. 3화음 화성들의 추상성은 3화음 화성들로 하여금 모든 곳에서 매개적인 역할을 하면서 들어갈 수 있는 능력을 부여한다. 따라서 3화음 화성들의 위기는 현재의 단계에서는 모든 매개 기능의 위기에 가장 깊게 관련되어 있다. 베르크의 뮤직 드라마적인 알레고리는 이러한 위기를 넌지시 암시해 준다. 《룰루》에서처럼 《보체크》에서도 C장조 3화음이 ─조성으로부터 이탈된 연관관계들에서─ 돈 얘기가 나올 때마다 등장한다. 이것의 효과는 신랄할 정도로 범속한 것이며 동시에 진부한 것이다. C장조의 작은 동전은 위폐로 고발된다(원전 각주).

화성법의 본질 자체라는 사실을 밝힌 것이다. 고전주의-낭만주의적 전래(傳來)에서 주체적 표현의 담지자로서 폴리포니적 객체성과 극단적 대립을 보여주는 개개의 화음은 그 화음들에 고유한 폴리포니에서 인식된다. 이처럼 인식하는 데 도움을 주는 수단이 바로 낭만주의적 주체화의 극단적인 수단이다. 이것이 바로 불협화음이다. 어떤 화음이 불협화적일수록, 서로 구분되는 음들과 음들의 구분에서 작용하는 음들을 그 화음의 내부에서 더욱 많이 갖고 있으면 있을수록, 그 화음은 더욱더 "폴리포니적"으로 되며, 모든 개별적인 음들은 함께 울림의 동시성 안에서 이미 "성부"의 특징을 더욱더 많이 갖게 된다. 에르빈 슈타인도 한 때 이 문제를 논구한 바 있었다. 불협화음의 우위적 지배는 조성 내부에서의 합리적, "논리적" 관계들을, 다시 말해 단순한 3화음 관계들을 파괴하는 것처럼 보인다. 그럼에도 불협화음은 —음들의 통일성을 불협화음에 들어 있는 부분적 모멘트들을 절멸시키는 희생을 통해, 그리고 "동질적인" 음을 희생시키는 것을 통해 얻는 대신에— 불협화음 내부에 들어 있는 음들의 관계를 이 관계가 아무리 복잡하더라도 명확하게 제시하는 한, 협화음보다 합리적이다. 불협화음, 그리고 불협화음과 친족관계를 가지면서 "불협화음적인" 음정들을 통해 선율을 형성하는 카테고리들은 기록문서적 표현이 갖고 있는 특징을 고유하게 담지하고 있다. 이렇게 해서 주체적 충동과 비가상적인 자기 표명에의 요구는 객체적 작품의 기법적인 기관(Organon)이 된다. 역으로, 종속된 재료를 주체성에 완전하게 복종시키는 것은 다시 이러한 합리성[31]과 재료를 작품이라는 하나의 닫혀진 완결된 전체에서 통일시키는 능력이다. 모든 개개의 음이 전체

---

31) 바로 위 문장에서 주장한, 주체적인 것이 객체적인 것으로 되는 것을 지칭하는 것으로 보인다(역주).

의 구성에 의해 투명하게 들여다보일 정도로 결정된 음악에서는 본질적인 것과 우연적인 것의 차이가 사라진다. 그런 음악은 음악의 모든 모멘트들에서 똑같이 중심에 가까이 있게 된다. 이렇게 해서 중심으로부터의 가까운 것과 먼 것을 한때 조정하는 역할을 하였던 형식 관습들은 그 의미를 상실한다. 본질적인 모멘트들 사이에, 그리고 "주제"들 사이에 비본질적인 이행이 더 이상 존재하지 않는다. 결과적으로 주제들도, 엄밀한 의미에서의 "전개"도 존재하지 않게 된다. 이것은 구속으로부터 자유로운 무조성의 작품들에서 감지되었다. "19세기 기악곡에서는 어디에서나 교향곡 서법으로 음악적 형식을 구축하는 경향이 추적될 수 있다. 베토벤은 작은 모티브들의 도움을 받아 강력한 점강법을 기초할 줄 알았던 최초의 작곡가였다. 이 점층법은 악상의 유발체인 발아 동기에 기반하여 전체가 하나의 통일을 이루도록 구축되어 있었다. 모든 예술을 지배하는 대립의 원리는 발아 동기의 이념이 갖고 있는 작용이 중단될 때 비로소 제 몫을 하게된다. 베토벤 이전의 시기는 교향곡에서 이처럼 완결된 구조를 형성하는 법을 몰랐다. 예를 들면 모차르트의 주제들은 그 자체에 대립의 원리를 종종 담지하고 있다. 확실히 매듭지어진 전 악절들과 느슨한 후 악절들이 발견되고 있는 것이다. 직접적인 대립 작용의 원리를, 어떤 주제의 진행에서 나타나는 대립들이 접속되는 원리를 쇤베르크가 … 다시 응용하고 있는 것이다."[32] 주제를 이렇게 형성하는 처리방식은 음악의 기록문서적 특징에서 발원한다. 음악적 진행의 모멘트들은 심리적 자극들과 비슷하면서도 서로 얽매이지 않은 채 처음에는 쇼크로, 다음에는 자극들과 대조되는 형태로 병렬되는 것이다. 음악적으로 일어나는 사건들을 요약하고 사건들의 통일성으로서 사

---

32) Egon Wellesz, Arnold Schönberg, Leipzig, Wien, Zürich 1921, S.117 f.

건들에게 의미를 부여할 수 있는 힘이 주체적으로 체험되는 시간의 연속성에 있다고 더 이상 믿어지지는 않는다. 그러한 불연속성은 그러나 음악 스스로 신세를 지고 있는 음악의 동역학을 말살한다. 다시 한 번 음악은 시간을 제어한다. 그러나 음악이 시간을 충만시켜 시간을 옹호하는 방식으로 제어하는 것이 아니라, 항상 존재하는 구성을 통해 모든 음악적 모멘트를 정지시켜 시간을 부정함으로써 제어한다. 경음악과 진보적인 음악 사이의 비밀스러운 제휴가 여기에서보다 더욱 설득력 있게 증명되는 곳은 없다고 할 것이다. 후기 쇤베르크는 음악적 시간을 해체시킨다는 점에서 재즈와 통하며, 또한 스트라빈스키와도 공유하는 바가 있다.[33] 음악은, 선의에서든 악의에서든, 역사를 더 이상 알지 못하는 세계를 포착하는 형상을 그리고 있는 것이다.

🌳 _ 12음 기법의 이념

크레셴도(점점 강하게)와 데크레셴도(점점 약하게)를 물론 잘 알고 있는 강약의 정도, 다시 말해 셈과 여림이 교대되는 단순한 변화가 아니라 음악적 동역학이 음악적 구조의 정역학적(靜力學的)-동역학으로 전도되는 현상은 쇤베르크의 작곡이 12음 기법에 힘입어 후기 단계에서 채택한 고정된 체계의 특징이 무엇인지를 설명해 주고 있다. 작곡의 동역학을 확보하는 도구인 변주는 총체적이 된다. 이렇게 해서 변주는 동역학에 봉사하는 것을 거부한다. 음악적 현상은 더 이상 스스로 전개에서 포착되는 현상으로 나타나지 않는다. 주제적 작업은

---

33) Cf. T. W, Adorno, Besprechung von Wilder Hobsons »American Jazz Music« und Winthrop Sargeants »Jazz Hot and Hybrid«, in : Studies in Philosophy and Social Science 9(1941), p.173(Heft 1).

작곡가가 하는 단순한 사전 작업이 된다. 변주는 그 자체로서는 더 이상 출현하지 않는다. 변주는 모든 것이면서도 동시에 아무것도 아니다. 변주 작업은 재료 내부로 되돌려지며 작곡이 착수되기 전에 재료를 미리 형성하게 된다. 쉔베르크가 그의 후기 작품들에서 나타나는 12음 구조를 그의 사적인 일이라고 부르면서 그가 넌지시 암시한 것이 바로 이것이었다. 음악은 다음과 같은 과정들의 결과가 된다. 다시 말해, 이 과정들에 음악의 재료가 종속되며, 음악 자체로는 이 과정들을 드러나게 할 수 없는 과정들의 결과가 되는 것이다. 음악은 이렇게 해서 정역학적인 것이 된다.[34] 우리는 12음 기법을 대략 인상주의의 작곡 기법과 같은 "작곡 기법"으로 이해해서는 안 된다. 12음 기법을 그것 자체로서 사용하려는 모든 시도들은 불합리한 결과에 이르게 되고 만다. 12음 기법은 그림을 그리는 것보다는 팔레트 위에 물감을 배열하는 것에 비교될 수 있다. 작곡 작업은 12음 배열이 끝나고 난 후에 비로소 실제적으로 시작된다. 그렇기 때문에 12음 배열은 작곡 작업을 더욱 용이하게 만드는 것이 아니라 더욱 어렵게 만들었다. 12음 배열은, 단 하나의 악장이든 여러 악장으로 이루어진 작품 전체이든, 모든 곡이 "기본 형태"나 "음열"로부터 도출되어야 한다는 것을 요구한다. 이것은 평균율 반음 체계에서 운용 가능한 12개의 음들을 각기 특정한 방식으로 배열하는 것을 의미하며, 쉔베르크가 최초로 발표한 12음 작곡에서의 cis-a-h-g-as-fis-b-d-e-es-c-f와 같은 곳에서 그 모습이 드러난다.[35] 전체 작곡의 모든 개개의 음은 이러한

---

34) 쉔베르크는 또한 작업을 현상 속에서 감추는 경향에서 부르주아지적인 음악 전체가 갖고 있는 오래된 충동이 종말을 고했음을 보고 있다.(Cf. T. W. Adorno, Versuch über Wagner, Berlin, Frankfurt a. M. 1952, S.107 [jetzt auch : Gesammelte Schriften, Bd.13 : Die musikalischen Monographien. Frankfurt a. M. 1971, S.82]. 원전 각주.)

"배열"에 의해 결정된다. 자유로운 "음표"는 더 이상 존재하지 않는다. 그러나 이것은, 12음 기법의 초기 시기에 나타나듯이, 단지 소수의 경우와 매우 기본적인 경우들에서 곡 전체가 이러한 배열을 변화시키지 않은 채 단순히 여러 상이한 방식으로 설정되는 상태에서 리듬에 맞춰 연주된다는 것을 의미한다. 오스트리아의 작곡가인 하우저는 쇤베르크와 무관하게 그러한 처리방식을 만들었다. 그러나 그 결과는 단조롭고도 보잘것없는 것이었다.[36] 이에 반해 쇤베르크는 변주의 고전적 기법들, 더 나아가서는 변주의 원시적인 기법들까지도 12음 기법에서 급진적으로 수용하고 있다. 쇤베르크는 대부분의 경우 음열을 다음과 같은 4가지 형태로 사용한다. 첫째 형태는 기본

35)

▶ 최초의 12음 작품인 쇤베르크의 작품23, 제5악장 월츠, 첫 4마디. 아도르노는 악보상단의 기본 음열을 지칭하고 있다. 하나의 음열 안에는 같은 음이 나오는 것을 엄금한다. [독일식 음표기 cis-a-h-g-as-fis-b-d-e- es-c-f, 영미식 음표기 C#-A-B-G-Ab-F#-Bb(A#)-D-E-Eb-C-F](역주).

36) 음악에서 수학적인 기법들이 논리 실증주의와 마찬가지로 빈에서 발생한 것은 우연이라고만 할 수는 없다. 숫자 놀이에 대한 선호는 빈의 지식인 풍토에서 카페에서의 체스처럼 고유한 것이다. 이러한 선호의 배경에는 사회적인 근거가 있다. 오스트리아에서 지적인 생산력이 절정자본주의적 수준으로 발전되었던 동안에도 물질적 생산력은 이에 상응하여 성장하지는 못하였다. 바로 이러한 이유 때문에 자기 마음대로 구사할 수 있는 수학적 계산은 빈의 지식인 풍토에서 꿈꾸었던 이상상이 되었다. 빈의 지식인이 물질적 생산과정에 참여하려고 하였다면, 그는 독일제국의 산업현장에서 일자리를 찾는 수밖에 없었다. 오스트리아에 그대로 머물러 있어야 했다면, 의사나 법률가가 되거나 또는 재력을 갖겠다는 망상에서 숫자 놀이에 집착했어야 하였다. 빈의 지식인은 자신이나 다른 사람들에게 "이것이 우리가 수학에서 이룬 결과입니다"를 입증해 보이려고 한 것이다(원전 각주).

음열이다. 둘째 형태는 반행(反行, Umkehrung)형이다. 이것은 기본 음열의 각 음정이 반대 방향의 음정에 의해 대치된 형태이다("평균율 피아노 곡집" 제1권 G장조에 있는 "전위 푸가"와 같은 방식에 따른 분류). 셋째 형태는 역행(逆行, Krebs)형이다. 이것은 옛 대위법의 실제에서 볼 수 있는 것으로 기본 음열의 최후의 음에서 음열이 시작되고 최초의 음에서 끝난다. 넷째 형태는 역행형을 반행시킨 역행의 반행 (Umkehrung des Krebses)형이다.[37] 이 4가지 음열형은 반음계의 각기 다른 모든 12개의 음 위에서 시작할 수 있으며, 이렇게 해서 한 작곡에 대해 48가지 음열형이 구사되는 것이다. 더 나아가 이러한 음열들로부터 특정한 음들의 대칭적 선별에 의한 파생형들(Ableitungen)이 형성될 수 있다. 이러한 파생들은 새롭고 독립적이면서도 기본 음열과 관계되는 음열형을 만든다. 베르크는 《룰루》에서 이러한 방법을 풍부하게 적용하였다. 이와는 반대로, 음들간의 관계를 밀착시키기 위해 음열들은 서로 간에 친근성을 유지하는 여러 부분 형태들로 세분될 수도 있다. 마침내, 한 편의 작곡은 하나의 음열에 기반을 두는 것 대신에 2개 또는 그 이상의 여러 음열들을 작곡을 개시하는 재료로서 사용하게 된다. 2중 푸가나 3중 푸가와 유사하게 되는 것이다(쇤베르크의 현악 4중주 3번). 음열은 단순히 선율적으로만 나타나는 것이 아니라 화성적으로도 출현한다. 작곡의 모든 개개의 음들은 예외 없

37)

▶ 쇤베르크 작품33a에서 제시된 12음 음열형들. 기본형(G), 역행형(K), 반행형(U. 거울형이라고도 함). 역행의 반행형(KU) (역주).

이 음열이나 그 파생형들 중의 하나에서 자리를 차지할 권리를 갖고 있다. 바로 이것이 화성법과 선율 처리 방식 사이에 성립되는 "무관심"을 보증하는 원리가 된다. 단순한 경우들에서는 음열은 수평적인 것과 수직적인 것 사이에서 분할된다. 12개의 음들이 완성되면 음열이 반복되거나 그 파생형들 중의 어느 하나에 의해 대체된다. 더욱 복잡한 경우에는 음열 자체가 "대위법적으로" 사용된다. 위에서 설명한 4개의 여러 형들 또는 기본 음열 형들을 음고만 바꾼 형들(Transpositionen)에서 음열 자체가 동시에 사용되는 것이다. 쇤베르크에 있어서 《어떤 영상 장면을 위한 반주 음악》처럼 보다 단순한 양식의 곡들은 12음 기법적으로 볼 때 복잡하기보다는 단순하게 짜여져 있다. 또한 12음 기법적으로도 그의 작곡들은 복잡하게 설정된 것보다는 단순한 편에 속한다. 그러므로 오케스트라를 위한 변주곡들은 음열 결합에서 볼 때도 무궁무진하다. 옥타브 위치는 12음 기법적으로는 "자유롭다". 앞에서 언급한 왈츠에서 기본 음열의 두 번째 음 a가 첫 번째 음 cis보다 단(短) 6도 위에 나타나느냐 또는 장(長) 3도 밑에 나타나느냐는 작곡이 요구하는 바에 따라 결정된다. 더 나아가 모티브에서부터 큰 형식에 이르기까지의 전체적인 리듬의 형상이 원리적으로 자유롭게 된다. 이러한 규칙들은 자의적으로 고안된 것이 아니다. 규칙들은 역사적으로 출현하는 강제적 속박이 재료에서 마치 성좌적 배열과 같은 형태로 자리를 잡고 있는 것들이다. 규칙들은 동시에 이러한 강제적 속박에 편입되는 모형들이기도 하다. 의식은 타락한 유기적인 것의 잔재들로부터 음악을 정화시키기 위한 일을 이러한 모형들 내부에서 실행하게 된다. 이러한 모형들은 음악적 가상에 대한 투쟁을 잔인할 정도로 지속시킨다. 그러나 가장 대담하게 행해지는 12음 조작도 재료의 기법적 상태에 귀를 기울이게 된다. 이 것은 전체를 통합하는 변주 원리에도 해당될 뿐만 아니라 작은 우주와 같은 12음 소재, 즉 음열에도 해당된다. 음열은 모든 양심적인 작곡가들이 신뢰하고 있는 것을 합리화한다. 다시 말해, 동일한 음이 즉각적으로 반복된다고 할지라도 동일한 음이 지나치게 일찍 회귀하는 것에 대한 작곡가들의 민감한 반응을 음열이 합리화시켜 주는 것이다. 이중의 클라이맥스를 대위법적으로 금지시키는 것, 화성적인 악절에서 동일한 음표를 너무 빠르게 도달시키는 베이스 진행에서 나타나는 약함의 느낌은 작곡가들이 갖는 그러한 경험을 증명해 준다. 그러나 이러한 경험의 지속적 작용력은 개별적인 음들이 다른 음들에 대해 우위를 차지하는 것을 정당화시켜 주는 조성의 도식이 일단 중단되는 경우에는 더욱 중대된다. 자유로운 무조성을 항상 다루었던 작곡가는, 다른 모든 음들이 나오기에 앞서서 두 번째로 등장하는 선율 음 또는 베이스 음이 곡의 방향을 바꾸게 하는 힘을 갖고 있다는 사실을 알고 있다. 이러한 음은 선율적-화성적인 흐름을 중단시키려고 위협하는 것이다. 정역학적인 12음 기법은 동일한 것이 무력하게 회귀하는 것[38]의 건너편에서 음악적 동역학이 얼마나 민감한 것인가를 실현시키고 있는 것이다. 12음 기법은 민감성을 범할 수 없는 신성한 것으로 만든다. 너무 일찍 회귀하는 음은 물론이고 "자유롭고" 전체 앞에서 우연으로 나타나는 음도 12음 기법에서는 금기가 된다.

---

38) 아도르노는 세계가 동일한 것이 반복되는 메커니즘에 지나지 않는다고 비판하는 시각을 보인다. 동일한 것의 반복은 그러므로 폭력을 의미한다. 12음 기법을 구사하는 음악이 세계의 폭력에 대해 예술적 저항을 실현시키고 있다는 해석을 아도르노가 여기에서 시도하고 있다고 보인다(역주).

♣ _ 음악적 자연지배

이러한 결과로 인해 음악에서 자연지배의 체계가 나타난다. 자연지배의 체계는 근대가 시작되면서 꿈꾸었던 동경과 일치한다. 그것은 소리가 나는 것을 항상 질서에 맞춰 정리하면서 "포착하고", 음악에 내재하는 주술적인 본질[39])을 인간의 이성에서 해체하는 것이었다. 루터(M. Luther)는 1521년에 죽은 조스캥을 "음표의 지배자"라고 부르고 있다. "조스캥은 그가 의도하는 바에 따라 음표들을 만들도록 강제하였고, 다른 노래 명인들은 음표들이 의도하는 바를 따를 수밖에 없었다."[40]) 자연 재료를 의식적으로 처리하는 것은 다음의 두 가지 측면을 갖는다. 음악적으로 자연에 강제적으로 예속되는 것으로부터 인간을 해방시키는 측면과 자연을 인간이 의도하는 목적에 예속시키는 측면이다. 슈펭글러(Oswald Spengler)의 역사철학에서는 시민사회적 시대의 말기에 이르러 바로 시민사회적 시대가 출범시켰던 노골적인 지배의 원칙이 두 동강이 난다. 슈펭글러는 장인의 능숙함에 내재하는 폭력적인 것에 대해, 예술적 처분권과 정치적 처분권 사이의 연관관계에 대해 친화적인 감정을 갖고 있다. 그의 주장을 들어 보자. "현재 인간이 갖고 있는 수단들은 의회주의적 수단들인 선거와 언론이며, 이 수단들은 앞으로 다가올 시기까지도 해당된다. 인간은 이것들을 존중하든 경원하든 이것들에 대해 생각해 볼 수 있다. 그러나 인간은 선거와 언론을 지배해야만 한다. 바흐와 모차르트는 그들이 살았던 시대의 음악적 수단들을 지배하였다. 이것이 바로 모든 종

---

39) 원시 제전에서 주술사가 부르는 주술에서 음악이 유래했다는 시각은 일반적으로 통용된다(역주).

40) Zitiert nach Richard Batka, Allgemeine Geschichte der Musik, Stuttgart o. J. [1909], Bd. 1, S.191.

류의 장인적인 능숙함에 내재하는 표지(標識)이다. 국가를 다스리는 기술이라고 해서 이것과 다를 바가 없다."[41] 슈펭글러가 후대의 서구 학문이 "대위법을 구사하는 위대한 예술의 모든 특징들을 갖게 될 것"이라고 진단하고 "무한한 우주공간의 극미한 음악"을 서구 문화가 추구하는 "심원한 동경"[42]이라고 명명하고 있다면, 자체 내부로 회귀해 들어가는 12음 기법은, 즉 역사가 없는 정역학(靜力學)에서 끝을 보이지 않는 12음 기법은 일찍이 슈펭글러는 물론이고 쇤베르크까지도 다가가려고 했던 것보다도 더욱 가까이 다가온 이상인 것처럼 보인다.[43] 그러나 이와 동시에 지배로서의 장인적인 능숙함이라는 이상에 접근하게 된다. 지배의 무한성이라는 것은 원래 지배가 갖고 있는 지속성에서 출현해서는 안 될 이질적인 것이 사라지지 않고 머물러 있는 것을 허용하지 않는 데에서 성립된다. 무한성은 순수한 동일성이다. 자연지배는 주체의 자율성과 자유의 이름으로 실행되었음에도, 역으로, 주체의 자율성과 자유에 스스로 적대적이 된다. 자연지배에는 억압적 모멘트가 내재되어 있는 것이다. 12음 기법이 구사하는 숫자 놀이와 숫자 놀이가 행사하는 강제적 속박은 점성술을 상기시켜준다. 12음 기법을 구사하는 대가들 중의 다수가 점성술에 빠져든 것은 단순한 장난만은 아니다.[44] 12음 합리성은 그 자체로서 닫혀

---

41) Oswald Spengler, Der Untergang des Abendlandes. Umrisse einer Morphologie der Weltgeschichte, Bd. 2, München, 1922, S.558 f.

42) Spengler, l. c., Bd. 1, München, 1920, p.614 f.

43) 쇤베르크의 후기 양식에서 가장 현저하게 드러나는 표징들 중의 하나는 그가 어떠한 결말도 더 이상 허용하지 않는다는 점이다. 조성이 해체된 이후에는 어떠한 종지형들도 더 이상 존재하지 않는다. 종지형들은 리듬에서도 제거된다. 종결이 일직선으로 뻗어가는 마디의 부분에서 일어나는 것도 더욱 빈번해진다. 종결이 단절되는 현상이 발생하는 것이다(원전 각주).

44) 음악은 운명의 적이다. 오르페우스(Orpheus)의 형상과 다른 곳이 아닌 바로

져 있고 동시에 자체로서 불투명한 체계로서 ―이 체계에서는 성좌처럼 서로 관련을 맺고 수단들이 직접적으로 목적과 법칙으로 실체화된다― 점점 더 미신에 접근하게 된다. 12음 합리성을 충족시켜 주는 법칙성은 동시에 단순히 재료의 위에 덮여 씌워진 법칙성이다. 이 법칙성은 재료를 규정하지만, 이렇게 규정되는 것이 자체적으로 의미에 기여하지는 않는다. 수학적 정제(整除)로서의 정합성이 전통적 예술에서 "이념"이라고 불렸던 것과 후기 낭만주의에서 이데올로기로 전락한 것을 대신하게 된다. 이것은 음악을 소재적으로는 미숙하게 파악하면서도 음악에는 궁극적인 것들이 있다는 것을 통해 형이상학적 실체성을 주장하기 위한 것이다. 궁극적인 것들이 형상물의 순수한 형상에서 출현하지 않음에도 궁극적인 것이 있다는 것을 주장한 것이다. 쇤베르크는 자신과 대립되는 작곡가인 스트라빈스키의 본질을 이루는 실증주의를 자신의 음악에 은밀히 혼합시켰다. 이렇게 해서 쇤베르크는 음악을 기록문서적인 표현으로 처리하는 귀결 과정에서 "의미"를 근절시켰다. 빈의 의고전주의의 전통에서처럼, 의미가

중국의 음악이론에서 볼 수 있듯이, 고대 시대 이래로 사람들은 음악에게 신화에 대해 제소하는 힘을 부여하였다. 바그너 이후 음악은 처음으로 운명을 모방하게 되었다. 12음 작곡가는 놀이를 하는 사람처럼 어떤 수가 나오는가를 기다려야 하고, 음악적 의미를 부여해 주는 수가 나올 때에는 이에 대해 기뻐할 수밖에 없는 것이다. 베르크는 음열들에 의해 우연히 조성적인 연관 관계들이 발생할 때의 기쁨에 대해 명시적으로 말한 적이 있었다. 12음 기법은 놀이적인 특징이 증대하는 것에서 12음 기법은 그러나 대중음악과 상통하게 된다. 쇤베르크의 첫 12음 무용곡들도 놀이적인 특징을 갖고 있으며, 베르크는 새로운 기법이 고안되었을 때 그 기법에 대해 감정이 상해 있었다. 벤야민은 가상과 유희의 구별을 역설했고, 가상이 사멸될 것임을 지적하였다. 가상은, 즉 쓸데없는 것은 12음 기법에 의해서도 배척된다. 그러나 가상으로 몰려 추방되었던 신화가 12음 기법과 더불어 놀이적인 특징에서 비로소 제대로 재생산된다(원전 각주).

작곡적 완성[45)]의 연관관계에서 순수하게 놓여 있다고 주장하는 한, 쇤베르크에서는 "의미"가 근절되어 있는 것이다. 작곡적 완성은 그것 자체로서 의미가 있는 것보다는 정확해야 하는 것이다. 12음 음악이 작곡가에게 제기하는 물음은 어떻게 하면 음악적 의미를 조직화시킬 수 있느냐 하는 것이 아니라 오히려 어떻게 하면 조직화가 의미 있게 될 수 있느냐 하는 것이다. 쇤베르크가 25년 동안 창작한 곡들은 이러한 물음에 대해 답을 찾기 위한 진보적인 시도였다. 마침내, 알레고리적으로 뜻을 내보이는 것에 내재하는 단편적인 힘과 더불어, 예술작품의 가장 내적인 세포들에 들어 있는 공허함에 의미가 삽입되는 것이다. 후기의 그러한 몸짓에 들어 있는 지배적인 것은 그러나 근원적으로 지배적인 본질을 갖고 있는 체계 자체를 고소하고 있다. 개별적으로 나타나는 모든 음악적 사안에서 마치 환영에서 벗어나듯이 즉자적으로 존재하는 의미로부터 벗어나게 해주는 12음 정합성은 음악을 운명의 도식에 따라 다룬다. 자연지배와 운명은 서로 분리될 수 없다. 운명의 개념은 인간에 대한 자연의 위력에서 발원하는 지배의 경험에 따라 모형이 만들어지는 것일 수도 있다. 자연에 있는 것은 인간보다 강하다. 여기에서 인간은 그 자신이 스스로 더 강해지는 것과 자연을 지배하는 것을 배웠으며, 그러한 과정에서 운명은 재생산되었다. 운명은 강제적으로 꼬리를 물고 재생산되었다. 이것은 강제적이다. 왜냐하면 이 운명에는, 이미 어느 단계에서 극복된 자연의 위력으로부터 한 걸음 더 나아간다는 것이 규정적으로 주어지기 때문이다. 운명은 지배의 단순한 형식에 귀속될 뿐이며, 절멸에의 척도는 지배의 척도와 동일하며, 운명은 재앙이다.

---

45) 원어는 Faktur이며, 송장(送狀), 송부 명세서라는 뜻이다. 동의어로는 Verfertigung이 있으며, 이는 무슨 일을 마쳤다는 뜻이다. 이런 이유에서 옮긴이는 여기에서 작곡적 완성이라는 표현을 시도하였다(역주).

역사적 변증법에 빠져 든 음악은 이제 역사적 변증법에 참여하게 된다. 12음 기법은 진실로 음악의 운명이다. 12음 기법은 음악을 해방시키면서 동시에 음악을 묶는다. 주체는 합리적 체계를 통해 음악을 지배하면서도 합리적 체계에 스스로 굴복한다. 12음 기법에서 이루어지는 원래의 작곡, 즉 변주의 생산력이 재료 속으로 흡수되었듯이, 작곡가들이 갖는 자유에도 이러한 과정이 전체적으로 일어난다. 작곡가들의 자유가 재료에 대한 처리방식에서 실현되면서, 작곡가의 자유는 재료에 대한 규정이 된다. 이러한 규정은 소외된 자유로서 주체에 대립하고 있으며, 주체를 규정이 가하는 속박에 종속시킨다. 작곡가의 판타지가 재료를 구성적인 의지에 완전히 길들이게 하였다면, 구성적인 재료는 판타지를 마비시킨다. 표현주의적 주체로부터 남아 있는 것은 기법에 신즉물주의적으로 종속되어 있다는 사실이다. 표현주의적 주체는 이것이 역사적 소재와의 대결에서 획득하였던 경험들을 역사적 소재에 투영함으로써 자신에 고유한 자발성을 거부한다. 음들의 소재가 행하는 맹목적인 지배를 깨트리는 작용들로부터 규칙 체계에 의해 제2의, 맹목적인 자연이 생겨난다. 주체는 자신으로부터 출발하여 음악을 충족시킬 수 있는 가능성이 없다는 것에 절망한 나머지 제2의 맹목적인 자연에 종속되면서 보호와 안전을 찾는다. 스스로 규칙을 세워 그것을 따른다는 바그너적인 명제는 그것의 비참한 측면을 노출시킨다. 스스로 세워진 규칙보다 더 억압적인 규칙으로 드러나는 규칙은 존재하지 않는다. 규칙의 임의적 설정은 억압적인 것이다. 규칙의 임의적 설정이 규칙을 정하는 질서로서 주체에 대립되는 입장을 취하는 순간에, 주체성에 들어 있는 규칙의 원천은 임의적 설정이 행하는 우연성이 된다. 대중음악이 인간에게 자행하는 폭력은 사회적인 대극(對極)에서, 즉 인간들로부터 벗어나 있는 음악에서 그 생명력을 유지한다. 12음 기법의 규칙들 중에서 작곡적인 경험으로부터, 그리고 음악적 자연 재료[46]를 진보적으로 해명하는 것으로부터 필연적으로 출현하지 않는 규칙은 없다. 그러나 작곡적인 경험은 주체적인 감수성에 힘입어 방어의 특징을 지니고 있었다. 방어적 특징들은 다음과 같다. 음악이 모든 다른 음들을 채택하기 전에는 어떤 음도 반복되어서는 안 된다. 전체의 구성에서 모티브적인 기능을 충족시키지 않는 어떠한 음표도 출현해서는 안 된다. 이러한 자리에서 명백하게 입증되지 않는 어떤 화성도 사용되어서는 안 된다. 이처럼 절실하게 필요로 하는 모든 것들이 갖고 있는 진실은 이것들이 그 적용 대상인 음악의 구체적인 형상과 부단히 대결을 벌이는 것에 근거한다. 이것들은 무엇을 경계해야 하는가를 말해주고 있지만, 경계가 어떻게 유지되어야 하는지에 대해서는 말하지 못하고 있다. 절실하게 필요로 하는 모든 것들이 규범으로 격상되고 앞에서 말한 대결로부터 자유로운 상태가 되면 그 순간부터 화근이 발생한다. 규범의 내용은 자발적 경험의 내용과 동일한 것이 된다. 규범의 내용이 대상화가 되는 능력을 보이면서 이 내용은 불합리한 모순으로 변화된다. 예민한 청각이 한때 발견하였던 것은 발명된

---

46) 원어는 Naturmaterial이다. 재료(Material) 개념은 아도르노 미학에서 특징적으로 나타나는 개념으로 예술가들이 예술작품의 창조과정에서 마지막으로 성취시키는 것을 의미한다. 어떤 특정 시대에서 역사적으로 성취된 재료에 대해 새 예술가는 다시 새롭게 비판적 대결을 벌이게 되고, 그 결과로 새로운 재료가 출현한다. 카프카가 성취한 재료에 대해 카프카 이후의 예술가들이 그 재료와 비판적 대결을 벌임으로써 카프카에게서 영향을 받았지만 카프카의 작품과는 다른 새로운 예술작품이 출현하는 것이다. 이에 반해 자연 재료(Naturmaterial)는 재료처럼 예술가들에 의해 창조된 재료가 아니고 원래 있는 재료라는 의미로 받아들여진다(역주).

체계인 것처럼 왜곡된다. 이 체계에서 음악의 옳은 것과 잘못된 것이 추상적으로 측정되어야 한다는 것이다. 이렇게 해서, 12음 기법에 관한 근본적인 경험이 뿌리를 내리지 못한 미국에서 수많은 젊은 음악가들이 "12음 체계"로 작곡할 준비가 되어 있다고 나서는 현상, 그리고 자유로운 상태에서는 12음 체계를 예술적으로 견디어 낼 수 없고 이러한 자유를 새로운 굴종을 통해 남모르게 대체해야만 하는 것처럼 조성에 대한 대체 수단을 찾았다고 환호를 부르는 현상이 나타나게 된다. 음악의 총체적 합리성은 음악의 총체적 조직화이다. 해방된 음악은 상실된 전체를, 베토벤의 상실된 힘과 결합력을 조직화를 통해 다시 이루고 싶어 한다. 이것은 음악의 자유를 희생시킬 때만 성공한다. 그러나 자유의 희생과 더불어 실패로 끝난다. 베토벤은 조성의 의미를 주체적 자유로부터 재생산하였다. 12음 기법의 새로운 질서는 주체를 잠재적으로 해체시킨다. 후기 쇤베르크에서 나타나는 위대한 모멘트들은 12음 기법을 통해서 얻어진 것만큼이나 12음 기법에 대항하여 얻어진 것들이다. 12음 기법을 통해 얻어진 이유는 다음과 같다. 음악이 자신의 몰락 이후 자신에게 유일하게 귀속되어 있는 냉철하고도 가차 없는 태도를 취할 수 있는 능력을 갖고 있기 때문이다. 그러한 위대한 모멘트들이 12음 기법에 대항하여 획득된 이유는 아래와 같다. 12음 기법을 고안한 정신이 마지막에 가서는 기술적 예술작품을 철저하게 파괴하는 준비가 되어 있기라도 하는 듯이, 12음 기법의 톱니, 나사, 회전축으로 이루어진 틀을 때때로 관통하면서 빛을 내게 할 수 있을 만큼 자기 스스로 충분히 강력하게 유지되고 있기 때문이다. 기술적 예술작품의 실패는 그러나 예술적 이상의 앞에서 드러난 실패일 뿐만 아니라 기법 자체에서 나타난 실패이기도 하다. 기술적 예술작품이 예술적 가상을 파괴한 것을 보여주는 사조인 급진주의는 마침내 가상에 기술적 예술작품을 넘겨주고 만다. 12음 기법 음악은 유선형적인 모멘트를 갖고 있다. 실재 현실에서는 기술은 그것에 고유한 연관관계를 뛰어 넘어 존재하는 목적들에 기여해야 한다. 그러한 목적들이 떨어져 나간 곳에서는 기술은 자기 목적이 되며, 예술작품의 실체적인 완결성을 단순히 "나타나는 것"으로 끝나는 완결성으로 대체시킨다. 이렇게 해서 중심이 전위(轉位)되는 것이다. 대중음악의 물신적 특징이 아무런 매개도 없이 진보적이고 "비판적인" 생산까지 움켜쥐었다는 것도 중심의 그러한 전위에 그 책임을 돌릴 수 있다. 처리 과정에 내재되어 있는 재료상의 정당성에도 불구하고, 무대 연출들과 먼 관계에 있는 친족성이 전적으로 오인될 수는 없다. 부단히 기계들을 무대에 올리며, 이렇게 해서 기계가 어떤 기능을 충족시키지도 못한 채 기계와 스스로 닮아가는 경향을 보이는 그러한 친족성은 "기술적 시대"의 알레고리로 아직도 머물러 있는 것이다. 모든 새로운 즉물주의는 이것이 가장 지독하게 적대시해 온 것에, 즉 장식에 빠져들 위험에 은연중에 처해 있는 것이다. 인테리어 장사꾼들이 만든 유선형 안락의자는 구성주의적 회화와 12음 음악에 내재하는 고독이 오래전부터 필연적으로 그 내부에서 잡고 있던 것을 시장에서 단순히 고백하는 행태를 보이고 있다. 장식에 대항하는 투쟁에서 드러나는 것처럼 가상이 예술작품에서 사멸하면서 예술작품이 갖는 입장은 유지되기 어렵게 된다. 예술작품에서 아무런 기능도 갖지 못하는 모든 것, 그리고 이와 더불어 예술작품의 단순한 현존재의 법칙을 뛰어 넘는 모든 것은 예술작품에서 탈취된다. 예술작품의 기능은 단순한 현존재의 기능을 뛰어 넘는 것, 바로 이것 자체인 것이다. 이렇게 해서 지선(至善)은 지악(至惡)이 된다. 완전하게 기능적인 예술작품은 완전하게 기능이 없는 예술작품이 되는 것이다. 예술작품은 그러나 현실이 될 수는 없다. 이렇기 때문에 모든 가상적 특징들을 예술작품에서 제거하는 것은 예술작품의 실존에 내재하는 가상적 특징을 더욱더 두드러지게 부각시킨다. 이러한 과정은 피할수 없다. 예술작품에서 가상적 특징들의 해체는 예술작품에 고유하게 들어 있는 견고함에 의해 요구받는다. 전체의 의미가 명령하는 해체 과정은 전체를 의미 없는 것으로 만든다. 통합된 예술작품은 절대적으로 몰상식한 것이다. 통상적으로 쇤베르크와 스트라빈스키는 서로 극단적으로 대치되는 작곡가들로 파악되고 있다. 스트라빈스키의 외면 처리와 쇤베르크의 구성은 실제적으로 일단은 극히 사소한 유사성밖에 갖지 않는다. 그러나 스트라빈스키에서 소외된 채 조립되는 조성적인 화음들과 체계의 명령에 의해 연결선이 절단된 12음 음향들의 연속이 오늘날 들리는 것과는 전혀 다르게 들리지는 않을 것임을 충분히 상상해 볼 수 있다. 오히려 스트라빈스키의 화음들과 12음 음향들의 연속[47]은 귀결이 동일한 것에서 발생하고 있으면서도 서로 다른 단계를 보여주는 현상이라고 할 것이다. 두 가지 현상에는 원자화된 것들에 대한 처리 능력에 힘입어 구속력과 필연성을 요구하는 것이 동시에 들어 있다. 두 가지 현상에는 무력한 주체성의 아포리아(Aporie)가 안내자와 같은 것이 되며, 확인되지는 않지만 지배적인 규범의 형태가 들어 있다. 형성의 수준이 물론 전혀 다르고 현실화시키는 힘이 동일하지는 않음에도 두 현상에는 객체성이 주체적으로 설정되어 있다. 두 현상에서는 음악이 공간 속에서 응고될 위험에 처해 있다. 두 현상에서는 모든 음악적 개별 부분들은 전체에 의해 미리 정해져 있으며, 전체와 부분의 진정한 상호작용은 더 이상 존재하지 않는다. 전체에 대해 처리 능력을 보이는 지배력은 모멘트들의 자발성을 축출한다.

---

47) 둘을 합쳐 두 가지 현상이라고 축약함(역주).

🌳 _ 12음 선율과 리듬

기술적 예술작품의 실패는 작곡의 모든 차원에서 나타난다. 음악을 해방시키는 힘에 의해 음악이 속박됨으로써 자연재료에 대한 무제한적인 지배에 이르게 되는 것은 보편적이 되었다. 이것은 반음계의 12음 기법에 의해 기본 음열이 정의될 때 이미 증명된다. 왜 그러한 모든 기본형태가 12음을 하나도 빠트리지 않고 모두 포함시켜야 하는지, 그리고 왜 하나의 음을 종종 사용하지 않고 오로지 12음만 사용하는지를 통찰하는 것은 어려운 일이다. 사실상 쇤베르크는 음열 기법을 개발할 시기에 세레나데에서 12음보다 적은 수의 음으로 된 기본 형태를 사용하여 작곡한 적이 있었다. 이후에 쇤베르크가 12음을 철저하게 사용하게 된 것에는 나름대로의 이유가 있다. 작품 전체를 기본 음열의 음정에 제한시키는 것은 기본 음열 자체를 포괄적으로 설정하게 하며, 이는 음 공간이 가능한 한 좁아지지 않고 가능한 한 많은 조합이 실행되도록 하는 효과로 이어진다. 그러나 음열이 12개 이상의 음을 사용하지 않은 것은, 특정 음을 빈번하게 사용함으로써 그 음이 우위를 점하여 "으뜸음"이 되고 이로 인해 그 음을 중심으로 조성적인 관계들을 만들어내는 결과가 나타나지 않도록 하기 위한 노력에서 발원한 것이다. 12라는 숫자를 향하는 경향이 있기는 하다. 그러나 12라는 숫자가 갖는 구속력이 반드시 강제적으로 도출될 수 있는 것은 아니다. 12음 기법이 당면하게 된 어려움에는 12란 숫자의 실체화도 공동 책임이 있다. 선율 처리가 개별적인 음의 우세로부터 해방될 뿐만 아니라 이끔음이 일으키는 작용과 자동화된 종지의 잘못된 자연적 강제적 속박으로부터 해방된 것도 숫자의 실체화에 근거하고 있다. 단2도, 이것에서 도출된 장7도 및 단9도와 같은 음정의 우위에서 자유로운 무조성은 반음계적 모멘트와 불협화음적 모멘트를 함축적으로 고수하였다. 작곡가가 음열의 구성을 통해 그러한 우위를 복고적으로 재생산한다고 하더라도 그러한 음정들은 다른 음정들에 대해 더 이상 우위를 점하지 못한다. 선율 형태 자체는 전통 음악에서 선율이 거의 갖지 못하였으며 화성법을 고쳐 쓰는 방법을 통해 비로소 화성법으로부터 차용할 수밖에 없었던 법칙성을 받아들이게 된다. 이제 선율은 ―쇤베르크가 선택한 대부분의 주제들에서처럼 선율이 음열과 일치한다는 것을 전제로 해서― 음열의 끝에 가까이 가면 갈수록 더욱더 완벽하게 결합된다. 새로운 음이 출현할 때마다 나머지 음들에 대한 선택은 작아지고, 마지막 음에서는 선택이 더 이상 허용되지 않게 된다. 거기에 놓여 있는 강제적 속박은 오인의 여지가 없을 정도로 명백하다. 오로지 계산만이 강제적 속박을 실행하는 것은 아니다. 강제적 속박은 귀를 통해 동시적으로 함께 실행된다. 그러나 이것은 동시에 마비를 유발하는 속박이기도 하다. 선율 처리의 폐쇄성이 선율 처리를 지나치게 촘촘하게 종결짓는 것이다. 과장해서 말한다면, 모든 12음 주제는 론도(Rondo) 주제나 리프레인(Refrain)과 같은 요소를 갖고 있다. 쇤베르크의 12음 작곡에서는 고풍(古風)의 비역동적인 론도 형식과, 본질적으로 론도 형식과 가깝고 특히 정직한 형식인 알라 브레베적(Alla breve) 특징이 문자 그대로 또는 정신적으로 즐겨 인용된다는 사실이 특기할 만하다. 선율은 지나칠 정도로 확실하게 완결성을 보인다. 12번째 음에 부여되는 종결력은 리듬 처리의 활력에 의해서는 극복될 수 있지만 음정 자체의 중력에 의해서는 극복될 수 없다. 전통적인 론도 형식을 여기에서 다시 기억하는 것은 단절된 내재적 흐름의 공백을 채우는 작용을 한다. 쇤베르크는 전통적인 작곡론은 시작과 종결만을 다루고 지속의 논리를 다룬 적이 한 번도 없었다는 지적을 한 바 있었다. 12음 선율 처리방식도 이와 동일한 결점을 갖고 있다. 12음 선율이 지속되는 모든 과정은 자의적인 모멘트를 보여준다. 이러한 지속에서 보이는 곤란함을 확인하기 위해서는, 쇤베르크의 《현악4중주 4번》서두에서 중심 주제가 그것의 반행(제6마디 제2바이올린)과 역행(제10마디 제1바이올린)을 통해 지속되는 것을 과도할 정도로 예리하게 절단된 최초의 주제 도입과 서로 비교해 볼 필요가 있다. 이것은 다음과 같은 사실을 암시하고 있다. 즉, 12음 음열이 일단 그 내부에서 닫히면 자체로부터는 더 이상 앞으로 나아가려고 하지 않으며 음열 외부에서 이루어지는 실행에 의해 비로소 앞으로 밀쳐지게 되는 것이다. 지속 자체가 개시 음열에 의존하고 있으면 지속의 곤란함은 더욱 커진다. 개시 음열은 그 자체로서 소진되는 특징이 있으며 대부분의 경우 첫 출현 때에만 개시 음열로부터 형성된 주제와 실질적으로 일치하기 때문이다. 단순한 도출로서의 지속은 12음 음악이 제기하는 피할 수 없는 요구를, 즉 지속은 그 모든 모멘트들에서 중심과 가까이 있어야 한다는 요구를 거절하게 된다. 현재 존재하는 12음 작곡들 중에서 대다수 경우에서는 지속은 기본 음열형의 명제에 근본적으로 못 미치는 것이다. 이는 후기 낭만주의 음악에서 귀결이 착상에 비해 처지는 것과 같다.[48] 그러는 동안에 음열의 강제적 속박은 훨씬 더 나쁜 해악을 미

---

48) 그 이유는 다음과 같다. 낭만주의가 주관주의의 징표로서 열렬히 추구했던 조형적인 가곡 선율과 통합적 형식을 추구한 베토벤류의 "고전적" 이념은 양립할 수 없기 때문이다. 구성의 모든 문제에서 화음 재료를 넘어서면서 쇤베르크가 출현할 것이라는 것을 이미 예상하게 해 주었던 브람스에서는, ―나중에 음열의 제시와 지속 사이의 모순으로 드러나지만―, 주제와 주제로부터 도출되는 이어지는 귀결 사이의 단절이 명백하게 포착될 수 있다. "현악 2중주 F장조"의 서두와 같은 부분이 현저하게 눈에 띄는 실례이다. 착상이란 본질로서의 주제를 형성으로서의 귀결과 구별하기 위해 고안된 개념이다. 착상은 심리학적 카테고리가 아니고, "영감"과 관련된 사안도 아니다. 착상은 음악적 형식에서 일어나는 변증법적 과정의 한 모멘트이다. 착상은 이러한 과정에서 환원시킬 수 없는 주관적 요소를 특징적으로 보여주고 있으며, 해

친다. 기계적인 모형들이 선율을 덮치는 것이다.[49] 선율의 진정한 질

체될 수 없는 특징을 갖고 있기 때문에 존재로서의 음악이라는 측면을 드러
나게 한다. 반면에 "작업"은 생성과 그 내부에서 스스로 이러한 주관적인 모
멘트를 객체성으로 몰고 가는 모멘트로서 내포하고 있는 객체성을 표상한
다. 역으로, 객체성으로 몰고 가는 모멘트는, 존재로서, 객체성을 갖고 있다.
낭만주의 이후의 음악은 이러한 두 가지 모멘트들이 대립하면서도 종합을
이루어 온 것에서 성립된다. 그러나 두 모멘트들은, 개인에 대한 시민사회적
개념이 사회적 과정의 총체성과 오랫동안 대립관계에 놓여 있는 것처럼, 합
일로부터 이탈되어 있는 것으로 보인다. 주제와 주제에서 경험되는 것 사이
에 존재하는 불일치는 사회적 화해불가능성에 대한 모사일 것이다. 그럼에
도 작곡이 주체적 모멘트를 요소를 폐기하여 치명적인 통합과 같은 것으로
되지 않으려 한다면, 작곡은 "착상"을 고수해야만 한다. 베토벤의 천재성이
당시 초기 낭만주의 거장들에 의해 이미 더 이상 비교할 수 없을 만큼 발전된
착상을 당당하게 포기했다고 한다면, 쇤베르크는 역으로 착상, 주제적인 조
형성이 이미 오래전부터 형식 구성과 결합될 수 없었음에도 그러한 조형성
을 고수하였다. 쇤베르크는 형식 구성을 취향에 넘치는 화해의 상태에서 행
하는 것 대신에 감내하는 모순의 힘을 빌려 시도하였던 것이다(원전 각주).

49) 그 원인을 개별적인 작곡 역량의 쇠퇴에 돌릴 수는 없다. 오히려 새로운 처
리방식에 놓여 있는 과도한 부담에 그 원인이 있다. 성숙기의 쇤베르크가 실
내 교향곡 2번에서처럼 성숙기 이전의, 아무것에도 구속되지 않았던 재료를
다루는 곳에서는, 자발성과 선율의 흐름이 청년기의 영감에 넘치는 작품들
에 비해 조금도 뒤떨어지지 않는다. 다른 한편으로는 그러나 많은 12음 작곡
들에서 고집스럽게 주장하는 것은 ─현악 4중주 3번의 웅장한 제1악장은 바
로 이러한 고집을 형상화한 것이다─ 쇤베르크 음악의 본질의 외부에나 머
물러 있는 지엽적인 것은 아니다. 그러한 완고함은 단호한 음악적 귀결의 이면
상(裏面像)이다. 이는 마치 불안이라는 노이로제적인 약점이 완고함에 내재
하는 힘과, 즉 완고함이 해방에 기여할 수 있는 힘과 분리되어 생각될 수 없
는 것과 마찬가지이다. 12음악에서 고집스럽고 완고한 면을 갖고 있는 음의
반복은 쇤베르크에서 훨씬 이전부터 초보적인 형태로 나타난다는 사실은 특
기할 만하다. 이는 대부분의 경우, 《달에 홀린 삐에로》의 "비속함"에서 보
이는 것처럼, 특별하게 특징적인 의도와 더불어 출현한다. 12음 작품이 아닌
"세레나데"의 제1악장도 가끔 베크메서(Beckmesser)의 음악 어법을 연상하
게 하는 음조의 흔적을 보이고 있다. 쇤베르크의 음악은 상상 속의 법정에서

은 음정들의 공간적인 관계를 시간으로 동시에 바꾸는 것을 성공시키느냐에 따라 가늠된다. 이러한 관계는 그 가장 깊은 내부에서 12음 기법에 의해 파괴된다. 시간과 음정은 서로 분리되어 나타난다. 전체적인 음정 관계는 기본 음열과 그 파생 음열에 의해 단단히 고정된다. 음정의 흐름에 새로운 것은 나타나지 않는다. 음열의 편재는 시간적 연관 관계의 산출에 음열 자체가 아무런 쓸모가 없도록 해 버린다. 이러한 연관관계는 단순한 동일성이 아닌 상이함에 의해서만 구성되기 때문이다. 선율적 연관관계는 그러나 이렇게 함으로써 선율 외적인 수단에 의존하게 된다. 그 수단은 바로 독립된 리듬 처리의 수단이다. 음열은 편재성을 통해 특별한 것으로까지 되지는 못한다. 이렇게 해서 선율적인 특별화는 확고하게 유지되는 독특한 리듬적 형태에 귀속되는 것이다. 항상 반복적으로 되돌아오는 리듬적인 특정한 배열들은 주제의 역할을 떠맡는 것이다.[50] 그러나 이러한 리듬적 주제들의 선율적 공간은 음열에 매번 정의되고 리듬적 주제들은 어떤 대가를 치르더라도 운용 가능한 음들과 잘 어울려야 하기 때문에 주제들은 완강한 경직성을 띠게 된다. 종국적으로 선율은 주제적인 리듬에 희생당하게 된다. 주제적이고도 모티브적인 리듬은 음열의 내용에 대한 배려가 없이 반복된다. 그래서 쇤베르크의 론도에서

어떤 대가를 치르더라도 그 정당함을 확보하려는 것처럼 들릴 때가 많다. 베르크(Berg)는 의식적으로 그러한 몸짓을 회피하였다. 이로 인해 베르크는 자신의 의지에 반하면서 평탄화와 균등화를 조장하게 되었다(원전 각주).

50) 쇤베르크가 12음 기법을 창안하기 이전에 이미 베르크에서 나타나는 변주 기법은 12음 기법의 방향으로 치닫고 있었다. 《보체크》제3막 술집 장면은 선율적으로 추상화된 리듬이 주제가 되는 최초의 실례이다. 이 리듬은 격렬한 연극적인 의도에 기여하게 된다. 《룰루》에서는 이 리듬으로부터 하나의 위대한 형식이 만들어진다. 베르크는 이것을 모노리트미카(Monoritmica)라고 명명하고 있다(원전 각주).

는 론도가 나올 때마다 주제 리듬에서 다른 선율적 음열 형식을 가져오고 이렇게 해서 변주와 유사한 효과를 달성하는 실례가 있는 것이다. 여기에서 돌발적 사건을 일으키는 것은 리듬, 오로지 리듬일 뿐이다. 강조되는 리듬과 지나칠 정도로 분명하게 들려오는 리듬이 이 음정을 포괄하느냐 또는 저 음정을 포괄하느냐 하는 것은 어떻든 상관이 없는 문제이다. 여기에서는 음정들이 주제 리듬에 대해서 처음과는 다르게 나타난다는 것 이상은 어떻든 파악될 수 없는 것이다. 그러나 선율적 변형에서는 더 이상 어떤 의미도 들을 수 없게 된다. 이렇게 해서 특별하게 선율적인 것은 리듬에 의해 평가절하된다. 전통 음악에서는 하나의 미세한 음정 변위가 어느 한 자리의 표현뿐만 아니라 악장 전체의 형식 의미에 대해서 결정할 수 있었다. 이에 비해 12음 음악에서는 철저한 조악화(粗惡化)와 궁핍화가 들어서게 되었다. "아직 존재하지 않은 것", 지금 여기에 있는 것, 다음에 오는 것, 약속된 것, 충족된 것, 지체된 것, 절제된 것, 낭비된 것, 형식에서 머물러 있는 것, 음악적 주체성의 초월성 등 모든 음악적 의미가 한때는 혼동의 여지없이 음정들에서 결정되었다. 이제 음정들은 단순한 건축용 석재와 같은 것이 되어 버렸다. 음정들의 차이를 파고드는 모든 경험들은 사라진 것처럼 보인다. 사람들은 이제 순차진행과 협화적 진행들의 균형으로부터 해방되는 방법을 배우게 되었다. 장7도와 3온음, 완전 8도를 넘어서는 모든 음정들에서 동등한 권리가 생기는 것이다. 그러나 이것은 음정들이 과거의 음정들과 함께 평균화되는 대가를 지불해야 얻어지는 권리이다. 전통 음악에서는, 과도한 음정을 선율적인 요소로서 통합시키는 것이 조성적으로 제한된 청각에게는 어려웠을 것이다. 오늘날 그러한 어려움은 더 이상 존재하지 않는다. 그러나 그렇게 노획된 음정들은 이미 귀에 익숙한 음정들과 단조로움을 공유하게 된다. 선율 세부는 전체 구성에 대해 최소한의 힘도 미치지 못한 채 전체 구성의 단순한 귀결 과정에 함몰될 뿐이다. 선율 세부는 세계를 가득 채우고 있는 것인 기술적 진보의 상(像)과 같은 것이 된다. 선율적으로 아직은 어느 정도 성공적인 것도 ―쇤베르크의 역량은 불가능한 것을 언제나 다시 가능하게 만든다― 폭력에 의해 절멸된다. 다시 말해, 원래의 음정들에 대한 관계뿐만 아니라 리듬 자체에 대한 관계까지 결여되어 있는 경우가 빈번한 다른 음정들이 지나간 선율의 리듬에 다음 번에 가차 없이 깔리는 경우에 지나간 선율에 가해지는 폭력에 의해 산산조각이 나는 것이다. 여기에서 가장 꺼림칙한 것은 선율적으로 대충 넘어가는 방식이다. 이 방식은 옛 선율의 윤곽을 유지시키고 리듬의 자리에서 일어나는 크고 작은 도약에 선율의 크고 작은 도약을 일치시키지만, 그러한 특징적인 도약이 장9도냐 10도냐에는 거의 관계없이 단순히 크고 작다는 카테고리에서만 이루어지는 종류에 속한다. 중기 쇤베르크에서는 그러한 문제들이 아무런 의미를 갖지 않는다. 모든 반복이 배제되어 있기 때문이다. 그러나 반복의 복원은 반복된 것에 대해 주목하지 않은 것과 짝을 이루게 된다. 바로 이 점에서도 역시 12음 기법은 해악의 합리주의적 원천이 아니라 낭만주의에서 유래하는 경향의 집행자라고 볼 수 있다. 바그너가 변주적 처리에 대립되도록 주조된 모티브들을 다루는 방식은 쇤베르크적 처리방식의 선(先)형식이다. 이러한 방식은 베토벤 이후의 음악에 나타나고 있는 특정한 기술적 대립주의, 다시 말해 이미 존재하면서도 끊임없이 강화되어야 하는 조성과 개별적인 것이 갖고 있는 실체성과의 대립주의로 나아가게 되는 것이다. 베토벤이 음악적 존재자를 생성되는 것으로 규정할 수 있도록 무로부터 음악적 존재자를 발전시켰다면, 후기 쇤베르크는 생성된 것으로서의 음악적 존재자를 절멸시켰다.

되돌아오는 모든 공식들을 폐기시키는 음악적 명목론이 종말에 이르렀다고 생각되면, 분화는 급격한 변모를 겪게 된다. 전통적으로 내려오는 음악에서는 작곡의 "지금과 여기"가 작곡의 모든 요소들에서 조성적 도식과 끊임없는 대결을 벌였다. 특수화는 특수화 자체와는 한참 외부적인 것, 즉 관습적인 것에 의해 제약을 받았다. 관습적인 것이 해체되면서 특별한 것도 해방되었다. 음악적 진보는 스트라빈스키의 복고적 반격을 받을 때까지는 지속적으로 진보하는 분화를 지칭하였다. 전통 음악이 이미 주어진 도식을 회피하는 것은 의미심장하고 결정적인 무게를 지니고 있었다. 도식이 구속적일수록 변이의 가능성은 더욱더 섬세해진다. 여기에서 결정적인 역할을 했던 것은 해방된 음악에서는 더 이상 지각될 수조차 없을 것이다. 이런 이유로 인해 전통 음악은, 각기 개별적인 음악적 사건이 그 자체만으로 존립하는 경우보다도 훨씬 더 섬세한 뉘앙스를 허용하였던 것이다. 섬세화는 종국적으로는 조악화라는 대가를 지불하게 된다. 이것은 화성의 지각이라는 누구라도 알 수 있는 현상들에까지 추적될 수 있다. 조성적인 음악에서 소프라노에 Db를 갖는 C장조의 나폴리 6도 화음 다음에 소프라노에 B를 갖는 딸림7화음이 뒤따를 때, Db에서 B로의 진행은 —이것은 "감" 3도라고는 하지만 추상적으로 가늠해 보면 2도 음정으로 나타나며, 실제로는 3도로 파악된다— 화성적 도식이 갖는 힘에 의해 Db와 B 사이에 있는 자유분방한 C와 관련을 맺게된다. "객관적인" 2도 음정이 그렇게 직접적으로 3도로 지각되는 것은 조성을 벗어나서는 불가능하다. 그러한 직접적 지각은 좌표계를 전제로 하며 좌표계와의 차이에 의해 규정된다. 그러나 거의 소재적인 음향 현상에까지 해당되는 것은, 그보다 단계가 높은 음악적 조직화에도 제대로 해당된다. 마탄의 사수 서곡 중 아가테의 아리아에서 취해온 부주제에서는 제3마디의 클라이맥스 g에 이르는 음정이 3도로 되어 있다. 곡 전체의 코다에서 이 음정은 처음에는 5도로, 종국적으로는 6도로 확대되며, 주제의 이해에 관건이 되는 주제 개시음에 직면해서는 6도가 9도가 된다. 6도는 완전 8도의 영역을 넘어섬으로써 넘치는 환희의 표현을 획득한다. 이것은 조성에서 주어진 것에 따라 완전 8도 음정을 파악하고 이 음정을 동시에 어떤 측정 단위로 파악함으로써만 가능하다. 이러한 관계를 넘어서게 되면, 의미가 체계의 균형을 해체하는 극단적인 것으로 고조된다. 그러나 12음 음악에서는 완전 8도가, 3화음 으뜸음과의 동일성 때문에 가질 수 있었던 조직화의 힘을 상실하였다. 완전 8도보다 크거나 작은 음정들 사이에서는 단순히 양적인 차이가 지배할 뿐이다. 질적인 차이는 존재하지 않는 것이다. 이렇기 때문에 베버의 예와 특히 베토벤, 브람스에서 수를 셀 수 없이 많이 나타나는 경우들에서 보듯이 선율적 변주의 효과들은 더 이상 불가능해지고, 그런 과정을 필연적인 것으로 만들었던 표현 자체가 위협을 받게 된다. 음정과 음정, 음과 음, 형식의 부분들 사이에 존재하는 확고부동한 모든 관계들과 모든 위계적 상이함들이 사라지고 난 이후에는 표현이란 더 이상 거의 생각할 수도 없게 되었기 때문이다. 한때는 도식의 차이로부터 의미를 획득했던 것이 단지 선율 처리방식이나 화성법에서뿐만 아니라 작곡하기의 전체 차원에서 평가절하되고 평균화되고 말았다. 특히 형식은 전통적인 전조(轉調) 도식에서 하나의 규범적인 체계를 갖게 되었는바, 이 체계에서 형식은 극히 작은 변화들에서 전개될 수 있었다. 이것은 모차르트에서는 때로는 단 하나의 변화 기호에 의해서도 가능하였다. 사람들이 오늘날 더욱 큰 형식을 부각시키려고 한다면, 음역, 셈 여림, 음색, 배열 방식 등의 극렬한 대비처럼 더욱 조악한 수단들을 움켜쥐어야

하고, 마침내는 주제들 자체의 안출도 더욱 눈에 잘 띄는 질들을 준수할 것이라고 선서하게 된다. 신음악의 단조로움에 대한 일반인들의 비난은 우둔한 것이지만, 전문가가 갖고 있는 현명함의 맞은편에서 진실의 모멘트를 포함하고 있다. 작곡가가 음의 고저, 음량의 대소 사이에서 나오는 난폭한 콘트라스트를 비교적 긴 구간에 걸쳐 기피할 때는 어김없이 단조로움이 초래되는바, 한편으로는 분화된 수단들이 나란히 놓인 채로 붙어 있고 서로 유사해지며 그 내부에서 서로 수영하듯이 만나는 동안에도 분화가 함축적으로 이미 설정된 것과 구분되는 곳에서만 분화는 힘을 가지게 된다. 단순한 콘트라스트를 피하고 매우 부드러운 경과구들에서, 그리고 종종 전조(轉調)를 통해 다양성을 산출한 것은 모차르트와 베토벤이 이룩한 가장 큰 성과들 중의 하나였다. 이런 성과는 낭만주의를 거치는 동안에 이미 위기에 처하게 되었다. 낭만주의의 주제들은 빈 고전주의의 완벽한 형식이라는 이상의 척도에서 보면 이상과는 너무 멀리 떨어져 있었고, 형식을 에피소드로 분해해 버리려고 위협하였기 때문이다. 오늘날에는 가장 진지하고 책임감이 있는 음악에서도 매우 작은 콘트라스트의 수단이 사라졌다. 쇤베르크 자신도, 현악4중주 4번의 제1악장에서처럼, 빈 고전주의에서 중심 주제, 경과구군(經過句群), 부주제군(郡)으로 불렀던 서법을 주제들에게 부여함으로써 단지 가상적으로만 콘트라스트의 수단을 구제할 수 있었다. 베토벤과 모차르트에서도 미해결 상태에 있었던 중심 주제, 경과구군, 부주제군과 같은 특징들이 더 이상 화성적인 전체 구성에서 측정될 수 없는 상태에서 쇤베르크는 콘트라스트의 수단을 구출하였던 것이다. 그러한 특징들은 무력한 것, 구속력이 없는 것, 동시에 빈의 고전주의에서 완성된 기악의 프로필을 본뜬 죽어 있는 가면들을 지니고 있을 뿐이다. 재료의 강제적 속박에 묶여 콘트라스트의 수단을 구출하려는 시도를 포기하면, 오늘날까지 의지할 것이라곤 과장되고 거친 음 재료에서 오는 대립관계들뿐이다. 뉘앙스는 폭력 행위로 끝나고 만다. 아마도 이것은 오늘날 개별화의 모든 카테고리들에 강제적으로 나타나는 역사적인 변화를 알려주는 징후일 것이다. 그러나 분화의 잃어버린 풍요로움을 어떤 발판을 만들어 다시 얻기 위해 조성을 복원시키려고 하거나 스크리아빈(Skrjabin)이 고안했던 것과 같은 다른 관계 체계들을 통해 조성을 대체하려고 했을 때, 그러한 책략은 책략이 극복하고 싶어 하는 분열된 주체성에 오히려 덜미를 잡힐 뿐이었다. 조성은 스트라빈스키의 경우처럼 조성과의 유희가 될 것이며, 스크리아빈의 도식과 같은 것은 딸림화음과 유사한 형태의 화음에 한정되기 때문에 더욱더 회의를 불러올 뿐이다. 재료의 사전 형성작업으로서의 12음 기법은 현명하게도 관계체계로서 자신을 알리는 것을 경계하지만, 이러한 겸양은 뉘앙스 개념을 배제하는 결과로 이어진다. 이런 점에서 12음 기법은 해방된 주관주의의 법정(法廷)을 자기 스스로 집행하는 것이다.

✤_ 화성법

12음 음악의 자의성에 대해 제기되는 이의들이 점점 더 가까이 다가온다. 12음 기법은 합리성을 갖고 있음에도 불구하고 개별 화음을 마치 음향들의 연속과 같은 것으로 취급하여 우연에 떠넘겨 버렸다. 12음 음악은 음의 승계를 추상적으로 조정하면서도 화음적인 흐름에 필요한 강제적이고도 직접적으로 포착되어야 하는 필연성을 알지 못하는 것이다. 이러한 이의 제기는 그러나 너무 안이하다. 재료의 역사적 경향으로부터 12음 기법의 질서의 창출이 화성법에서만큼 엄격하게 이루어지는 곳도 없다. 12음 화성법의 도식을 만들어 낸다면 트리스탄과 이졸데 전주곡 서두는 아마도 a단조의 기능에서보다도 그 도식에서 더욱 간단하게 표현될 수도 있을 것이다. 12음 음악의 수직적 차원의 법칙은 보충의 화성법이라고 해도 될 것이다. 보충적 화성법의 전(前) 형식들은 중기 쇤베르크에서보다는 드뷔시와 스트라빈스키에서 나타난다. 그러한 전 형식들은, 통주저음적인 화성적 흐름이 존재하지 않고 그 대신에 12개의 반음 중 오로지 하나의 선택만을 허용하고 이어서 나머지 음들을 불러오는 새로운 음향 평면으로 변해 버리는 정력학적인 음향 평면이 존재하는 곳이면 어디에서나 출현하는 것이다. 보충적 화성법에서 모든 울림은 복합적으로 구축된다. 모든 음향은 개별 음들을 전체를 구성하면서도 독립적이고 서로 구분되는 모멘트들로서 포함하고 있다. 그러면서도 개별 음들의 차이를 3화음 화성법과 같은 방식으로 소멸시키지는 않는다. 실험적인 청각은 반음계의 12음 공간에서 아래와 같은 경험, 즉 이러한 복합적인 음향들에서 각기 개별적인 음향은 근본적으로 동시적 보충이든 계기적 보충이든 개별 음향 자체에는 나타나지 않는 반음계의 음들을 요구한다는 경험을 피할 수 없다. 12음 음악에서 긴장과 해소는 항상 잠재된 12음을 고려하여야 이해되는 것이다. 개별적인 복합적 화음은 이전에는 전체 선율적인 선이나 화성적 틀을 필요로 했었던 음악적 힘을 자체 내에서 끌어 들일 수 있는 능력을 갖게 된다. 동시에 보충적 화성법은 급격한 변화에서 이러한 화음들이 그 모든 잠재적인 힘을 드러내게끔 화음들을 빛나게 할 수 있다. 화음에 의해 정의되는 화성적 평면으로부터 다음으로 이어지는 보충적 평면으로의 교체를 통해 화성적 심층작용, 즉 일종의 원근법이 산출된다. 이것은 브루크너(Bruckner)의 경우에서 볼 수 있듯이 전통 음악이 실현시키려고 자주 노력했지만 결코 실현시키지 못했던 것이기도 하다.[51] 《룰루》에 나오는 12음으로 된 죽음의 화음을 보충적 화성법의 통합으로 본다면, 현기증을 일으키는 역사적 원근법 속에서 베르크의 알레고리적 천재성이 보존되어 있다고 볼 수 있다. 룰루가 완벽한 가상의 세계에서 자신의 살해자만을 동경하다가 마침내 음향에서 살해자를 찾아내듯이 거부된 행복을 표현하는 모든 화성법은 ―12음 음악은 불협화음과 분리될 수 없다― 치명적인 화음을 충족의 암호와 같은 것으로서 동경한다. 그것이 죽음과 같다는 이유는 모든 동역학이 치명적인 화음에서 풀려 있지 않은 채 정지된 채로 있기 때문이다. 표현주의적 극단에 이어 나타난 시간의 분열에서 알려졌듯이, 보충적 화성법의 법칙은 이미 음악적 시간 경험의 종말을 함축하고 있다. 보충적 화성법은 다른 징후들보다도 더욱 확실하게 음악에서의 역사의식의 실종이라는 상태를 알려준다. 사회가 현재의 지배 형식들에서 소름끼치게 고정되어 있는 상황이 그 상태를 보여주고 있는 것인지, 또는 그 상태가 대립들의 단순한 재생산의 역사로서의 역사만을 갖고 있을 뿐인 대립적 사회의 종언을 가리키고 있는지의 여부는 아직 결정되어 있지 않다. 그럼에도 보충적 화성법의 법칙은 사실상 조화적인 것으로서만 통용될 뿐이다. 이 법칙은 수평적인 것과 수직적인 것의 차이를 무시하기 때문에 무력화된다. 조성적인 음악에서도 모든 화성적인 문제들이 성부 진행의 여러 요구들로부터 나오고, 역으로 대위법의 모든 문제들도 화성법의 여러 요구들로부터 발원하는 것처럼, 보충음들은 복합적으로 구축되고 성부에 의해 구분되는 화음들 내부에서 "성부 진행"에 절실하게 필요한 것들이다. 그러나 이렇게 됨으로써 원래의 화성적 원리는 동시에 근본에서부터 방해를 받게 된다. 12음 폴리포니에서는 사실상 스스로 형성되는 화

---

51) 12음 기법의 초기 작품들은 보충적 화성법의 원리를 가장 명백하게 보존하고 있다. 쇤베르크의 관악5중주 제1악장의 코다(제200마디 이하)나 작품27 제1번곡의 화음적 종결(제24마디 이하)처럼 화성적으로 작성된 부분들은 똑같은 교육적인 노골성에서 그런 경향을 보여주고 있다(원전 각주).

음들은 보충적 관계에는 거의 관련을 맺지 않는다. 오히려 그러한 화음들은 성부 진행의 "결과들"이다. 쿠르트가 선적 대위법에 대해 집필한 책의 영향으로 인해 신음악에서 화성법은 어떻든 상관이 없는 일이며 폴리포니에 비해 수직적인 것은 더 이상 중요한 것이 아니라는 견해가 널리 퍼져 있었다. 그러나 이러한 견해를 그대로 받아들이는 것은 딜레탕트적인 것에 지나지 않는다. 여러 개의 상이한 음악적 차원들을 하나로 통합시키는 것이 여러 차원들 중에서 하나를 간단히 사라지게 하는 것을 의미할 수는 없다. 그러나 12음 기법에서는 바로 이러한 통일이 각기 개별적인 재료 차원을 평가절하시키고 화성적 차원도 역시 평가절하시키는 위험이 나타나기 시작한다. 보충적-화성적으로 구상된 자리들은 예외적인 것들이다. 이러한 자리들은 필연적인 것들이다. 음열을 "함께 접어서" 동시적 음향으로 만드는 작곡 원리는 개개의 음에 대해 수직적으로나 수평적으로나 스스로를 동시적 울림들로써 입증해 보일 것을 요구하기 때문이다. 바로 이것이 수직적 음향들 사이의 순수한 보충적 관계를 극히 드문 행운의 경우로 만들어준다. 차원들의 실질적인 동일성은 12음 도식에 의해 보장받지도 못하고 요구되지도 않는다. 작곡의 모든 순간에서 실질적 동일성이 포기된 채 머물러 있으며, 산술적 정합은 실질적 동일성이 성취되어 있는가, 그 "결과"가 음향들의 경향에 의해서 화성적으로 정당화되는가에 대해 아무것도 말해 주지 않는다. 모든 12음 작곡의 대부분은 단지 숫자적인 정확성에 의해서 그러한 일치를 그럴듯하게 꾸며내고 있는 것이다. 화성들은 성부에서 일하고 있는 것으로부터 나온 결과일 뿐이며 어떤 특별한 화성적인 의미를 만들어 내지 못한다. 12음 화성법의 우연성과 적응성을 제대로 알기 위해서는, 12음 작곡에서 오는 임의적 결합음이나 또는 화성적 연속을 ㅡ화성적 정체의 극단적 예는 쇤베르크의 현악4중주 4번의 느린 악장 제636,

637마디에서 나타난다─ 자유로운 무조성에서 순수하게 화성적으로 들리는 자리들과 ─예를 들어 《기대》의 제196마디 이하─ 비교해 볼 필요가 있다. "음향들의 충동적 생기"가 여기에서 억압되고 있는 것이다. 음들이 미리 계산되고 있을 뿐만 아니라, 선(線)들의 우위가 음향을 위축시키고 있는 것이다. 선율과 화성의 차이를 무시하는 원리가 진지한 검증을 거치는 순간 그 원리가 환영(幻影)이 되어 버리는 것이 아닌가 하는 의구심을 떨쳐 버릴 수 없다. 주제들에서의 음열들의 원천, 음열들의 선율적인 의미는 화성적으로 새롭게 해석하는 것에 저항한다. 이러한 새로운 해석은 특별한 화성적인 관계를 희생시켜야만 성공할 수 있다. 보충적 화성법이 자체의 순수한 형식에서 계기적 화음들을 그 어느 때보다도 더욱 긴밀하게 결합시키고 있는 동안에도, 계기적 화음들은 12음 기법의 총체성의 의해 서로 소외된다. 바로 여기에 오늘날까지 가장 웅장한 12음 작곡 중의 하나로 성공한 것으로 평가받은 현악4중주 3번 제1악장에서 쇤베르크가 일찍이 그에 의해 신중하게 배제되었던 오스티나토적 움직임의 원리를 인용하는 이유가 있는 것이다. 이러한 움직임은 음향과 음향 사이에는 더 이상 존재하지 않으며 개별 음향에는 거의 존재하지 않는 연관관계를 수립하려고 한다. 자유로운 무조성에서 조성적 잔재로서 지속적으로 작용하는 이끔음의 존재를 제거하는 것은 계기적 모멘트들의 무관계성과 경직성으로 이어질 수 있다. 이러한 관계 상실과 경직성은 바그너의 표현적인 온실에 교정적인 차가움으로 침투할 뿐만 아니라 더 나아가 음악에 특징적인 무의미성에, 즉 연관관계의 청산이라는 위험에 빠질 수 있는 개연성을 내포하고 있다. 그러한 무의미성은 '어떤 것에 포괄되지 않는 것'에 들어 있는 '이해되기 어려움'[52]과

---

52) 작은 따옴표는 독자의 이해를 돕기 위해 옮긴이가 임의로 붙였음(역주).

혼동되어서는 안 된다. 12음 기법은 "매개", "경과", 충동적인 도음성(導音性)을 의식적 구성을 통해 대체시킨다. 그러나 의식적 구성은 음향들의 원자화(Atomisierung)라는 대가를 치른다. 음향에서 음향으로 가면서 동시에 전체가 미리 구상됨이 없이 음향에서 음향으로 가면서 전체를 생산하는 전통 음악에서의 자유로운 힘의 놀이가 서로 소외되어 있는 음향들의 "투입"에 의해 대체되는 것이다. 음향들이 무정부적 상태에서 서로 마주보며 원하는 것은 더 이상 존재하지 않는다. 단지 음향들의 무관계성과 모든 음향들에 대한 계획적인 지배만이 존재할 뿐이다. 여기로부터 제대로 된 우연이 초래된다. 이전에는 개별적인 사건들의 배후에서 총체성이 실현되었다면, 이제는 총체성이 의식된다. 그러나 개별적 사건들, 구체적 연관관계들은 총체성에서 희생당하게 된다. 음향들 자체도 우연성에 의해 타격을 받는다. 자유로운 무조성에서 극도로 신중하게 사용되었던 가장 예리한 불협화음인 단2도가 아무것도 의미하지 않은 것처럼 처리되고 합창들에서 악장을 내놓고 훼손하는[53] 반면에, 다른 한편으로는 단순히 성취에만 안달이 난 4도나 5도와 같은 빈 울림들(Leerklaenge)이 더욱더 많이 전면에 부상하게 된다. 이것은 신고전주의가, 특히 힌데미트가 애용한 음향들과 하나도 다를 것이 없는 맥 빠진 둔감한 화음들이다. 마찰들도, 공허한 음향들도 작곡의 목적을 충족시키지 못한다. 이것들은 음열에 바쳐지는 음악의 제물이다. 자유로운 무조성에서는 깨어 있는 비판이 배척시킬 수 있었던 것과 같은 종류의 조성적 혼입물들이 작곡의 의지와는 관계없이 도처에서 나타난다. 이러한 혼입물들은 12음적으로가 아니라 조성적으로 파악된다. 재료[54]가 역사적으

---

53) Cf. Schönberg, op.27, No 1, Takt 11, Sopran und Alt, und entsprechend Takt 15, Tenor und Baβ.

54) 아도르노에서 특별하게 나타나는 재료 개념을 의미함. 이 개념에 대해서는

로 함축하고 있는 의미들을 망각시키는 것은 작곡하기가 갖고 있는 힘의 영역에 놓여 있지 않다. 자유로운 무조성은 3화음 화성법에 대해 이를 금기시하는 금지령을 내렸으며, 이렇게 함으로써 불협화음을 음악 전체에 걸쳐 보편적으로 확산시켰다. 오로지 불협화음만이 존재하였다. 12음 기법의 복고적 모멘트가 협화음 금지의 완화에서 보다 더 강력하게 입증되는 곳도 없을 것이다. 불협화음의 보편성이 불협화음의 개념을 이미 없애 가져 버렸다고 말할 수도 있다. 불협화음은 협화음과의 긴장관계에서만 가능하다고 할 수 있으며, 협화음과 더 이상 대립관계에 놓이지 않게 되는 순간 불협화음은 단순히 여러 음들의 복합체로 변모한다고 말할 수도 있을 것이다. 이것은 그러나 사실관계를 단순화시키고 만다. 여러 음으로 된 음향에서 불협화음은 오로지 헤겔적인(Hegelsch) 이중의 의미에서만 없애 가질 수 있게 되기 때문이다. 새로운 음향들은 낡은 협화음의 순조로운 후계자는 아니다. 새로운 음향들의 통일성이 자체 내부에서 완전하게 접합되어 있다는 점에서, 개별적인 화음 음들은 화음의 형태로 모여 있지만 화음의 형태에서 동시에 개별적 음들로서 모두 구별된다는 점에서 새로운 음향들은 낡은 협화음과 구분된다. 이처럼, 새로운 음향들은 제거된 협화음들과의 대립을 통해서가 아니라 그 내부에서 지속적으로 "불협화"로 나아가는 것이다. 이렇게 함으로써 새로운 음향들은 그러나 불협화음의 역사적 상(像)을 확고하게 붙들고 있다. 불협화음들은 긴장, 모순, 고통의 표현으로서 성립되었다. 이것들이 퇴적되어 "재료"가 되었다. 이것들은 더 이상 주체적 표현의 매체들이 아니다. 그렇다고 해서 이것들이 그 원천을 부인하는 것은 아니다. 긴장, 모순, 고통은 객관적 항의를 알리는 특징들이 되었다. 새로운 음향들

역주를 통해 이미 수차 언급하였음(역주).

이 재료로 변모하는 것에 힘입어 그 음향들이 한때 알렸던 고통을 ―
고통을 붙들어 둠으로써― 지배하게 된 것은 새로운 음향들에서 일어
나는 수수께끼와 같은 행복이라고 할 것이다. 새로운 음향들이 갖고
있는 부정성은 유토피아에 대한 충실한 믿음을 간직하고 있다. 그 부
정성은 침묵하고 있는 협화음을 그 내부에서 포괄하고 있다. 이렇기
때문에 협화음과 유사한 모든 것에 대해 신음악이 보이는 열정적인
예민함이 나오는 것이다. 쇤베르크는 《달에 홀린 삐에로》의 제18번
곡 《달의 얼룩》은 엄격한 대위법의 규칙에 따라 작곡되었으며,
자신은 경과나 강조되지 않은 박의 부분들에서만 협화음을 허용한다
는 농담을 던진 적이 있었다. 그의 이러한 농담은 자신이 지니고 있
는 경험을 거의 직접적으로 반영하고 있다. 12음 기법은 이러한 경험
을 회피한다. 불협화음들은 힌데미트가 그의 저서 『작곡 입문』에서
"작품 소재(Werkstoff)"라는 혐오스러운 표현으로 명명하였던 것들, 즉
단순한 양, 질이 없는 것, 차이가 없는 것이 되며, 따라서 도식이 요구
하는 곳이면 어느 곳에서나 적응할 수 있는 것이 된다. 이렇게 해서
재료는 단순한 자연, 물리적인 음 관계로 되돌아간다. 특히 이것은
12음 음악을 자연의 강제적 속박에 종속시키는 되돌리기이다. 사라
지는 것은 자극만이 아니다. 저항도 역시 사라진다. 음향들이 지향하
는 곳을 향해 나아가는 것이 그토록 적듯이, 세계를 표상하는 전체에
저항하는 것을 지향하는 것도 그토록 적다. 음향들의 배열에서는 보
충적 화성법이 비로소 열어 보이는 것처럼 보였던 음악적 공간의 깊
이가 사라진다. 이처럼 음향들은 어떻든 상관없는 것이 되고 말았으
며, 그 결과 협화음의 근친성을 더 이상 방해하지 않게 되었다. 《달
에 홀린 삐에로》의 종결부에 나오는 3화음들은 불협화음들의 면전
에 불협화음들이 달성시킬 수 없는 목표를 충격적으로 제시한다. 불
협화음들이 주저하면서 보여주는 배리(背理)는 동쪽에서 거무스레하

게 동이 트면서 나타나는 녹색의 지평선과 닮은 데가 있다. 현악4중주 3번 느린 악장의 주제에서는 협화음과 불협화음이 서로 무관심한 채 나란히 놓여 있다. 이 화음들은 더 이상 불순하게 들리지 않는다.

🌳 _ 악기 음향

화성법의 쇠퇴를 화성적 의식의 결여가 아니라 12음 기법의 중력 탓으로 돌릴 수 있다는 사실이 악기 음향의 차원으로부터 도출될 수 있다. 악기 음향의 차원은 예로부터 화성적 차원과 자매관계에 있었고 바그너 시대나 지금이나 화성법과 똑같은 차원을 보여주고 있다. 음악의 철저한 구상은 미처 예상했지 못했던 정도로 구성적 악기 편성을 허용한다. 작곡에 있어 극히 미세한 모티브 관계들을 색채 관계로 변환시켜 실현시킨 사례인 쇤베르크와 베베른의 바흐 편곡은 12음 기법이 없었다면 아마도 불가능했을 것이다. 말러가 제기한, 악기 편성의 명백성에 대한 요구는 이미 12음 경험의 덕택으로 인해 충분히 충족될 수 있다. 다시 말해, 중복들과 수영하듯 부유하는 호른의 페달음들이 없이도 충족되는 것이다. 불협화적 화음이 자체에 내포되어 있는 각 개별 음을 받아들이고 이와 동시에 각 음을 각기 구분되는 음으로 유지시키는 것처럼, 악기 음향은 모든 성부들 상호간의 균형과 각기 개별적인 성부의 균형성을 실현시킬 수 있는 능력을 갖고 있다. 12음 기법은 작곡 구조의 전체적인 풍부함을 흡수해서 색채 구조로 변환시킨다. 후기 낭만주의적 색채 구조가 그랬듯이, 색채 구조는 단 한 번도 작곡에 앞서서 독자적인 힘을 가진 적이 없었다. 색채 구조는 전적으로 작곡에 봉사할 뿐인 것이다. 이것은 그러나 색채 구조를 종국적으로 제한하게 되며, 이로 인해 색채 구조가 그것 자체로부터 작곡에 기여하는 바가 더욱 적어지는 결과에 이르게 된다. 색채 구조의 제한은 또한 표현주의적 단계에서 작곡에 달성되었던 것인, 작곡의 생산적 차원으로서의 음향 차원도 작곡에서 탈락시킨다. 중기 쇤베르크가 세웠던 계획에는 "음색 선율"이 자리를 지키고 있었다. 거기에는 음색의 변화가 그 자체로부터 작곡적인 사건이 되고 작곡의 진행을 규정해야 된다는 의도가 들어 있었다. 악기 음향은 아직까지 접촉해보지 못했던 층(層)으로서 출현하였으며, 이 층에 작곡 판타지가 접근하고 있었던 것이다. 5개의 관현악곡(op.16)의 세 번째 곡과 《행복한 손》에 있는 빛의 질풍(Lichtsturm)을 위한 음악이 그러한 경향을 보여주는 사례들이다. 12음 음악은 이와 유사한 다른 어떤 것도 성취하지 못하였고, 성취시킬 역량이 과연 있는지의 여부도 의심스럽다. "교대 화음"을 지닌 관현악곡은 화성적으로 일어난 사건의 실체를 전제하고 있지만, 이러한 실체성은 12음 기법에 의해 부정된다. 자체로부터 작곡에 기여한다고 하는 색채 판타지에 대한 생각은 12음 기법에게는 모독으로 통용된다. 색채 중복에 대한 두려움은 순수한 의미에서 작곡을 표현하는 모든 것을 추방한다. 이러한 두려움은 후기 낭만주의적 색채 처리가 잘못된 채로 넘치고 있는 것에 대한 증오뿐만 아니라 12음 작곡의 정해진 공간을 깨트리는 모든 것들을 제압하려는 금욕적 의지까지를 증명해주고 있다. 12음 기법은 색채 같은 것을 "머리에 떠올리는 것"조차 철저할 정도로 더 이상 허용하지 않는다. 음향은 제 아무리 분화되어 있다고 할지라도 주체성이 음향을 포착하기에 앞서 음향의 과거 모습에 접근하는 속성을 갖고 있다. 단순한 음전(音栓) 조작(Registrierung)에 접근하는 것이다. 여기에서 다시 12음 기법의 초기 시대를 예로 들 수 있다. 쇤베르크의 《목관5중주》는 오르간 악보를 기억나게 하며 그 작품이 바로 관악기 성부를 위해 작곡되었다는 사실은 음전 조작의 의도와 연관관계가 있다고 할 수 있을 것이다. 그 작품은 쇤베르크가 그 이전에 작곡했던 실내악처럼 특별하게 악기 편성을 하는 것을 더 이상 시도하지 않았다. 쉰베르크가 최초의 두 현악4중주에서 현악기들에서 얻어냈던 모든 색채들은 현악4중주 3번에서도 역시 희생된다. 4중주 음향은 극단으로까지 치닫는 작곡적 배열 방식의 기능, 특히 넓게 벌어진 음역을 철저하게 이용하기 위한 기능으로 된다. 쉰베르크는 오케스트라를 위한 변주곡 이후에는 입장을 수정하기 시작하였으며, 색채 처리에 더욱 광범위한 권리를 부여하였다. 특히 음전 조작의 경향을 가장 결정적으로 드러냈던 클라리넷의 우위는 더 이상 주장되지 않았다. 그러나 후기 작품들에서 나타나는 색채 팔레트(Palette)는 쉰베르크가 양보하는 특징을 보이고 있다. 이러한 양보는 12음 구조 자체로부터 발원하기보다는 "작법", 즉 명료화에 대한 관심에서 나온다. 이러한 관심 자체는 그러나 이중적 의미를 지닌다. 관심은 모든 음악적 층들을 배제시키고, 음악적 층들에서는 작곡에 고유한 요구사항에 상응하여 작곡의 명료성이 아니라 오히려 그 반대가 요구되고 있기 때문이다. 명료화에 대한 관심은 이렇게 해서 "재료에 충실해야 한다"는 신즉물주의적 태도를 있는 그대로 받아들이게 되며, 12음 기법도 역시 음열과의 관계에서 스스로 신즉물주의적 태도에 내재하는 재료 물신주의에 가까이 다가서는 것이다. 쉰베르크의 후기 관현악곡에서의 색채는 정밀 사진처럼 그 대상들을 조명하지만 색채 자체가 "작곡에 나서는 것"은 금지되어 있다. 빛과 그림자가 부단히 교대되면서 불꽃을 튀기는 닫혀진 음향이 산출되는 것이다. 이것은 마치 모든 부품들을 현기증 나게 움직이게 하면서도 설치되어 있는 자리에서 꿈쩍도 하지 않고 고정되어 있는 극도로 복잡한 기계와 유사하다. 이처럼 음향은 마치 실증주의적 논리처럼 명확하고, 깨끗하며, 번지르르하다. 음향은 경직된 12음 기법이 은폐시킨 온건주의를 폭로하게 된다. 이러한 음향이 가진 색채의 다양성과 확실한 균형은 다양성과 균형이 스스로 빠져나왔던 무질서적인 돌발을 불안스럽게 거부한다. 다양성과 균형은 스스로에게 하나의 질서를 만드는 상(像)을 부여하게 된다. 신음악의 모든 진정한 충동들은 이러한 상과 다투면서도 동시에 어쩔 수 없이 스스로 그 상을 준비해야만 한다. 꿈에 대한 기록문서는 기록문서의 문장이 되면서 안정을 찾게 되는 것이다.

_ 12음 대위법

12음 기법의 덕을 본 것은 의심할 여지도 없이 대위법이다. 대위법은 작곡에서 우위를 획득하였다. 대위법은 화성적 관습들의 맹목적인 강제로부터 수직적인 것을 탈취하였기 때문에 화성적-호모포니적 사고보다 우위에 있다. 물론 대위법적 사고는 화성적 관습들을 존중했다. 그러나 대위법적 사고는 대위법이 동반하는 것을 전적으로 선율적인 주성부들과의 관계를 통해 규정하였다. 이렇게 함으로써 대위법적 사고는 모든 동시적인 음악적 사건들에게 작곡의 일회성으로부터 발원하는 의미를 할당해 주었다. 12음 기법에서는 음열들 사이의 관계가 보편성을 갖는 능력이 있기 때문에 12음 기법은 그 원천에서부터 대위법적이다. 12음 기법에서 모든 동시적인 음표들은 음열의 통합적인 구성 요소이며, 따라서 12음 기법 내부에서 동시에 독립적인 것들이기 때문이다. 전통적인 "자유로운 작곡하기"의 자의성에 대해 12음 기법이 갖고 있는 우위는 대위법적 종류의 우위이다. 통주저음 시대에 호모포니적 음악이 정립된 이래 작곡가들이 얻은 가장 깊은 경험들은 호모포니가 구체적인 형식들을 구속력 있게 구성하는 데 미흡하다는 것을 알려주었다. 바흐가 자신의 음악 이전에 있었던 옛 다성음악으로 되돌아가는 것과 ―평균율 피아노곡 집 제1권의 C# 단조 푸가, 음악의 봉헌의 6성 푸가, 푸가 기법으로부터 유래하여 그 이후에 나타난 푸가처럼 구성적으로 가장 앞서 갔던 푸가들은 리체르카타(Ricercata)에 가깝다ㅡ 후기 베토벤에서의 폴리포니 부분들은 그러한 경험에서 나오는 가장 위대한 기념비들이다. 그러나 중세 말 이후에 처음으로, 그리고 음악적 수단들에 대해 과거와는 비교할 수 없을 정도로 더욱 커진 합리적 처리방식에서 12음 기법은 진정한 폴리포니적 양식을 결정(結晶)시켰다. 그 결과 12음 기법은 폴리포니적인 모형과 화음적 사고의 외면적인 공생관계뿐만 아니라 화성적 힘과 폴리포니적 힘이 서로 대항하면서 작용하는 것에서 나타나는 불순성을 ㅡ이러한 불순성은 자유로운 무조성이 괴리된 채 병렬되는 것을 감내하게끔 한다ㅡ 제거한다. 바흐와 베토벤이 폴리포니로 치닫는 과정에서는 주체적 동력과 구속력 있는 객체성과의 균형인 저속저음 코랄과 진정한 다성부 사이의 균형을 얻기 위해 총력을 기울여 노력하였다. 그러나 노력은 의문스러운 결과에 머무르고 말았다. 쇤베르크는 재료에 대해 폴리포니적 조직화를 더 이상 외부로부터 부과하지 않고 재료 자체로부터 도출시킴으로써 음악의 가장 비밀스러운 경향을 대표하는 작곡가임을 입증하였다. 이것 하나만으로도 쇤베르크는 이미 위대한 작곡가들의 반열에 올랐던 것이다. 쇤베르크는 한때 작곡하기에 미리 주어져 있었던 양식 모델들에 필적하는 양식의 순수성을 위해 무의식적으로 노력한 것만은 아니었다. 양식의 이상을 추구하는 정통성이란 어떻든 의심스러운 것이라고 보아야 할 것이다. 그러나 쇤베르크에서는 순수한 교의와 같은 것이 다시 존재한다. 12음 기법은 여러 개의 독립된 성부들을 동시에 구상하여 화음의 뒷받침 없이도 통일체로 조직하는 법을 가르쳐 주었던 것이다. 12음 기법은 신독일 악파의 장식적인 대위법과 제1차 대전 후 많은 작곡가들이 무계획적이고도 구속력이 없는 대위법을 사용하는 것에 대해 근본적으로 종말을 고하는 것을 준비하고 있었다. 새로운 다

(多)성부는 "실재적인" 것이다. 조성은 바흐(Bach)에서는 다성부가 어떻게 화성적인 다성부로서 가능한가 하는 물음에 대한 답이다. 그러므로 바흐는 괴테가 그에 대해 생각하였듯이 사실상 화성주의자이다. 쇤베르크에서는 조성은 그러한 답이 갖고 있는 힘을 포기한다. 조성의 잔해들을 향해 쇤베르크는 화음의 폴리포니적인 경향에 대한 질문을 던진다. 이 점에서 볼 때 그는 대위법주의자이다. 12음 기법에서 완벽하지 않은 채 머물러 있는 것은, 바흐의 경우와는 반대로, 화성법이다. 바흐에서는 성부들의 독립성의 화성적인 모형이 푸가 기법의 숙고(熟考)에 의해 비로소 초월되는 한계를 설정한다. 그러나 화성적 아포리아(Aporie)는 12음 기법에서 대위법으로도 옮겨진다. 네덜란드 악파의 악평 받던 "기법들"과 이후 그 기법들의 간헐적 재수용에서 성립되었던, 대위법적 난점들의 극복은 작곡가들에게는 예로부터 성과로서 받아들여졌다. 그것은 정당한 것이었다. 대위법적인 곡예는 작곡이 화성법의 타성을 누르고 항상 승리하는 것을 알려 주고 있는 것이다. 역행 캐논(Kanon)이나 반행 캐논과 같은 극히 추상적인 기도(企圖)들은 음악이 성부의 경과가 철저하게 규정되는 것과 더불어 "일반적인" 화성들을 은폐시킴으로써 화성의 상투성에 대해 승리하게 해 주는 것을 연습하는 모형들이다. 이러한 성과는 그러나 화성적 장애물이 제거될 때, 즉 "제대로 된" 화음들이 더 이상 대위법을 가늠하는 시금석이 되지 못할 때에는 줄어들고 만다. 이렇게 되면 유일하게 남아 있는 척도는 음열뿐이다. 척도는 성부들의 극히 긴밀한 상호관계, 즉 콘트라스트의 상호관계를 배려한다. 음열들에 대해 음표들을 대치시키라는 요구는 12음 기법에 의해 문자 그대로 실현된다. 수평적인 것에 비해 이질성을 갖고 있는 화성적 원리는 그러한 요구로부터 벗어나 있었다. 미리 주어진 화성에 의한 외적 강제는 이제 깨졌으므로 성부들의 통일성은 "친화성"이라는 연결고리가 없이

도 성부들의 상이함으로부터 엄밀하게 전개될 수 있다. 이렇기 때문에 12음 대위법은 사실상 모든 모방 처리와 캐논 처리에 맞서게 된다. 12음 기법 단계의 쇤베르크에서 그러한 수단들의 사용은 과도한 규정, 동어 반복으로 작용한다. 그러한 수단들은 12음 기법에 의해 이미 조직된 연관관계를 다시 한 번 조직한다. 모방 처리와 캐논 처리에 초보적 형태로나마 놓여 있었던 원리가 12음 기법에서는 극단적으로 전개된다. 전통적으로 내려오는 대위법적인 실제로부터 넘겨받은 실행들이 이질적이고 사안에 낯선 것으로 나타나는 이유가 바로 여기에 있는 것이다. 베베른은 그의 후기 작품들에서 그가 왜 캐논의 원리를 음열구조 자체로부터 도출해내려고 시도했던가를 잘 알고 있었다. 반면에 쇤베르크는 그러한 기법에 대해 궁극적으로는 새로운 방식으로 예민하게 반응하였다. 폴리포니의 낡은 연결 수단들은 조성의 화성적 공간에서만 기능을 발휘하였다. 그러한 연결 수단들은 성부들을 서로 쇠사슬처럼 연결시키려고 노력하며, 하나의 선이 다른 선을 모사하는 방식을 통해서 화성적 단계 의식이 성부들에 대해 미치는, 성부와는 낯선 힘을 조정하여 균형을 맞추려고 시도한다. 모방 처리와 캐논 처리는 그러한 단계 의식, 또는 최소한 막후에서 작업하는 12음 음열과는 혼동되어서는 안 될 조성적인 선법(旋法)을 전제로 한다. 위계질서에서 각 단계가 항상 자신의 자리를 차지하는 것을 가능하게 하는 조성적 내지 선법적 질서만이 반복을 허용하기 때문이다. 반복은 조립된 관계 체계에서만 가능하다. 그러한 관계 체계는, 반복이 불가능하고 유일한 경우까지 넘어서면서, 포괄적인 일반성에서 사건들을 규정한다. 음도(音度)와 종지처럼 관계 체계에서 나타나는 관계들은 진전을, 즉 확실한 동역학을 미리 함축하고 있다. 그러므로 그러한 관계들에서의 반복은 정지를 의미하지는 않는다. 그러한 관계들은 동시에 작품에서 작품이 앞으로 나아가야 할 책임을 떠맡고 있는 것이다. 12음 기법은 이러한 책임을 떠맡는 일에는 쓸모가 없다. 12음 기법은 어떤 점에서도 조성을 대체시키는 대안이 되지 못한다. 단순히 한 작품에만 유효한 음열은 반복된 사건에게 이 사건이 반복된 개별적인 것으로서 갖고 있지 않은 기능을 도식을 통해 할당하는 포괄적인 일반성을 갖지도 못하며, 음열의 연속되는 음정들도 반복되는 것을 그 반복에서 의미 있게 변화시킬 수 있을 만큼 반복에 간여하는 것도 아니다. 특히 쇤베르크의 비교적 오래된 작품이나 베베른의 작품에 전적으로 나타나는 12음 대위법이 모방 처리와 캐논 처리를 끌어들이고 있는바, 이것은 12음 기법 처리에 들어있는 특별한 이상(理想)과 오히려 더욱 모순되는 결과로 이어진다. 원시적이라고 할 폴리포니적 수단들을 다시 수용하는 것은 물론 콤비네이션 처리에서의 단순한 과잉이라고 치부될 수는 없다. 12음 기법에 요구된 것을 12음 기법이 자체로서 성취하지 못하고 최종적으로는 조성적인 전통에 되돌아가서야 비로소 성취할 수 있기 때문에 조성적인 것에 고유한 처리방식들이 발굴되었던 것이다. 형식을 형성하는 것으로서의 특별히 화성적인 것의 탈락이 감지되는바, 여기에서 순수한 12음 대위법이 그것 자체로서는 조직화를 보충하는 데 충분하지 않다는 것이 드러난다. 순수한 12음 대위법은 사실상 단 한 번도 대위법적으로 충분한 기능을 가진 적이 없다. 콘트라스트의 원리가 전복되고 마는 것이다. 하나의 성부가 실질적으로 자유롭게 다른 성부에 첨부되는 것은 결코 존재하지 않으며, 항상 그 성부의 "파생"으로서만 첨부된다. 하나의 성부에서 일어나는 사건들이 다른 성부에서 완벽하게 저장되는 것, 즉 성부들 상호간에 일어나는 부정(否定)은 성부들이 거울과 같은 관계를 갖도록 해준다. 이처럼 거울과 같은 관계에는 성부들 상호간의 독립성과 대위법 전체가 극단적인 것에서, 다시 말해 12음 음향에서 지향되는 경향이 잠재되어 있다. 모방 처리는 여기에 맞서는 반작용을 아마도 형성하려고 할 것이다. 모방 처리의 엄격함은 자유에 고유하게 내재하는 귀결과 순수한 콘트라스트에 의해 위험에 처하게 된 자유를 구출하려고 할 것이다. 서로 완벽하게 내부적으로 들어맞는 성부들은 음열의 산물들로서 동일성을 유지하지만, 상호간에 극히 낯설며 들어맞는 것에서도 서로 적대적이다. 성부들이 서로 공유하는 것은 아무것도 없으며, 모든 것은 제3의 것과 관계를 맺고 있다. 전적으로 순종적인 성부들 사이의 낯섬을 서로 화해시키기 위해서 모방 처리가 무력하게 불려 들어오는 것이다.

🌳_ 대위법의 기능

여기에서 최근에 폴리포니가 올린 환호성에 문제가 있음이 드러난다. 음열에 의해 주어지는 12음 성부들의 통일성은 더욱 새로워진 대위법의 가장 깊은 곳에 있는 충동과 모순될 개연성이 있다. 악파들이 좋은 대위법이라고 부르는 것들, 즉 순조롭고 독립된 깊은 의미가 있으며 주성부를 급박하게 몰아치지 않는 성부들, 화성적으로 이론의 여지가 없이 명쾌한 흐름, 현명하게 부가된 부분에 의해 이질적인 선들이 능숙하게 접합되어 있는 것을 추구하는 대위법은 대위법의 이념을 처방으로 오용함으로써 대위법의 이념에 관해 가장 빈약한 면모만을 보여주고 있을 뿐이다. 대위법의 관심사는 성부들을 성공적이고도 보완적으로 부가하는 것에 있지 않았고, 음악이 음악 내부에 들어 있는 각 성부를 필연적으로 필요로 하며 각 성부, 각 음표가 짜여진 틀에서 각기 정확하게 제 기능을 충족시키게끔 음악을 조직화하는 것에 있었다. 짜여진 틀은 성부들 상호간의 관계가 작품 전체의 흐름을, 최종적으로는 형식을 산출할 수 있게끔 구상되어 있어야 한다. 바로 이 점이 바흐가 그 이후에 나타난 모든 다성 음악에 비해 진정으로 우위에 있음을 보여주고 있다. 바흐가 전통적인 의미에서 좋은 대위법을 썼기 때문에 우위에 있는 것은 아니다. 말하자면 선형(線形)이 그것 자체로서가 아니라 전체 속으로, 즉 화성법과 형식 속으로 통합되었던 것이다. 이런 점에서 볼 때 푸가 기법에 필적하는 기법은 없다. 대위법에 대한 쇤베르크적 해방은 이러한 관심사를 다시 받아들인다. 여기에서 다만 의문으로 남는 것은, 12음 기법이 통합이라는 대위법적인 이념을 절대적인 것으로 몰고 가면서 대위법의 원리를 대위법에 고유한 총체성을 통해 폐기시키지는 않을까 하는 점이다. 12음 기법에서는 이제 더 이상 성부들로 짜여진 틀과 차이를 보이는 것은 존재하지 않는다. 미리 주어진 정선율도, 화성적으로 고유한 무게도 더 이상 존재하지 않는다. 그러나 대위법 자체는 서구 음악에서 차원들의 차이를 표현하는 것으로 파악될 수도 있을 것이다. 대위법은 차이를 형성함으로써 차이를 극복하려고 노력하는 것이다. 음악이 완벽하게 철저한 조직화에 이르게 되면, 하나의 독립적인 성부를 다른 성부에 부가시킨다는 좁은 의미에서의 대위법은 소멸될 수밖에 없을 것이다. 대위법에서 소멸되지 않은 것, 대위법에 반항하는 것에 대해 대위법이 "부가"되어서 그러한 것들이 극복되는 곳에서만 대위법은 존재의 원리를 갖는다. 대위법이 자신을 시험했던, 음악적 즉자 존재의 우위가 더 이상 존재하지 않는 곳에서는, 대위법은 아무것도 아닌 노력이 되고 분화되지 않은 지속성에 함몰되고 만다. 대위법은 모든 것을 콘트라스트에 치중하는 리듬 처리, 서로 상이하면서도 서로 보완하는 성부들에서 모든 개별적인 박자 부분을 지시하며 이렇게 해서 리듬적인 단조로움으로 넘어가게 하는 리듬 처리와 운명을 같이 한다. 베베른의 최근 작품에서 대위법의 청산이 보이는 것은 그 작품들에서는 당연히 나타나는 귀결이다. 콘트라스트를 이루는 음들이 모노디(단선율)를 향해 함께 모여드는 것이다.

 _ 형식

　모든 반복은 12음 음악의 구조에는 적절하지 못하다. 이것은 모방 처리된 세부적인 것들에 있는 친밀성에서도 드러난다. 이러한 부적절성은 12음 형식이 ―포괄적, 예술적 의미에서의 형식이 아니라 악식(樂式)이란 특별한 의미에서의 형식― 직면한 중심적인 어려움이 무엇인지를 알려주고 있다. 표현주의가 시도하였던, 예술적 총체성에 대한 비판을 넘어서서 동시에 거대 형식을 재구성하려는 소망[55]은 한편으로는 대립들로 인해 억압이 출현하려는 권리조차 박탈하면서도 다른 한편으로는 소외를 유발하는 경제적 동인이 변함없이 존속되어 있는 사회를 "통합"시키는 것만큼이나 많은 의문점을 안고 있다. 통합적인 12음 기법도 그러한 문제를 다소 안고 있다. 새로운 예

---

[55] 에르빈 슈타인이 1924년에 강령적 특징을 지닌 논문을 발표한 이래 계속해서 반복하여 뒤따라 나오는 주장, 즉 자유로운 무조성에서는 대규모 기악 형식이 가능하지 않다는 주장은 입증된 적이 없다. 《행복한 손》은 아마도 쇤베르크의 다른 모든 작품보다도 그러한 가능성에 근접해 있다. 거대 형식을 만들 능력이 없다는 것은, 사람들이 기꺼이 거대 형식을 만들 의지가 있었음에도 무정부적 상태의 재료가 그것을 허용하지 않았기 때문에 새로운 형식원리들을 고안하지 않을 수 없었다는 고루한 의미에서의 해석보다는 더욱 엄밀하게 해석되어야 할 문제이다. 12음 기법은 재료가 최종적으로 거대 형식들에 알맞게 어울리도록 재료를 단순히 정돈하지만은 않는다. 12음 기법은 고르디우스의 매듭을 단칼에 베어 버린다. 12음 기법에서 일어나는 모든 것은 폭력 행위를 상기시켜 준다. 12음 기법의 창안은 《행복한 손》이 찬미하는 것과 같은 종류의 기습(奇襲)이다. 폭력이 없이는 그런 일이 일어날 수 없었다. 극단화된 작곡 방식은 형식의 총체성이라는 이념을 향해 비판적 예봉을 되돌렸기 때문이다. 12음 기법은 이처럼 구속력 있는 비판으로부터 벗어나려고 한다(원전 각주).

술에 의해 모사될 뿐만 아니라 동시에 "인식되고" 비판되는 대상인 사회에서 대립주의들이 효과적으로 축출되지 않듯이, 12음 기법에서도 대립주의들이 축출되지 않고 있는 것이다. 이것은 아마 하부구조에 대한 총체적 계획이 이루어지고 있는 시대에 문화가 그러한 계획을 거부함으로써 전적으로 새로운 진지함을 획득하는 모든 문화현상들에도 해당될 것이다. 12음 기법을 통해 거대 형식을 재구성하는 것은 설정되는 이상으로서의 차원에서만 문제가 있는 것은 아니다. 12음 작곡의 형식들이 "형식들이 비판받기 이전에" 기악에서 존재하였던 거대 형식들을 절충적으로 끌어들인다는 사실은 음악적으로 뒤처져 있는 사람들에 의해 자주 언급되어 왔다. 문자 그대로, 또는 정신에 따라 소나타, 론도, 변주곡이 등장한다. 현악4중주 3번의 피날레와 같은 경우에서처럼 많은 경우들에서는 소나타, 론도, 변주곡이 작품에 별다른 해를 입히지 않으면서 출현한다. 무해함은 이러한 음악에 발생적으로 내재되어 있는 함축된 의미들을 경련이 일어날 정도로 순진하게 망각할 뿐만 아니라 더 나아가 리듬적 및 대위법적 내역에 개별적으로 들어 있는 복잡성을 이보다 더 큰 배열이 갖는 단순성을 통해 현저하게 떨어뜨리게 된다. 여기에서 모순이 명백해진다. 쇤베르크의 말기 기악곡들은 무엇보다도 그러한 모순을 극복하려는 시도이다.[56] 그러나 사람들은 그러한 모순이 12음 음악 자체의 속성으로부터 어떻게 필연적으로 발원하는지에 대해 명확하게 파악하지 못

---

56) 극히 중요한 작품인 현악3중주곡은 이런 면에서 가장 멀리 나아가 있다. 이 작품은 그 해체성, 극단적 음향의 구성에서 표현주의적 단계를 다시 불러내고 있으며, 표현주의적 단계에 인접해 있는 특징을 갖고 있지만 구성에서는 그 특징을 남겨 놓지는 않고 있다. 쇤베르크가 처음부터 던졌던 몰아붙이는 원동력인 고집은 어떤 하나의 "양식"에 만족하지 않는다는 것이며, 이는 초기 단계의 12음 작업부터 쇤베르크를 상징하는 것이기도 하다. 쇤베르크의 고집과 비교될 수 있는 작곡가는 베토벤뿐이다(원전 각주).

하였다. 12음 음악이 그러한 모순들을 통합하여 12음 음악에 고유한 본질을 거대 형식들로 가져가지 못하는 것은 12음 음악에서 망각되어 버린 비판적 단계에 대한 내재적인 보복에 기인하며, 결코 우연이 아니다. 진정으로 자유롭고 작품의 일회적 속성을 옮겨주는 형식들의 구성은 음열 기법, 동일한 것을 반복해서 나타나게 하는 것이 유발하는 부자유에 의해서 방해를 받는다. 리듬들을 주제적인 것으로 만들고 매번 상이한 음열형들로 리듬을 채워야 하는 강제적 속박은 그 자체와 더불어 균제(Symmetrie)로의 강요에 이르고 있음에 틀림이 없다. 그러한 리듬적 공식들은 등장할 때마다 공식들에 상응하는 형식의 부분들을 알려준다. 비판 이전 시기의 정신들이 불러내는 것도 바로 이러한 상응이다. 물론 상응은 오로지 정신으로만 호출된다. 왜냐하면 12음 대칭들은 본질이 없으며 깊은 흐름이 없이 진행되기 때문이다. 이것은 12음 대칭이 강제적으로라도 나타나게 하는 결과를 만들지만, 더 이상 아무 데도 쓸모가 없다. 전통적인 대칭들은 이것들이 표현하거나 산출해야 하는 화성적 균제 관계들과 항상 관련을 맺고 있다. 고전주의 소나타 재현부의 의미는 제시부의 전조(轉調) 도식과도, 전개부의 화성적 이탈과도 분리될 수 없다. 고전적 소나타 재현부는 제시부에 단순히 "설정되어" 있을 뿐인 으뜸조가 제시부가 출범시킨 과정의 결과임을 확인시켜 주는 데 기여한다. 우리는 아무튼 다음과 같은 경우를 생각해 볼 수 있다. 즉, 상응의 전조적 기반이 제거된 후의 자유로운 무조성의 소나타 도식은, 음향들의 충동력이 강력한 경향들과 반경향들을 전개시키기 때문에 "목표"의 이념이 내세워지고 균제적인 재현부의 투입이 목표의 이념을 만족시키는 경우에는 고전주의 소나타 재현부의 의미로부터 무엇인가를 얻어내는 것이다. 이것은 12음 기법에서는 언급조차 될 수 없다. 그러나 다른 한편으로는 12음 기법은 그것이 가진 빈틈없는 순열을 통해 고전주의 이전의 정형적인 것이 갖고 있는 건축을 닮은 정적(靜的)인 균제를 정당화시킬 수 없다. 12음 기법이 균제에의 요구를 가차 없이 거부한 만큼이나 절박하게 제기하였다는 것은 공공연하다. 균제의 문제는 현악4중주 3번 제1악장과 같은 작품에서 가장 잘 제어되어 있다고 볼 수 있다. 이런 작품들은 형식-동역학의 가상뿐만 아니라 자체의 균제가 화성적 균제들을 가리키는 형식들에 대한 고려도 포기한다. 그런 작품들은 그 대신에 ―형식들의 구속력 있는 관계 체계를 전제로 하지 않으며 목표에 대한 표상이 아니고 일회적인 균형에 기여하는― 엄격하고 순수하며 어느 정도는 기하학적인 균제들과 더불어 작동한다. 그런 작품들은 12음 기법의 객관적 가능성에 가장 가까이 다가선 종류의 작품들이다. 현악4중주 3번 제1악장은 완고한 8분 음표 음형(音型)을 통해서 전개에 대한 생각을 철저하게 멀리 하며, 균제를 이루면서도 위치가 밀쳐진 평면들의 대치 관계에서 음악적 큐비즘이 ―스트라빈스키가 마치 실로 꿴 듯한 복합체를 만들어 단순히 보여주는 것처럼― 이루어지도록 강제한다. 그러나 쇤베르크는 여기에서 머물러 있지는 않았다. 급변에서 급변으로, 극단에서 극단으로 치닫는 그의 전체 작품을 표현의 모멘트와 구성 사이의 변증법적 과정으로 이해할 수 있다면,[57] 이 과정은 신즉물주의에서도 잠잠해지지 않는다. 쇤베르크 연배의 실질적인 경험들은 쇤베르크에게서 객관적 예술작품의 이상을 예술작품이 실증주의적으로 탈주술화된 형태에서조차도 송두리째 뒤흔들어 놓을 수밖에 없었듯이, 통합적 작곡에 내재하는 뻔뻔한 공허함도 쇤베르크의 천재적 재능으로부터 빠져나갈 수는

---

57) Cf. T. W. Adorno, Der dialektische Komponist(변증법적 작곡가), in : Arnold Schönberg zum 60. Geburtstag, Wien 1934, S.18 ff. [jetzt auch : Impromptus, Zweite Folge neu gedruckter musikalischer Aufsätze, Frankfurt/M, 1968, S.39 ff.].

없었다. 그의 말기 작품들은 고통받으며 비탄해하는 주체성에 굴복함이 없이 어떻게 하면 구성이 표현이 될 수 있는가 하는 물음을 제기하고 있다. 현악4중주 4번의 느린 악장과 ㅡ느슨하게 풀려 있는 레치타티보(Rezitativ)와 예술가곡처럼 닫힌 후절이 2번 연속되는 구도는 쇤베르크의 조성 기호가 없는 작품으로는 최초 작품으로서 표현주의적 단계를 열었던 《황홀》과 닮았다ㅡ 바이올린 협주곡의 행진곡 피날레는 매우 명료한 표현을 담고 있다. 어느 누구도 이 표현이 갖는 힘에서 벗어날 수 없다. 이 힘은 사적(私的) 주체를 뒤로 되돌려 놓는다. 그러나 그러한 힘 자체도 벌어진 틈을 봉합시킬 수는 없다. 이것이 어떻게 가능했겠는가. 쇤베르크의 그런 작품들은 위대한 실패작들이다. 작곡가가 작품에서 불발탄을 쏜 것이 아니고, 역사가 작품을 거부하는 것이다. 쇤베르크의 말기 작품들은 역동적이다. 12음 기법은 동역학과는 모순된다. 12음 기법이 음에서 음으로의 진행을 저지하듯이, 전체의 진행도 허용하지 않는다. 12음 기법이 선율과 주제라는 개념들을 평가절하하듯이, 원래는 역동적인 형식 카테고리들, 전개, 경과, 진행을 배제하는 것이다. 젊은 시절의 쇤베르크가 첫 실내교향곡의 중심 주제로부터 전통적 의미에서의 귀결이 끌어내어져서는 안 된다는 것을 지각하고 있었다면, 그러한 지각에 들어 있는 금지는 12음 기법에 대해서도 효력을 유지한다. 각 개별 음은 다른 모든 음과 마찬가지로 음열음이 될 수 있다. 작곡의 실체로부터 역동적인 형식 카테고리들을 떼어 내려고 하지 않는다면 어떻게 "결과"가 가능하겠는가? 투입되는 각 음열은 선행된 음열과 같은 "그" 음열이지, 그 이상도 그 이하도 아니다. 어떤 음열형이 "기본형"으로 통용되느냐 하는 것은 우연적이다. 여기에서 무슨 "전개"가 있을 수 있겠는가? 각 음은 음열 관계에 의해 주제에 맞춰 동원되며, 어떤 음도 "자유롭지" 못하다. 각기 상이한 부분들은 다소간 콤비네이션을 이룰 수도 있지만, 어떤 부분도 첫 음열보다 더 밀접하게 재료와 결합될 수는 없다. 재료를 미리 형성하는 과정에서의 주제적 작업의 총체성은 작곡에서의 모든 가시적인 주제적 작업을 스스로 동어반복으로 만들고 만다. 이런 이유에서, 엄격한 구성의 의미에서 전개는 마침내 기만적인 것이 된다. 베르크는 그의 첫 12음 작품인 서정조곡 서두의 알레그레토에서 왜 전개를 생략해야 되는지를 잘 알고 있었다.[58] 쇤베르크의 말기 작품들에서 비로소 형식 문제가 첨예화되는바, 이 작품들의 표면 배열은 초기 12음 작곡들에서보다 훨씬 더 멀리 전통적 형식으로부터 벗어나 있다. 관악5중주가 소나타였던 것은 확실하지만 너무나 "철저하게 구성된"[59] 소나타였으며, 12음 기법에서 어느 정도 응고되어 버린 소나타였다. 여기에는 "역동적인" 형식 부분들이 과거의 흔적들과 동일하게 놓여 있다. 12음 기법의 초기에, 《조곡》이란 이름을 가진 작품들에서 가장 공공연하게, 그리고 현악4중주 3번의 론도에서도 쇤베르크는 전통적 형식들과 뜻 깊은 유희를 벌였다. 전통적 형식들은 알아차리지 못할 정도로 그윽한 거리를 갖고 출현하였는바, 이러한 거리는 가장 인위적으로 떠 있는 부유 상태에서 전통적 형식들이 제기하는 요구와 재료의 요구를 유지하고 있었다. 쇤베르크

---

58) 이후 베르크는 소나타 악장을 더 이상 쓰지 않았다. 《룰루》의 쇤 박사와 관련된 부분은 하나의 예외인 것처럼 보인다. 그러나 "제시부"와 제시부의 작곡적 반복은 발전부와 재현부와는 크게 동떨어져 있어서 제시부는 발전부 및 재현부과 함께 실질적인 형식으로 파악될 수는 없다. "소나타"라는 이름은 눈에 띄는 건축적 구조에 관련되기보다는 소나타의 교향악적인 음, 극적인 구속력을 갖는 능동성, 내적인 음악적 조립에서 나오는 소나타 정신에 관련되어 있다(원전 각주).

59) Cf. T. W. Adorno, Schönbergs Bläserquintett(쇤베르크의 관악5중주), in : Pult und Taktstock, Jg. 5., Wien 1928, S.45 ff. (Mai/Juni-Heft) [jetzt auch : Moments musicaux, Neu gedruckte Aufsätze 1928-1962, Frankfurt/M, 1964, S.161 ff.].

의 말기 작품들에서는 표현의 진지함이 그런 종류의 해결을 허용하지 않는다. 그러므로 어떠한 전통적 형식들도 문자 그래도 불려 나오지 않는다. 그러나 그 대신에 전통적 형식들이 갖고 있는 역동적 요구가 매우 비중 있게 수용된다. 소나타는 더욱 철저하게 구성되어야 하는 것이 아니고, 도식적인 껍데기를 포기하고 진정으로 재구성되어야 한다. 이렇게 치닫게 하는 것은 양식상의 추론 때문이 아니고 작곡적으로 매우 중요한 이유가 있기 때문이다. "사건"과 지속의 대립관계가 없이는 전통 음악의 위대한 형식들은 물론이고 쇤베르크의 형식들도 이해할 수 없음에도, 공식적인 음악이론은 오늘날까지도 지속이란 개념을 형식 카테고리로 정교화하려는 노력을 기울이지 않았다. 작품들의 가치와 전체 형식 유형들의 가치까지도 결정하는 질은 지속에 내재하는 특징들의 깊이, 정도, 침투성에 접맥되어 있다. 위대한 음악은, 작품이 실재적으로 구성으로 되고 자체의 무게로부터 출발하여 굴러감으로써 작품의 출발점이 되는 주제적 설정이 처해 있는 현재 상황을 초월하는 경과의 순간에 그 위대성을 암시한다. 비교적 오래된 과거의 음악에서는 단순한 리듬적인 운동이 그러한 과제는 물론 위에서 말한 순간이 가져오는 행복을 떠맡았으며, 베토벤의 모든 마디를 창조한 힘의 원천도 바로 순간의 이념이다. 이렇기 때문에 순간의 문제가 제기되고 있지만 낭만주의에서는 아무런 해답도 얻을 수 없다. "위대한 형식들"만이 음악이 구성으로 결정(結晶)되는 순간을 밀어줄 수 있다. 이것이 바로 위대한 형식들이 갖는 진정한 우월성이다. 예술가곡에서는 순간은 원리적으로 낯선 개념이다. 이렇기 때문에 가곡들은 음악을 평가하는 가장 구속력 있는 척도에 따르면 하위에 놓이게 되는 것이다. 예술가곡들은 거기에 내재하는 착상에 머물러 있을 뿐이다. 반면에 위대한 음악은 착상을 청산함으로써 스스로 구성되는 것이다. 청산은 그러나 지속이 발휘하는 비약을 통해 뒤를 되돌아보면서 이루어진다. 바로 이렇게 할 수 있는 능력에서 쇤베르크의 강점이 전적으로 드러난다. 그러므로 현악4중주 4번 제25마디에서 시작되는 지속 주제들과 제2 바이올린의 선율(제42마디 이하)과 같은 경과구들은 서로를 이질적인 것이라고 바라보지 않는다. 관습으로 내려오는 형식적인 겉치레를 통해 서로를 이질적인 것이라고 바라볼 수 있음에도 그렇지 않은 것이다. 지속 주제들과 경과구들은 실제로 지속과 경과의 의지를 보여준다. 역동적인 형식을 거부하는 12음 기법 자체가 역동적인 형식의 유혹에 끌리게 되는 것이다. 12음 기법은 매 순간마다 중심과 가까이 있으면서 같은 거리를 유지하는 것이 불가능하다는 점을 이용하여 형식적 조립이 가능하다는 것을 보여준다. 12음 기법은 주제, 지속, 매개와 같은 카테고리들과 모순관계에 있으면서도 동시에 이런 카테고리들을 자기 쪽으로 끌어들인다. 함축성 있는 음열들이 제시된 이후에는 모든 12음 음악은 시들해진다. 바로 이런 점이, 전통 음악에서 그랬던 것처럼, 12음 음악을 중심 사건들과 부수 사건들로 분리시킨다. 이러한 분리는 주제와 "작업" 사이의 관계와 유사하다. 그러나 이렇게 됨으로써 갈등이 발생한다. 아래와 같은 사실이 분명하게 드러나기 때문이다. 다시 말해, 되살아난 주제들의 특별한 "특징들"은 초기 단계의 12음 주제성의 고의성 있고 일반적이며 아무래도 상관없는 모양과는 극적으로 구분되며, 그러한 특징들은 12음 기법으로부터 자율적으로 나타난 것이 아니라 작곡가의 가차 없는 의지에 의한 비판적 통찰도 들어 있는 상태에서 12음 기법에 강제적으로 부과되었다. 이러한 관계에 들어 있는 필연적인 외면성과 기법 자체의 총체성은 가장 밀접한 관계에 놓여 있다. 기법의 가차 없는 폐쇄성은 잘못된 한계를 설정한다. 쇤베르크의 말기 작품들이 열정적으로 노력을 기울여 얻고자 했던 것, 즉 한계를 초월하는 모든 것, 구성적으로 새로운 모든 것은 기법

에 들어 있는 특정한 다양성에서 거부되고 만다. 12음 기법은 변주라
는 순수한 변증법적 원리로부터 나온 기법이다. 이 원리는, 항상 동
일한 것을 고수하고 작곡하기에서 동일한 것을 지속적으로 분석하면
―모든 모티브 작업은 분석이며, 주어진 것을 가장 작은 것으로 분할
한다― 새로운 것이 부단히 생긴다는 태도를 견지하였다. 음악적으로
설정된 것, 즉 가장 엄격한 의미에서의 "주제"는 변주를 통해 스스로
를 초월한다. 그러나 12음 기법은 변주 원리를 총체성으로, 절대적인
것으로 끌어 올리면서 개념의 마지막 운동에서 변주 원리를 폐기시
켜 버린다. 변주 원리가 총체적이 되면, 그 순간 음악적 초월의 가능
성은 사라진다. 모든 것이 하나같이 변주 속으로 함몰되고 하나의
"주제"도 남아 있지 않으며 음악적으로 출현하는 모든 것이 어느 것
할 것 없이 음열의 순서로서 규정되면, 변화의 전체성 속에서 사실은
아무것도 더 이상 변화하지 않는다. 모든 것은 옛 것의 상태에 머물
러 있게 되며, 12음 기법은 목표도 없이 고쳐 쓰기를 계속하는, 베토
벤 이전의 변주 형태인 패러프레이즈(Paraphrase)에 가까워진다. 하이
든 이후 유럽 음악의 전체 역사가 갖는 경향은 동시대의 독일 철학과
가장 밀접하게 연결되어 있었다. 12음 기법은 음악에서 전개된 이러
한 경향을 정체 상태로 몰고 간다. 12음 기법은 또한 작곡 자체까지
정체시킨다. 주제라는 개념 자체도 음열의 개념에서 함몰되고 음열
의 지배로 인해 주제 개념이 구출될 수 있는 가능성이 거의 없다. 형
식의 내부에서 새로운 것, 모든 프로필을 재료를 음열에 맞춰 미리 형
성하는 것에 따라 제2의 층(層)으로 구축하는 것은 객관적으로 볼 때
12음 작곡의 강령에 속한다. 그러나 이것은 실패로 끝난다. 새로운
것은 항상 우연적인 것, 자의적인 것, 그리고 결정적으로는 대립적인
것으로 12음 구성에 덧붙여진다. 12음 기법은 어떠한 선택도 허용하
지 않는다. 12음 기법은 순수한 형식 내재성에 머물러 있거나, 또는

새로운 것이 아무런 구속력이 없이 12음 기법에 부가되어 있다. 쇤베르크 말기 작품들의 역동적인 특징들은 그러므로 그 자체로 새로운 것이 아니다. 그러한 특징들은 근저로부터 유래한 것이다. 그것들은 12음 음악 이전으로부터 추출을 통해 얻어진 것이다. 대부분의 경우 그것들은 자유로운 무조성 이전의 음악으로부터 추출된 것이다. 현악4중주 4번 제1악장에서 그러한 역동적인 특징들은 실내교향곡 1번을 상기시킨다. 주제라는 개념을 허용하는 마지막 작곡이기도 한 쇤베르크 말기의 조성적 작곡의 "주제들"로부터 주제들의 제스처를 받아들이지만, 주제의 재료적인 전제로부터 벗어나 있지는 않다. 연주 표시에 비약이 넘치게(schwungvoll), 힘 있게(energico), 심하게(impetuoso), 사랑스럽게(amabile) 등의 표시로 지시되어 있는 그러한 제스처에는 음 구조에서 실현되는 것이 재료적인 전제들에서 거부된 것을 주제들이 알레고리적으로 부과하고 있다. 주제들이 부과한 것은 충동과 목표, 폭발의 상(像)이다. 이러한 처리방식에는 역설이 들어 있다. 이 역설에서 새로운 것의 상(像)은 은연 중에 새로운 수단을 가진 낡은 효과가 되어 버리며, 12음 기법의 엄격한 장치는 조성의 와해로 인해 더욱 자유롭고 동시에 더욱 필연적으로 제기되었던 것을 향하게 된다.[60] 표현을 향한 새로운 의지는 낡은 것을 표현하는 것을 통해 보상

---

60) 이것은 쇤베르크가 왜 실내교향곡 2번을 30년이나 지나서 와해된 조성의 재료에서 완성하였는가를 이해하는 데 도움을 줄 수 있다. 그는 12음 기법에서 얻은 경험들을 이 곡의 제2악장에 적용하였다. 이는 말기의 12음 작곡들이 초기 단계의 특징들을 불러들이는 경향과 유사하다. 실내교향곡 2번은 말기 쇤베르크의 "역동적인" 작품들의 부류에 속한다. 이 작품은 "역동적인" 재료에, 즉 반음계적으로 "철저하게 단계가 만들어진" 조성의 재료에 되돌아가 관계를 맺으면서 12음 동역학의 외면성을 극복하려고 하며, 구성적 대위법을 최대로 투입함으로써 반음계적 조성을 통제하려고 한다. 시벨리우스의 영향을 받은 비평가들에게는 시대에 뒤떨어진 것처럼 보이는 이 작품에 대

되는 방식으로 나타난다. 이렇게 해서 나오는 특징들은 인용처럼 들리지만, 그러한 특징들을 표현하는 것들에서는 낡은 것을 통한 새로운 표현에의 의지가 아직도 가능한가에 대해 의문을 제기하면서도 그것이 다시 가능하다는 것에 대한 은밀한 자부심이 감지될 수 있다. 소외된 객체성과 제한된 주체성 사이의 분쟁은 조정되지 않으며, 분쟁의 화해 불가능성이 바로 분쟁에 들어 있는 본질이다. 그러나 표현이 딱 들어맞지 않은 모습을 보이는 것, 표현과 구성 사이의 단절은 구성에서 나타나는 부족함, 다시 말해 합리적 기법의 비합리성으로 규정될 수 있다는 점을 생각해 볼 수 있다. 합리적 기법은 자체의 맹목적인 자기 법칙을 위해 표현을 거부하고 표현을 지나간 과거를 회상시키는 상(像)으로 이항해 버리지만 바로 거기에서 표현은 미래를 그리는 꿈의 형상을 의도하고 있다. 이러한 꿈의 진지함 아래서 12음 기법의 구성주의는 너무 빈약한 것으로 드러난다. 이러한 구성주의는 모멘트들이 서로 속을 열어 보이도록 하지 못한 채 모멘트들이 질서를 갖도록 명령할 뿐이다. 그러한 구성주의가 금지시킨, 새로운 것은 ―구성주의에서 실패한― 모멘트들 사이의 화해이다.

🌳 _ 작곡가들

작곡의 자발성과 더불어 진보적인 작곡가들의 자발성도 마비된다. 마치 작가가 쓰는 모든 문장에 대해 그 문장에 고유한 어휘와 구문을 마련해야 하는 것처럼, 진보적인 작곡가들도 해결 불능의 과제가 그들의 앞에 놓여 있음을 알게 된다.[61] 진보적인 작곡가들에게는

한 분석은 가장 앞서 갔던 생산의 상태에 대한 가장 정확한 통찰을 허용해 줄 것임에 틀림이 없다. 이처럼 열린 상태에서 되돌아가서 파악을 해보면 쇤베르크의 모든 귀결과 더불어 아포리아를 인정하게 된다(원전 각주).

이질적인 전통에 대해서 주체성이 올리는 환호는, 즉 음악의 각 순간을 과거의 전통에 포괄되지 않은 채 스스로 존재할 수 있도록 해 주는 자유는 비싼 대가를 지불하고야 비로소 가능해진다. 새로운 언어창조가 요구하는 어려움들이 작곡가들을 방해한다. 작곡가에게 작업으로 부과된 것은 이전에 음악의 상호주체적인 언어가 작곡가에 떠맡겨졌던 것에 국한되지 않는다. 작곡가의 청각이 예민하다고 할지라도, 작곡가는 스스로 창조한 언어에서 음악적 자연지배를 기한 제한에 종속시키는 필연성을 지닌 외부적인 것과 기계적인 것에 대해서도 의식하고 있어야 한다. 그는 이러한 언어가 갖고 있는 비구속성과 파열성을 작곡 행위에서 객관적으로 고백할 수 있어야 한다. 영구히 지속되는 언어 창조로는 충분하지 않으며, 절대적 소외의 언어에 선취적으로 부착되어 있는 모순적인 의미에 만족해서는 안 된다. 더구나 작곡가가 창조한 언어가 잘 구사되면 될수록 상승 작용을 일으키는 언어의 요구를 참을 수 있는 것으로 완화시키기 위해서, 그는 지치지 않고 곡예를 실행해야 한다. 그는 작곡의 처리과정에 놓여 있는 화해될 수 없는 태도들을 불안한 균형의 상태에서 유지시켜야만 한다.[62]

---

61) "모든 것을 근본적으로 스스로 창조해야만 하는 무대 감독은 심지어 연극배우들도 스스로 만들어내야 한다. 어느 누구도 면회가 허락되지 않는다. 감독은 극장의 중요한 일에 몰두해 있다. 그것은 무엇일까? 그는 미래의 배우에게 기저귀를 갈아주고 있다"(Franz Kafka, Tagebücher und Briefe, Prag 1937, p.119, 원전 각주).

62) 아도르노의 예술관이 드러나 있는 대목이다. 예술은 화해되어질 수 없는 경험세계에서 화해의 유토피아를 추구하지만 그 형식은 항상 화해되어질 수 없는 상태에 머물러 있을 수밖에 없다. 경험세계가 마침내 화해의 상태에 도달하면 예술은 존재가치를 상실하고 소멸한다. 따라서 예술의 역사는 화해되어질 수 없는 현실에서 화해를 비개념적으로 형상화시켜 온 역사이다. 상세한 내용은 다음을 참조 : 문병호, 『아도르노의 사회이론과 예술이론』, 231-248쪽(역주).

그러한 노력들을 받아들이지 않는 것은 사라진다. 덜컹거리는 소리를 내는 12음 기법이라는 광기의 체계들은 독자적으로 만든 언어를 순진하게도 보증된 언어로 내세우려는 모든 사람들을 집어 삼킨다. 이것은 12음 기법이 당면한 어려움들이다. 이러한 어려움들은 작곡가의 주체가 어려움들에 상응하여 증대되어야 함에도 그렇지 못하기 때문에 더욱더 파탄에 직면하게 된다. 음악에서 부분적 모멘트들이 원자화되는 현상은 독자적으로 창조된 언어에 의해 전제되는바, 이 현상은 위에서 말한 주체가 처한 상태와 유사하다. 주체는 총체적 지배에 의해 파괴되었으며, 총체적 지배는 주체의 무력함을 표현한 예술적 형상에 함유되어 있다. "이것이 바로 쇤베르크의 음악이 새로운 음악으로, 그리고 그 이전에는 듣지 못했던 음악으로 우리 앞에 출현한 모습이다. 이것은 새로운 음들의 카오스에서 이루어지는 믿기 어려운 확실한 항해이다."[63] 이러한 민감한 비교에는, 서구 음악의 전통에 속해 있는 라벨(Ravel)의 피아노곡인 "대양 위의 조각배"라는 작품의 제목에 불안이 나타나 있듯이, 이미 불안이 스며들어 있다. 열린 가능성들은 작곡을 하면서 이것들과 동등한 위치를 가지고 있지 않은 작곡가에게는 두려운 것으로 나타난다. 공식적인 음악생활의 소통을 담당하는 사업조직이 가능성을 이용하는 것을 작곡가에게 재료적으로 허용하고 항상 동일하게 들리는 귀에 익은 소음을 통해 가능성을 미리 지워버리지 않는 경우에도, 열린 가능성들을 감당하지 못할 작곡가에게는 이런 가능성들이 두려움이 될 뿐인 것이다. 어떤 예술가도 족쇄로부터 풀려난 예술이 족쇄에 묶여 있는 사회에 대해 갖는 모순관계를 자기 스스로의 힘으로 해체시킬 수는 없다. 예술가

---

63) Karl Linke, Zur Einführung, in : Arnold Schönberg. Mit Beiträgen von Alban Berg u. a., München 1912, S.19.

가 할 수 있는 모든 것은 족쇄로부터 풀려난 예술을 통해 족쇄에 묶여 있는 사회와 대립하는 것이다. 예술가는 물론 거의 절망하는 상태에서 대립할 수밖에 없다. 아래와 같은 사실들은 설명이 불가능할 것 같다. 즉, 신음악 운동이 전개되도록 해 주었던 모든 의도 없는 소재들과 층(層)들을 작곡가들이 채택해 주기만을 기다리고 있는 듯이 보인다는 점, 이러한 소재들과 층들이 포착되지 않은 것이 주는 행복에 몸을 맡기는 모든 호기심 많은 사람들과 친화력 있는 사람들을 거의 사로잡지 못한다는 점, 그러한 소재들과 층들의 대부분은 근본적으로 파악이 되지 않기 때문에 이것들이 위에서 말한 행복을 선취적으로 금지해야만 하고 따라서 그러한 행복의 단순한 가능성에 반감을 품을 수밖에 없다는 점은 설명이 되지 않는 듯하다. 그러한 소재들과 층들은 이것들이 새로운 것을 이해하지 못하기 때문이 아니고 새로운 것을 이해하기 때문에 스스로 차단되어 있는 것이다. 새로운 것은 그러한 소재들과 층들이 만드는 문화에 내재하는 기만과 함께 진리에 도달할 수 있는 능력이 없음을 폭로한다. 이러한 무능력은 단순히 그러한 소재들과 층들에 개별적으로 내재하는 무능력이 아니다. 그러한 소재들과 층들은 허락되지 않은 것과 관계를 맺기에는 너무 허약하다. 길들여지지 않은 음들의 파도들이, 그러한 소재들과 층들의 끌림에 따른다고 할지라도, 그러한 소재들과 층들을 무심하게 덮친다. 민속 악파, 신고전주의 악파, 집단주의 악파는 안전한 항구에 머물면서 이미 파악된 것, 미리 형성되어 있는 것만을 새로운 것이라고 내놓은 한 가지 일에만 노력을 기울인다. 이 악파들은 음악이 폭발하는 것을 금기로 생각하며, 이 악파들의 모더니티는 음악을 폭발시키려는 힘을 순화시켜서 음악을 가능한 한 개인주의 이전의 음악으로 되돌리려는 시도와 다름이 없다. 개인주의 이전의 음악이야말로 현재의 사회적 국면에 잘 어울리는 유행 의상이라고 할 만하다. 이 악파들은 12음 기법에 대한 관심이 점차 지루하게 되기 시작한다는 것을 발견하고서는 자만에 빠져 그들뿐만 아니라 다른 사람들에게 12음 기법이 지루하기 때문에 바로 흥미로운 것이라고 말을 하고 다닌다. 그들은 음악적 해방에 내재되어 있는 억압적 경향을 알아차리는 데까지는 나아가지 못한다. 그들 스스로 해방되려고 하는 의지가 전혀 없다는 것, 바로 이것이 그들이 시대에 영합하도록 해 주고 그들의 음악이 이용되도록 만들어준다. 뒤따르는 결과들을 이끌어내는 능력을 보여주는 신음악의 창시자들조차 그러한 종류의 무력감에 의해 치명상을 입게 되며, 적개심에 불타는 반응에서나 인지되어야 하는 것과 같은 종류의 집단적 질병의 징후들을 보여주게 된다. 진지하게 고찰되어 창작에 이르는 작곡은 양적으로 수축되고, 그나마 창작된 것조차도 말로 표현할 수 없는 고심의 흔적들을 보이고 있을 뿐만 아니라 때로는 마지못해 작곡되었다는 흔적까지 드러내기도 한다. 양적인 수축에는 사회적인 근거들이 명백하게 존재한다. 더 이상 수요가 없는 것이다. 그러나 저돌적으로 작곡에 몰두하였던 표현주의 시기의 쇤베르크는 이미 당시에 음악 시장에 대해 급진적으로 반대하였다. 작곡가를 지치게 하는 것은 작곡 자체에 내재하는 어려움들로부터 유래한다. 이러한 어려움들은 외부적인 어려움들과 예정조화설에서 말하는 관계들과 같은 관계들에 놓여 있다. 제1차 세계대전이 발발하기 5년 전의 기간 동안에 쇤베르크는 철저하게 구성된 조성으로부터 자유로운 무조성을 거쳐 초기의 음열 기법에 이르기까지 음악의 전체적인 재료 영역들을 섭렵하였다. 그러나 이것을 20년 동안의 12음 기법에 비교하는 것은 거의 불가능하다. 20년의 기간은 새로운 기법이 작품들의 총체성을 재구성하는 작품들을 창조하기보다는 재료에 대한 처리에 집중된 시간이었다. 그렇다고 해서 이 기간에 위대한 창작으로 볼 수 있는 작품들이 결여되어 있는 것도 아니다. 12

음 기법이 작곡가들을 가르치려고 하는 듯이 보이는 것처럼, 12음 기법을 사용한 작품들에는 특유의 교육적 모멘트가 내재되어 있다. 관악5중주나 오케스트라를 위한 변주곡 등처럼 12음 기법을 사용한 작품들 중 다수는 12음 기법의 본보기를 닮은 작품들이다. 교육적 모멘트가 우위를 보임으로써 12음 기법은 기법의 전개 경향이 작품에 대한 전통적 개념을 어떻게 뒤로 밀칠 수 있는가를 보여준다. 창작적인 관심이 개별적 형상물로부터 벗어나 모델들에서 각기 견본처럼 예시되어 있는 작곡의 전형적인 가능성들로 향하면서, 작곡하기는 음악에 대한 순수한 언어를 생산하는 수단으로 스스로 넘어가게 된다. 그러나 개개의 구체적인 작품들은 이에 대해 대가를 지불해야 한다. 단순히 유능한 작곡가들이 아니라 귀가 좋은 작곡가들이라면 그들의 자율성을 더 이상 전혀 신뢰하지 못한다. 자율성이 완전히 무너진 것이다. 이것은 베르크의 《포도주의 아리아》[64]나 《바이올린 협주곡》과 같은 작품들에서 특히 두드러지게 느낄 수 있다. 바이올린 협주곡이 보여주는 단순성에서는 베르크의 양식과 같은 것이 명백하게 드러나지는 않는다. 이러한 단순성은 조급함과 청중에게 이해되는 곡을 만들겠다는 강박감에서 나온다. 투명함은 지나치게 안락한 느낌을 주며, 단순한 실체는 실체와는 외부적인 관계에 있을 뿐인 12음 처리방식에 의해 위에서 덮어씌우듯이 규정된다. 불협화음이 재난의 표지(標識)가 되고, 협화음이 화해의 표지가 되는 것은 신음악운동이 남겨 놓은 유물이다. 어떤 대성부도 인용된 바흐의 코랄(Choral)과 나머지 부분과의 사이에서 나타나는 양식상의 간극을 봉합시키기에는 부족하다. 오로지 베르크의 음악 외적인 힘만이 이러한 간극을 뛰어

---

64) 베르크의 1929년 작품. 포도주(Der Wein). 소프라노와 오케스트라를 위한 아리아(역주).

넘을 수 있었다. 베르크 이전에는 오로지 말러에게서만 동요된 작품을 넘어서서 선언이 이루어졌듯이, 베르크는 동요된 작품에 들어 있는 미흡함을 끝없는 우수(憂愁)의 표현으로 변모시켰다. 《룰루》는 이와는 다르다. 《룰루》에서는 무대 음악의 거장으로서의 베르크가 갖고 있는 모든 능력이 결집되어 있다. 음악은 풍부하면서도 절제되는 특징을 지니고 있다. 서정적인 음에서, 특히 알바(Alwa)가 부르는 곡이나 피날레에서 음악은 베르크가 그때까지 작곡한 모든 것을 능가한다. 슈만의 《시인은 말한다》가 오페라 전체의 호사스러운 제스처가 된다. 오케스트라는 매혹적이고 색채적으로 울려 퍼지기 때문에 어떠한 인상주의나 어떠한 신낭만주의도 이러한 분위기 앞에서는 초라하게 될 뿐이다. 만약 제3막의 관현악 편성이 완성되었더라면 그 극적 효과는 이루 형언할 수조차 없었을 것이다. 《룰루》는 12음 기법을 사용한 작품이다. 《서정 조곡》 이후에 작곡된 베르크의 모든 작품에 적용된 것이 《룰루》에서는 더욱 강화되어 적용된다. 베르크가 기울인 모든 노력은 청중들이 《룰루》에서 12음 기법을 알아차리지 못하도록 하는 것을 향하고 있었다. 베르크는 《룰루》에서 가장 성공적인 부분들이 5도의 기능과 반음계 음정에서 성취된다고 생각하고 있었다. 12음 구성에서 본질적으로 나타나는 경직성은 이것을 알아보지 못할 정도로 완화되었다. 베르크의 음열 처리방식은 거의 인식이 되지 않는다. 그러나 자신의 작곡에 대해 만족할 줄 모르는 베르크가 만족을 위해 필요한 음표의 무한한 공급을 감당하지 못하고 있다는 것에서나 그의 음열 처리방식이 드러난다. 12음 체계의 경직성은 그러한 제한적인 경우들에서 통용되며, 그렇지 않은 경우에는 완전히 극복된다. 그러나 12음 체계에 고유하게 들어 있는 대립주의적인 모멘트들을 해체시킴으로써 극복된다기보다는 12음 기법이 전통적인 음악에 순응하는 것을 통해 극복된다. 주도(主導) 동기나 갖은 노력을 다해서 조직한 대규모 관현악 형식들에서처럼 그 근원이 상이한 수단들과 더불어 《룰루》의 12음 기법은 형성물의 견실함을 보전시키는 데 도움이 된다. 12음 기법은 《룰루》에 고유한 관심사에 따라 실행되었다기보다는 오히려 안전장치로 삽입되고 있는 것이다. 우리는 능수능란한 12음 기법 조작들을 포기한 상태에서 《룰루》 전체를 상상해 볼 수도 있을 것이다. 그렇다고 해서 이러한 상상과 더불어 결정적인 것에 변화가 있지는 않을 것이다. 작곡가는 그가 다른 모든 것을 할 수 있다는 것 이외에도 이러한 조작들을 아직도 할 수 있다는 것에서 환호를 올린다. 작곡가는 12음 기법에 내재하는 비판적인 충동이 사실상 다른 모든 것을 배제시킨다는 것을 오인하고 있는 것이다. 베르크의 약점은 모든 신음악의 힘이 포기에서 나옴에도 베르크 자신은 아무것도 포기할 줄 모른다는 점에 있다. 후기 쇤베르크에서 나타나는 화해되어 있지 않는 것은 ―이것은 비타협과 관계가 있을 뿐만 아니라 음악 자체에 있는 대립주의와도 관련되어 있다― 베르크에서는 너무 일찍 나타나는 화해보다 우월하다. 비인간적인 냉정함이 관용이 넘치는 온정보다 우월한 것이다. 베르크의 후기 작품들에서 보이는 가장 내적인 아름다움은 그러나 작품을 성공에 이르게 하는 닫혀진 표면들의 덕택이라기보다는 작품들이 불가능하다는 깊고 깊은 인식에 힘입고 있다. 위에서 말한 표면들이 지적해주는 희망이 없이 떠맡겨진 기도(企圖), 즉 지나간 것 때문에 미래에 다가올 것이 애절하게 희생되는 것의 덕택으로 그러한 가장 내적인 아름다움이 성립되는 것이다. 이러한 이유 때문에 베르크의 작품들은 오페라들이며, 오로지 오페라의 형식법칙에 의해서만 해명될 수 있는 것이다. ―베베른의 입장은 베르크와는 극단을 이룬다. 베르크는 12음 기법을 마법화시키면서 12음 기법의 강제적 속박을 깨트리려고 시도하였다. 베베른은 12음 기법이 말을 하도록 강제하고 싶었다. 베베른의 모든 후기 작품들은 음열들에 들어 있는 소외되고 경직된 재료에 대해 그 비밀을 토해 내도록 하는 노력에 바쳐진다. 소외된 주체는 이러한 비밀을 음열 속에 더 이상 집어넣을 수 없다. 그의 초기 12음 작품들, 특히 현악3중주는 음악의 구조를 전통주의적인 방식으로 옮겨 놓는다거나 복고적인 것으로 대체시키지 않고도 음열 규정들이 갖는 외면성을 구체적으로 음악의 구조로 용해시킴으로써 오늘날까지도 가장 성공적인 실험으로 남아 있다. 베베른은 이것으로 만족하지 않았다. 사실상 쇤베르크는 12음 기법을 작곡의 실제에서 재료에 대해 미리 형식을 만드는 단순한 작업으로 간주하고 있었다. 그는 12음 음열들을 이용하여 "작곡"을 하였다. 그는 아무 일도 없는 것처럼 12음 음열들을 숙고하여 그의 작품에 집어넣었다. 이렇게 하기 때문에 재료가 원래 갖고 있는 속성과 재료에 부과된 처리방식 사이에 끊임없는 갈등들이 생기게 되는 것이다. 베베른의 후기 음악은 이러한 갈등들에 대한 비판적인 의식을 보여준다. 베베른의 목표는 음열들이 제기하는 요구를 작품이 제기하는 요구를 통해 덮어 버리는 데 있다. 그는 규칙적으로 배열되는 재료와 자유롭게 처리되는 작곡 사이의 간극을 메우려고 노력하였다. 그러나 이것은 사실상으로 가장 단호하게 나타나는 포기를 의미한다. 작곡하기는 작곡의 현존재 자체에 대해 의문을 제기하고 있는 것이다. 쇤베르크는 음열에 폭력을 가한다. 그는 12음 기법이 존재하지 않는 것처럼 하면서도 12음 음악을 작곡한다. 베베른은 12음 기법을 현실화시키며, 더 이상 작곡을 하지 않는다. 침묵은 베베른이 갖고 있는 거장의 풍모가 남겨 놓은 것이다. 두 작곡가를 대립시켜 보면 모순들의 화해 불가능성이 음악이 된다는 것이 드러나며, 12음 기법도 이러한 화해 불가능성에 불가피하게 빠져 든다. 후기 베베른은 음악적 형상들을 선명하게 각인시키는 것조차 금지하였다. 이러한 형상들은 순수한 음열에 대해 이미 외부적인 것으로 느껴진다. 그의 마지막 작품들은 음열이 음표로 번역된 모형들이다. 그는 특별히 능숙한 음열 선택을 통해 음열과 작곡이 서로 관계가 없다는 것을 보여주려고 노력하고 있다. 음열들이 이미 작곡이 된 것처럼 음열들이 구조화된다. 즉, 하나의 음열은 세 개의 음 그룹, 네 개로 나뉘고, 이것들은 다시 각기 기본형, 반행형, 역행형, 반역행형으로 관계를 맺는 것이다. 이렇게 해서 관계들의 전례가 없는 밀집도가 보증되는 것이다. 가장 풍부한 규준적인 모방의 모든 수확들이, 이 수확들을 추가로 얻겠다고 노력할 필요도 없이, 동시에 스스로 작곡에게 주어진다. 그러나 베르크는 그러한 기법이 강령처럼 요구되는 대규모 형식들의 가능성을 의문스러운 것으로 만든다면서 이미 일찍이 그 기법을 비난하였다. 음열이 더욱 세부적으로 나뉘게 됨으로써 모든 관계들이 너무 좁은 틀에 갇히게 되며, 그 결과 전개의 가능성들도 곧바로 동시에 쇠진된다. 베베른의 12음 작곡들 중의 대다수는 표현주의적 세밀화(細密畵)의 범위에 제한되어 있다. 그리고 조직될 것이 거의 없는 곳에서 왜 과도한 조직이 필요한 것인가 하는 의문이 여기에서 제기된다. 베베른에서 12음 기법의 기능은 베르크에서의 12음 기법의 기능보다 문제가 적은 것이 아니다. 주제적인 작업은 최소한의 단위에까지 미치기 때문에 주제 작업이 상쇄되어 버린다. 동기적인 단위로서 기능을 발휘하는 단순한 음정은 특징이 없기 때문에 이 음정에서 기대되었던 종합을 더 이상 성취하지 못한다. 음정이 괴리된 음들로 붕괴되는 위험에 직면하게 되는데, 이러한 붕괴는 그것 자체로서 항상 무엇을 말할 능력도 없는 상태에서 일어나는 것이다. 특히 유치한 음악적 자연 신앙에서는 재료는 자기 스스로부터 음악적 의미를 설정하는 힘을 부여받는다. 그러나 바로 여기에서 점성술적인 비실재(非實在)가 파고든다. 12음을 배열하는 기준이 되는 음정 관계들이 애매하게 우주적인 공식과 같은 것으로 숭배되는 것이다. 음열의 독자적인 법칙은 작곡가가 이러한 법칙이 스스로 어떤 의미를 갖고 있다고 믿는 순간에 정말로 물신화된다. 베베른의 피아노 변주곡이나 현악3중주 op.3에서는 음열의 물신주의가 현저하게 드러난다. 이 작품들은 음열이 갖고 있는 경이로움 중에서 단조롭고도 대칭적인 것들만을 단순히 보여준다. 이러한 것들은 피아노 변주곡 제1악장과 같은 곡에서 브람스적인 인테르메조의 패러디에 근접해 있다. 음열이 갖고 있는 신비로움이 음악의 단순화에 대해 위로해 줄 수는 없다. 순수한 폴리포니와 순수한 소나타를 융합시키려는 의도와 같은 거창한 의도들은 이것들이 재료의 수학적 관계들로만 제한되고 음악적 형태 자체에서 실현되지 않는 한 구성이 실현된다고 할지라도 아무 소용이 없이 무력할 뿐이다. 이러한 음악에 대해 다음과 같은 판단이 내려질 수 있다. 즉, 단조로운 음의 집단들에 대해 의미의 그림자라도 부여하기 위해서는 연주가 경직된 기보법(記譜法), 특히 기보법의 리듬 편성으로부터 무한히 멀리 떨어져 있어야 한다. 기보법의 빈약함은 음열이 자연스러운 힘을 갖는다는 믿음에서, 다시 말해 이러한 힘이 사물 자체에 속해 있다는 믿음에서 튀어나온 것이다. 베베른의 음열에서 나타나는 물신주의는 그럼에도 단순한 종파주의를 증명하고 있는 것은 아니다. 그래도 베베른에서는 변증법적 강제가 작용하고 있다. 중요한 작곡가들을 순수한 비율을 숭배하는 방향으로 몰아댔던 것은 매우 구속력이 있는 비판적 경험이다. 베베른은 음악이 오늘날 여기에서 충족시킬 수 있는 모든 주체적인 것의 본질이 파생된 것, 소진되어 버린 것, 하찮은 것에 지나지 않음을 알아차렸다. 주체 자체가 스스로 기능 부전의 상태에 빠져 있음을 깨달았던 것이다. 12음 기법이 이것에 내재하는 단순한 정합성에 힘입어 주체적인 표현에 대해 폐쇄적이라는 사실은 사실관계의 한 측면만을 나타내고 있을 뿐이다. 다른 하나의 측면은 표현할 수 있는 주체의 권리 자체가 몰락하였으며 더 이상 존재하지 않는 어떤 상태를 부르고 있다는 것을 나타내고 있다. 주체는 현재의 국면에서 주체가 말할 수 있을 것 같은 것을 말했다는 것에 고착되어 있는 것 같다. 주체는 말할 만한 가치가 있던 것을 더 이상 전혀 말을 하지 못한 채 공포에 사로잡혀서 주체를 속박하는 틀에 묶여 있다. 주체는 현실 앞에서 이처럼 무력하기 때문에 표현에의 요구 제기도, 주체에게는 다른 요구 제기도 거의 허용되지 않음에도, 이미 공허함을 배회하는 것이 될 뿐이다. 주체는 이처럼 고독하게 되었으며, 정말로 진지하게 주체를 이해해 줄 수 있을 것 같은 사람을 더 이상 기대해서도 안 될 지경이 되었다. 베베른과 더불어 음악적 주체는 입을 다물면서 사표를 내던지며, 자신에게 침묵의 메아리 이외에는 아무것도 더 이상 보장해 주지 않는 재료에 자신을 귀속시킨다. 베베른의 우울한 침잠은 가장 순수한 표현에서도 상품의 흔적 앞에서 —진실로서 출현하는 것인 '표현이 없는 것'[65]을 지배하지 못한 상태에서— 불신을 보내면서 뒤로 주춤거리고 있다. 가능할 것으로 보이는 것이 가능하지 않는 것이다.

✿ _ 아방가르드와 교훈

음악의 가능성 자체가 불확실하게 되었다. 반진보주의자들이 음악에 대해 비난하고 있듯이, 음악이 퇴폐적, 개인주의적, 비사회적인 예술이 아니냐 하는 것이 음악을 위태롭게 하는 것은 아니다. 반진보주의자들이 퍼붓는 비난은 단지 매우 사소한 일에 지나지 않는다. 음악은 자신이 처한 무정부 상태를 전환시켜 확연한 자유를 얻고자 하

---

65) 작은 따옴표는 옮긴이가 독자의 편의를 위해 임의로 삽입하였음(역주).

며, 이러한 자유는 음악에서 비밀리에 ―음악이 저항하는 대상인― 세계와 동치(同値)[66]되는 것으로 전도된다. 음악은 질서 속으로 들어가서 도피하려고 한다. 질서는 그러나 음악의 이러한 의지를 받아주지 않으려고 한다. 음악이 자신에게 고유하게 내재하는 재료의 역사적 경향에 맹목적이고도 아무런 이의도 제기하지 않은 채 추종하고 세계 이성이 아닌 세계정신에 얼마만큼 자신을 내맡기면서, 음악은 순진무구함에 빠져 든다. 음악의 이러한 순진무구함은 모든 예술의 역사에 미리 준비되어 있는 파국을 가속시킨다. 음악은 역사를 당연시하며, 그렇기 때문에 역사는 음악을 폐기시키고 싶어 한다. 그러나 바로 이것이 죽음의 세례를 받은 음악으로 하여금 다시 권리를 찾게 해 주며, 지속적으로 살아남을 수 있는 역설적인 기회를 음악에게 부여한다. 잘못된 질서에서 예술이 몰락해가는 것은 잘못된 것이다. 예술이 가진 진실은 예술의 중심적인 원리, 즉 깨어지지 않는 조화의 원리가 예술을 물고 들어간 복종성을 부인하는 것에서 성립된다. 대량 생산의 카테고리들에서 구축된 예술이 이데올로기의 생산에 기여할 뿐이며 예술의 기법도 억압의 기법에 지나지 않는 한, 이것이 아닌 다른 것, 즉 예술의 기능이 없는 것이 예술의 기능이 된다.[67] 오로지 기

---

66) 원어는 Gleichnis이다. A와 B가, 즉 음악과 세계가 서로 동치 관계를 맺고 있는 모습을 의미하는 것으로 볼 수 있다. 이러한 관계를 벤야민과 아도르노는 알레고리로 이해하였다. 예컨대 카프카의 수수께끼 같은 작품은 세계에 대한 알레고리라는 것이 두 이론가의 시각이다. 아도르노는 알레고리를 통해 세계를, 특히 세계가 인간에게 주는 고통을 표현하는 데 성공한 작품들만이 진정한 예술작품이라고 평가하였다(역주).

67) 예술의 기능에 대한 아도르노의 유명한 주장이다. 기능의 상호연관관계로 작동하는 세계에서 예술은 기능의 담지자가 되는 것을 거부하는 것이 예술의 기능이 된다는 주장은 그의 주 저작인 『미학이론(Ästhetische Theorie)』의 여러 곳에서 개진되고 있다(역주).

능이 없는 예술만이, 일관성 있게 이어지는 작품들에서, 총체적 억압의 이데올로기가 아닌 총체적 억압의 상(像)을 그려 보인다. 현실이 화해되어 있지 않음을 보여주는 상으로서의 예술은 현실의 척도에 따라 측정될 수는 없는 본질을 지니고 있다. 예술은 이렇게 함으로써 당연한 것으로 받아들여지는 판결의 부당성에 대항하여 이의를 제기한다. 예술을 억압적 사회의 상을 객관적으로 그리는 것으로 만들어주는 기법적인 처리방식들은 고의적으로 억압적인 사회에 봉사하기 위해 시류에 편승해서 신음악을 매도하는 대량복제적인 처리방식보다 진보적이다. 대량생산과 대량생산에 맞춰 재단이 된 작품 생산은 산업적인 모형을, 특히 산업적인 확산을 받아들인 점에서는 현대적이다. 그러나 이러한 현대성은 생산물들과는 관련이 없다. 생산물들은 최신 심리기법과 선전을 동원하여 청중들을 다루며, 스스로 선전적으로 구성되어 있다. 바로 이러한 이유 때문에 그러한 생산물들은 경직되어 있어서 깨지기 쉬운 전통에 들어 있는 항상 동일한 것[68]에 얽매여 있는 것이다. 음열 작곡가들의 아무것에도 의지할 데가 없는 노고는 통계적으로 히트곡을 양산해 내는 허울 좋은 처리 절차가 무엇인지 전혀 알 길이 없다. 그렇기 때문에 시대에 뒤떨어진 음열 작곡가들이 창조한 형상물들에 내재하는 합리성이 더욱더 전면으로 치고 나오는 것이다. 생산력과 생산관계 사이의 모순은 생산관계와 생산물 사이의 모순으로서도 드러나는 것이다. 진보와 반동은 명확한 의미를 상실하며, 이렇게 해서 더욱 증대되는 것은 대립주의들 뿐이

---

68) 항상 동일한 것의 반복은 아도르노에게는 억압과 지배를 가능하게 하는 결정적 요소이다. 그가 문화산업을 비판한 근거로 제시한 것들 중에서 매우 중요한 근거가 바로 동일한 것의 반복이었다. 문화산업은 소비자를 항상 동일한 것의 반복에 묶어 둠으로써 개인에 대한 사회의 지배에 연루된다면서 문화산업을 혹독하게 비판하였다(역주).

다. 그림 한 점을 그린다거나 4중주 한 곡을 작곡하는 것이 영화에서의 노동분업이나 기술적으로 배열을 시도하는 것에 밀려 뒷전에 머물러 있을지도 모른다. 그러나 그림이나 4중주에 객관적으로 들어 있는 기법적 형태는 ─영화를 생산에 이르게 하는 사회적 방식에 의해 오늘날 뒤로 쫓겨나게 된─ 영화의 가능성을 붙들고 있다. 위에서 말한 기술적 형태가 갖고 있는 "합리성"은, 이것이 환상적(幻想的)으로 내부에서 스스로 닫혀 있으며 그 닫힘 때문에 문제가 많다고 할지라도, 영화생산에서 드러나는 합리화보다는 더 높은 곳에 위치하고 있다. 이러한 합리화는 이미 주어져 있는 ─선취적으로 이미 지나가 버린─ 대상들을 조작하며, 간헐적이 아닌 다른 방식으로 대상 안으로 들어가 포착하지 못하고 대상들이 그 외면성에서 체념한 채 머물러 있게 한다. 피카소는 사진을 모사된 대상들로 무력하게 떨어지게 만들어 버리는 반사광들로부터 반사광에 도전하는 자신의 대상들을 구성해 낸다. 12음 작곡들도 이와 다를 것이 없다. 12음 작곡의 미궁 속에서 갑자기 닥친 빙하기를 헤쳐 온 것이 겨울을 넘기고 있는지도 모른다. 표현주의 시기의 쇤베르크는 40년 전에 예술작품에 대해 아래와 같이 썼다. "예술작품은 미궁이다. 예술에 정통한 사람은 붉은 줄의 안내를 받지 않고도 미궁의 모든 지점에서 입구와 출구가 어디인지를 알고 있다. 길의 갈래가 조밀하게 서로 얽혀 있을수록, 그는 어느 길을 경유하든 더욱 확실하게 목표에 도달한다. 예술작품에 미로들이 있다고 할지라도, 미로들은 그에게 올바른 길을 가르쳐 주었다. 길을 잘못 들었다고 할지라도, 이것은 그를 본질적 내용이 있는 방향으로 향하는 관계로 이끌어 준다."[69] 그러나 예술이 이렇게 미궁 속

---

69) Arnold Schönberg, Aphorismen(경구들), in : Musik 9(1909/10), S.160. (Heft 21 ; erstes Augustheft).

에서 살기 위해서는 붉은 줄이 당연히 제거되어야 할 것이다. "예술에 정통한 사람"이 "미궁이 표시되어 있다"는 것을 알아차려서 이를 "안내자가 제공하는 명증함을 약삭빠른 잔꾀의 미봉책"으로 폭로하는 동안에도, 붉은 줄에는 예술의 적이 버티고 있기 때문이다. "이러한 상술(商術)만큼 ─공식(公式)들로서─ 예술작품과 공통되는 것도 없을 것이다. … 예술에 정통한 사람은 조용히 등을 돌리고 더욱 높은 수준의 올바름이 행하는 복수가 표명되고 있음을 보고 있다. 계산상의 오류가 드러나고 있음을 보는 것이다."[70] 이러한 오류들이 12음 기법에 낯설지 않다면, 이것들이 가장 정확한 것들로 출현하는 곳에서 더욱 높은 수준의 올바름에 귀속되는 경우가 대부분이다. 다른 말로 하면 다음과 같다. 음악이 12음 기법으로부터 스스로 해방되었을 때 음악은 추운 겨울을 넘길 수 있는 희망을 갖게 되는 것이다. 그러나 이것은 12음 기법의 이전에 있었던 비합리성, 다시 말해 12음 기법이 형성하였던 엄격한 악장에의 요구들에 의해 오늘날 모든 순간마다 저지되어야 마땅할 것인 비합리성으로의 퇴행에 의해 이루어져서는 안 된다. 그러한 희망은 오히려 12음 기법이 자유로운 작곡하기에 의해 흡수되고 12음 기법의 규칙들이 비판적인 청각의 자발성에 의해 흡수되는 방식을 통해 이루어져야 할 것이다. 음악은 오로지 12음 기법에서만 자신을 제어하는 것을 배울 수 있으며, 이것은 12음 기법에 귀속되지 않을 때만 가능하다. 후기 쇤베르크의 작품들에서 보이는 교육적인 모범의 특징은 기법 자체의 특성에서 창조된 것이었다. 기법의 규범들의 영역으로 출현하는 것은 우연이라는 저주에 빠져들지 않으려고 하는 모든 음악이 통과해야 하는 훈련의 좁은 통로일 뿐이지 예전에 호평을 받던 객관적이라는 영토(領土)는 아니다.

---

70) Schönberg, l. c., ibid.

크레네크(Křenek)가 12음 기법을 오늘날까지 가장 빼어난 악파로 남아 있는 팔레스트리나(Palestrina)에 의해 개념화된 엄격한 대위법의 규칙들과 비교한 것은 옳은 일이었다. 그러한 비교에는 규범이 제기한 요구들을 거부하는 것도 들어 있다. 교육적 규칙들은 예술적 규칙들에게 밀도 있는 만족감을 주는 것이 불가능하다는 사실에서 예술적 규칙들과 구분된다. 이러한 불가능성은 배우려는 노력의 원동력이 된다. 노력은 좌절될 수밖에 없고, 수확을 얻기 위해서는 규칙들이 다시 망각되어야만 한다. 엄격한 대위법이라는 교육 체계는 사실상 12음 작곡에 내재하는 이율배반들에 대한 가장 정확한 유비(類比)를 제공한다. 그러한 교육 체계의 과제들, 특히 이른바 제3유형의 과제들은 현대적인 청각에는 원칙적으로 해결될 수 없는 과제들이다. 해결은 오로지 속임수에 의해서만 가능하다. 왜냐하면, 학교의 교육 규칙들은 화성적 단계들에 힘입어 이루어지는 진척들을 알지 못하고 극히 적은 수의 항상 반복되는 화음들에 의해 정의되는 화성적 공간의 설치에 만족하는 방식인 다성적 사고로부터 나온 것이기 때문이다. 350년 이래 지속된 특별히 화성적인 경험이 도외시될 수는 없다. 오늘날 엄격한 작법이라는 과제를 앞에 두고 있는 문하생은 이처럼 필연적인 화성적인 희구(希求)들, 즉 의미 있는 화성들의 이어짐을 자기 쪽으로 끌어 들인다. 교육적 규칙들과 화성적 경험은 서로 양립할 수 없다. 만족할 만한 해결책은 화성이라는 수입 금지품이 금지의 벽을 뚫고 성공적으로 밀수되는 곳에서나 가능한 것으로 보인다. 바흐가 그러한 금지를 망각하고 폴리포니를 통주저음적인 정당성으로 강제하였듯이, 수직적인 것과 수평적인 것의 진정한 무차별은 작곡이 매 순간 깨어 있으면서 동시에 비판적인 태도를 유지하면서 두 차원들의 통일성을 산출할 때 비로소 성립된다. 이것이 성사될 전망은 작곡이 음열들과 규칙들에 의해 더 이상 미리 규제되어 있지 않고 행동의 자유를 확실하게 간직하고 있을 때나 비로소 보인다. 바로 이것을 위해 작곡은 12음 기법을 통해 무엇인가를 배운다. 12음 기법이 흘러가도록 놔두는 것에 의해서가 아니라 12음 기법이 금지하는 것을 통해서 무엇인가를 배우는 것이다. 12음 기법이 갖고 있는 교육적인 권리, 즉 자유의 수단으로서의 강력한 엄격함은 이러한 엄격함을 무시하는 동시대의 다른 음악과 비교해 볼 때 현저하게 드러난다. 12음 기법은 교육적인 특징에 못지 않게 논쟁적인 특징도 갖고 있다. 신음악이 바그너 이후의 음악에 대립적인 방향으로 움직이면서 제기하는 문제들은 더 이상 순수한가 불순한가, 격정적인가 즉물적인가, 표제음악인가 "절대" 음악인가 하는 문제들이 아니고, 점점 더 기승을 부리는 야만성에 직면하여 기법적 척도들을 어떻게 전승시키느냐 문제이다. 신음악이 야만성에 대항하여 방벽을 쌓는다면, 설사 자유의 영역에 아직 진입하지 않았다고 할지라도 이미 충분한 몫을 해낸 것이다. 12음 기법은 다른 음악과 함께 할 준비가 되어 있지 않다는 지침들을 ―이 지침들이 다른 음악과 함께 하는 데 이미 사용될 수 있음에도 불구하고― 유지하고 있다. 모든 것은 이처럼 하나로 일치되는 것이다. 12음 기법은 그럼에도, 마치 냉혹한 사마리아 사람처럼, 붕괴되어가는 음악적 경험을 완강하게 붙잡으면서 떠받치고 있는 것이다.

🌳 _ 재료와의 관계를 절연

그러나 12음 기법이 이렇게 하는 사이에 스스로 쇠진하는 것은 아니다. 12음 기법은 음의 재료가 음열들에 의해 구조화되기에 앞서서 음의 재료를 형태가 없고 자체 내에서 완전히 규정되어 있지 않은 기초 재료로 격하시킨다. 작곡하는 주체는 그리고 나서 이 주체가 갖고 있는 규칙들과 법칙성들의 체계를 기초 재료에 부과한다. 이러한 규칙들과 규칙들의 기초 재료에 있는 추상성은 다음과 같은 사실로부터 유래한다. 즉, 가장 일반적인 규정의 테두리에서만 역사적 주체가 재료(Material)의 역사적인 요소와 합치될 수 있으며, 이런 이유 때문에 역사적 주체가 이러한 테두리를 벗어나는 재료의 모든 질들을 제거한다는 사실에 근거하는 것이다. 반음계의 재료에서 부단한 순열을 요구하면서 역사적으로 출현하는 요구 제기와 ―이것은 동일한 음의 반복에 저항하는 민감성이다― 재료에 대한 철저한 조직화로서의 총체적 음악적 자연지배를 성취하려는 작곡 의지는 음열에 의한 숫자적인 결정에서만 서로 합치된다. 이것이 바로 추상적인 화해이다. 추상적 화해는 종속된 재료에서 자신이 스스로 만든 규칙 체계를 소외되고 적대적이며 지배적인 힘으로 만들면서 마침내 주체에 대립시킨다. 주체가 재료를 자신에게, 다시 말해 주체의 수학적 이성에 완벽하게 종속시키는 순간, 추상적 화해는 주체를 규칙들의 공허한 총체가 되고 마는 "재료"의 노예로 전락시킨다. 그러나 이렇게 함으로써 음악의 성취된 정역학(靜力學)적 상태에서 다시 한 번 모순이 재생산된다. 주체는 재료에서 이루어지는 추상적 동일성에 자신을 종속시키는 것을 순순히 받아들일 수는 없는 것이다. 왜냐하면, 12음 기법에서는 주체가 가진 이성은, 다시 말해 일어난 사건들의 객체적인 이성으로서의 주체의 이성은 맹목적으로, 주체들의 의지를 넘어서서, 그리고 마침내는 비이성으로서 그 몫을 끝까지 해내기 때문이다. 다른 말로 하면 다음과 같다. 체계의 객체적인 이성은 음악의 감각적인 현상에서는 ―이 현상은 오로지 구체적 경험에만 귀속되어 있다― 자신이 한 일을 스스로 파악할 수 없는 것이다. 12음 음악의 정합성은 직접적으로 "들을" 수는 없다. 정합성이라는 것은 12음 음악에서 의미 없는 것의 모멘트를 일컫는 가장 단순한 이름에 불과하다. 체계가 부과하는 강제가 이루어지고 있다는 것만이 감지될 수 있다.

그러나 체계의 강제는 음악적으로 개별적인 것에 들어 있는 구체적인 논리에서 들여다보이는 것도 아니고, 체계의 강제가 전개되는 기점이 되는 개별적인 것에 대해 개별적인 것이 가려고 하는 방향을 허용해 주지도 않는다. 이것이 바로 주체로 하여금 주체의 재료와의 관계를 절연시키도록 만든다. 그리고 이러한 절연이 쇤베르크 후기 양식의 가장 내적인 경향을 완성시키고 있는 것이다. 음열은 재료에 폭력을 가하며 이렇게 해서 재료가 어떻든 상관이 없는 것으로 되어가는 현상은 음악적 주체가 자기소외로서 경험하는 잘못된 추상성을 확실하게 내포하고 있다. 이것은 그러나 동시에 어떻든 상관없다는 것이 되며, 이에 힘입어 주체는 자연 소재에 연루되어 있는 상태를 깨트리고 밖으로 나올 수 있다. 이것이 바로 주체가 보여주는 자연지배의 능력이며, 이 능력에서 음악의 역사가 지금까지 성립되어 왔던 것이다. 12음 기법에 의해 음악의 역사가 소외되는 것에서 주체에게는 ―주체의 의지에 반해서― 예술적 총체성이 부서진다. 표현주의 단계에서 주체는 12음 기법을 통해 예술적 총체성을 재구성하기 위해 예술적 총체성에 대해 반란을 시도하였으나 재구성하는 것도 무위로 끝났으며 반란도 허사였다. 그 결과 음악 언어는 조각들로 분해된다. 그러나 이러한 조각들에서 주체는, 재료적인 총체성의 속박들이 주체를 묶어 두고 있는 동안에도, 괴테가 말하는 의미에서 "의미 심장하게" 간접적으로 출현할 수 있다. 더 이상 자신의 언어가 아닌 소외된 음악 언어 앞에서 주체는 전율하면서 자신을 스스로 규정하는 것을 되찾는다. 주체의 자기 규정은 유기적인 규정이 아니며, 의도가 들어 있는 규정이다. 이제 음악은, 예로부터 위대한 음악이 그랬듯이, 자기 자신을 인식으로서 의식하게 되는 것이다. 쇤베르크는 한때 음악의 동물적인 온기와 비애에 대해 부정적으로 말한 적이 있었다. 주체가 절단된 채, 그리고 침묵의 심연을 넘어서서 자신의 언어가 완벽하게 외화(外化)되는 것을 통해 자신을 알리는 단계가 음악의 마지막 단계인바, 쇤베르크 음악에서 보이는 바로 이 단계가 비로소 기계적으로 닫혀진 상태에서 기능하면서 단순히 파멸에나 소용되는 냉혹함을 정당화시켜 주는 것이다. 동시에 이러한 냉혹함은 쇤베르크가 음열을 자유자재로 지배하는 처리방식을 구사하게 하는 원동력이다. 형성물의 완결성을 위해 음열 속으로 침잠하는 베베른의 신중한 방식에 비해서 쇤베르크는 음열을 지배하는 냉혹함을 보이고 있는 것이다. 쇤베르크는 재료와 그렇게 가까이 있는 것으로부터 거리를 둔다. 그의 냉혹함은 그가 현악4중주 2번의 클라이맥스에서 "다른 혹성으로부터 온 대기(大氣)"라고 찬양하였던, 초탈한 것의 냉혹함이다. 12음 기법의 어떻든 상관없는 재료는 이제 작곡가에게도 어떻든 상관없는 것이 된다. 이렇게 해서 쇤베르크는 재료적인 변증법의 강제적 속박으로부터 벗어난다. 그가 재료를 마음대로 다룰 수 있게 하는 자주권(自主權)은 단순히 통제적인 특징들만을 갖고 있는 것은 아니다. 자주권은 예술적 필연성에 대한 거부를 포함하고 있다. 이러한 거부는 12음 기법으로 장치되어 있으면서 완벽한 외면성에서 나타나는 총체성에 대한 거부이다. 이러한 총체성의 외면성 자체가 거부를 위한 수단이 되는 것이다. 쇤베르크에게는 외면화된 재료가 더 이상 아무것도 말하지 않기 때문에 그는 재료로 하여금 자신이 의도하고자 하는 바를 의미로 내보이도록 강제한다. 여기에서 나오는 단절들, 특히 12음 역학과 표현과의 사이에 존재하는 현저한 모순이 쇤베르크에게는 위에서 말하는 의미를 담고 있는 암호가 된다. 이렇게 함으로써 쇤베르크 자신도 음악의 전통에 아직도 머물러 있게 된다. 전통은 위대한 음악의 후기 작품들을 전통에 비슷하도록 동화시키는 것이다. "중간 휴지들 …, 즉 다른 모든 것보다 더욱 많이 말기의 베토벤을 나타내주는 특징인 갑작스러운 중단은 폭발의 순간들이다. 작품이 포기되면 작품은 침묵한다. 그리고 공동(空洞)을 외부로 향하게 한다. 그러고 나서 비로소 다음에 이어지는 파편이 갑작스러운 중단에 —폭발하는 주체성이 발하는 명령에 의해 파편의 자리에 속박된 채, 그리고 좋건 나쁘건 앞에서 일어난 파편과 결탁된 채— 적응하게 된다. 왜냐하면 비밀은 중간 휴지들 사이에 존재하며, 중간 휴지들이 서로 함께 만드는 형상 이외의 곳에서는 그 비밀이 지켜질 수 없기 때문이다. 바로 이것이 후기 베토벤의 작품들이 주관적이면서도 동시에 객관적이라고 명명되는 것에서 보이는 모순을 해명해 준다. 깨진 풍경은 객관적인 모습이며, 그 내부에서 풍경을 작열시키는 유일한 요소인 빛이 바로 주관적인 모습인 것이다. 베토벤은 풍경과 빛의 조화로운 종합을 구현하지는 않는다. 베토벤은, 아마도 풍경과 빛을 영구히 보존하기 위해서인 듯, 해체의 권력으로서, 두 가지를 시간에서 산산조각이 나도록 찢어 버린다. 예술의 역사에서, 후기 작품들은 파국들이다."[71] 괴테가 나이에 대해서 한 말, 즉 현상으로부터 단계적으로 물러나는 것은 예술의 개념들에서는 재료가 어떻든 상관없다는 태도를 일컫는다. 말기의 베토벤에서는 민숭민숭한 관습들이 역할을 하며, 작곡의 흐름은 이러한 관습들을 통해 경련을 일으키면서 처음부터 끝까지 관통한다. 쇤베르크의 말기 작품들에서는 바로 이런 역할을 12음 체계가 떠맡고 있다. 재료가 어떻든 상관없게 되는 것은 해체의 경향을 보여주는 것이며, 이것은 12음 기법이 시작될 때 이미 감지될 수 있었다. 12음 기법이 존재한 이후로 일련의 "부차적인 작품들", 편곡들, 12음 기법을 포기한 작품들이 존재하거나 또는 작품들을 어떤 목적들에 소용되게 하면서 동시에 기능을 담당하도록 하

---

71) T. W. Adorno, Spätstil Beethovens(베토벤의 후기 양식), in : Der Auftakt, Jg. 17, Prag 1937, S.67(Heft 5/6) [jetzt auch : Moments musicaux, l. c. p.17].

는 일련의 작품들이 존재한다. 부속 제작물들과도 같은 그러한 작품들은 목관5중주에서 바이올린 협주곡에 이르기까지 철갑을 두른 듯한 12음 기법 작곡들에 비하면 오로지 숫자적으로만 그 비중을 갖고 있을 뿐이다. 쇤베르크는 바흐와 브람스의 작품들을 관현악으로 편곡하였고, 헨델의 Bb 장조 협주곡을 대대적으로 개작하기도 하였다. "조성적"인 작품들로는 몇 편의 합창곡 이외에도 현악 오케스트라를 위한 모음곡 《콜 니드레》와 실내 교향곡 2번과 같은 작품들이 있다. 《영화 장면을 위한 반주 음악》과 같은 작품은 상업적 목적으로 이용하는데 적합하며, 오페라 《오늘에서 내일까지》와 다수의 합창곡들도 최소한 이러한 경향을 띤다. 이것은 쇤베르크가 전 생애에 걸쳐 "양식(Stil)"에 저항하는 이단적인 태도에서 즐거움을 맛보았을 것이라는 추측을 받아들이게 하는 근거가 된다. 양식을 용납하지 않는 태도는 쇤베르크 자신에게서 나온 것이다. 그의 창작 연대기는 겹치는 부분이 많다. 조성적인 작품인 《구레의 노래》는 《행복한 손》과 같은 시기인 1911년에야 비로소 완성되었다. 《야곱의 돌계단》, 《모세와 아론》과 같은 웅장한 구상은 수십 년 동안 그를 따라 다녔다. 그는 작품을 완결시키겠다는 충동과는 거리가 먼 사람이었다.[72] 이것이

---

72) "위대한 예술가들에게는 완결된 작품들이 생애 전체를 끌면서 작업한 단편적인 작품들보다 비중이 낮다. 왜냐하면 창조력이 더 약하고 산만한 예술가만이 완결에서 다른 것과 비교할 수 없는 기쁨을 갖게 되고, 이렇게 함으로써 그의 생애에서 다시 선물을 받게 되었다고 느낀다. 천재에게는 모든 중간 휴지도, 가혹한 운명이 주는 타격들도, 부드러운 수면도 작업장의 근면에 귀속된다"(Walter Benjamin, Schriften, Frankfurt/M 1955, Bd. 1, S.518). 이 밖에도 간과되어서는 안 될 것이 있다. 웅장하게 계획된 작품을 완성시키는 것에 대한 쇤베르크의 반감에는 이처럼 행복에 넘치는 동기 이외에도 자신이 스스로 만든 형상물에 손상을 가하는 파괴 경향, 오늘날 "대표작들"을 내겠다는 가능성에 저항하는 무의식적이지만 깊은 작용력을 가진 불신들, 쇤베르크의 눈에 띄지 않은 채 머물러 있는 것이 불가능한 대본 자체의 문제점과

바로 창조의 리듬이다. 문학은 이 리듬을 잘 알고 있지만, 음악은 베토벤이나 바그너의 후기 단계에서조차 거의 모르고 있었다. 잘 알려져 있듯이, 젊은 시절의 쇤베르크는 오페레타(Operette)의 관현악 편곡을 통해 생계를 유지해야만 하는 형편에 몰려 있었다. 이 시절에 만들어졌으나 사라지고 만 악보들을 찾는 일은 수고할 만한 가치가 있을 것이다. 그가 이러한 악보들에서 작곡가로서의 자기 자신을 완벽하게 억제할 수는 없었다는 사실을 받아들이기 위해서뿐만 아니라, 특히 그러한 악보들이 후기의 "부차적인 작품들"에서 재료에 대한 완벽한 처리에서 여실히 나타나는 대립적 경향을 증명해 줄 수도 있기 때문이다. 후기의 모든 부차적인 작품들이 청중에 대해 더욱더 유화적인 태도를 갖는다는 공통점을 보여주는 것은 우연이라고만 볼 수는 없다. 쇤베르크의 가차 없음과 유화적인 태도는 아주 깊은 관계에 놓여 있다. 가차 없는 음악은 사회에 대항하는 사회적인 진실이다. 유화적인 음악은 잘못된 사회라고 할지라도 사회가 아직도 갖고 있는 음악에 대한 권리를 인정한다. 이는 마치 잘못된 음악이라고 할지라도 음악이 재생산되고 이렇게 해서 음악에 고유한 진실의 요소를 음악이 살아남음으로써 객관적으로 보유하고 있는 것과 같은 이치이다. 쇤베르크는 가장 진보적인 예술적 인식의 대변자로서 예술적 인식의 한계에까지 다가간다. 예술적 인식의 진실이 갖고 있는 권리가 잘못된 욕구에 아직도 내재되어 있는 권리를 침전시키는 것이다. 이러한 인식이 그의 부수적인 작품들의 실체를 완성시킨다. 재료가 어떻게 되든 상관없게 되는 것은 양자, 즉 재료와 상관없게 되는 것을 하나로 만드는 것을 간헐적으로 가능하게 한다. 조성(調性)도 역시 총체적인 구성에 순응하게 되며, 말년의 쇤베르크에게는 무슨 수

같은 다른 동기들이 함께 들어 있는 것이다(원전 각주).

단을 사용하여 작곡하느냐 하는 것은 더 이상 결정적으로 중요한 것은 아니다. 처리방식을 모든 것을 의미하는 중요한 것으로 보고 소재를 아무것도 아닌 것으로 생각하는 작곡가는 이미 지나가 버린 것, 지나간 것이기 때문에 소비자들의 묶여진 의식에 열려 있는 상태로 다가오는 것을 이용할 수 있다. 다만 이처럼 묶여진 의식은 작곡가가 낡은 재료를 포착하려고 서두르는 순간 스스로를 닫아 버릴 정도로 예민한 청각을 갖고 있다. 시장(市場)이 남겨 놓은 소비자들의 욕구에서 문제가 되는 것은 재료 자체가 아니라 시장의 흔적이다. 쇤베르크의 부차적 작품들에서도 재료는 그가 재료에 부여한 의미의 단순한 담지자로 축소되면서 흔적도 동시에 파괴된다. 쇤베르크에 이러한 능력을 부여하는 것, 즉 "자주권"은 쇤베르크에 특유한 망각의 힘이다. 그를 다른 모든 작곡가들과 근본적으로 구분시켜주는 요소는 아마도 항구적으로, 그리고 다시 항구적으로, 그의 처리 방식들이 변환될 때마다, 그가 이전에 갖고 있던 것을 던져 버리고 부인(否認)하는 능력에 있다고 할 것이다. 경험이 갖고 있는 소유적 특징에 대항하여 쇤베르크가 벌이는 반란은 그의 표현주의에 깊고 깊게 들어 있는 충동에서 나온다고 추정할 수 있다. 목관의 비중이 높고 과도하게 요구된 현악독주들로 인해 선의 흐름들이 억눌려 있는 실내교향곡 1번은 쇤베르크가 완성된 작품으로 빛을 발하는 바그너 오케스트라를 한 번도 능가해 본 적이 없는 것처럼 들린다. 그러나 그의 op.8은 그러한 오케스트라를 실현한 작품이다. 무조성의 전령으로서 새로운 국면을 열었던 작품들인 5개의 피아노곡(op.11)과 뒤이어 나온 작품으로 12음의 모델인 op.23 중의 왈츠는 당혹스러움을 완벽할 정도로 장엄하게 보여준다. 그러한 작품들은 지루한 되풀이와 독일에서 멘델스존 이후 책임 있는 작곡가들을 항상 반복적으로 희생시켰던 불길할 정도로 세련된 악사 기질에 대해 적대적인 태도를 취하고 있는 것이다. 음악적 직관의 자발성은 사람들이 배워서 항상 알고 있는 미리 주어진 것을 배척하며, 오로지 상상이 부여하는 강제력만을 통용시킨다. 예술에 대한 적대감이라는 야만적인 모멘트는 반응의 직접성을 통해 매 순간마다 음악 문화의 매개에 문제를 일으키는데, 이러한 야만적인 모멘트는 망각의 힘과 밀접한 관계에 놓여 있다. 오로지 망각의 이러한 힘만이 기법에 대한 능수능란한 처리가 평형을 유지하도록 하면서 망각을 대가로 지불하고 전통을 구출하는 것이다. 왜냐하면 전통이란 현재 상태에서 잊혀져 있는 것이기 때문이다. 그리고 쇤베르크의 깨어 있음은 그것 자체로 망각의 기법을 형성할 만큼 위대하다. 깨어 있음은 쇤베르크로 하여금 반복적인 12음 음열들이 힘차게 앞으로 나아가는 악절들로 향하도록 하게 하거나 음열의 방식에 따른 구성을 위해 조성을 이용할 수 있게 해 준다. 쇤베르크의 자주권을 이해하기 위해서는, 그의 피아노곡 op.19나 베베른의 현악 4중주를 위한 5개의 악장 op.5처럼 친숙한 작품들만 비교해 보아도 된다. 베베른이 매우 세련된 모티브 작업을 통해 표현주의적 세밀화를 창조하면서 묶여 있다면, 온갖 모티브 기법들을 발전시켰던 쇤베르크는 그러한 기법들이 앞으로 나아가도록 하면서 한 음 한 음이 그를 밀치는 곳을 향해 눈을 감고 자신을 몰아가고 있는 것이다. 망각에서 주체성은 ―형성물 자체에 대한 상존하는 기억에서 성립되는― 형성물의 귀결과 정합성을 마침내, 그리고 측량될 수 없을 정도로 뛰어 넘는다. 망각의 힘은 후기 쇤베르크에 온존되어 있는 것이다. 그는 재료의 절대적 지배권에 대한 충성을 거부한다. 자기 스스로 이러한 지배권을 진척시켰음에도 충성을 거부하고 있는 것이다. 그는 형성물의 ―매개되지 않는 채 현존하면서 자체로 닫혀 있는― 직관성과 결별한다. 이러한 직관성은 고전주의 미학에서는 상징적인 것이라는 이름으로 불렸던 바, 쇤베르크의 작품 어느 마디도 사실상 그 직관성과 상응하지 않는다. 예술가로서의 쇤베르크는 인간이 예술로부터의 자유를 다시 얻도록 해주고 있는 것이다. 변증법적인 작곡가가 변증법에 대해 정지를 명하고 있다.

🌳 _ 인식적 특징

예술작품은 예술에 대해 적대적 태도를 취함으로써 인식에 접근하게 된다. 쇤베르크의 음악은 처음부터 인식의 둘레를 돌고 있었고, 모든 사람들은 불협화음보다는 이러한 인식적 특성에 대해 더욱 못마땅해 했었다. 여기에서 쇤베르크의 음악이 주지주의라는 아우성이 나왔던 것이다. 자체로서 닫혀져 있는 예술작품은 인식의 능력을 갖지 못하고, 그 내부에서 인식이 사라지도록 해 버렸다. 그러한 예술작품은 단순한 "직관"의 대상이 되고 말았으며, 직접적으로 주어진 것으로서의 예술적 대상으로부터 사유가 빠져 나올 수 있는 힘이 되는 모든 단절들을 은폐시켰다. 이렇게 해서 전통적 예술작품은 스스로 사유를 포기하였고, 자기 자신이 아닌 것, 즉 외부 세계와의 구속력 있는 관계까지 포기하였던 것이다. 전통적 예술작품은 "맹목적"이었고, 칸트의 교의에 따르면 개념 없는 직관에 지나지 않았던 것이다. 전통적 예술작품이 직관적이어야 한다는 말은 주체와 객체의 단절을 극복하게 하는 것처럼 들릴지는 모르지만, 이것은 속임수에 지나지 않는다. 인식은 주체와 객체의 단절을 극복하는 것을 접합시키는 것에서 성립하기 때문이다. 예술의 직관성 자체가 예술의 가상이다. 혼란한 양상을 보이는 예술작품이 비로소 그 폐쇄성과 더불어 직관을 포기하며, 이와 함께 가상까지 포기한다. 혼란한 양상을 보이는 예술작품은 사유의 대상이 되고 스스로 사유에 참여한다. 그러한 예술작품은 주체의 수단이 되며, 주체의 의도를 담지하고 붙든다. 반면에, 자체로서 닫혀져 있는 예술작품에서는 주체가 의도의 뒤에서 자취를 감춘다. 자체로서 닫혀져 있는 예술작품은 주체와 객체의 동일성이라는 입장을 견지한다. 주체가 와해되면서 이러한 동일성은 가상임이 입증되며, 주체와 객체를 서로 대비시킴으로써 성립되는 인식의 권리는 더욱 위대하고 도덕적인 권리임이 드러난다. 신음악은 현실과 모순되는 관계에 놓여 있다. 신음악은 이러한 모순을 자신의 고유한 의식과 형태 속으로 받아들인다. 이러한 태도에서 신음악은 인식으로 올라서는 것을 강화시키는 것이다. 이것은 이미 전통적 예술에도 해당되었다. 전통적 예술이 그것에 고유한 소재에 내재하는 모순들을 더욱 깊게 각인시키면 시킬수록, 이렇게 함으로써 예술이 놓여 있는 곳인 세계의 모순들에 대해 더욱 심도 있게 증언하면 할수록, 예술의 인식력은 더욱 강화된다. 예술의 깊이라는 것은 잘못된 것에 대한 판단의 깊이를 의미한다. 인식하는 주체로서의 예술이 판단의 수단으로 삼는 것은 예술적 형식이다. 모순이 화해 가능성에서 비로소 측정되면서, 모순은 기록되고 인식된다. 예술이 실행하는 인식 활동에서 예술의 형식은 모순의 화해 가능성을 지적하고, 이렇게 함으로써 모순에 들어 있는 우연적인 것, 극복 가능한 것, 절대적이지 않은 것을 지적하는 것을 통해 모순에 대한 비판을 대변한다. 형식은 물론 동시에 인식의 활동이 중단되는 모멘트가 되기도 한다. 가능한 것의 실현으로서의 예술은 예술이 관계를 맺어 왔던 모순의 현실을 항상 거부하였다. 예술의 인식적 특징은 그러나 예술이 이처럼 거부하는 것에서 더 이상 만족을 못하는 순간에 급진적이 된다. 이것이 바로 새로운 예술이 일어나게 된 발단이다. 새로운 예술은 그것에 고유한 모순들이 더 이상 화해될 수 없을 정도로 깊게 모순들을 포착한다. 새로운 예술은 형식의 이념을 이토록 고도의 긴장감 속으로 몰아갔으며, 그 결과 예술적으로 실현된 것은 새로운 예술의 앞에서 파산된 것으로 선언될 수밖에 없는 것이다. 새로운 예술은 모순을 그대로 놓여 있게 하며, 새로운 예술의 판단 카테고리들의 ─형식의─ 텅 비어 있는 원석(原石)을 자유롭게 놔둔다. 새로운 예술은 자신에게서 재판관으로서의 위엄을 팽개쳐 버리고, 오로지 현실에 의해서만 화해될 수 있는 소송의 상태로 되돌아간다. 단편적(斷片的)인, 스스로 포기된 예술작품에서 비로소 비판적 내용이 자유롭게 되는 것이다.[73] 이

---

73) 벤야민의 "아우라적인" 예술작품 개념은 자체로서 닫혀져 있는 예술작품이라는 개념과 이미 오래전부터 일치한다. 아우라는 부분들과 전체 사이에 존재하는 부서지지 않는 감응이다. 자체로서 닫혀져 있는 예술작품을 구성하는 것도 바로 이러한 감응이다. 벤야민의 이론이 사실관계의 역사철학적 출현 방식을 강조하고 있는 반면에, 자체로서 닫혀져 있는 예술작품의 개념은 예술적 토대를 강조한다. 예술적 토대는 그러나 역사철학이 당장에 끌어 내지 못하는 결론들을 허용한다. 아우라적인 예술작품이나 자체로서 닫혀 있는 예술작품으로부터 와해되어 나타난 결과가 무엇이 되느냐 하는 것은 예술작품의 와해가 인식과 어떤 관계를 갖느냐에 달려 있다. 와해가 맹목적, 무의식적인 것에 머물러 있으면, 예술작품은 기술적 재생산에 의존하는 대중예술에 빠져 들게 된다. 대중예술의 곳곳에 아우라의 잔재들이 망령처럼 떠도는 것은 형성물들의 단순한 외적인 운명이 아니라 형성물들의 맹목적인 완강함이 표현된 것이다. 이러한 완강함은 형성물들이 현재의 지배관계들에 붙잡혀 있는 현상으로부터 발원한다는 것은 두말 할 나위도 없다. 인식 주체로서의 예술작품은 비판적이고 단편적(斷片的)이 된다. 오늘날 예술작품들에서 살아남을 수 있는 기회가 무엇인가 하는 것은 쇤베르크, 피카소, 조이스, 카프카의 작품에서, 그리고 프루스트의 작품에서도 일치되어 나타난다. 바로 이것이 다시금 역사철학적인 성찰을 허용한다. 자체로서 닫혀져 있는 예술작품은 부르주아적인 예술작품이다. 기계적인 예술작품은 파시즘에 속한다. 단편적인 예술작품은 완벽한 부정성의 상태에서 유토피아를 의도하고 있다(원전 각주).

아도르노는 벤야민이 「기술복제시대의 예술작품」에서 영화처럼 새로운 기술에 의해 가능해지는 대중예술이 정치적으로 대중을 계몽시킬 수 있는 긍정적 기능을 가질 수 있다는 주장에 대해 매우 비판적이었다. 아도르노의 이러한 시각은 1969년에 출판된 주 저작인 『미학이론』에서 더욱 명백하게 드러난다(역주).

것은 물론 자체로서 닫혀져 있는 예술작품의 와해에서만 가능할 뿐이지, 원시적인 예술작품들이 내포하고 있듯이 교의와 형상이 구분되지 않은 채 겹쳐진 것에서 가능하지는 않다. 왜냐하면, 자체로서 닫혀 있는 예술작품들이 단자론적으로 표상하는 필연성의 영역에서만 예술은 예술에게 인식의 힘을 부여하게 하는 객관성의 힘을 자신의 것으로 만들기 때문이다. 이러한 객관성의 토대는 아래와 같다. 즉, 자체로서 닫혀 있는 예술작품이 주체에게 부과하는 규율은 전체사회가 객관적으로 요구하는 바를 ―사회뿐만 아니라 주체도 그러한 객관적 요구에 대해 거의 모르는 사이에― 매개하는 기능을 갖게 되는 것이다. 주체가 규율을 조각내는 바로 그 순간에 객관적 요구는 비판적 명증성으로 고양된다. 이러한 행위는 행위가 부정하는 것인 사회적 요구를 그 내부에 받아들일 때만이 진리가 된다. 주체는 작품의 빈 공간을 사회적으로 가능한 것에 도망가듯이 넘기는 것이다. 말기의 쇤베르크에서 이러한 면모가 드러난다. 예술의 청산, 즉 자체로서 닫혀 있는 예술작품의 청산은 예술적인 문제 제기로 되며, 재료가 어떻든 상관없다는 태도는 예술에 대한 전통적인 이념이 마지막에 도달하게 되는 내용과 현상의 동일성을 포기하는 것을 동반하게 된다. 후기 쇤베르크에서 합창이 맡고 있는 역할은 인식으로의 경도(傾倒)를 보여주는 명백한 표지(標識)이다. 주체는 작품의 직관성을 희생시키며, 작품이 교의와 금언에 지나지 않는다고 작품을 몰아붙이고, 실재로 존재하지 않는 공동체의 대변자로 나서게 된다. 이와 유사한 것으로는 후기 베토벤에서 나타나는 캐논(Kanon)들을 들 수 있다. 여기에서 시작된 빛은 후기 쇤베르크의 작품들에 카논적인 실제로 이어지는 것이다. 합창의 대본은 철저하게 반성적이고 개념적으로 거친 종류이다. 《야콥의 돌계단》에서 반시적(反詩的)인 외래어가 사용된다거나 문학적 인용이 쓰이는 것과 같은 특이한 특징들은 쇤베르크 음악이 속해 있는 경향을 가장 잘 나타내주고 있다. 《야곱의 돌계단》에서는 의미가 형성물 자체에서 12음 기법에 의해 수축되는 현상이 부합되고 있다. 음악의 "의미"와 자유로운 조성의 의미를 형성해 주는 것은 다름 아닌 연관관계이기 때문이다. 쇤베르크는 작곡론을 음악적 연관관계에 대한 논(論)으로 정의할 만큼 멀리 나아가 있었다. 음악에서 근거 있게 의미가 있을 수 있다고 명명될 수 있는 모든 것은 음악적 연관관계를 요구한다. 왜냐하면, 이러한 모든 것은 ―개별성으로서― 자기 자신을 뛰어 넘어서 전체와 관련을 맺게 되며, 역으로 전체는 이러한 개별적인 것에 대한 특정한 요구를 그 내부에서 포괄하고 있기 때문이다. 예술적 개별 모멘트들이 예술작품의 공간에 전적으로 머물러 있으면서도 예술적 개별 모멘트들이 자기 자신을 넘어서는 것은 예술작품의 의미로 느껴지게 된다. 다시 말해, 현상 이상인 것이면서도 동시에 현상 이상인 것이 아닌 것으로 느껴지게 되는 것이다. 다른 말로 하면, 현상의 총체성으로 출현하는 것이다. 기법적 분석이 무의미성으로 두드러지게 나타나는 모멘트를 12음 기법을 구성하는 근원적인 것이라고 증명한다고 해도, 여기에는 12음 기법에 대한 비판만이, 즉 총체적이고 완벽할 정도로 철저하게 구성되어 있으며 철저하게 "연관관계적인" 예술작품이 자신의 고유한 이념과 갈등관계에 빠져든다는 비판만이 들어 있는 것은 아니다. 이러한 비판 이외에도, 오히려 12음 기법과 더불어 시작되는 무의미성에 힘입어 작품의 내재적인 완결성이 해체된다. 이러한 완결성은 의미를 형성하는 연관관계에서 성립되는데, 의미가 제거되면서 음악은 세계에 대한 이의(異議) 제기로 변신하는 것이다. 테크놀로지적인 배열들에서 확연하게 판독되는 것들은 자유로운 무조성의 시대에서 에른스트 크레네크의 실로 다른 작품과 비교할 수 없는 작품, 특히 《교향곡 2번》에서 다다이즘과 유사한 폭발력을 가지면서 선언된 적이 있었다. 이것은 음악이 자신의 의미에 저항하여 벌인 반란과 같은 것이다. 이러한 작품들에서 연관관계라는 것은 연관관계에 대한 부정(否定)이다. 부정이 올리는 환호성은 음악이 일상 언어의 반대자가 될 수 있다는 것을 증명하는 것에서 나오는 것이다. 자체로서 닫혀 있는 모든 음악 작품들이 거짓 형상의 표지(標識)에서 일상 언어와 함께 놓여 있는 동안에도, 음악은 자신을 의미 없는 것으로 말할 수 있는 능력을 보임으로써 부정의 환호성을 올릴 수 있는 것이다. 모든 유기적인 음악[74]은 스틸레 레치타티보(stile recitativo)로부터 나왔다. 그것은 시초부터 말하기를 모사한 것이었다. 음악의 해방은 오늘날 일상 언어로부터 음악이 해방되는 것과 같은 의미를 가지며, "의미"의 파괴에서 빛을 발하는 것과 같은 그러한 해방이다. 해방은 무엇보다도 우선적으로 표현에 관련된다. 신즉물주의 이론가들은 "절대" 음악을 복구하고 절대 음악을 낭만주의적-주관주의적인 요소를 지닌 표현으로부터 순화시키는 것을 본질적으로 중요한 것이라고 생각하였다. 그러나 실제로 나타난 것은, 의미와 표현의 분열이다. 크레네크 작품들의 무의미성이 작품들에게 객관적인 파국을 알리는 강력한 표현을 부여하듯이, 최근의 12음 기법 작품들에 들어 있는 표현의 특징들은 언어의 완강함으로부터 표현이 분리되어 있음을 가리키고 있다. 전통적인 음악에서 표현의 담지자인 주체성은 표현의 궁극적인 기체(基體)가 아니다. 이것은 오늘날까지 모든 예술의 기체였던 "주체"가 반드시 인간만은 아니었던 것과 마찬가지이다. 예술의 궁극적 목적이 그렇듯이, 음악의 원천도 의도의 영역, 의미와 주체성의 영역을 넘어선 곳에 있는 것이다. 이 원천은 일종의 몸짓과 같은 것이며, 울음의 원천과 가까운 관계에 있다. 울음은 해소(解消)의 몸짓이다. 울음은 얼굴

---

74) 자체로서 닫혀 있는 예술작품을 의미함(역주).

근육의 긴장을 누그러뜨린다. 다시 말해, 울음은 활동하는 과정에서 얼굴을 주변 환경을 향하게 하면서도 동시에 주변 환경으로부터 차단시키는 기능을 갖고 있는 긴장을 이완시키는 것이다. 음악과 울음은 입술을 열게 해 주고, 정지된 채 붙들려 있는 인간을 풀어주는 것이다. 고상하지 못한 음악에 들어 있는 감수성은 고상한 음악이 광기의 경계에 가서야 비로소 진실한 형체에서 그 모습을 그려낼 수 있었던 것인 화해를 —그 찌그러진 형체에서— 회상시켜 주고 있다. 울음에, 그리고 인간과는 아무것도 동일한 것이 없는 음악에 휩쓸려 들어가는 인간은 자기 자신이 아닌 것과 사물세계의 제방 뒤에서 가로막혀 있던 것을 울음과 음악을 통해 자신의 내부에서 다시 흐르게 한다. 인간은 울면서, 그리고 노래하면서 소외된 현실 안으로 들어가는 것이다. "눈물이 흐르네, 대지가 다시 나를 맞아주네." 음악은 『파우스트』에 들어 있는 이 구절에 따라 행동한다. 그리하여 지상에 에우리디체가 다시 나타난다. 기다리는 자의 감정이 아닌 다시 돌아오는 자의 몸짓이 모든 음악의 표현을 서술하며, 이것은 죽어서 사라져야 마땅할 세계에도 해당될 듯하다.

_ 사회에 대한 입장

음악의 마지막 국면에서 드러나는 잠재성에서 음악의 입장이 바뀌었다는 것이 알려지게 된다. 음악은 더 이상 내면적인 것의 진술도, 모사상도 아니다. 음악은 자신의 형상에서 현실을 평평하게 모사하는 것을 더 이상 행하지 않으면서 현실을 인식하는 기능을 갖는다. 이렇게 해서 음악은 현실에 대해 입장을 취하는 인식이 되는 것이다. 극단적인 고립에서 음악의 사회적 특징이 동시에 변화한다. 전통적 음악은 임무와 기법을 스스로 독자적인 것으로 만들면서 사회적 토대로부터 분리되었으며, "자율적"이 되었다. 음악의 자율적인 전개가 사회적인 전개를 성찰한다는 사실을 음악에서 결코 단 한 번도 간명하고 의심의 여지없이 도출해낼 수 없었다. 이와는 대조적으로, 소설에서는 소설의 전개가 사회적 전개를 성찰한다는 사실이 명료하게 도출될 수 있었다. 자체로서의 음악에는 명확하게 대상적인 내용이 결여되어 있다. 그뿐만 아니라, 음악이 그 형식법칙들을 순수하게 형성하고 형식법칙들에 자신을 내맡기면 맡길수록, 음악은 사회에 자신의 영역을 갖고 있음에도 사회를 명백하게 서술하는 것을 더욱더 밀폐시킨다. 음악이 사회적으로 인기를 누리는 것은 바로 이러한 밀폐 때문이다. 음악이 사회적인 긴장관계들의 저 건너편에서 존재론적인 즉자 존재로서 자신을 주장하는 한, 음악은 이데올로기이다. 시민사회적 음악의 정점에 위치하는 베토벤 음악도 ―오로지 일상적인 소음에 대한 아침의 꿈처럼― 시민사회적 계급이 만들었던 영웅적인 시대의 함성과 이성으로부터 다시 울려 퍼질 수 있었다. 감성적인 청취가 위대한 음악을 보증하는 것은 아니다. 사회적 요소들과 그것들의 갈등에 대해 개념적으로 매개된 인식이 비로소 위대한 음악이 성취하는 사회적인 내용을 보증해 주는 것이다. 음악을 계급이나 집단에 조잡하게 산입(算入)시키는 것은 단정적인 것에 지나지 않으며, 형식주의에 반대하는 선동의 어리석은 짓으로 전도될 뿐이다. 이러한 선동은 기존 사회의 움직임에 함께 같이 움직이는 것을 거부하는 모든 것을 시민사회적 퇴폐라고 낙인을 찍으며, 시민사회적 작곡의 찌꺼기와 후기낭만주의적인 격앙된 호사스러움에 민중민주주의의 가치까지 부여해 주는 어리석음을 범하고 있다. 음악은 오늘날까지 사회의 균열과 형성에서 전체사회를 구체화하고 예술적으로 기록한, 시민사회적 계급의 산물로서만 존재하였다. 이 점에서는 전통적 음악이나 이로부터 해방된 음악이 동일하다. 봉건체제는 "자체의" 음악을 산출해 낸 적이 거의 없었고, 항상 도시의 시민계급으로부터 음악을 조달받았다. 전체 사회의 단순한 지배 대상에 지나지 않는 프롤레타리아는 음악적 주체가 되는 것 자체를 금지당했다. 프롤레타리아를 선명하게 각인시키는 속성인 억압뿐만 아니라 사회체계 내에서 차지하는 위치가 그들이 음악적 주체가 되는 것을 허용하지 않았다. 그들이 음악적 주체가 되는 것은 자유가 실현되거나 그들에 대한 지배가 소멸되는 상황에서나 가능할 것 같다. 기존의 사회에서 시민사회적 음악 이외의 다른 음악이 존재하느냐에 대해서는 의문의 여지가 있다. 이와는 대조적으로, 개별적인 작곡가들이 어떤 계급에 속하느냐, 그들을 소시민적인 사람들로 분류하느냐, 또는 부르주아로 분류하느냐 하는 문제는 어떻든 상관이 없다. 이는 마치 신음악의 본질을 사회적 수용으로부터 읽어내려는 것이 어떻든 상관없는 것과 같다. 쇤베르크, 스트라빈스키, 힌데미트처럼 극단적으로 다른 모습을 보이는 작곡가들도 사회적 수용에서는 거의 차이가 나지 않는다. 작곡가 개인의 정치적 성향과 작품 내용은 극히 우연적이고도 측정 불가능한 연관관계에 놓여 있을 뿐이다. 급진적인 신음악에서 일어나는 사회적인 내용의 변이(變移)는 신음악의 수용에서 단순히 부정적인 것, 음악회에서 연주되고 끝나는 것 정도로 표현되고 있다. 이러한 변이가 신음악이 당파성을 갖고 있다는 관점에서 탐구될 수는 없다. 오히려 인간이 만든 대립적인 체제를 표현하는 단호한 소우주로서의 신음악은 오늘날 예술이 자율성이라는 이름으로 세심하게 구축해 놓았던 장벽을 내부로부터 부숴 버린다. 전통적 음악의 균열 없는 형식 내재성과 전면에 드러나 있는 편안함을 통해 계급이란 본질적으로 존재하지 않는 개념으로 보는 것이 맞지 않느냐 하는 사실을 선언하는 것이 전통적 음악에서 계급의 의미였다. 스스로 갖고 있는 완강함의 상처를 입지 않은 채로는 자기 스스로 자의적으로 자율성을 부수는 투쟁에 간여할 수 없는 처지에 있는 신음악은 재앙으로 치닫는 현실에 직면하여 더 이상 지탱할 수 없게 된 조화에 내재하는 기만을 포기하는 입장을 취함으로써 본의 아니게 이 투쟁에 관련을 맺게 된다. 이러한 사실은 신음악의 적들도 잘 알고 있다. 급진적인 현대 음악에서 나타나는 고립 현상은 이 음악의 비사회적인 내용으로부터 나오는 것이 아니고 사회적인 내용으로부터 유래하는 것이다. 급진적 현대 음악은 그것의 순수한 질을 통해, 순수한 질을 더욱 순수하게 출현시키면 시킬수록 ─사회적 해악을 이미 현존하는 것으로서의 휴머니티라는 속임수 안으로 도피시키는 것 대신에─ 더욱 강력하게 사회적 해악이 어떤 것인지를 가리켜 준다. 급진적 현대 음악은 더 이상 이데올로기가 아니다. 바로 여기에서 급진적 현대 음악은, 옆으로 비켜서 있는 고립에서도, 거대한 사회적 변혁과 서로 일치하는 것이다. 생산 장치와 지배 장치가 서로 융합되어 있는 현재의 국면에서는 상부구조와 하부구조의 매개에 관한 문제는 ─모든 사회적 매개와 동일하게─ 전체적으로 보아 낡은 문제가 되고 있다. 객체적 정신의 모든 침전물들이 그렇듯이, 예술작품들도 사물 그 자체이다. 예술작품들은 숨겨진 사회적 본질이며, 이러한 본질이 현상으로 소환되어 나타난 것들이다. 우리는 아래와 같은 물음들을 던져 볼 수 있다. 예술은 일찍이 현실에 대한 매개된 모사상이었다는 물음, 예술은 세계의 권력 앞에서 자신의 정당성을 가지려고 노력했다는 물음, 예술은 항상 세계의 권력에 저항하는 것이 세계에 대한 예술의 태도였다는 물음이 제기될 수 있는 것이다. 예술이 갖고 있는 자율성에도 불구하고 예술의 변증법은 닫혀진 변증법이 아니라는 사실, 예술의 역사는 물음과 해결로 이어지는 단순한 연속이 아니라는 사실이 이러한 물음들을 설명하는 데 도움을 줄 수 있을 것 같다. 우리는 예술이 종속되어 있는 변증법으로부터 벗어나는 것이 예술작품들의 가장 내밀한 관심사가 아닐까 하고 추측해 볼 수도 있다. 작품들은 변증법적 강제에서 오는 고통에 대해 민감하게 반응한다. 변증법적 강제는 예술작품들에게는 필연성으로 인해 발생하는 불치병인 것이다. 재료의 변증법에서 발원하는, 작품의 형식 법칙성은 이러한 변증법을 동시에 절단시킨다. 변증법이 중단되는 것이다. 중단에 이르게 하는 것은 그러나 다른 것이 아닌, 바로 변증법이 작용하는 현실이며, 사회 그 자체이다. 예술작품들은 사회를 모방하는 일이 거의 없고 사회에 대해 완벽하게 알 필요는 없지만, 예술작품의 몸짓은 사회를 구성하는 요소들이 객관적으로 어떤 모습을 갖고 있는가에 대한 객관적인 답변이다. 이러한 답변은 때로는 소비자들의 수요에 적응하기도 하지만 수요에 대해 모순관계를 형성하는 경우가 항상 더욱 많다. 그러나 수요에 의해 철저하게 지배되는 일은 결코 없다. 처리방식의 지속성의 모든 절단, 모든 망각, 모든 새로운 시도는 사회에 대한 반응방식을 나타낸다. 예술작품이 세계에서 사라지면 사라질수록, 예술작품은 사회의 이질성에 대해 더욱 자세한 답을 제공한다. 예술작품은 자신이 던지는 물음에 대한 답에서 사회에 대해 성찰하는 법이 없으며, 스스로 제기한 물음의 선택에서도 단 한 번이라도 필연적으로 사회에 대해 성찰하는 태도를 취하지 않는다. 그러나 역사가 인간에게 주는 공포에 대해서는 긴장 관계를 유지한다. 때로는 주장하기도 하고 때로는 망각하기도 한다. 예술작품은 이완되는 태도를 보이다가 곧 경직되기도 한다. 예술작품은 해악에 대항하기 위해 끝까지 버티기도 하고 포기하기도 한다. 예술작품이 획득하는 객체성은 그러한 순간들을 고정시키는 것에서 발원한다. 예술작품들은 시계의 재깍거리는 소리가 어린아이의 얼굴에 강요함으로써 그 얼굴이 찌그러지는 고통이 계속되는 것과 같은 것이다. 통합적인 작곡기법은 통합적 국가를 생각한 것에서 나온 것도 아니고 통합적 국가의 해체를 염두에 둔 것에서 성립된 것도 아니다. 그러나 그 기법은 현실에 저항하는 시도이며, 통합적 국가가 일으키는 공황과 같은 불안을 내부에 흡수하기 위한 시도이다. 예술에 나타나는 비인간성은 세계의 비인간성을 능가해야 한다. 이는 인간적인 것을 구출하기 위함이다. 예술작품들은 세계가 인간을 집어 삼키려고 부과하는 수수께끼들에서 인간적인 것을 구출하기 위한 시도를 행하는 것이다. 세계는 스핑크스이고, 예술가는 눈이 먼 오이디푸스이며, 예술작품들은 스핑크스를 나락으로 밀어 버린 오이디푸스가 내놓은 현명한 답과 같은 것이다. 모든 예술은 이처럼 신화에 대립되는 태도를 취한다. 예술의 자연 그대로의 "소재"에는 하나의 가능하면서도 올바른 "답"이 항상 들어 있다. 그러나 답이 분리되어 있지는 않다. 답을 제공하는 일은, 즉 이미 있었던 것이 진술되고 이렇게 함으로써 다의적인 것에 각기 내재하는 급한 사안을 예로부터 모든 급한 사안에 들어 있는 하나의 급한 사안을 통해 충족시키는 일은 새로운 것이다. 이처럼 새로운 것은 낡은 것을 충족시키면서 낡은 것을 넘어서는 것이다. 항상 다시 나타나는 이미 알려진 것의 도식을 통해서 한 번도 존재하지 않았던 것에 대해 안출해 보는 것에서, 바로 여기에 예술가적 기법의 진지함이 들어 있다. 이런 진지함은 더욱 커지고 있다. 예술가적 기법의 끈질김에 들어 있는 소외는 오늘날 예술작품 자체의 내용을 형성하고 있기 때문이다. 예술작품이 이해되지 않는 것으로 됨으로써 인간이 받게 되는 충격들은 예술가적 기법이 아무런 의미도 갖지 못하는 시대에서 예술가적 기법이 명령을 내리듯이 분배해 주는 것들이다. 그러한 충격들이 인간을 휘감고 있다. 그러한 충격들은 의미가 없게 되어 버린 세계를 밝혀주고 있다. 바로 이를 위해 신음악은 자신을 희생시키고 있다. 신음악은 세계가 저지르는 죄의 모든 어두움을 자신의 내부에서 받아들이고 있다. 신음악은 불행을 인식하는 것에서 자신의 모든 행복을 얻는다. 신음악이 갖는 모든 아름다움은 아름다운 것의 가상을 거부하는 것으로부터 획득된다. 누구도 신음악과 관계를 가지려고 하지 않는다. 집단들이 관계를 맺는 것을 싫어하는 것에 못지않게 개인들도 관계를 맺지 않으려고 한다. 신음악은 청취되지 않은 채, 메아리도 없이 울려 퍼진다. 시대가 청취되는 음악 주위를 번쩍거리는 수정이 되도록 에워싼다면, 청취되지 않는 음악은 마치 깨지기 쉬운 공처럼 공허한 시대의 내부로 빠져 들어간다. 기계적인 음악이 시간 단위로 겪는, 이 마지막 경험에 신음악도 자발적으로 자신을 맡긴다. 절대적으로 망각되어 있는 것에 자신을 갖다 대는 것이다. 신음악은 조난당했을 때 병에 편지를 넣어 바다에 띄워 보내는 절박하고도 진실한 구조 요청과 같은 것이다.

신음악의 철학

스트라빈스키와 복고_

지나간 세계관을 실체적으로 다시
자신의 것으로 만드는 것, 즉 스스
로를 이처럼 보는 방식의 유일함
속으로 확고히 포장하고 싶어 하는
것, 예를 들면 다시 가톨릭을 믿으
려는 것과 같은 것은 더 이상 아무
런 도움이 되지 않는다. 근자에 들
어서서 예술의 정취(情趣)를 고정
시킬 목적으로, 그리고 예술이 예
술 자신에 대해 서술하는 바를 특
정하게 경계를 짓는 것이 즉자-대
자적으로 존재하는 어떤 것이 되게
할 목적으로, 많은 것들이 예술 때
문에 행해지고 있는 것도 더 이상
도움이 되지 않는다.

— 헤겔 『미학 II』

_ 확실성

스트라빈스키와 그 추종자들의 역사적 신경 분포는 양식 절차를 통해 음악이 의무로서 짊어지고 있는 본질을 음악에 새롭게 형성할 수 있다는 유혹에 빠져 있다. 음악의 합리화의 과정이, 즉 음악적 재료의 통합적 지배의 과정이 음악의 주관화의 과정과 함께 진행되어 왔다고 한다면, 조직적 지배를 선호하는 스트라빈스키는 이러한 주관화에서 자의성의 모멘트로 보이는 것을 비판적으로 부각시킨다. 주체의 완전한 자유를 향한 음악의 진보는, 표면의 연관관계의 포착 가능한 논리를 포괄적인 음악 언어를 통해서 지속적으로 해체시키는 한, 기존의 척도로 볼 때는 비합리적인 것으로 기술된다. 객관적 합리성의 담지자로서의 주체는 그 우연성의 빈도에서 합리성이 올린 성취를 왜곡시킨다. 이러한 주체가 그 우연성에서 개인과 분리될 수 없다는 오래된 철학적 아포리아(Aporie)는 실제적으로 순수한 논리를 결코 가져보지 못했던 음악에게 완벽하게 부담을 준다. 스트라빈스키와 같은 작곡가들의 정신은 일반적인 것을 통해서 가시화될 수 없는 특정한 자극에 대해 격렬하게 저항하는 반응을 보인다. 사회적으로 파악될 수 없는 모든 흔적에 대해서 원래부터 그러한 반감을 보이는 것이다. 스트라빈스키와 같은 사람들이 갖고 있는 고의(故意)는 음악의 확실성에 방점을 찍으면서 그 확실성을 복구시키려는 것이다. 즉, 확인되어진 것이라는 특징을 외부로부터 음악에 각인시키고, 그렇게 존재해야 하고 ―다르게― 존재할 수 없음(So-und-nicht-anders-sein-Können)의 힘을 이용하여 음악을 장식하는 옷을 입히려는 것이다. 빈 악파의 음악은 자기 자신 속으로의 무제한적 몰입을 통해, 그리고 철저한 조직화를 통해, 그렇게 존재해야 하고 ―다르게― 존재할 수 없음의 힘에 참여하게 되기를 희망한다. 즉, 빈(Wien) 악파[1]의 음악은 음악이 모서리가 난 모습으로 출현하는 것과는 거리를 두고 있다. 빈 악파는 실행 자체가 청자에 의해 함께 실행되는 것을 의도하며, 단순히 반응하면서 뒤따라 체험하는 실행을 의도하지 않는다. 빈 악파의 음악은 청자를 묶어 두지 않는다. 이런 이유로 인해 스트라빈스키의 의식은 빈 악파의 음악을 무기력하고 우연적인 음악이라고 고발한다. 스트라빈스키는 현상의 엄격한 용모와 설득력을 얻을 목적으로 본질이 필요로 하는 엄격한 자기 전개를 포기한다. 음악의 등장은 어떤 모순도 용인할 수 없다는 태도를 취하고 있는 것이다. 힌데미트(Hindemith)는 젊은 시절 언젠가 이것을 단정하듯이 언어로 정리한 바 있었다. 힌데미트의 눈 앞에는 바흐나 모차르트 시대에 그랬던 것처럼 곡을 쓰는 모든 이가 같은 방식으로 받아들여야만 하는 하나의 양식이 아른거리고 있었다는 것이다. 힌데미트는, 작곡을 가르치는 사람으로서, 현재까지도 강제적 동일화(Gleichschaltung)[2]를 추종하고 있다. 스트라빈스키의 예능인다운 영리함과 세련된 장인성은 처음부터 그러한 순진함으로부터 근본적으로 자유로웠다. 스트라빈스키는 미심쩍은 마술사적인 것의 도시적인 의식에서, 그리고 음악 자체를 철두철미하게 규정하는 의식에서 평준화의 압박에 대해 원한을 품지 않은 채 자신의 복고 시도를 수행해왔다. 그런 의식은 그가 오늘날에도 곡을 써 보려고 마주하고 있는 빈 오선지 앞에서 망각되어 버렸는지도 모른다. 그러므로 스트라빈스키의 객관주의는 그를 따랐던 모든 이들의 객관주의보다도 훨씬 무거운 것이다. 스트라빈스키는 그에게 고유한 부정성의 모멘트를 본질적으로 포괄하고 있기 때문이다. 그럼에도 꿈에 적대적인 그의 작품이 확실성을 꿈꾸는 것

---

1) 제2 빈 악파를 의미함(역주).
2) 강제적 동일화는 나치의 미적 이념의 하나였다.

에서 영감을 받았다는 점은 의문의 여지가 없다. 스트라빈스키의 꿈에 적대적인 작품이 빈 공간에 대한 공포(Horror vacui)에서, 그리고 어떤 사회적 반향도 더 이상 찾을 수 없으며 개별적인 것의 운명에 묶여 있다는 것의 덧없음에 대한 불안에서 영감을 받았다는 것은 틀림이 없는 것이다. 스트라빈스키에서는 절반밖에 자라지 못한 인간의 소망이 고집스럽게 머물러 있다. 작품의 방향에 대한 논쟁 속에서 그 실체가 소모되고, 곧 망각되어 버리는 하찮은 모더니스트가 아닌, 통용되고 보존되는 고전적 작곡가가 되고자 하는 소망이 스트라빈스키에게 있는 것이다. 그런 반응 방식에는 해명되지 않은 존경심이, 그리고 이와 연루된 희망의 무력함이 들어 있다는 점은 오해의 여지가 거의 없다. 어떤 예술가도 무엇이 살아남을지에 대해서 할 수 있는 일은 없기 때문이다. 또한 복고의 불가능성에 대해 아는 사람이라면 적어도 거부해서는 안 되는 경험이 그러한 반응 방식의 근저에 놓여 있다는 것도 의심의 여지가 없다. 안톤 베베른(Anton Webern)의 가장 완벽한 가곡조차도 확실성에 있어서는 겨울 나그네의 가장 단순한 곡보다도 뒤에 머물러 있다. 베베른의 가곡은 그 극단적인 성공에서도 무조건적으로 감내한 의식 상태로서의 모습을 보여주고 있다. 이 의식상태가 가장 적절한 객관화를 발견한다. 그러나 이것이 내용의 객관성, 의식상태의 진리, 비진리에 대해 결정해 주지는 않는다. 스트라빈스키가 목표로 삼고 있는 것은 바로 이러한 의식 상태이다. 그는 고정시키기보다는 차라리 조망하고 싶어 했던 상황에 대한 표현의 성공을 목표로 삼고 있는 것이 아니다. 가장 진보된 음악은 그의 귀에 울리지 않는다. 가장 진보된 음악은 그에게는 그것이 시작될 때부터 원래 있었던 것처럼 들릴 뿐이다. 그는 음악이란 그냥 울리는 것이라고 말하고 싶어 한다. 그런 목표를 비판하다보면 목표의 실현 단계들에 대한 통찰을 얻을 수 있을 것이다.

❀_ 무의도성과 제물

스트라빈스키는 확실성으로 가는 쉬운 길을 경멸해왔다. 그 길
이란 아카데믹한 길이었다고 할 수 있을 것이다. 그것은 음악적 어법
을 승인된 재고품에 한정하는 것이기도 하다. 이러한 음악적 어법은
18, 19세기를 지나면서 형성되었으며, 음악적 어법이 속해 있는 시민
사회적 의식에 대해서는 자명한 것과 "자연적인 것"이라는 인장으로
채택하였다. 무소르그스키(Mussorgsky)의 화성을 음악원 규칙에 따라
수정하였던 림스키-코르사코프(Rimsky-Korsakoff)의 제자는, 회화에서
단 한 사람의 야수파 인물이 그랬던 것처럼, 아틀리에에 대해 반기를
든다.[3] 구속성에 대해 스트라빈스키가 부여하는 의미를 기준으로 볼
때, 음악원 규칙이 제기하는 요구는 참을 수 없는 것이었다. 그래서
그는 스스로 반박에 나선다. 스트라빈스키는 시민성의 영웅적인 시
대에 조성이 행사했던 결정적인 힘의 자리에 교양에 상응하여 매개
된 합의를 앉힌다. 음악적 언어의 조탁성, 음악적 언어의 개별적인
공식들이 의도들로 점령되어 있는 것은 스트라빈스키를 확실성의 보
증인이 아니라 확실성을 갉아먹은 사람으로 묘사하게 하는 원인이
된다.[4] 무기력해진 확실성은 확실성에 고유한 원리가 효과적으로 작

---

3) "깊이 생각해보면, 《봄의 제전》은 아직은 포비즘적인 작품이며, 조직적인
   포비즘 작품이다"(Jean Cocteau, Le Coq et l'Arlequin, Paris, 1918, S.64, 원
   전 각주).

4) 니체는 음악적 재료가 의도를 점령하는 것뿐만 아니라 의도와 재료 사이의
   잠재적인 모순까지도 일찍이 인식하고 있었다. "음악은 감정의 직접적인 언
   어로 통용되어도 될 정도로 우리의 내면적인 것에 대해서 즉대자적으로 깊
   은 의미를 갖는다거나 깊은 자극을 주는 것은 아니다. 오히려 시와 음악의
   대단히 오래된 결합이 리듬적인 움직임, 음의 강약에 많은 상징성을 부여해
   왔기 때문에, 우리는 음악이 우리의 내면적인 것에 대해 직접적으로 말을 하

196 _

고 내면적인 것으로부터 음악이 나오는 것이라고 착각하고 있는 것이다. 극음악은 음의 예술이 예술가곡, 오페라, 음을 회화적으로 표현하는 백번이나 거듭되는 시도들에 의해 상징적인 수단들의 대단한 영역을 점령할 때 비로소 가능하다. '절대 음악'은 시와 결합되지 않은 음악 그대로의 상태에서 음의 울림이 박자와 여러 상이한 강도에서 기쁨을 만들어 내는 곳에서 형식 자체이거나, 또는 시와 음악이 오랫동안의 전개에서 결합되어 음악적 형식이 마침내 개념과 감정의 매듭들로 엮어지고 난 후에 시가 없이도 이해되도록 말을 건네는 형식들의 상징성이다. 음악의 발전에 뒤로 물러나 있는 사람들은 진보적인 사람들이 모든 것을 상징적으로 이해하는 곳에서도 같은 음으로 이루어진 작품을 순수하게 형식적으로만 느낄 수 있을 뿐이다. 어떤 음악도 그 자체로는 심원하고 의미심장하지 않으며, 어떤 음악도 '의지', '물 자체'에 대해 말하지 않는다. 지성은 이것을 시대가 음악적 상징성에 대한 내적인 삶의 모든 영역을 점령하였던 상황에서나 비로소 꿈꿀 수 있었다. 지성은 스스로 이러한 의미심장함을 비로소 음향에 집어 넣는다. 지성은 건축에서 이러한 의미심장함을 위와 마찬가지로 선과 질량과의 관계들에 부여하지만 의미심장함은 그 자체로 기계적인 법칙들에는 매우 낯선 것일 뿐이다"([Friedrich Nietzsche, Werke in drei Bänden, hrsg. von Karl Schlechta, Bd. 1, München 1954, S.573 ; »Menschliches, Allzumenschliches«, Bd. 1, Aph. 215). 여기에서는 동시에 음과 "음에 덧붙여진 것"의 분리는 기계적인 것으로 생각되는 상태에 머물러 있다. 니체에 의해 주장된 "즉자적인 것"은 허구적인 것이다. 모든 신음악은 의미의 담지자로 정초(定礎)되어 있으며, 그 존재를 단지-음으로서의-존재-이상의 것에서 갖고 있고, 이런 이유 때문에 망상이니 현실이니 하는 것으로 분해되지는 않는다. 심리화의 증대를 음악적 진보로 보는 니체의 개념은 지나치게 직선적으로 구상된 것이다. 재료 자체가 이미 정신이기 때문에, 음악의 변증법은 객관적인 극과 주관적인 극 사이에서 움직이며, 주관적인 극이, 추상적으로, 더욱 높은 위상에 놓여 있는 것은 결코 아니다. 음악의 구조가 갖는 논리를 희생시키는 대가로 얻어지는 음악의 심리화는 깨지기 쉬운 것으로 증명되며 낡은 것이다. 에른스트 쿠르트의 음악심리학은 현상학적인 카테고리들과 게슈탈트 이론(Gestalt Theorie)에서 유래하는 카테고리들로 "음에 덧붙여진 것"을 덜 조야하게 규정하려고 노력하였다. 그러나 그의 음악심리학은 동시에 음악적 범영혼성의 이상주의적인 관념이라는 정반대의 극단으로 빠져 들고 말았다. 이처럼 이상주의적인 관념은 음향이 갖는 이질적 요소, 소재적인 요소를 단순히 거부동되기 위해 제거되어야 한다는 것이다. 그것은 의도의 해체를 통해 수행된다. 스트라빈스키는 음악적 질료(hyle)를 직접적으로 바라보는 것으로부터, 바로 이것으로부터 결합성을 기대하고 있다. 이것이 동시대의 철학 사조인 현상학과 근친성을 갖고 있다는 점은 오해의 여지가 없다. 모든 심리주의의 포기, 자체로 주어지는 것으로서의 순수 현상으로의 환원은 의심할 여지가 없는 "확실한" 존재의 한 영역을 열어야 한다는 것이다. 저기에서도 여기에서도, 근원적이지 않은 것에 대한 불신은 —이것은 가장 깊은 의미에서는 실재 사회와 그 이데올로기 사이의 모순에 대한 예감이기도 하다— 잘못하여 덧붙여진 것을 삭제한 후 남았다고 하는 "나머지"를 진리로 실체화하려는 유혹에 빠져 들고 있다. 여기 저기에서 정신은 기만에 사로잡혀 있다. 정신은 자신의 고유한 주변에서, 사상과 예술의 주변에서 정신이 단순한 정신이며 반성이지 존재 자체는 아니라는 저주로부터 빠져 나올 수 있다는 기만에 빠져 있는 것이다. 여기 저기에서 "사물(Sache)"과 정신적인 반성 사이의 매개되지 않은 대립이 절대적인 것이 된다. 이로인해 주체의 산물은 자연적인 것이 갖고 있는 위엄을 담은 옷을 입게된다. 두 경우 가운데 어떤 경우든지, 문화로서의 문화에 고유한 본질에 대한 문화의 기이한 반란이 문제가 되고 있는 것이다. 스트라빈스키는 그런 반란을 야만과의 능숙한-미적인 유희에서뿐만 아니라, 음악에서 문화라고 불렀던 것과 인간애를 말하는 예술작품을 잔인하

하거나 또는 이것을 "음의 심리학"에 맡겨버리며, 음악이론을 처음부터 의도들의 영역에 제한시킨다. 이렇게 함으로써 쿠르트는, 음악 언어를 면밀하게 파악하고 있음에도 불구하고, 음악적 변증법의 결정적인 구성요소들에 대한 통찰을 스스로 차단시킨다. 정신적-음악적 재료는 의도가 없는 층(層)을 필연적으로 포함하고 있다. 이것은 그 자체로서 어디에서 가져와 준비시킬 수 없을 것 같은 "자연"과 같은 어떤 것이다(원전 각주).

게 중지시키는 것에서도 실행하고 있다. 이것은 음악이, 무엇인가를 의미하는 대신에, 전개된 시민사회적 주체 뒤에 숨어서 무의도적인 것으로 기능하며 육체적 움직임을 자극하는 것으로 머물러 있는 곳으로 스트라빈스키를 이끄는 결과로 이어진다. 그곳에서는 의미들이 제의화(祭儀化)되며, 의미들은 음악적 행위의 특별한 의미로 경험되지 않는다. 미적인 이상(理想)은 묻지 않은 채 이루어지는 실행의 이상이다. 프랑크 베데킨트(Frank Wedekind)가 서커스를 다룬 작품들에서 그랬던 것처럼, "육체 예술"은 스트라빈스키의 슬로건이 된다. 그는 발레 루스[5]의 훈련 담당 작곡가로 출발한다. 《페트루슈카(Petruschka)》이래 그의 악보들에는 제스처와 스텝이 두드러지며, 그것들은 극중 인물 안으로의 감정이입과는 항상 거리를 두게 된다. 스트라빈스키의 악보들은 ―쇤베르크 악파가 그 악파에서 가장 강력하게 노출되었던 형상들에서 영웅 교향곡의 베토벤과 여전히 함께 하고 있었던― 포괄적 요구에 대한 극단적인 대립 속에 전문가적으로 제한되어 갇혀 있다. 수공예적으로 정의된 능력의 한계를 정신화를 통해 넘어서 보려는 시도가 아무런 도움이 되지 않는다는 것을 스스로 의식한 스트라빈스키는 교활하게도 쇤베르크의 《행복한 손》의 이데올로기에서 고발당하고 있는 분업에게 공물(供物)을 바친다. 거기에는 전문가의 시대에 맞는 자각 이외에도 반(反)이데올로기적인 것이 살아 움직이고 있다. 다시 말해, 전문가가 정교하게 과제를 해결해야 한다는 생각이 들어 있는 것이다. 그것은, 말러가 명명했듯이, 기술의 모든 수단을 동원하여 하나의 세계를 구축한다는 생각은 아니다. 스트라빈스키는 분업에 대한 치료의 방안으로 분업을 극단으로 행하고, 이렇게 해서 분업화된 문화를 우롱할 것을 제안한다. 스트라빈스키는

---

5) 디아길레프의 러시아 발레단(역주).

전문가 정신으로부터 음악 홀, 버라이어티 쇼, 그리고 서커스의 전문성을 만들어낸다. 그러한 전문성은 콕토(Cocteau)와 사티(Satie)의 《장관(Parade)》에서 영광의 자리에 올랐지만, 스트라빈스키는 《페트루슈카》에서 이미 그것을 생각하고 있었다. 미적인 성과는 완벽해진다. 미적인 성과를 위해 인상주의에서 이미 시작되었던 역업(力業, tour de force), 중력의 단절, 극단까지 강화된 특별 훈련을 통해 불가능한 것을 가능한 것처럼 보여주는 수단들이 사용된다. 스트라빈스키의 화성은 실제적으로 항상 부유 상태를 유지하며, 화음들의 위계화된 진행이라는 중력으로부터 벗어나 있다. 신들린듯함, 곡예의 의미 없는 완벽함, 항상 똑같은 것을 반복하는 부자유는 거의 목숨을 걸어야 할 지경에까지 이르게 된다. 전개된 처리능력, 주권성, 자연의 속박으로부터의 자유가 의도 없이 표상되고 있다. 이것들은 자기주장을 펼치고 있는 곳에서 동시에 이데올로기로 치부되어 부정된다. 곡예 행위의 맹목적으로 무한한 성공, 미적인 이율배반들로부터빠져 나온 곡예 행위의 성공은 극단적인 분업과 사물화에 힘입어 시민사회적 한계를 뛰어넘는 성공으로서 환호의 대상이 된다. 이러한 성공은 급작스러운 유토피아로서 환호를 받게 된다. 무(無)의도성(Intentionslosigkeit)은 모든 의도를 되찾아 줄 것임을 약속하는 것으로통용된다. "신인상주의적" 양식을 따르고 있는 《페트루슈카》는 대목시장(市場)의 잘 짜여진 짧은 순간의 시끌벅적함에서부터 공적 문화로부터 버려진 모든 음악을 비웃으며 모방하는 것에 이르는 무수히많은 예술품들로 짜맞추어져 있다. 《페트루슈카》는 문학적-예술 장사적인 카바레 분위기로부터 유래한다. 스트라빈스키는 거짓 요소에충실하면서도 동시에 그 안에 들어 있는 자아도취적으로 고양된 것, 광대의 혼과 같은 것, 보헤미안의 분위기에 반항한다. 그는, 이러한것들에 저항하면서, 재빠른 카바레 공연물들이 이미 보여주기 시작한 내면적인 것을 비웃으면서 폐기하는 것을 관철시킨다. 이런 경향은 영혼을 상품으로 설정하는 예술 장사로부터 영혼에 대한 부정에 이르게 된다. 상품적 특징에 대한 저항에서 영혼에 대한 부정에 이르게 되는 것이다. 다시 말해, 음악이 자연 상태 속으로 들어간다고 맹세하는 것에 이르게 된다. 음악이 의미하는 것을 자기 스스로부터 포기함으로써 객관적인 의미를 받아들이게 된다는 현상으로 음악이 환원되는 것에 이르게 되는 것이다. 에곤 벨레스(Egon Wellesz)가 《페트루슈카》를 쇤베르크의 《피에로》와 비교한 것은 완전히 그릇된 것만은 아니다. 같은 이름의 주제들은 어릿광대를 당시 뭔가 쇠락하던 신낭만주의풍으로 변용시킨다는 이념에서 서로 접목된다. 어릿광대의 비극은 주관성의 점증하던 무력감을 알리고 있다. 동시에 다른 한편으로는 유죄판결을 받은 주관성이 아이러니컬하게도 그 우위성을 고집하고 있다. 스트라빈스키의 발레곡에서 두세 번 분명히 울림을 드러내는 슈트라우스의 오일렌슈피겔도 마찬가지지만, 피에로와 페트루슈카는 자신들의 몰락을 넘어 살아남는다. 그러나 비극적인 어릿광대의 이야기에서 신음악의 역사적 노선이 갈라진다. 쇤베르크에 있어서는 모든 것이 그 자신의 내부로 들어가는, 외로운 주관성 위에 서 있다. 그러나 비극적인 어릿광대를 다루는 것에서 신음악의 역사적 노선이 분리된다.[6] 쇤베르크에서는 모든 것이 그 자신의 내부로 들어가는 고독한 주관성을 향하고 있다. 제3부 전체는 유리 같은, 아

---

6) 초기의 스트라빈스키는, 콕토가 당시 터놓고 말했던 것처럼, 오늘날 두 악파 간의 논쟁에서 드러난 것 이상으로 쇤베르크의 영향을 받았다. 《세개의 일본 노래》, 《봄의 제전》의 많은 상세한 부분, 특히 도입부에서 쇤베르크의 영향이 명백하게 드러난다. 쇤베르크의 영향은 그러나 《페트루슈카》에까지 거슬러 올라갈 수 있다고 말해도 될 것이다. 제1장의 유명한 러시아 춤곡 앞의 마지막 마디들의 총보, 연주기호 32 이후, 특히 넷째 마디부터는 쇤베르크의 오케스트라곡 작품16 없이는 상상할 수 없을 것이다(원전 각주).

무도 살지 않는 땅으로 가는 "귀향"을 기획하고 있다. 그곳의 수정처럼 맑지만 생명력이 없는 공기 속에서 경험적인 것에 얽혀 있는 것으로부터 자유로워진 초월적인 주체가 상상의 차원에서 자신을 다시 발견하게 된다. 난파당하고 저당 잡힌 존재의 표현과 더불어 희망 없는 희망이라는 상을 그려내는 데 기여하는 것에서 음악의 복합성이 수행하는 역할은 가사의 역할보다 적지 않다. 스트라빈스키의 《페트루슈카》는 이런 파토스와는 전혀 거리가 멀다. 주관적 특징들이 그에게 없는 것은 아니다. 그러나 음악은 학대당하는 사람들에게 시선을 보내는 것보다는 학대당하는 사람들을 비웃는 사람들에게 시선을 보낸다. 그 결과 어릿광대의 죽지 않는 성격은 마지막에 이르러서는 집단에 대해서 화해가 되는 것이 아니고 사악한 협박으로 귀결된다. 주관성은 스트라빈스키에서 제물(祭物)의 특징을 갖는다. 여기에서 그는 휴머니즘 예술의 전통을 비웃고 있다. 그러나 음악과 더불어 자신의 정체성을 확인하는 것이 아니고 절멸시키는 심급에서 자신을 확인한다. 음악은 제물을 제거함으로써 의도들로부터, 음악에 고유한 주관성으로부터 벗어난다.

🌳 _ 근원 현상으로서의 드레오르겔[7]

주체에 반대하는 그런 선회는 신낭만주의적 복면을 쓰고 페트루슈카에서 이미 실행된다. 제2장을 제외한 대부분의 광범위한 영역들은 거짓된 삶을 살도록 정해진 인형의 뒤엉킨 영혼을 장식하는 모순에서, 그리고 특별할 정도로 섬세한 오케스트라 처리의 기술적인 모

---

7) 드레오르겔(Drehorgel): 독일어권의 민속 악기. 거나라 시장에서 악사들이 손잡이를 돌리면서 연주하는 이동식 소형 오르간(역주).

순에서 음악적 내용에 따라 단순화된다. 단순함은 음악이 비난하면서도 받아들인 태도, 대목 시장(市場) 무대의 흥겨운 구경꾼의 태도, 소란에 대한 양식화된 인상의 묘사에 상응하는 것이다. 여기에는, 분화에 피로를 느낀 사람이 그가 경멸하는 것에서 도발적인 기쁨을 표현하는 배음(倍音, Unterton)이 함께 들어 있다. 이것은 마치 유럽의 지식인들이 영화와 탐정소설을 순진하게 옹호하고 즐기며 대중문화에서 그들이 담당할 기능을 준비했던 것과 같다. 지식의 밑에 숨어 있는 그러한 공허한 고통에는 구경꾼의 자아 삭제의 모멘트가 내포되어 있다. 구경꾼이 회전목마 음향 속으로 가라앉아 어린이처럼 연주하는 것은 자신의 심리의 부담이나 일상의 합리적 부담으로부터 벗어나 보려는 목적을 갖고 있다. 이렇게 해서 구경꾼은 자신의 자아로부터 벗어나며, 떠들썩함을 그 성상(成像, Imago)으로 내포하고 있는, 르 봉[8]의 본질을 갖는 불분명한 군중과 자신을 동일시하는 것에서 행복을 찾고 있는 것이다.[9] 이렇게 함으로써 구경꾼은 그러나 웃는 이

---

8) Gustave Le Bon, 1841-1931. 프랑스 사회 심리학자. 군중심리 이론으로 유명함(역주).

9) 아마도 여기에서 스트라빈스키에서 대부분의 경우에 인식표로서 잘못 사용된 러시아적인 것을 찾아낼 수 있을 것이다. 무소르그스키의 서정시는 시적 주체의 부재에 의해 독일 예술가곡과 구분되며, 이 점은 오래전부터 언급되어 왔다. 모든 시가 오페라 작곡가가 아리아를 직관하는 것과 같은 방식으로, 다시 말해 직접적인 작곡상의 표현의 통일성으로부터 직관이 이루어지는 것이 아니라 모든 표현을 거리를 두면서 객관화하는 방식으로 직관되어 있다. 예술가가 시적 주체와 일체가 되고 있지 않은 것이다. 본질적으로 시민사회 이전의 상태에 있었던 러시아에서는 주체의 카테고리가 서구 국가들처럼 확립되어 있지 않았다. 특히 도스토예프스키의 낯선 면모는 자아의 비동일성으로부터 스스로 유래한 것이다. 카라마조프 형제의 어느 누구도 하나의 "개성"으로 볼 수 없을 것이다. 후기 시민사회적인 시대에 활동한 스트라빈스키는 종국에서는 주체의 와해를 정당화시키기 위해 주체성 이전의 상태를 구사한다(원전 각주).

의 편에 가담한다. 미적 주체보다는 《페트루슈카》를 향하고 있는 음악의 시야에는 무용지물인 현존재(Dasein)란 웃기는 것으로 보일 뿐이다. 《페트루슈카》의 근본 카테고리는 괴기스러움(Groteske)의 카테고리이며, 일그러지고 휘둘리는 특별한 것의 카테고리이다. 이것은 악보를 관악기들의 솔로 부분들을 위한 지시 기호로 자주 사용하는 데서도 볼 수 있다. 여기에서 주체가 통합에서 벗어나는 것이 시작되고 있음이 드러난다. 《페트루슈카》에서는 특징적인 것, 즉 잘못 연주되고 아둔하게 억눌린 멜리스마(Melisma)[10]들이 괴기적이다. 멜리스마들은 음향적 총체이며 신낭만주의의 거대 하프를 부정하는 의미로 사용된 아코디언에 대해서만 두드러진다. 주관적인 것과 만나지만 타락한 채 만난다. 감상적인 것으로 저급한 것이 되거나 아둔해진다. 그것은 자체로 이미 기계적인 것, 사물화된 것이 되어, 죽음의 부름을 받고 있다. 그 안에서 큰 소리를 내는 관악기들은 드레오르겔이 내는 소리처럼 울려댄다. 즉, 게두델(Gedudel)[11]의 신격화이다.[12] 마찬가지로 현악기들은 긁어대는 것으로 퇴락하며 영혼의 음을 빼앗기게 된다. 기계적인 음악의 상들은 —지나가 버렸고 유치한 것으로 퇴락해버린— 현대적인 것이라는 충격을 산출한다. 나중의 초현실주의자들이 그랬던 것처럼, 그것은 아득한 과거를 여는 착상의 문이 된다. 이전에 들었던 드레오르겔(Drehorgel)이 음향적인 데자뷔(既視感,

---

10) 장식적 선율(역주).

11) 끊임없이 울리는 시끄럽고 졸렬한 연주 음악(역주).

12) 기술적으로 게두델은 목관 악기, 특히 클라리넷 선율들의 넓은 음정 관계로 만들어질 때가 혼하며, 옥타브나 7도 진행에 의한 특정 방식으로 만들어진다. 스트라빈스키는 이 서법을 혼을 빼앗는 계획적인 수단으로 고집하는데, 이미 괴기스러운 의도라는 판정이 내려진 이후에도 계속 사용하였다. 예를 들어 제전의 젊은이들의 신비한 서클, 연주 번호 94 이하가 그 같은 구사를 보여준다(원전 각주).

déjà vu)로, 기억(Eingedenken)으로 기능한다. 마술사의 눈짓에 반응하듯이, 하찮고 타락한 것의 성상(Imago)이 갑자기 해체의 기폭제로 변신해야 한다는 것이다. 드레오르겔을 바흐의 오르간으로 바꿔치기하는 것이야말로 스트라빈스키가 수행한 정신적 운동의 근원현상이다. 그때 그의 형이상학적 위트는 양자의 유사성을 불러내며, 그 음이 의도를 씻어내도록, 삶을 대가로 제공하였다. 오늘에 이르기까지 모든 음악은 집단적 구속성을 지닌 울림을 얻기 위해 주체에 대해서는 강압적 행위를, 기계적인 것에는 권위라는 왕관을 씌워주는 희생을 지불해야만 하였다.

✽_ 《봄의 제전》과 니그로 조형술

《봄의 제전》은 스트라빈스키의 가장 유명한 작품이다. 재료의 측면에서 볼 때도 가장 앞서 있는 작품이며, 그의 자서전에 따르면 《페트루슈카》 작업 중에 구상되었다고 한다. 그것은 거의 우연이 아니다. 맛있게 요리된 발레 곡과 소란스러운 발레 곡 사이에는 엄격한 대립성이 존재함에도 불구하고 두 곡의 핵심은 공통점을 지닌다. 다시 말해, 집단을 위해 반인간적으로 희생당하는 것이 두 곡이 공유하는 핵심이다. 그것은 비극 없는 제물이다. 그것은 앞으로 등장해야 할 인간의 모습에 바쳐지는 것이 아니라, ─자기를 비웃는 것에 의한 것이든, 자기 해체에 의한 것이든 상관없이─ 제물로 인정된 상태를 맹목적으로 확인하는 데 바쳐진다. 이러한 모티브는 음악의 행동방식을 전적으로 결정하고 있다. 이 모티브가 《페트루슈카》의 유희적인 복면으로부터 출발하여 유혈이 낭자하는 진지함을 가지면서 봄의 제전 속에서 등장한다. 그 모티브는 사람들이 야만적 원시라고 부르기 시작했던 시절에 속하는 모티브이다. 그것은 프레이저(Frazer)와

레비-브륄(Lévy-Bruhl)의 영역, "토템과 터부"의 영역에 속한다. 이런 경우 프랑스에서는 원시시대가 문명에 곧바로 맞설 수 있는 것은 결코 아니다. 그것은 오히려 실증주의적 분리성에서 "연구된다." 실증적 분리성은 무서움을 표현하는 스트라빈스키 음악을 아무런 논평 없이 동반시켜 무대에 서도록 해주는 적당한 거리에 걸맞은 속성을 지니고 있다. 콕토(Cocteau)는 제전의 원시시대의 모습을 갖고 있는 젊은이 집단에 대해 계몽적이면서도 겸손한 자세로 다음과 같이 쓰고 있다. "이 어리숙한 사람들은 젊은 처녀 한 사람을 선택하여 희생시키는 것이 봄이 오는 데 필요하다고 생각하고 있다."[13] 음악이 일단 말한다. 그것이 사실이었다고 말한다. 이것은 플로베르가 보바리 부인에서 취한 입장보다 허약하다. 전율은 얼마간 기분 좋게 고찰되기도 하지만, 정화되지 않고 부드러워지지 않은 채 공연된다. 스트라빈스키는 불협화음을 원칙적으로 해결하지 않는 방식을 취한다. 그는 이것을 쇤베르크로부터 받아들였다. 이것이 "이교도적인 러시아로부터 오는 형상들"이 갖고 있는 문화 볼셰비키적 양상을 완성시킨다. 아방가르드가 니그로 조형술을 향하고 있다고 고백하였을 때, 이러한 운동의 반동적 목적은 철저하게 감춰져 있었다. 원사(原史)를 붙잡는 것은 예술을 규제하기보다는 묶인 예술을 풀어주는 것에 기여하는 것처럼 보였다. 스트라빈스키의 시도가 지니고 있는 변증법적인 이중적 의미를 간과하지 않는다면, 문화적대적인 선언과 문화 파시즘의 차이는 오늘날에도 견고하게 유지될 수 있다. 스트라빈스키는 자유주의에 토대를 두고 있다. 이 점은 니체와 유사하다. 문화비판은 문화에 대한 몇 가지 실체성을 전제로 한다. 문화비판이 궁극적으로는 정신에 반대하는 것으로 방향을 바꾸더라도, 문화비판은 문

---

13) Cocteau, I, c., p.63.

화에 대한 보호에서 번성하며, 자체로서 정신적인 것의 위상을 가지면서 가차 없는 발언권을 문화로부터 받는다. 인간을 제물로 삼는 희생은 집단적인 것의 떠오르는 거대 폭력이 자신을 알리는 희생이다. 이러한 희생은 개인주의적인 상태가 자신에 대해 느끼는 불만족으로부터 발원하여 주술로서 행해진다. 야만적인 것을 야만적으로 서술하는 것은, 속물 인간이 이러한 서술을 비난하는 것처럼, 낭만적-문명적인 자극 욕구를 만족시킬 뿐만 아니라 사회적 가상의 종말을 향한 동경, 폭력이 시민사회적으로 매개되는 것, 아래에서 흐르고 있는 진실, 그리고 폭력의 가면화 아래에서 흐르고 있는 진실을 향한 열망을 만족시켜 준다. 그러한 근성에 시민사회적 혁명의 유산이 현존하고 있는 것이다. 자유주의적인 문화뿐만 아니라 그 비판가들까지도 모조리 문자 그대로 제거해 버린 파시즘은 바로 앞에서 말한 시민사회적 혁명의 유산이 현존하고 있기 때문에 야만적인 것을 표현하는 것을 견딜 수 없는 것이다. 히틀러와 로젠베르크가 신전(神殿) 기둥, 고귀한 단순성, 그리고 정적(靜的)인 위대함이라는 소시민성의 꿈을 위해 그들의 당 내부에서 국가 볼셰비키주의적-지식인 파에 반대하는 문화투쟁을 벌이기로 결정한 것은 이유가 없는 게 아니었다. 《봄의 제전》은 무수한 인간 제물을 요구한 제3제국에서는 공연할 수 없었을 것이다. 실제의 야만을 이데올로기에서 직접적으로 감히 고백하려고 했던 사람은 노여움을 살 뿐이었다. 독일의 야만은 ―니체의 눈에도 그것이 아른거리고 있었는지는 모르지만― 이 야만과 더불어 거짓을 만들어 내지 않고도 야만 자체를 근절시켰는지도 모른다. 이 모든 것에도 불구하고, 봄의 제전이 스트라빈스키가 고갱주의에 공감하고 있다는 비난과 유사성을 갖고 있다는 점은 오해의 여지가 없다. 콕토가 보고하고 있듯이, 스트라빈스키는 니그로 추장의 장신구들을 걸쳐 몬테 카를로 극장의 연주자들을 충격에 빠트린 바 있었다. 이

《봄의 제전》 속에는 장차 다가올 전쟁의 굉음들이 사실상 울려 퍼지고 있을 뿐만 아니라, 이 작품은 고상하고 감상적인 왈츠(Valses nobles et sentimentales)[14]의 파리에서 포착될 수 있었던 노골적인 기쁨을 난잡한 장식에서 드러내고 있다. 사물화된 시민사회적 문화의 압력은 자연을 기만하는 상(像) 속으로 도피하도록 인간을 몰아붙이며, 이러한 기만적인 상은 마침내 절대적인 억압을 인간에게 알려주는 사절(使節)이라는 것이 드러난다. 미적 신경계들은 석기시대로 퇴화하면서 전율한다.

🌳 _ 《봄의 제전》의 기술적 요소들

《봄의 제전》은 퇴행의 비르투오조(virtuoso)[15]작품이다. 이 작품은 퇴행을 단순히 그것 자체로 내버려두지 않고 퇴행을 모사함으로써 퇴행을 지배하려는 시도를 하고 있다. 이러한 충동은 다음 세대의 음악가들이 전문가 기술적인 곡들을 만드는 것에 형언할 수 없는 광대한 영향을 미쳤으며, 이 점에서 《봄의 제전》은 제 몫을 갖고 있기도 하다. 《봄의 제전》은 음악 언어의 퇴화와 이에 상응하는 의식 상태의 퇴화가 시대에 앞선 것이라고 주장하였을 뿐만 아니라, 퇴화를 자신의 것으로 만들거나, 또는 최소한 대단히 사심 없는 관찰자인 것처럼 퇴화를 인위적으로 기록하면서 주체의 예감된 제거를 지탱하는 역할을 할 것을 약속하였다. 야만적인 것에 대한 모방은 경이롭고도 사물적인 주술의 힘을 이용하여 두려운 것에 빠져드는 것으로부터 보호되어야 한다는 것이다. 《페트루슈카》의 초반 부분들에서는 조

---

14) 라벨의 1911년 작(역주).

15) 이탈리아어이며, 극단적인 기교 과시 연주자를 뜻함(역주).

각난 곡들로 짜여진 몽타주가 위트 있고 조직적인 처리기법에 기대어서 만들어져 있으며, 곳곳에서 기법적인 속임수를 구사한 몽타주가 나타나고 있다. 이처럼 스트라빈스키 작품에서의 모든 퇴행은 단한순간도 미적인 자기 통제를 망각하지 않는 모사(Abbild)로서 조작된다. 《봄의 제전》에서는 선택[16]과 양식화라는, 가차 없이 적용된 능

16) 포기의 개념은 스트라빈스키 작품 전체에 근본이 되고 있으며, 그의 음악의 모든 단계의 통일성을 완성해 주는 개념이다. "새로운 작품은 … 모두 포기를 바탕으로 한 작품이다"(Cocteau, l. c., S.39). 포기라는 개념에 들어 있는 이중적 의미는 포기의 영역에 들어 있는 모든 미학의 매개체이다. 스트라빈스키를 옹호하는 사람들은 예술가 자신이 거부하는 것의 질에 따라 평가될 수 있다는 발레리(Paul Valéry)의 명제의 의미에서 포기의 개념을 사용하였다. 이러한 명제는 형식적 일반성에서 반박될 필요는 없을 것이다. 이러한 명제는 빈 악파, 협화음과 균제, 중단되지 않은 상성부선율(上聲部旋律)의 금지, 서구 악파들에서 나타나는 교대되는 금욕에 적용되는 것에서 발견된다. 그러나 스트라빈스키의 포기는 진부해져서 그 존립이 의문스러운 수단들의 포기로서의 거부일 뿐만 아니라, 음악적 재료에 내재하는 동역학에서 기대 또는 요구 제기로서 나타나는 것을 모두 되찾는 것과 충족시키는 것을 원칙적으로 배격하는 의미에서의 거부이기도 하다. 베베른이 스트라빈스키가 조성 쪽으로 전향하고 난 뒤에 "음악이 그로부터 벗어나게 되었다"라고 스트라빈스키에 대해 말했을 때, 이 말은 스스로 선택된 빈곤이 객관적인 빈곤함으로 전도되는 멈추지 않는 과정을 특징짓는 말이었다. 스트라빈스키에서 결여되어 있는 모든 것을 순진하고— 테크놀로지를 구사하는 스트라빈스키 때문이라고 그를 비난하는 것만으로는 충분하지 않다. 이러한 부족함들이 양식상의 원리에서 스스로 뚜렷하게 나타나는 한, 그러한 비난은 빈 악파의 음악에는 "조화되지 않은 음들"이 판을 치고 있다는 한탄을 담은 비판과 본질적으로 다르지 않을 것 같다. 스트라빈스키에게서 무엇이 영구적인 포기를 밀어주고 있는가를 나타내는 것은 매번 스스로 설정된 규칙의 척도에 따라 이루어질 수 있을 것이다. 그러한 척도는 이념에서 받아들여져야 하며, 포함되어 있는 단념들에서 단순히 받아들여서는 안 될 것이다. 예술가는 자신이 갖고 있는 원칙이 의도하지 않는 것을 행하지는 않는다는 정도의 비난은 무력한 것에 지나지 않을 것 같다. 결정적인 것은 예술가가 의도했던 것이 잘못 짜지는 것, 의도했던 것이 주변의 풍경을 황폐하게 만드는 것, 의

숙한 원리가 원시시대적인 것의 효과를 내는 작용을 하고 있다. 신낭
만주의 선율술과 《장미의 기사》[17]의 사카린(인공감미료)을 거부함으
로써[18] ―이에 대해 1910년경에 상대적으로 민감한 예술가들은 매우

도했던 것에서 스스로 정당성이 사라지는 것이다(원전 각주).

17) 리하르트 슈트라우스의 1911년 초연된 오페라(역주).

18) 이미 1차 대전 이전에 청중들은 작곡가들이 "어떤 선율"도 들려주지 않는다
고 불평했다. 슈트라우스에서는 청중을 끊임없이 놀라게 하는 기법이 구사
되며, 이러한 기법이 선율적인 연속성을 중단시킨다. 이것은 선율적인 연속
성을 단지 기회가 있을 때마다 소용돌이 이후의 보상으로서 극히 거칠고 값
싼 방식으로 제공하기 위함이다. 레거에서는 선율적인 윤곽들이 중단 없이
매개되는 화음들의 뒤에서 사라지고 만다. 완숙기의 드뷔시에서는 선율은,
마치 실험실에서처럼, 기본적인 음 결합의 모델들로 환원된다. 마지막으로,
다른 작곡가들보다도 더욱 끈기 있게 선율에 집착했던 말러는 바로 이런 이
유로 인해 많은 적을 만들었다. 말러의 고안이 속될 뿐만 아니라 길게 이루
어진 탄주(彈奏)가 순수하게 동기적인 추진력으로부터 나오는 것이 아니기
때문에 폭력적이라는 이유로 말러가 비난을 받게 되었던 것이다. 유화적인
부류에 속했던 슈트라우스와 나란히, 말러는 19세기적 의미에서의 낭만주의
적 선율의 소멸에 대하여 놀라울 정도로 보상을 하였다. 말러는 그러한 과장
자체를 작곡적인 표현수단으로, 음악적 의미의 담지자로, 그리고 과장이 충
족될 수 없다는 것을 의식하는 동경의 담지자로 개조하기 위해서 진정한 의
미에서 천부적인 재능을 필요로 하였다. 개별적인 작곡가들의 선율적인 힘
은 결코 고갈되지 않았다. 그러나 화성적인 진행과정이 역사적으로 음악적
인 형상화와 수용의 전면으로 더욱 많이 부각되었던 것은 호모포니적 사고
에서 종국적으로는, 초기 낭만주의 이래로 특히 화성적인 발견들을 가능하
게 하였던 선율적 차원이 그러한 발견에 비례하여 함께 성장하지 못하도록
하였다. 슈만도 이의를 제기했듯이, 이러한 이유 때문에 바그너의 수많은 모
티브 구성이 당시에 이미 진부했던 것이다. 이것은 반음계로 된 화성이 독립
적인 선율을 더 이상 담지하지 않은 것과 같은 것이다. 초기의 쇤베르크에서
처럼, 독립적인 선율을 얻으려고 노력하는 경우에는, 노력으로 끝나는 것이
아니라 조성 체계 자체가 부서진다. 조성 체계가 부서지지 않으면, 작곡가들
에게 남은 길은 두 가지밖에 없다. 선율을 희석시켜 선율이 단순한 화성적인
기능 가치로 변모되도록 하거나 또는 단단하게 유지되는 화성적 모형에서
자의적으로 나타나는 선율적인 팽창을 폭력의 영역을 통해 지시하는 길밖에

격렬하게 반항하지 않을 수 없었다— 실이 다 뽑혀서 수명이 다한 모든 선율과 음악적으로 전개되는 모든 주체적인 본질은 금기에 빠져든다. 재료는, 인상주의에서 그랬던 것처럼, 아직 발달되지 못한 음 연속체들의 연결로 제한된다. 그러나 동기를 드뷔시(Debussy) 방식으로 원자화하는 것은 음향 점들의 깨짐 없는 상호 흐름의 수단으로부터 시작하여 유기적 진행의 통합을 해체시키는 수단으로 변신하게 된다. 흩뿌려진 것들과 미세 잔여음들은 원시시대의 주인도 없고 주체도 없는 물건, 계통 발생상의 기억의 흔적들을 표상해야 한다는 것이다. —"세기의 심연으로부터 도달한 작은 선율들"[19]을 표상해야 한다는 것이다. 《봄의 제전》 매 악절에 근원으로 놓여 있는 선율 입자들은 대부분 온음계 종류이며, 음의 억양에 따르면 민속적인 것들이다. 또는 이것들은 마지막 춤곡의 5잇단음표들에서 보는 것처럼 단순히 반음계 스칼라(Skala)[20]에서 따온 것으로, 사전에 규정된 스칼라와 무관한 "무조", 혹은 완전히 자유로운 음정 연속이 전혀 아니다. 때때로 12음에서 제한적으로 선택하는 것이 관건이 되기도 한다. 5음 음계에서 그렇듯이, 다른 음들을 선택하는 것은 마치 금기인 것처럼 되며, 접촉해서는 안 되는 것처럼 되는 것이다. 《봄의 제전》에서 우리는 프로이트가 근친상간 금지의 근원으로 돌리는 접촉 망상(delire de toucher)을 떠올려도 된다. 반복이 이루어지는 경우의 리듬적 변형의 기본형은 모티브가 끝난 후에 쉼 없이 즉시 결말을 향해 다시 시작할

없는 것이다. 스트라빈스키는 드뷔시적인, 첫 번째 가능성으로부터 결론을 끌어냈다. 원래부터 더 이상 아무것도 아닌 선율적인 결과들이 약점을 갖고 있음을 알아차린 스트라빈스키는 끊어진 원시주의적인 견본을 위해서 선율의 개념을 완전히 버렸던 것이다. 사실상으로는 쇤베르크가 최초로 선율을 해방시켰다. 그러나 이와 함께 그는 화성적 차원 자체도 해방시켰다(원전 각주).

19) Cocteau, l. c. p.64.
20) 음의 수평적 연속체. 음계나 선율과 유사 개념임(역주).

때, 악센트(Akzent, 강조)가 스스로 처음과는 다른 음에 온다는 식으로 만들어진다는 것이다.[21] 악센트들이 그렇듯이, 장단도 자주 교체된다. 모티브 모델들의 차이들은 단순히 주위를 흔드는 정도로 일어나고 있지만, 도처에서 영향을 미친다. 이에 따라 선율 세포들은 하나의 강제적 속박에 놓이게 된다. 다시 말해, 압축되지 않고 전개에서 방해를 받는 것이다. 그러므로 음향 표면의 관점에서 볼 때, 스트라빈스키의 가장 급진적인 작품에서조차 온건한 수평적인 것과 무모한 수직적인 것 사이의 모순이 지배하고 있는 것이다. 이러한 모순은 관계 체계로서의 조성을 복귀시키기 위한 조건들을 자체 내에 이미 포함하고 있는 것이다. 그 체계의 구조는 다음(多音) 화음(vieltönige Akkorde)으로서 멜리스마에 더욱 적절한 구조이다. 다음 화음들은 색채적으로 기능하며, 구성적으로 기능하지 않는다. 반면에 쇤베르크에서는 화성법의 해방은 처음부터 선율법에 영향을 미쳤는데, 그에게서는 장7도와 단9도가 익숙한 음정들과 함께 동등하게 취급된다. 젊은이들의 춤(Danse des Adolescentes)[22]의 오래된 선법에 의한 금관악기 주도 부분에서 보듯이, 《봄의 제전》에서는 화성적으로도 조성적 충격들이 결여되어 있는 것은 아니다. 전체적으로 볼 때, 화성술은 1차 세계대전 후에 6인조가 다조성(Polytonalität)이라고 명명했던 것과 가장 가까운 곳에 위치한다. 다조성을 낳은 인상주의적 모델은 공간적으로 분리된 음악들을 시끌벅적한 대목 장터에서 뒤섞어 울리게 하는 것이다. 스트라빈스키와 드뷔시는 대목 장터의 아이디어를 공유한다. 그러한 아이디어는, 1910년경의 프랑스 음악에서, 큐비즘에서 만돌린과 기타를 그린 그림이 수행했던 것과 비슷한 역할을 수

21) 납치의 유희, Jeu du Rapt. 1부 제3곡(역주).
22) 1부 제2곡(역주).

행하고 있다. 그러한 아이디어는 동시에 러시아적 모티브 비축에도 속해 있다. 무소르그스키 오페라 가운데 하나는 큰 장터를 무대로 삼고 있는 것이다. 무소르그스키의 미완성 오페라, 소로친스크 큰 장.[23] 큰 장터들은 문화질서 안에서 허위적으로 지속된다. 그것들은 장돌뱅이에 대해 기억하게 해준다. 시민사회적 상태의 이전에서 있었던, 미처 발달되지 못했던 것들이 경제적 거래에 기여하였던 형태가 큰 장터였으며, 정착되지 않았고 고정되어 있지 않았던 것이 큰 장터였다. 인상주의에서는, 모든 포착되지 않은 것이 시민사회적 문화속으로 들어와서 돌출하는 것이 처음에는 문명에 고유한 역동성으로, "삶"으로 환영받으면서 맛보는 대상이 된다. 그리고 나서 돌출하는 것은 그러나 시민사회적 개별화 원리 자체를 좌우하는 원시적인 자극들로 그 의미가 변형된다. 이런 기능 변동은 드뷔시에서 일어나지 않고 스트라빈스키에서 일어난다. 《봄의 제전》에서 화성적으로 가장 소름끼치는 자리, 즉 봄의 윤무[24] 53-54마디의 선법적 특징을 지닌 관악기 주제를 불협화적으로 재해석하는 자리는 패닉 상태로 고양된 거대한 큰 장터 효과이다. 그 자리는 "울림들의 본능적 삶"의 해방이 결코 아니다. 화성 진행은 화성 전개와 함께 일관되게 추락한다. 오르간 포인트들(Orgelpunkte)은, 그것들이 《페트루슈카》에서 이미 어느 정도 시간과 무관하게 선회하는 음들을 그리는 수단으로 커다란 역할을 수행하였던 것처럼, 오스티나토(Ostinato, 반복 진행) 리듬속으로 철저히 용해되어 화성술의 배타적 원리가 된다. 화성-리듬의 오스티나토 접합제는 그 모든 불협화적 난폭함에도 불구하고 처음부터 쉽게 추종하도록 허용한다. 마침내는 현대풍 옷을 입고는 있지만

23) Der Jahrmarkt von Sorotschinsk, 나치시대 독일에서 공연됨(역주).
24) Rondes printanières, 1부 제4곡(역주).

전형적인 음악제 음악의 천편일률적인 지겨움이 1차 대전 이래 생겨나게 된다. 스페셜리스트인 스트라빈스키는 대위법에는 항상 무관심하였다. 《페트루슈카》에서 몇몇 겸손한 주제들이 결합하고 있지만 정작 그 주제들이 지각되는 경우는 결코 없다는 점만 보아도 스트라빈스키가 대위법에 무관심한 것이 드러난다. 다음 화음(多音 和音)은 그 자체로 그렇다 치고, 이제 모든 다성 음악에 대한 애착이 문제가 된다. 대위법적 접근들을 아끼는 태도가 여전히 지속되고 있으며, 그러한 접근들도 대부분의 경우 주제 단편들을 비스듬히 교차시키는 것들뿐이다. 스스로 지속적으로 움직이는 전체로서의 형식에 대한 물음은 전혀 등장하지 않으며, 전체의 구성이 철저하게 형성되는 경우도 드물다. 세 개의 빠른 곡, 즉 《납치의 유희(Jeu du Rapt)》, 《대지의 춤》, 《선택된 처녀들에 대한 찬미(Glorification de l'Elue)》는 주선율을 고음 목관악기들에 배치하고 있으며, 이것들은 치명적이라 할 정도로 서로 유사하다. 전문성 개념은 그가 사용하는 음악적 공식을 찾아낸다. 음악 요소들 중에서 연속적인 것을 ―자체로서 매우 특화된 의미에서― 윤곽이 드러나게끔 조립시키는 요소와, 팽창하거나 내리치는 튜티의 음향이든, 색채적인 특별 효과를 내는 것이든 상관없는 관현악 색채의 요소만이 허용되는 것이다. 많은 가능한 처리방식들 중에서 하나의 처리방식, 다시 말해 하나의 모형을 통해 결정된 복합체를 나열하는 처리방식은 이제 배타성으로 올라서게 되는 것이다.

_ 리듬

스트라빈스키의 모방자들은 그들이 모델로 삼은 인물을 넘어서지 못한 채 뒤에 머물러 있다. 왜냐하면 모방자들에게는 스트라빈스키가 지닌 단념(Verzicht)의 힘, "르농스망(renoncement, 포기)"의 힘, 그리고 거부하면서 느끼는 사악한 즐거움이 없기 때문이다. 스트라빈스키는 더 이상 참지 않을 수 있다는 점에서 현대적이다. 음악의 총체적 구문론을 혐오한다는 점에서 본질적으로 현대적이다. 이런 감수성은 아마도 에드가 바레즈를 제외하면 추종자들에게 결여되어 있다. 보다 거대한 영역의 음악 수단들이 보다 무해한 원천으로부터 나와 그들이 사용할 수 있도록 허용해 준다는 점에서 추종자들은 확실성의 분위기를 느끼게 되며, 이 때문에 그들은 스트라빈스키를 선택한다. 예를 들어 《봄의 제전》과 이 곡을 모방한 끌로드 델뱅꾸르(Claude Delvincourt)의 《시바 신에 바치는 제물(Offrande a Shiva)》을 비교해보면 많은 것을 알 수 있을 것이다. 인상주의적 음향에 대한 식탐이 조미액으로 나타나고, 그 속에 제물이 절임되어 있으며, 그 탐닉은 그의 취향을 죽이고 있다. 그 밖에도 드뷔시, 뒤카(Dukas)와 같은 노련한 선생 사이에도 이미 이와 유사한 관계가 존재하고 있었다. 취향은 매혹적인 예술수단을 포기할 수 있는 능력과 하나가 되곤 한다. 이런 부정성에서 취향의 진리가 역사적 신경전달의 진리로서 성립된다. 하지만 그 진리는 동시에 항상 사적인 것, 유한한 것으로 만드는 것으로 존재한다.[25] 쇤베르크를 포함한 독일 음악의 전통은 베

---

25) "그러나 사물의 심원함은 취향에는 닫혀진 채로 머물러 있었다. 그러한 심원함은 의미 및 추상적인 반성뿐만 아니라 충만한 이성과 견실한 정신까지 요구하는 데 반해서 취향은 느낌이 그 주위를 돌면서 다가와 유회를 하고 일방적인 기본 원칙들이 통용될 수 있는 외부적인 표면만을 가리키고 있었기 때문이다. 이렇기 때문에 이른바 좋은 취향은 더욱더 깊은 모든 효과들을 두려워하며, 사물이 언어가 되는 곳에서는 침묵한다. 이렇게 되면 외면성과 부수적 사물들은 사라진다"(Hegel, Ästhetik, l. c., I, S.44). "일방적인 원칙들"의 우연성, 실체화된 감각적인 느낌들, 규칙으로서의 병적 혐오성, 취향의 강제적 명령은 동일한 사실관계의 상이한 측면들이다(원전 각주).

토벤 이래, 위대한 의미로나 조악한 의미에서, 취향의 부재라는 특징을 지니고 있다. 취향의 우위는 스트라빈스키에서 "사물자체(Sache)"와 충돌한다. 《봄의 제전》의 원시적 효과는 양식화 원리에 부합되지 않는 모든 충동을 스스로에게서 금지시키는 음악적 검열에 힘입은 것이다. 그러나 곡예하듯이 산출된 퇴행은 그 다음에는 작곡 자체의 퇴행으로, 처리방식의 빈곤화로, 기교의 파멸로 이끈다. 스트라빈스키의 추종자들은 불편한 마음으로 다음의 사실에 만족하는 경향을 보인다. 그들은 스트라빈스키를 리듬의 대가로 설명한다. 그가 선율과 화성적 생각으로부터 자라난 리듬의 차원에 명예를 주었다는 것이며, 이를 통해 파묻혀 있던 음악의 원천들을 발굴했다고 확신하고 있는 것이다. 마찬가지로 《봄의 제전》의 실행들은 원시 제의의 복잡하면서도 엄격하게 제어된 리듬들을 불러내고 싶어 한다는 것이다. 이와는 대조적으로, 쇤베르크 악파는 스트라빈스키에서는 리듬적인 것 자체가 대부분의 경우에 너무 추상적으로 취급된 개념으로 협소해졌다는 점을 지적하였으며, 이것은 타당한 것으로 통용되고 있다. 리듬 분절이 벌거벗은 채로 등장하지만, 이것은 리듬 조직이 전체적으로 올린 다른 모든 성과들의 희생을 지불한 대가로 등장한다. 《봄의 제전》의 스트라빈스키에게서는 고집스럽게 유지되는 박의 수량적 시간 때문에 주관적이며 표현적인 유연성이 결여되어 있을 뿐만 아니라, 구성, 작곡상의 내적인 상호 관계, 형식과 연관된 리듬 관계들을 말하는 "대(大)리듬(Großrhythmus)"과 같은 모든 것도 결여되어 있다. 리듬은 강조되어 있지만 음악적 내용과 분리되어 있다.[26] 더

---

26) 12음 구성주의와 스트라빈스키 간의 형식적 유사상은 리듬에도 나타난다. 쇤베르크와 베르크에서도 리듬이 가끔 음정 및 선율의 내용에서 독립하여 주제의 역할을 떠맡는다. 그럼에도 유사성보다 차이가 더 본질적이다. 쇤베르크 악파에서는 그 주체적 리듬이 구사되는 경우에도 그것은 그때마다 선

이상 리듬은 존재하지 않으며, 리듬이 물신화되지 않은 곳에 조금이나마 리듬이 존재할 뿐이다. 말하자면 항상 동일한 것, 완전히 정적인 것의 자리바꿈들만 있을 뿐이며, 다시 돌아오는 것의 불규칙성이 새로움을 대체하는 식으로 그 자리에 등장하는 것이다. 그것은 간택당한 여자, 인간 제물의 마지막 춤에서 명백하게 드러난다. 이 곡들에서는 지휘자를 외줄타기로 몰아넣는, 극히 복잡한 줄타기를 하는 듯한 박자기호들이[27] 매우 짧은 단위 박에서 서로 교대하는데, 그 유일한 목적은 공포에 대한 준비 자세로는 결코 미리 선취할 수 없는, 느닷없이 발작하듯 닥치는 충돌, 충격을 이용하여 변함없이 고정된 것을 무용수들과 청중들에게 주입시키려는 것이다. 충격 개념은 시

율적 내용과 대위법적 내용으로 채워진다. 반면 스트라빈스키에서 음악의 전경(前景)을 차지하고 있는 리듬적 균제는 충격 효과로서만 나타나며 미사여구의 멜리스마와 관련되기 때문에 선(線)을 조립시키는 수단으로서가 아니라 자기 목적으로서 등장한다(원전 각주).

27) 중부 유럽의 무조성에 대한 스트라빈스키의 추종자들의 여러 가지 논박은 무정부주의자라는 비난으로 결집된다. 그에 반해 "리듬의 대가" 스트라빈스키에게서는 주어진 복합체 내의 모든 템포가 동일함으로 해서 불변의 객관성이라는 이미지가 그려진다는 점, 그러나 박자 기호의 변화에 의해 초래되는 악센트의 변경은 구성과 분별 있는 관계를 갖지 않고 언제나 다른 식으로도 나타날 수 있다는 점, 리듬적 쇼크의 바탕에는 빈의 무조성 쪽에서 비난하는 그 자의성(恣意性)이 감추어져 있다는 등의 통찰은 지엽적인 것이 아니다. 악센트의 변경이 갖는 효과는 그런 추상적 불규칙성이지 특수한 리듬적 사건이 아니다. 최후에는 그 음악의 외양에 의해서 시인되지만 쇼크라는 효과는 취미에 의해서만 통제된다. 주관적인 계기는 자극에 대한 반응인 순수한 부정성 속에, 비합리적인 경련 속에서 존속한다. 이국적인 안무의 조립된 박자는 모방되지만 한편으로는 모든 전통적 의미를 거부하고 자유롭게 창안되는 임의적인 유희로 머무는데, 그 임의성은 스트라빈스키의 음악에 나타나는 확실성이라는 외양과 깊은 관계가 있음이 분명하다. 이미 《봄의 제전》에는, 추후에 확실성에 대한 요구를 분쇄하고 음악에서 힘에 대한 열망이 보인다고 해서 음악을 무력하게 만드는 것이 포함되어 있다(원전 각주).

대를 하나로 통일시키는, 자체로서 닫혀진 개체가 된다. 그것은 모든 신음악, 극도로 상이한 모습을 보이는 신음악의 기본층(層)에 속한다. 표현주의적인 쇤베르크에게도 충격 개념은 중요한 의미를 지니고 있었다. 후기산업사회에서 개별 인간의 육체와 ―인간이 지배력을 행사하는― 기술문명의 사물들 및 힘들 사이에는 거부할 수 없을 만큼 강화된 불일치가 존재하는 것이 충격의 사회적 원인이라고 추측해도 될 듯하다. 인간은 그런 사물과 힘을 지배하고 있지만, 개인의 감지능력, 경험의 가능성은 그 풀려버린 지나친 양을 모두 극복할 수는 없을 것이다. 아마도 객관적-기술적인 생산력의 상황에 따라 주체의 쪽에서 성장해 나온 집단적 행동양식을 사회의 개인주의적인 조직 형식이 여전히 배제하는 한, 그러하다. 충격들을 통해, 개인은 거대한 기계와 같은 전체 체계에 비해 자신이 아무것도 아닌 존재임을 알아차리게 된다. 충격들은 19세기 이래 예술작품에서 흔적을 남겨 놓아 왔다.[28] 음악적으로는 베를리오즈가 첫 주자였다. 그의 작품에서 충격은 본질적인 것이었다. 그러나 모든 것은 음악이 충격 체험과 어떻게 관계를 맺고 있느냐에 달려 있다. 중기 쇤베르크에서는 음악은 충격들을 표현함으로써 충격들에 대해 음악을 방어하려는 태도를 취하고 있다. 《기대(Erwartung)》에서, 또는 작품6의 《유혹(Lockung)》에서, 작품23의 《피아노곡 제2곡》에 이르기까지 추적해 볼 수 있는 스케르초 유형의 그 무섭도록 쫓기는 형상에서, 음악은 험한 공포에 쫓기는 인간과 똑같은 제스처를 보여준다. 심리학적으로 말한다면, 공포에 대한 준비가 쇤베르크에게서 성공하고 있는 것이다. 충격이 쇤베르크를 엄습하면서 옛 양식의 연속적인 지속을 해체하는 동안에도 그는 주체인 자기 자신을 지배하고 있다. 쇤베르크는 따라서 연속되

---

28) Cf. Walter Benjamin, Schriften l. c., Bd. 1, S.426 ff.

는 충격 체험도 그의 확고한 삶에 종속시킬 수 있으며, 그러한 체험들을 자신의 고유한 언어의 요소가 되도록 변환시킬 수 있다. 스트라빈스키에서는 공포에 대한 준비도, 저항하는 자아도 없으며, 충격들을 자신의 것으로 만들 수 없다는 것이 감내되고 있을 뿐이다. 음악적 주체는 굳게 버티는 것을 포기하며, 밀치고 들어오는 것들을 반사 신경에서 함께 하는 것에 만족할 뿐이다. 마치 심하게 다친 사람이 사고를 당했으나 그 충격을 흡수할 수 없어서 희망을 잃은 채 꿈만 꾸는 것을 반복하는 태도와 문자 그대로 동일하다. 충격을 완전히 흡수하여 외부에서 가해지는 리듬의 충격들에 대해 음악이 순응하는 것으로 보이는 것은, 사실은 흡수가 성공하지 못했음을 보여주는 징표이다. 이것은 객관주의에 들어 있는 가장 내적인 거짓이다. 충격을 통한 주체의 절멸은 미적 복합체에서 주체의 승리로, 그리고 즉자적으로 존재하는 것을 통해 주체를 극복하는 것으로 변용되는 것이다.

✵_ 집단적인 것과의 동일화

안무 아이디어는 음악적 송장(送狀) 자체를 만들어낸다. 개별화된 것으로 집단과 구별되는 것은 무대 위에서뿐만 아니라 그 송장에서도 근절된다. 스트라빈스키의 극단적인 돌출성은 양식이 성숙함에 따라 더욱 예리해진다. 《페트루슈카》에서는 개별화된 것의 요소가 그로테스크의 형식을 띠면서 출현하였으며, 이 형식에 의해서 정돈되고 있다.[29] 《봄의 제전》에서는 웃을 수 있는 것이 더 이상 존재하

---

29) 사회적인 측면에서 볼 때 그로테스크한 것은 일반적으로 소원한 것, 전위적인 것을 받아들일 수 있게 만들어 주는 형식이다. 부르주아는 현대예술이 그 형태를 심각하게 받아들여주기를 요구하지 않아서 안심할 수 있을 때는 현대예술에 기꺼이 관심을 갖는다. 그 가장 좋은 예가 대중적으로 성공한 크리

지 않는다. 모더니즘과 원시성(Archaik)이 동일한 것을 두 가지 관점으로 보는 견해라는 점을 스트라빈스키처럼 분명하게 보여주는 경우도 없다. 해를 끼치지 않는 괴기스러운 것을 제거하면서 작품은 아방가르드, 큐비즘의 편에 선다. 그러나 이러한 현대성은 레거(Reger)와 같은 사람이 선호하였던 "옛 양식 안에서(Im alten Stil)"라는 원시주의와는 전혀 다른 종류의 원시성을 통해서 성취된다. 음악과 문명이 서로 얽혀 있는 것은 산산조각이 나야 한다는 것이다. 음악은, 도전적

스티안 모르겐슈테른(Christian Morgenstern)의 서정시이다. 《페트루슈카》는 그런 유화적인 성향을 갖고 있는데, 마치 갖은 익살을 떨어 청중들로 하여금 자신들에게 모욕이 되는 것과도 화해할 수 있게 하는 능수능란한 사회자를 연상케 한다. 음악에서 그런 기능을 하는 유머는 위대한 전례를 갖고 있다. 우선적인 예로써 슈트라우스와 《마이스터징거(Meistersinger)》의 베크메서뿐만 아니라 모차르트를 떠올리게 된다. 20세기 훨씬 이전에도 작곡가들이 불협화음에 매력을 느꼈지만 단지 그 인습 때문에 그 주관적 고뇌의 음을 멀리 했다고 생각할 수 있는데, 시골 악사의 6중주라고 부르는 모차르트의 《음악의 농담(Musikalischer Spaβ, 모차르트 작품, K522 : 역주)》은 단지 엉뚱한 장난 이상의 비중을 갖는다. 또 그의 현악4중주 C장조 "불협화"에서뿐만 아니라 후기 피아노곡에서도 바로 그런 것에 대한 억제할 수 없는 경도가 나타나는데, 불협화음을 풍부하게 구사함으로 해서 그의 양식은 동시대인들에게는 언짢게 들렸다. 아마 불협화음의 해방은 공식적인 음악에서 이야기되고 있듯이 바그너 이후 후기 낭만주의의 발전 과정에서 나온 결과로 보기는 어려울 것이다. 불협화음에 대한 희구는 제주알도(Gesualdo)와 바흐 이후 부르주아 음악에 그림자처럼 따라다니는데, 이를테면 부르주아 합리성에 얽힌 역사에서 무의식이라는 개념이 한 역할에 비견될 수 있다. 여기에서 문제는 단순한 유사성이 아니라 애초부터 불협화음은 질서라는 터부에 억눌려 있었던 그 모든 것의 담지자였다는 것이다. 불협화음은 억압된 성충동에서 비롯되었다. 긴장으로서의 그것은 허용되지 않은 것에 대한 한탄과 함께 육욕적인 계기도 포함하고 있다. 그것에 대해 도처에서 쏟아지는 분노는 그 점으로 충분히 설명될 수 있을 것이다. 모차르트의 시골 악사의 6중주는, 이를테면 이제는 보편적 의식에 의해서 수용되는, 바로 스트라빈스키를 예상케 했던 작품인 셈이다(원전 각주).

으로, 문명에 대해서 음악이 취하는 모순관계에서 자극으로서 즐겨지는 상태에 자신을 동치시킨다. 음악이 토템과 같은 태도를 취하면서, 음악은 자연과 인간의 분리되어 있지 않은, 계통에 상응하여 규정된 통일체를 요구한다. 이러는 동안에도 체계는 그것이 가진 중심적 원리인 희생의 원리에서 지배의 체계로서 자신을 드러내며, 이렇게 해서 그 내부에서 대립주의적인 체계로서의 자기 모습을 드러낸다. 그러나 《봄의 제전》에는 대립주의에 대한 거부가 이데올로기적 속임수로 등장한다. 마술사가 예쁜 여자를 버라이어티 무대에서 사라지게 만드는 것처럼, 《봄의 제전》에서 자연종교의 짐을 짊어져야 할 주체는 마술처럼 사라지게 된다. 다른 말로 하자면, 제물로 바쳐진 여자와 부족 사이에는 어떤 미적인 반(反)테제도 없게 되며, 그녀의 춤이 부족과 대립하지 않는, 직접적인 동일화를 수행한다. 주체는 음악의 구조물이 전달하는 갈등보다는 더 적은 정도의 갈등만을 드러낼 뿐이다. 간택 받은 여자는 죽음에 이르는 춤을 스스로 춘다. 인류학자들이 보고하고 있듯이, 그것은 모르는 채 금기를 어긴 야만인들이 사실은 그 금기를 위해 죽어가면서 추는 춤과 같다. 고통에 대한 무의식적이며 우연한 조건 반사 이외에는 아무것도 개체로서의 그녀로부터 비춰지는 것이 없다. 그녀의 솔로 춤은, 다른 모든 것들과 마찬가지로, 내부 조직에 맞춰 추는 집단의 춤이자 윤무이다. 일반적인 것과 특수한 것의 모든 변증법은 빠져 있다. 확실성은 주체적 극단을 거부함으로써 사취(詐取)된다. 개인주의적인 사회와의 평온한 일치성이 해지되는 곳에서는, 집단적 입장이 손으로 내려치듯이 사회를 점령함으로써 제2차적인 최고도로 불편한 종류의 일치성이 작동된다. 맹목적으로 통합된 사회와의 일치성이, 즉 거세된 것이거나 머리가 없는 것의 모습을 보이는 사회와의 일치성이 작동되는 것이다. 스트라빈스키의 음악과 같은 예술을 작동하게 하였던 개인적 자극은 자기 자신에 대한 부정, 개인화에 대한 유린을 여분으로 남겨놓을 뿐이다. 물론 《페트루슈카》의 유머, 시민사회적 유머가 이미 은밀하게 그러한 방향을 지향하고 있었지만, 어두운 충동은 굉음의 팡파레가 될 뿐이다. 음악에 의해 고삐가 매인 채 주체가 없는 상태에서 느끼는 편안함이란 학대 음란증적-피학대 음란증적인 것에 지나지 않는다. 관객은 젊은 처녀가 제거되는 것에 별로 즐긴다는 느낌을 갖지 못하지만, 스스로 집단 속으로 들어간다고 느낀다. 관객은 스스로 잠재적 제물이 되면서 주술적 퇴행에서 집단적 힘에 참여한다는 공상에 빠진다. 학대 음란증적-피학대 음란증적인 특징은 스트라빈스키의 모든 창작 단계에 걸쳐 동반된다. 《봄의 제전》은 편안함과는 유일한 차이를 보이고 있으며, 개별적인 음악적 특징들에서처럼 전체 색채에서도 확실한 음울함을 지닌다. 이러한 음울함은 실제로 잘못을 저지르고 있는 살인 제전에 대한 슬픔이라기보다는 묶여 있는 사람들, 부자유한 사람들의 목소리를 의도하고 있다. 다시 말해, 동물처럼 갇혀 있는 상태가 지르는 소리를 의도하고 있는 것이다. 제전에서 객관적인 슬픔을 나타내는 이러한 음은 기교적으로 볼 때는 불협화음적인 음들의 지배와 분리될 수 없고, 지극히 정교하게 압착된 서법과도 분리될 수 없다. 이러한 음은 비밀스러운 주술사[30]의 혐오스러운 폭력 행위를 춤추는 젊은 처녀들의 윤무와 함께 성스런 아침으

---

30) 이미 《페트루슈카》에서 《봄의 제전》에 나오는 전설의 인물과 대립되는 인물인 마술사가 등장한다. 마술사는 꼭두각시들에게 살아 움직이라고 명령한다. 그는 야바위꾼이다. 야바위꾼이 마술사로 그 모습을 바꾸는 것이 스트라빈스키의 버라이어티 행위가 갖는 의미임을 용이하게 알아차릴 수 있는 것이다. 확실성의 음악적 지배 원리가 되는 스트라빈스키의 지배 원리는 유희, 기만, 암시로부터 튀어 나온다. 조작된 확실성이 그것에 고유한 비진실을 그러한 원천에서 고백하는 것과도 같은 것이다. 스트라빈스키의 후기 작품들에서는 야바위꾼들과 주술사들이 더 이상 등장하지 않는다(원전 각주).

로 헌사하고 싶어 하는 제의적 행태에 저항하는 유일한 반대 심급을 표현하고 있다. 그러나 이 음은, 충격은 풍부하지만 온갖 쏟아 부은 색채들이 있음에도 대조는 빈곤한 괴물적인 특징에 일종의 우둔하고 기분 나쁜 유순함을 각인시켜준다. 유순함은 이전의 센세이셔널한 것을 끝에 가서는 지루함에게 양도하는 것에 지나지 않는다. 이것은 훗날 스트라빈스키가 용의주도하게 만들어낸 지루함과 전혀 다르지 않다. 지루함은 《봄의 제전》으로부터 출발한 모방에 대한 즐거움이라는 것을 이해하는 데 어려움을 준다. 어제의 원시주의가 오늘의 우둔함이다.

_ 원시성, 현대성, 유치증

그러나 《봄의 제전》의 스트라빈스키를 앞으로 끌고 나간 것은 고도로 양식화되었지만 내용이 없는 것에 대한 불만족이 결코 아니다. 오히려 그는 반낭만적 원시에서, 지금, 여기에서는 허울뿐인 객관적 정신의 상태를 향한 그윽한 동경에서 낭만적-역사적인 것을 의식하게 되었을 것임이 틀림없다. 근원적으로 러시아적인 것은 바그너의 옛 게르만적인 것과 비밀스럽게 닮아 있다. 《봄의 제전》의 무대 배경은 발퀴레의 바위들을 연상시킨다. 토마스 만이 1933년의 바그너 에세이에서 강조하였듯이, 신화의 거대함과 긴장이 넘치는 신경증적인 것을 배열한 것이 바로 바그너적이다. 특히 음향은, 그리고 그 이념은 낭만주의적 근원을 암시한다. 현대 오케스트라의 특별한 색채들에 의해 소리가 사라진 관악기들, 예를 들면 가장 높은 음역에서 "깊게" 효과를 미치는 파곳, 붕붕거리는 잉글리시호른, 원통형 알토 플루트, 주술사의 노출된 튜바와 같은 음향은 낭만주의적 근원을 암시하고 있는 것이다. 이러한 효과는 말러의 대지의 노래처럼 양식적으로 매우 대립되는 작품의 5음 음계 못지않게 음악적 이국주의에 속하는 것이다. 거대 오케스트라의 튜티 음향 또한 슈트라우스적인 호사스러움, 작곡의 실체로부터 벗어나 있는 어떤 것을 때때로 보여 준다. 순수하게 색채적으로 느껴지는 반주 데생 기법은 반복되는 선율 단편들과 대비를 이루는데, 이것은 음향 특징 자체와 화성 재고들이 아무리 다양하다 해도 드뷔시로부터 직접적으로 유래한 것이다. 반주관주의를 표어로 내걸고 있음에도 전체 효과는 분위기 있는 어떤 것, 불안스러운 자극과 같은 것을 지닌다. 음악 자체가 심리적으로 자극을 받은 행동을 하는 경우도 자주 등장한다. 《젊은이들의 춤 (Danses des Adolescentes)》에서 30마디부터, 혹은 제2장 《신비의 서클 (Cercles Mystérieux)》의 93마디 이후가 거기에 해당된다. 스트라빈스키는 원시시대를 역사화하면서 동시에 가장 깊은 내면에서는 그것을 유희적으로-거리를 두면서 불러내는 것으로는, 그리고 《엘렉트라》[31)]의 영혼의 풍경으로는 객관주의적인 충동을 더 이상 만족시키지 못한다. 그는 원시적인 것과 현대적인 것 사이의 긴장을 참고 견딘다. 그는 원시적인 것의 확실성을 위해서 원시시대를 거부하는 방식으로 그러한 긴장을 감내하는 것이다. 그의 본질적인 작품 가운데서 《결혼》[32)]만이 《봄의 제전》보다 훨씬 완고하게 정리한 표현들과 더불어 다시 한 번 민속적인 것에 간여한다. 스트라빈스키는 현대적인 것의 형상 세계의 결합과 와해에서 확실성을 캐내려 한다. 프로이트가 원시적인 사람이 갖고 있는 영혼의 삶과 신경증 환자의 영혼의 삶 사이의 연관관계에 대해 가르침을 주었다면, 스트라빈스키는 원시적인 사람을 경멸하고 현대적인 것의 경험을 확실하게 해주는 것에 집

---

31) 리하르트 슈트라우스의 1909년작 오페라(역주).

32) Les Noces, 1923년작 발레곡(역주).

착한다. 그는 원시성에 매달리고 있다. 원시성은 개인의 기본 층을 결정하지만 개인을 해체하는 것에서 그 모습을 왜곡시키지 않은 채 현재적으로 다시 출현한다. 《봄의 제전》과 신고전주의로의 선회 사이에 있는 작품들은 퇴행의 제스처를 모방한다. 퇴행의 제스처는 개인적인 동일성의 분해에 속한다. 그러한 작품들은 퇴행의 제스처로부터 그것들이 집단적으로 확실한 것으로 기대하는 것이다. 이러한 야망은 C. J. 융의 교의와 극히 밀접한 근친성을 보여준다. 스트라빈스키는 융의 교의에 대해서는 거의 알고 싶어 하지 않은 태도를 보이고 있지 않지만, 그러한 근친성은 반동적인 잠재력만큼이나 충격적이다. "집단 무의식"에 대한 음악적 등가치를 찾는 것은 퇴행적인 공동사회를 긍정적인 사회로서 설치하려는 것이며, 이것은 사회의 전복을 준비하는 것과 같다. 그러나 그것은 처음에는 뻔뻔스럽게도 아방가르드처럼 보인다. 《병사의 이야기》 주변으로 배열되어 있는 제1차 세계대전 시기에 속하는 스트라빈스키의 작업들은 유치하다고 할 수 있을 것이다. 이렇게 전개된 흔적들은 《페트루슈카》로까지 거슬러 올라가고 있다. 스트라빈스키는 동요(童謠)가 원시시대의 사자(使者)가 되어 개인에게 전달되도록 하는 행태를 항구적으로 지속하였다. 여류 음악작가로 평소 거의 두각을 나타내지 못한 엘제 콜리너(Else Kolliner)가 1926년 발표한 《여우(Renard)》에 대한 논고에서[33] 유치증(Infantilismus)이 스트라빈스키에서 존속되고 있다는 것이 처음으로 제기되었다. 그러나 그녀의 이 논고는 물론 철저하게 스트라빈스키를 변호하는 태도로 일관되어 있다. 스트라빈스키는 "새로운 환상의 공간에서, 모든 개인이 다시 한 번 눈을 감은 채 어린이가 되어

---

33) Else Kolliner, Bemerkungen zu Strawinskys »Renard«. Anläßlich der Aufführung in der Berliner Staatsoper, in : Musikblätter des Anbruch 8(1926), S. 214 ff.(Heft 5).

그 안으로 들어가는 환상의 공간에서" 움직이고 있다는 것이다. 그는 환상의 공간을 무소르그스키처럼 목가적으로 노래하거나 에피소드처럼 설정하지 않고, "오히려 서술의 지속을 위해서 모든 다른 실재적이거나 비실재적인 세계로부터 닫혀 있는 유일한 무대"로 설정한다는 것이다. 개인적인 것에 앞서서 존재하며 모두에게 공통적이고 충격적으로 접할 수 있는 경험들의 전시장을 만들어 냄으로써, 다시 말해 의식적인 자아에 대항하여 엄격하게 밀폐된 내적인 전시장을 만들어 냄으로써 "집단 환상"이 성립된다는 것이며, 이러한 집단 환상은 관객과의 "전광석화와 같은 의사소통"에서 그 비밀이 누설된다는 것이다. "박자의 지속적인 교대, 개별적인 동기들의 고집스러운 반복, 개별적인 동기들이 갖고 있는 요소들의 분배와 새로운 결합, 동기들의 팬터마임적 특징 ―팬터마임적 특징은 악구들에서 7도는 9도로 확장되고, 9도는 7도로 수축하는 식으로 나타난다. 이것은 닭의 정신없는 상태를 나타내기 위한 아주 압축된 형식으로 타악기 연타에서 충격적으로 표현된다―, 이 모든 것들은 어린이와 같은 유희 제스처를 거의 기악적으로 충실하게 음악으로 옮겨놓은 것들이다." 사람을 흥분시키는 요소는, 반복에 내재하는 특징인 고정되지 않고 움직이는 구조에 힘입어 사람들이 "탄생의 과정을 보았다고 생각하는" 것에 들어 있다는 것이다. 다시 말해, 음악적 제스처가 모든 개별적인 명료함으로부터 벗어나 있으며, 이렇게 해서 그 잔재들이 유년기로부터 유래하는 소외되지 않은 상태를 그려 보이고 있는 것이다. 여기서 보이는 탄생의 과정은 음악적 역동성과는 아무 관계가 없다. 무(無)로부터 발원하여 지속되는 위대한 음악적 형식들의 탄생과 최소한 아무 관계가 없는 것이다. 무(無)는 베토벤 교향곡 제9번 제1악장에 이르기까지 베토벤을 이끌었던 이념들 중의 하나를 형성하고 있다. 무가 가진 이러한 의미가 최근에 스트라빈스키에까지 할당되고 있는 것은 오해의 소산일 뿐이다. 이와 더불어 무가 스트라빈스키에게서 의도되는 바는 다음과 같다. 다시 말해, 확고하게 윤곽이 그려지는 음악적 모델들, 항상 선명하게 각인되는 동기들은 존재하지 않으며, 오히려 잠재적이고 함의가 있는 동기 핵심이 스트라빈스키에서 도처에서 볼 수 있듯이 마음대로 유희를 벌이고 있는 것이다. 그러므로 박자적인 불규칙성들도 궁극적인 정의(定義)를 찾을 수 없는 것이다. 베토벤에서는 동기란 그 자체로 아무것도 아니며, 조성적 기본 관계들의 공식들이다. 그러나 규정되어 있으며, 동일성을 지닌다. 그런 동일성 주변을 도는 것이야말로 원시적-음악적 형상을 구사하는 스트라빈스키 기교가 보여주는 일차적 관심사 중의 하나이다. 그러나 동기 자체가 아직도 "거기에" 있지 않기 때문에, 쇤베르크의 용어를 빌리자면 복합체들로부터 일관성을 도출해 내는 것 대신에 위치가 뒤틀린 복합체들이 항상 반복되고 있는 것이다. 만하임 악파에서 현대 빈(Wien) 악파에 이르기까지 서양 음악을 지배해 온 역동적 음악형식 개념은 아무리 작을지언정 동일한 것으로 각인되고 확고하게 유지되는 동기를 전제로 한다. 동기의 해체와 변이는 기억에 머물러 있으면서 보존되는 것의 건너편에서만 유일하게 정초(定礎)된다. 음악은 확고한 것, 응결된 것을 알 때 더욱더 많은 발전을 알게 된다. 이러한 것 이전으로 되돌아가고 싶어 하는 스트라빈스키의 퇴행은 그러한 이유로 인해 반복을 통해서 전진을 대체시킨다. 이것은 철학적으로는 음악의 핵심에 관한 문제에 이르게 한다. 칸트의 인식론에서 그 전형을 볼 수 있듯이, 일반적으로 음악에서는 주관적인 동역학과 사물화가 동일한 것을 전체적으로 파악하는 양극으로서 함께 속해 있다. 음악의 주관화와 대상화는 동일한 것이다. 그것은 12음 기법에서 완결된다. 스트라빈스키는 영속적인 접근의 기교를 사용하고 있기 때문에 명료하게 설정된 것으로서의 변주의 주관적-역동적인 원리와는 구분된다. 이러한 접근들은 그것들이 사실상 도달할 수 없고 유지시킬 수 없는 것을 헛되이 더듬고 있을 뿐이다. 그의 음악은 어떤 기억도 알지 못하며, 지속이라는 시간의 연속도 알지 못한다. 스트라빈스키의 음악은 조건반사 속에서 흘러간다. 스트라빈스키를 옹호하는 이들이 저지르는 재앙적인 오류가 있다. 그들은 스트라빈스키의 음악에 설정된 것이 결여되어 있고, 가장 엄격한 오성의 의미에서 볼 때 주제성에 결함이 있으며, 형식의 호흡, 과정의 연속성, 원래는 "삶"인 것을 배제시키는 결함이 있음에도 이러한 결함을 생동적인 것을 보증하는 것으로 해석하는 치명적 오류를 저지르고 있는 것이다. 형체가 없는 것은 자유와 관련하여 아무것도 가지고 있지 않다. 그것은 맹목적인 자연이 갖고 있는 강제적인 것과 닮아 있다. "생성의 과정"보다 더 완강한 것은 아무것도 없다. 생성의 과정은 소외되지 않은 것으로 찬미된다. 자아의 원리와 더불어 개별적인 자기 동일성은 중단된다는 것이다. 스트라빈스키의 미적 유희는 "어린이들이 체험하는 유희"와 비슷하다는 것이다. "그것은 효과적인 비가시성을 필요로 하지 않는다. 그것은 그것이 가진 표상에서 합리적인 장애가 없이 현실과 비현실 사이에서 유희의 형체들을 여기저기로 밀어넣는다. 그것은 사람을 속이는 것이라고 교육자들이 말한다. 어린이들은 스스로 고안해 낸 놀이에서 몸을 숨기고, 흔적을 지우는 것을 좋아하며 가면 속으로 들어갔다가 예기치 않게 다시 가면으로부터 빠져 나온다. 어린이들은 오성에 맞는 부담이 없이도 놀이에 참가한 아이들 중 한 아이에게 여러 가지 역할들을 할당하고 그 밖의 다른 논리를 모른다. 어린이들은 그들의 움직임이 지속적으로 흐를 수 있도록 일단은 그들의 놀이를 행하는 것이다. 어린아이들의 놀이가 이러한 행태를 보이는 것처럼, 스트라빈스키도 묘사와 노래를 분리시킨다. 그는 등장 인물을 하나의 특정 목소리들에 연결시키지 않으며 목소리를 하나의 등장인물에 연결시키지 않는다." 《여우》에서는 성악가가 오케스트라석에서 줄거리를 노래하도록 되어 있다.

🌳 _ 영속적 퇴화와 음악적 형상

엘제 콜리너의 논고는 《여우》의 베를린 공연에 대해서 이 작품이 "원시 우화를 서커스 무대로 끌어온 것"이라고 이의를 제기하고 있다. 스트라빈스키의 '민중'은 "집단적으로 체험되는 공동성인 종족 친족성, 종교를 형성하는 형이상학적인 힘들의 모든 상징들 ―신화들― 의 모태"라는 것이 엘제 콜리너의 이의 제기에 근원으로 놓여 있다. 이렇게 파악하는 것은 ―그 주장자가 훗날 독일에서 불길한 관계에서 나타났다― 스트라빈스키에게 매우 충성스러운 태도를 취하면서도 동시에 그를 부당하게 취급한다. 그러한 파악은 현대적 원시성을, 마치 예술적으로 구원을 주는 단어가 필요한 듯이, 문자 그대로 받아들인다. 이는 그것 자체로 이미 소름끼치는 두려움이었던, 동경하였던 원시시대를 직접적이고도 행복하게 다시 산출하기 위함이다. 음악가가 역사 안으로 들어가서 자신을 자각하는 것을 지워버릴 수 있다는 듯이 현대적 원시성을 문자 그대로 받아들이는 것이다. 그러나 바로 이렇게 해서 스트라빈스키의 유치증에 체제긍정적인 이데올로기가 귀속된다. 실제로는 이데올로기가 없는 것이야말로 이 시기 그의 작품의 진리 내용임을 나타내고 있지만. 개인이 초기 유년 시절에 원시적인 발달 단계를 통과한다는 사실은 심리학이 발견한 것이다. 스트라빈스키의 반심리학적 광포는, 전체적으로 볼 때, 개별화에 원리적으로 선행하는 것으로서의 무의식이라는 심리학적 착상과 전혀 구분될 수 없다. 음악의 개념 없는 언어를 자아적인 것 이전의 심급으로 만들려는 스트라빈스키의 노력은 그가 양식 기술자와 문화 정치가라고 폄하하는 전통에, 다시 말해 쇼펜하우어와 바그너의 전통에 빠져든다. 역설은 역사적으로 해소되는 모습을 보이고 있는 것이다. 서유럽 음악에서 형성되었던 바그너 적대 세력에 섰던 음악가들 중에서 첫 번째로 등장한 생산적인 대표자인 드뷔시(Debussy)도 바그너 없이는 생각될 수 없다는 것이 자주 지적되었다. 《펠리아스(Pelléas)와 멜리상데(Mélisande)》는 뮤직 드라마(악극)라는 것도 자주 지적되어 왔다. 그 음악이 단순히 문헌적인 의미 이상의 의미에서 19세기 초의 독일철학을 가리키고 있는 바그너는 원시적인 것과 ―"의지"― 개별화된 것 사이의 변증법을 떠올리고 있다. 그러나 이 변증법이 바그너에서는, 모든 고찰에서, 개별화 원리에게 불리하게 진행된다. 바그너에서는 이 변증법이 음악적, 문학적인 구조에 따라 개별화에 반대되는 방향으로 철저하게 미리 결정되어 있듯이, 개별적인 것에 대한 음악적 의미의 담지자들은 바그너에서 사실상 무력한 것이며 허약한 것에 지나지 않는다. 의미의 담지자들이 마치 이미 역사적으로 유죄 판결을 받은 것처럼 무력하고 허약한 모습을 보이고 있는 것이다. 바그너의 작품은 개별화된 모멘트들이 실질적인 것으로 어깨를 펴자마자 깨지게 된다. 그 모멘트들은 이미 상투적인 것에 빠져 있었다. 스트라빈스키는 이 점을 고려하여 계산에 넣는다. 영속적인 퇴행으로서의 스트라빈스키의 음악은 개인화 원리가 이데올로기로 쇠락하였다고 답한다. 함축적 의미를 추구하는 철학에 따르면, 스트라빈스키는 "자아란 구제될 수 없다"는 입장을 갖고 있는 마흐(Mach)의 실증주의에 속한다. 스트라빈스키는, 행동방식에 따르면, 보들레르의 작품이 가장 높게 이의를 제기한 대상이 되었던 서구의 예술에 속한다. 보들레르의 작품에서는 개인이 센세이션의 힘을 빌려 개인 자신의 절멸을 즐기는 것이 표현되고 있으며, 이것은 개인의 절멸에 대한 가장 높은 수준의 이의 제기인 것이다. 그러므로 《봄의 제전》에서 나타나는 신화화 경향은 바그너적인 신화화 경향을 지속시키며, 동시에 그것을 거부한다. 스트라빈스키의 실증주의는 사실적으로 주어진 것을 붙잡고 있는 만큼이나 원시시대를 붙잡고 있는 것이다. 스트라빈스키는 개별화된 것 이전의 것의 상상적이고도 민속학적인 모델을 구축한다. 그는 이 모델을 정교하게 준비하고 싶어 했다. 신화는 바그너에서는 인간에게 일반적으로 해당되는 기본 관계들을 상징적으로 표상해야 한다는 것이다. 이러한 기본 관계들에서 주체가 반영되어야 한다는 것이며, 그 기본 관계들이 주체에게 고유한 사물이 되어야 한다는 것이다. 이에 반해, 스트라빈스키가 만들어내는 학문적 선사(先史)는 바그너에서 나타나는 모든 원시적인 충동 자극에도 불구하고 시민사회적 형식 재고(在庫)를 넘어가지 못한 바그너의 학문적 선사보다 더욱 오래된 것으로서 작용한다. 현대적일수록 현대로부터 더욱더 먼 이전 단계로 퇴화한다. 초기 낭만주의는 중세와 관계가 있었으며, 바그너는 게르만의 다신주의와 관련을 맺고 있었다. 스트라빈스키는 토템 부족과 관계를 갖고 있다. 그러나 스트라빈스키에서는 퇴행적 충동과 이것의 음악적 재료화 사이를 매개하는 상징들이 없기 때문에, 그는 바그너보다 적지 않게, 아마도 바그너보다 더욱 많이 심리학에 붙잡혀 있다. 스트라빈스키의 반심리학주의 내부로 확실하게 식별될 정도로 들어와서 유희를 벌이는 자아 소멸에서 나타나는 학대 음란증적-피학대 음란증적인 욕망은 충동적 삶의 동역학에 의해 결정된 것이다. 이러한 욕망은 음악적 객관성에의 요구들에 의해 결정되지 않는다. 이것은 자기 자신에 대한 진단과 자기 자각을 결코 견디지 못하는 인간 유형을 나타낸다. 이러한 인간 유형이 갖고 있는 척도를 스트라빈스키의 작품이 받아들이고 있는 것이다. 자기 자각을 견디지 못하는 인간이 갖고 있는 기분 나쁜 건강함은 외부적인 것에 집착하고 영혼적인 것이 마치 이미 영혼의 병이나 되는 것처럼 영혼적인 것을 거부한다. 이처럼 기분 나쁜 건강함은 프로이트적인 의미에서 볼 때 방어기제의 산물이다. 음악에서 발원하여 영혼에 생기를 불어 넣는 것을 배제하는 것에서 드러나는 경련이 일으키는 완강함은 치료 불가능한 것에 대한 무의식적인 예감을 누설시키고 있다. 그렇게 누설시키지 않으면 치료 불가능한 것은 재앙처럼 나타날 것으로 보인다. 영혼적으로 이루어지는 힘들의 놀이가 표명하는 바를 음악이 기분 나쁘게 거부하는 정도가 강하면 강할수록, 음악은 영혼적으로 전개되는 힘들의 놀이에 의지를 잃은 채 더욱더 종속된다. 이렇게 되는 것에 의해서 음악에 고유한 형상은 불구가 된다. 쇤베르크는 심리적인 기록 문서를 받아들일 준비를 갖추고 있다. 이러한 준비 태도에 힘입어 그는 객관적-음악적인 법칙성들을 향해 돌진하였다. 스트라빈스키의 작품들은, 어떠한 고찰에서도, 내부적인 심급으로서 이해되는 것을 의도하고 있지 않다. 그러므로 스트라빈스키에서는 내재적-음악적 법칙성은 그것 자체로 거의 무기력하다. 구조는 외부로부터, 그리고 작가가 갖고 있는 바람에 의해 명령을 받는다. 작가가 만든 형상물들이 어떻게 되어 있으며 무엇을 포기해야 하는가 하는 작가의 바람이 구조에 명령을 내리는 것이다.

🌳 _ 정신병적 측면

그러나 이렇게 함으로써, 엘제 콜리너가 《여우》와 같은 작품들에게 귀속시켰던, 원천들에게로 단순하게 되돌아가는 것은 배제된다. 심리학은 개별 인간에 있는 원시적인 층과 개별 인간의 자아 사이에는 가장 강력한 폭발력만이 깨트릴 수 있는 벽들이 설치되어 있음을 가르쳐주고 있다. 원시적인 것은 자아를 미적으로 처리하는 데 즉각적으로 응할 준비가 되어 있다는 믿음과 이러한 미적 처리에서 자아는 재생한다는 믿음은 피상적이며, 단순한 소망 판타지일 뿐이다. 확고한 자아를 결정(結晶)시켰던 역사적 과정이 갖는 힘은 개인에서 대상화되었다. 그러한 힘은 개인을 함께 모아 두고, 개인 자체에서 개인을 원시시대와 분리시킨다. 공공연하게 드러나는 원시적인 자극들은 문명과 결합될 수 없다. 정신분석의 고통스런 작업은, 정신분석의 근원이 원래 그렇게 기획되었듯이, 그 과제와 어려움을 앞에서 말한 장벽을 깨트리는 것에서만 갖고 있지 않았다. 원시적인 것은 자아를 죽이는 폭발에 의해서만 검열 없이 그 모습이 드러난다. 다시 말해, 통합적인 개별 존재가 와해되는 것에서만 드러난다. 스트라빈스키의 유치증은 개별 존재가 이처럼 와해되는 대가를 알고 있다. 그는 "오, 과거로 돌아가는 길을 알 수만 있다면"이라는 감상적인 환상을 경멸하며, 현재적인 원시시대를 선언적으로 보여주기 위해 정신병의 관점을 구축한다. 시민들이 쇤베르크 악파의 음악은 시민들과 함께 연주할 수 없기 때문에 쇤베르크 악파가 미쳤다고 비난하며 스트라빈스키를 위트 있고 정상이라고 생각하고 있는 동안에도, 스트라빈스키의 음악이 억압 노이로제, 더 나아가 정신병적 흥분과 정신분열증의 복합체라는 사실은 거부되고 있다. 스트라빈스키의 음악은 엄격한, 제의적으로 훼손당하지 않는 체계로서 등장한다. 의도된 규칙적인 것이 사물의 논리에 힘입어 그것 내부 자체에서 투명하고 합리적이어야 함에도, 그렇지 않은 상태에 있는 것이 그의 음악이다. 이것은 광기 체계의 태도이다. 이러한 태도는 체계에 의해 잡히지 않는 모든 것을 권위적으로 대하도록 하는 것을 허용한다. 원시성은 이렇게 해서 현대가 된다. 음악적 유치증은 전쟁 광기의 미메시스적인 방어로서 도처에서 정신분열증적 모델들을 설계하였던 운동에 속한다. 1918년경의 스트라빈스키는 다다이스트라는 공격을 받으며, 《병사의 이야기》와 《여우》는 부르주아에게 충격을 주기 위해(pour é pater le bourgeois) 인간의 모든 통일성을 분쇄시킨다.[34] 퇴행을 길들여 장악하고 싶어 하는 스트라빈스키의 근본적인 충동은 유치증적인 시기를 다른 모든 시기보다 더욱 많이 규정하고 있다. 육체적 제스처와, 더 나아가 행동방식들을 미리 정해 놓는 것이 발레 음악의 본질에 놓여 있다. 스트라빈스키의 유치증은 발레 음악의 본질에 충실하게 머물러 있다. 정신분열증은 결코 표현되지 않는다. 오히려 음악이 정신질환자의 행동과 비슷한 행동을 실행한다. 개인은 자신의 해체를 비극적으로 연기한다. 개인에게 고유한 몰락을 존속시키는 호기(好機)가 그러한 모방으로부터, 직접적인 현재성에서, 다시 주술적으로, 약속된다. 그러므로 음악에 특별한 작용은 거의 일어나지 않으며, 인류학적으로 설명 가능한 작용만이 일어날 뿐이다. 스트라빈스키는 이어서 후기산업사회의 회피할 수 없는 압력 아래에서 보편화되는 것과 같은 반응 형태의 도식을 고안해 낸다. 모든 것은 후기산업사회가 무방비 상태의 구성원들에게 강압적으로 요구하는 것, 즉 자아를 삭제할 것, 무의식적 기민함을 지닐 것, 그리고 전체에 대해 맹목적으로 순응할 것과 같은 것들을, 이미 구성원들이 그곳에서 스스로 본능에 따라 원하고 있었던 것처럼 보여준다. 새로운 조직 원리가 모든

---

34) 쇤베르크의 급진적인 작품은 그 어떤 단계에서도 사람들에게 충격을 주는 측면을 갖고 있지 않고, 오히려 즉물적인-작곡적 성과에 대한 일종의 사심 없는 신뢰를 갖고 있다. 이러한 신뢰는 브람스나 바그너의 작품이 쇤베르크의 작품과 질적으로 다르게 이해되는 것을 스스로 거부하게 한다. 전통에 대한 동요되지 않는 믿음에서 전통은 자신에 고유한 귀결로부터 해체된다. 이에 반해 사람을 놀라게 하는 모멘트에는 항상 효과에 ―이것이 서구의 어떤 예술작품도 거의 완전하게 자유로울 수 없었던 낯설게 하기 효과라 할지라도― 대한 생각이 들어 있다. 이런 이유 때문에 사람들에게 충격을 주는 것에서는 기존의 것과의 타협이 종국에 가서는 더욱 용이하게 되는 것이다(원전 각주).

사람에게 요구하는 자기 희생은 원(原)과거로서 사람들을 유혹한다. 그리고 동시에 그 자기 희생은 어떤 미래에 대한 두려움에 사로잡혀 있기도 하다. 그 미래 속에서는, 사람이 자신을 보존하기 위해서는 모든 적응 장치가 기능해야 하며 사람이 사람이 되게끔 해주는 모든 것을 포기해야만 하는 그런 사회가 될지도 모르는 것이다. 예술적 모사상에서의 반성은 공포를 누그러뜨리며 유혹을 강화시킨다. 예술에 들어 있는 달래는 것, 조화적인 것, 두렵게 하는 것의 전치(轉置)의 모멘트는 주술적 실제의 예술적인 유산인바, 쇤베르크의 혁명적인 작품들에 이르기까지의 모든 표현주의는 이러한 유산에 대항하여 격렬하게 저항하였다. 이처럼 조화적인 것은 스트라빈스키의 무시하는 투의 날카로운 음에서, 철기 시대의 사자(使者)로서, 환호성을 올린다. 스트라빈스키는 음악의 예스맨이다. "달라질 수도 있지만, 그래봐야 그게 그거야", 또는 "나야 뭐, 전혀 인간이 되고 싶지 않아"라는 브레히트(Brecht)의 말들은 《병사의 이야기》와 동물 오페라에서 금언과 같은 역할을 수행할 수 있을 것 같기도 하다. 한때는 음악적 휴머니즘과 악기를 통해서 절대적으로 철저하게 영혼을 불어 넣은 것에 가장 순수하게 적합한 편성이었던 현악4중주를 위한 콘체르티노에서 작가는 현악4중주가 재봉틀처럼 윙윙 소리를 내면서 작동해야 한다고 요구하였다. 《피아노 랙 뮤직》은 기계 피아노를 위해 쓴 것이다. 탈인간화에 대한 두려움이 탈인간화의 가면을 벗기는 즐거움으로 의미가 변전되고 있다. 종국적으로는, 증오의 대상이었던 트리스탄이 죽음에의 충동에 대한 상징을 준비했던 것과 동일한 죽음 충동에의 욕구로 의미가 변전된다. 표현의 특징들이 낡아버린 것을 싫어하는 민감함은, 모든 여과되지 않은 표현에 대한 반감으로 고조된다. 이런 반감은 문명의 능률화 시대에 특유한 것이다. 이 민감함은 비인간적인 체제와 화해하면서 인간이라는 개념 자체를 부정하지만,

그렇다고 현실에 몰락하는 것이 아니라는 점을 교만스럽게 표명하고 있다. 스트라빈스키 음악의 정신분열적 행태는 세계의 냉혹함을 이겨내기 위한 제전이다. 그의 작품은 객관적 정신의 광기를 통해서 제전을 비웃으면서 수용한다. 그의 작품은 모든 표현을 죽여 버리는 광기를 스스로 표현함으로써 심리학이 말하고 있듯이 광기를 소산(消散)시킬 뿐만 아니라 조직화하는 이성에게 광기 자체를 종속시킨다.[35]

---

35) 스트라빈스키 음악에 들어 있는 이러한 제의적인 단계가 같은 시기에 국제적으로 인기를 얻었던 재즈와 밀접한 관계가 있다는 것은 명증하다. 이처럼 밀접한 관계는 엄격한 템포와 불규칙적이고 당김음적인 악센트로 이루어지는 동시성과 같은 기법적 디테일에까지 미친다. 스트라빈스키는 유치증적 단계에서도 재즈 공식을 실험했다. 《11가지 악기를 위한 랙타임》, 《피아노 랙 뮤직》, 《병사의 이야기》에 나오는 탱고나 랙타임 등은 그의 성공적인 작품에 속한다. 음악적으로는 무엇을 의미하든 관계없이 재즈에 편승해서 "생명력"을 부추길 수 있다고 생각했던 작곡가들과는 달리, 스트라빈스키는 비틀기를 통해서 30여 년 이래로 정립된 댄스 음악이 낡아 빠지고 소모되었으며 시장의 지배 하에 들어간 음악임을 폭로한다. 그는 댄스 음악이 자신의 오점을 스스로 말하게 하는 것을 필요로 하고 있으며, 표준화된 어법을 붕괴의 양식화된 암호로 변모시키고 있다. 동시에 그는 순진한 재즈에 불가피하게 속해 있는 특징들인 잘못된 개별성과 감상적(感傷的)인 모든 특징들을 제거한다. 이렇게 해서 그는 인간적인 것의 흔적들을, 그가 기교를 다해 파편을 끼워 맞추어서 조립해 놓은 공식들에서 살아남아 있다고 할지라도, 과장스러운 조롱과 함께 비인간화의 효소로 만든다. 그의 작품들은, 동시대의 그림이나 조각이 머리털, 면도날, 은박지 등으로 조립되는 것처럼, 상품의 잔해로부터 합성된 것들이다. 이 점이 상업적인 키치(Kitsch)와의 수준상의 차이를 정의한다. 동시에 그의 재즈 모작(模作)은 대중적인 것에 자신을 내맡기는 것에 들어 있는 위협적인 매력을 흡수하는 것을 약속하며, 위험에 굴복함으로써 위험을 물리치는 것을 약속한다. 다른 작곡가들의 재즈에 대한 관심은 대중을 향한 곁눈질이었을 뿐이며 바겐세일에 대한 관심이었다는 점이 스트라빈스키와 비교되었다. 스트라빈스키는 그러나 바겐세일 자체를, 상품에 대한 관계를 제의(祭儀)화하였다. 그는 상품에 대한 이러한 관계가 갖

🌳_ 즉물성으로서의 소외

스트라빈스키 음악을 어느 독일 파시스트가 정신병자의 조형물이라고 불렀던 것과의 유사성에 따라 파악하는 것처럼 잘못된 것도 없을 것이다. 미적 의식을 통해 정신분열증적 특징들을 제어하는 것이 스트라빈스키 음악의 관심사인 것처럼, 그의 음악은 전체적으로 볼 때 건강함으로서의 광기를 반환으로서 청구하고 싶어 한다. 정상적인 것에 대한 시민사회적인 개념에는 그런 점이 예로부터 내포되어 있다. 이러한 개념은, 주체의 통합을 해체시키고 제한이 없는 현실 정의를 와해시키기 위해, 자기 보존이 불합리한 모순에 이를 때까지 실행되도록 한다. 이러한 불합리한 모순은 오로지 다음과 같은 경우에만, 다시 말해 자기 보존이 자기를 보존하는 자를 폐기시키는 경우에만 자기 보존을 허용한다. 이러한 것에 가상 현실주의(Schein-realismus)가 상응한다. 현실 원리만이 유일하게 결정하는 동안에도, 현실은 현실 원리를 무조건 따르게 하는 것에서 공허해진다. 현실은 현실에 고유한 실체에 따라 도달 불가능한 것이 되며, 의미가 나락으로 떨어지는 것에 의해서 현실 원리로부터 분리된다. 스트라빈스키의 즉물성은 이러한 가상 현실주의에 맞춰서 울린다. 완벽할 정도로 영리한, 그래서 환상은 갖지 않는 자아는 비자아를 우상으로 끌어올린다. 그러나 자아는 이처럼 흥분하면서 주체와 객체 사이의 매듭을 잘라버린다. 관계를 맺지 않은 상태에 놓여 있는, 객관적인 것의 껍데기는, 앞에서 말한 외화(外化)를 위해, 초주관적인 객관성(über-subjektive Objektivität)으로서, 즉 진리로서 주장된다. 이것이 바로 스

고 있는 물신적 특징의 주변을 돌면서 죽음의 춤을 추고 있는 것이다(원전 각주).

트라빈스키가 구사하는 형이상학적 책략을 위한 공식이며, 그에게 내재하는 사회적 이중적 특징을 위한 공식이다. 그의 작품이 보여주는 인상은 어릿광대의 인상을 비교적 높은 자리에 있는 사무직원의 인상과 결합한 것이다. 어릿광대는 바보처럼 연기하며, 찡그리고 기괴한 얼굴상(Grimasse)을 실제적으로 구사할 수 있다. 어릿광대는 청중 앞에서 음흉하게 머리를 숙인다. 어릿광대가 가면을 벗으면, 얼굴이 나타나는 것이 아니라 안장머리가 나타난다. 감정들을 싫증 날 정도로 맛을 보았기 때문에 과거의 탐미주의에 둔감해진 신사가 마네킹 인형임이 입증된다. 병적으로 빗나가 있는 사람이 서로 비슷해진 무수한 정상인들의 모델이 된다. 탈인간화의 도발적인 충격이, 혼자 힘으로, 표준화의 근원 현상이 된다. 죽은 사람이 갖고 있는 것과 같은 맵시와 이전에 심장이 있었던 곳에 손을 올려놓는 익살꾼의 상냥함은, 동시에 항복의 제스처이다. 이것은 주체를 잃어버린 사람이 여전히 비웃고 있는 현존재에게, 즉 죽은 것처럼 보이지만 전능한 현존재에게 안부를 전하는 몸짓이다.

🌳 _ 수단의 물신주의

현실주의가 전면에 부각되는 것은, 음악적으로는, 주어진 수단들에 따르려는 것에 지나치게 많은 가치를 부여하는 노력에서 보여진다. 스트라빈스키가 구사하는 기교에서 볼 때, 그는 현실에 합당하다. 스트라빈스키가 갖고 있는 특별성이 의도에 대해 우위를 점하는 것, 기예적 소품에 대한 숭배, 《병사의 이야기》의 타악기 처리에서 보이는 것과 같은 능숙한 처리들에 대한 기쁨, 이 모든 것은 목적을 희생시켜 수단들이 어부지리를 얻는 것을 보여준다. 문자 그대로의 의미에서는 수단, 다시 말해 악기가 실체화되는 것이다. 악기가 음악에 대해 우위를 점한다. 작곡은 최적의 울림이라는 속성이 되는 것과 충격적인 효과를 내는 것에 몰두하게 된다. 말러(Mahler)가 요구하였듯이 악기적인 가치가 연관관계를 명료하게 하는 것과 순수한 음악적 구조를 드러내는 것에 기여하는 대신에, 작곡은 울림과 충격적 효과에 관심을 집중시키고 있는 것이다. 이것은 재료에 통달한 확고한 능력자라는 명성과 "기교"를 숭배하는 모든 청자들의 찬탄을 스트라빈스키에 가져다 주었다. 이렇게 함으로써 스트라빈스키는 이미 오래전부터 내려오는 경향을 완결시킨다. "효과"의 상승은, 표현을 위한 목적에서, 음악적 수단들의 지속적인 분화와 항상 결합되어 있었다. 바그너는 영혼의 자극들에서 가장 절박한 기법적인 상관물들을 발견함으로써 영혼의 자극들을 조작할 줄 알았던 사람이었을 뿐만 아니라 오페라의 쇼맨인 마이어베어(Meyerbeer)의 상속자이기도하다. 이미 슈트라우스에서 보이는 압도적인 효과들은 스트라빈스키에서는 마침내 스스로 독립적인 것이 되고 만다. 효과들은 더 이상 자극을 목표로 삼지 않으며, "효과를 만드는 것" 자체가 ―마치 목숨을 건 도약처럼 미적 목적 없이― 추상적으로 보여지며 즐김의 대상이 된다. 효과들은 전체의 의미로부터 해방되면서 물리적으로 재료적인 것, 손으로 잡을 수 있는 것, 스포츠적인 것을 받아들인다. 스트라빈스키 작품을 끌고 가는 영혼에 대한 적대감은 그의 음악이 육체에 대해서 성적인 것을 벗어나 있는 관계를 갖고 있는 것과 본질적으로 동일한 것이다. 육체 자체가 음악에 의해 수단으로서, 정확하게 반응하는 사물로서 다루어진다. 스트라빈스키의 음악은 육체를 최고의 성과물이 되게 한다. 이러한 성과물은 《봄의 제전》에서 부족들의 납치극과 싸움에서 무대에 등장한다. 원시 제전이 원시 부족의 성년식이나 희생 제의에서 사람이 당하는 고통을 둔감하게 해 버리는 것처럼, 모든 주체적인 자극들을 둔감하게 하는 《봄의 제전》의 경직성은 동시에 통수권이 갖고 있는 폭력과 같은 폭력이다. 이러한 폭력은 고통을 표현하는 것을 영구적으로 위협하면서 육체가 고통을 표현하는 것을 불가능하게 하도록 조련시킨다. 이와 동일한 것이 스트라빈스키에서 가장 중요한 전통적 요소인 발레에서 나타난다. 이러한 경직성, 즉 원시 제전에서처럼 영혼을 추방하는 것은 생산물이 주관적으로 산출된 것이 아니고 인간을 성찰하는 것도 아니며 자체로서 현존 재적인 것인 것처럼 보이게 하는 데 기여한다. 스트라빈스키는 그의 잘못된 거만함을 유지하기 위해서 스스로 감정을 상하게 되었지만, 그가 밀어 붙이는 이념을 제대로 자세하게 다시 제시하였던 인터뷰에서 그의 후기 작품들 중의 한 작품에 대해서 언급한 적이 있었다. 사람들이 작품의 질을 토론할 필요는 없는 것이며, 작품은 그 어떤 사물처럼 단순히 거기에 있는 것이라고 말한 적이 있었던 것이다. 확실한 것처럼 보이는 것이 철저한 탈영혼화라는 희생을 치르고 얻어지는 것이다. 음악은 모든 무게를 단순히 존재하는 것에 두며, 주체가 갖는 몫을 강한 침묵 밑에 감추면서, 주체에게 존재적으로 의지할 곳을 약속한다. 한편 주체는 그 의지할 곳을 음악이 양식 원리로 선택했던, 그 동일한 소외를 통해 상실당한 터였다. 주체와 객체 사이에서 정점으로 치닫는 무관계성이 관계를 대체한다. 잘못된 채 헤매는 것, 기법 처리에 대한 강박관념적인 것, 자체로서 조직화되는 예술작품에 대한 터무니없는 반대가 수를 셀 수 없이 많은 사람들을 유혹한 것은 의심의 여지가 없다.

🌸 _ 탈인격화

이러한 체계에서 스트라빈스키 음악에 원래부터 들어 있는 정신 분열증적 요소들이 그것들의 위치가치를 갖게 된다. 유치중적인 시기에는 정신분열적인 것이 주제가 된다. 《병사의 이야기》는 정신병적 행동양식들을 가차 없이 음악적 배열에 수용한다. 유기적-미적 통일성은 해체된다. 해설자, 무대 진행, 가시적인 실내 오케스트라가 무대 위에 나란히 배치되며, 이렇게 함으로써 공연을 받쳐주고 있는 미적 주체의 동일성 자체가 도전을 받게 된다. 비유기적 측면은 모든 감정이입과 동일화를 저해한다. 악보 자체가 그런 측면을 형성하고 있는 것이다. 악보는 극도의 능수능란함으로 정리되어 있는 혼란한 인상을 불러일으킨다. 이것은 정선(精選)되어 있는 것에 통례적으로 들어 있는 균형 비율들을 깨트리는 울림에 의해 발생한다. 그러한 울림은 트롬본, 팀파니, 콘트라베이스에게 도에 지나친 음을 낼 것을 부당하게 요구한다. 그러한 울림은 음향적 균형으로부터 빠져들게 되는 빗나간 울림이다. 이것은 어른의 긴 바지를 입은 상태에서 머리만 조금 드러내는 어린아이의 시선과 비교될 수 있을 것이다. 선율적-화성적인 송장(送狀)은 잘못된 실행과 가차 없는 통제의 이중성을 통해서 규정된다. 이러한 이중성은 결정된 것으로서의 그 어떤 것을, 즉 사물의 논리를 배제해 버리는, 피할 수 없으며 제어할 수 없는 결함의 논리로부터 오는 그 어떤 결정된 것을 극도로 치달은 자의성에 부여하고 있는 것이다. 작곡을 벗어나 있는 것(Dekomposition)이 스스로 완벽하게 작곡이라도 하는 듯이 보이고 있는 것이다. 《병사의 이야기》는, 《봄의 제전》이 그랬던 것처럼, 주 작품의 이념을 조롱하고 있는 중심 작품에 해당된다. 《병사의 이야기》로부터 스트라빈스키의 전체 작품이 조명될 수 있다. 오토 페니첼(O. Fenichel)의 마지막 책[36]에서처럼 정신분석이 정신분열적인 메커니즘들에 대해 다루고 있듯이, 정신분열적인 메커니즘들 중 어떤 메커니즘도 《병사의 이야

---

36) Cf. Otto Fenichel, The Psychoanalytic Theory of Neurosis, N. Y. 1945.

기》에 극도로 적확하게 들어맞지 않는 경우는 찾아보기 힘들다. 예술작품의 부정적 객관성은 그것 스스로 퇴행 현상을 상기시켜 주고 있는 것이다. 이것은 정신분열증에 관한 정신의학이론에서 "탈인격화(Depersonalisierung)"에 근접해 있는 현상이며, 페니첼에 따르면 매우 강렬한 자기애(Narzi β mus)에 대한 방어 자극이다.[37] 음악이 주체로부터 소외되고 이와 동시에 육체의 센세이션과 관련을 맺는 것은 자신의 고유한 육체를 낯선 육체로 인지하는 사람들의 광기 있는 육체 센세이션에서 그러한 소외의 병적인 유사물(類似物)을 갖는다. 스트라빈스키의 예술작품이 발레와 객관적 음악으로 스스로 분열하는 것은 아마도 병적으로 상승되고 주체와 소외되는 육체 감정을 기록해 주고 있을 것이다. 이렇게 되고 나면, 자아의 육체 감정은 실재로 소외되는 매체, 즉 춤꾼들에게 투사되는 결과로 이어질 수도 있을 것이다. 그러나, 자체로서 "자아에-고유한" 것이며 자아에 의해 지배되는 영역인 음악은 춤꾼들을 소외시키며 즉자적인 존재자로서의 주체와 대립한다. 《병사의 이야기》에서 미적 기능들이 정신분열적으로 찢겨지는 것은 미적 기능들이 갖는 의미 연관관계의 건너편에 있는 표현의 내용이 없는 것에서, 육체적인 것이 결정하는 발레 음악에서 그러한 찢김의 선(先)형식을 갖고 있다고 할 수 있을 것이다. 이미 스트라빈스키의 초기 발레들에서 음악에서의 "선율"을 아끼는 악구들이 없지 않았다. 이는 제대로 된 주성부에서 육체의 움직임을 무대에 등장시키기 위한 목적을 갖고 있다.[38]

---

37) Fenichel, l. c., p.419.

38) 여기에서 미적인 것의 내부에서 실행되는 분열은 기이할 정도로 미리 예정되어 있는 경향이 있다. 이것은 동시대의 문화산업의 결정적인 매체인 영화에서 테크놀로지적으로 규정된 분열 경향에 대해 설명하는 조화에 대한 총체성으로서의 사회의 통일성으로부터 오로지 설명될 수 있는 예정조화적인

_ 파과증

　　스트라빈스키에서 나타나는 탈인격화의 가장 현저한 모멘트인 표현의 거부는 정신분열증에서 이러한 모멘트의 임상적인 대립상(像)을 갖게 된다. 정신분열증에서 나타나는, 환자가 외부적인 것에 대해 아무런 상관이 없다는 태도를 취하는 병인 파과증(破瓜症, Hebephrenie)에서 그러한 대립상을 갖게 되는 것이다. 정신분열증에서 철저할 정도로 관찰되고 있듯이, 감정의 냉담함과 정서적인 "천박함"은 이른바 내면성 자체의 빈곤화는 아니다. 이러한 냉담함과 천박함은 객체 세계에 대한 리비도(libido)적인 점령이 결여된 것에서 내면적인 것을 전개시키는 것이 아니라, 경직성과 비운동성으로 외부화시키는 소외 자체에서 발원한다. 여기로부터 스트라빈스키의 음악은 그것의 미덕을 만들어낸다. 주체가 받는 고통으로부터 객체에서 항상 출현하는 표현은 비웃음의 대상이 된다. 고통이 더 이상 표현과 전혀 접촉이 이루어지지 않기 때문이다. 미적 프로그램의 무감동(impassibilité)은 파과증에 대해 이성이 행사하는 이성의 간계이다. 파과증은 우월함과 예술가적인 순수성으로 그 의미가 변전된다. 파과증은 충동들에 의해 방해를 받지 않으며, 오히려 충동들을 이념들의 영역에서 작동시킬 수 있는 것처럼 행동한다. 진실과 비진실은 그러나 이념들의 영역에서 서로를 교대로 조건 지운다. 표현의 부정은, 순진한 휴머니즘에 어울릴 수도 있는 것처럼, 사악한 비인간성으로 간단히 귀속되는 것이 아니기 때문이다. 표현이 벌어들인 것에서 표현이 경험된다. 표현에 대한 문명의 금기[39]는 매체로서 지금까지 문명의 뒤에 머물러

　　　　경향이다. 영화에서 이미지, 말, 음은 괴리된다. 영화음악은 발레의 법칙들과 유사한 법칙들에 종속되어 있다(원전 각주).

　39) Cf. Max Horkheimer und T. W. Adorno, Dialektik der Aufklärung(계몽의

있었던 음악에서만 실행되는 것은 아니다. 이와 동시에 표현의 기층인 개인이 사회적으로 형벌에 처해졌다는 변명이 이루어진다. 왜냐하면 개인 자체가 개인의 대립적 본질에서 오늘날 멸망에 이른 사회에 대한 파괴적인 기본 원리를 제공하였기 때문이다. 부조니(Busoni)가 그가 살던 시대에 표현주의적인 쇤베르크 악파에 대해 새로운 감상성(Sentimentalität)이 있다고 비난한 것은 음악적인 전개에서 함께 하지 못했던 사람이 현대적으로 내뱉는 발언에 그치는 것만은 아니었다. 이 외에도 부조니는 그것 자체로서의 표현에서 시민사회적인 개인주의가 지닌 불의의 어떤 것이 살아남아 있다는 것을 감지하고 있었다. 단순한 사회적 대리인임에도 불구하고 즉자적, 대자적으로 존재하려는 것의 허위를 느끼고 있었다. 아울러 자기 보존의 원칙은 개별화를 통해 주장되고 표현 속에서 반조(返照)되어야 하는 것임에도, 사람들이 이런 자기 보존의 원칙에 쫓기고 있는 것에 대한 무의미한 비탄과 같은 것도 느끼고 있었다. 표현에 대한 비판적인 관계는 오늘날 모든 책임 있는 음악이 공유하고 있다. 이것을 쇤베르크 악파와 스트라빈스키는 다른 길을 통해 얻어냈다. 쇤베르크 악파는 이것을 12음 기법을 도입한 이후에는 교조화시키지는 않았다. 그러나 스트라빈스키에서는 음울한 무관심이나 잔인한 경직성이 보이는 자리들이 존재한다. 이러한 자리들은 표현에게, 그리고 표현의 몰락하는 주체에게 주체가 흘러넘치는 곳에서보다도 더욱 많이 명예를 부여한다. 주체가 자신이 죽었다는 것을 모르고 있기 때문이다. 이러한 근성에서 스트라빈스키는 니체의 바그너에 대한 적대 관계의 과정을 종말에 이르게 한다.[40] 스트라빈스키 음악의 공허한 눈은 때때로 표

변증법), l. c., S. 212 ff.

40) 이것은 역사적으로는 독일 음악의 연극적 요소에 대한 반론인 장 콕토의 「수탉과 어릿광대(Le Coq et l' Arlequin)」에 의해 매개된다. 연극적 요소는 표

현보다 더 많은 표현을 갖게 된다. 표현에 대한 거부는, 개별적인 것에 가해지는 폭력이 개인주의의 극복으로서 직접적으로 출현할 때, 그리고 원자화와 평균화가 인간들의 공동체로서 출현할 때 비로소 진실이 아닌 반동적인 것이 된다. 이렇게 해서, 스트라빈스키의 표현 적대성은 적대성의 모든 단계에서 교태를 부리고 있는 것이다. 파과증은 마침내 정신과 의사가 알고 있는 그대로 음악적으로도 그 모습을 노출시킨다. "세계에 대한 무관심"은 자아가 아닌 것에 대해 갖게 되는 모든 흥분들을 딴 곳으로 돌리게 하는 것과 인간의 운명이 어떻게 되든 상관없다는 자기애적인 무관심에서 나온 결과이다. 어떻든 상관없다는 무관심은 인간들이 겪는 운명의 의미로서 미적으로 축하를 받게 된다.

🌱 _ 긴장성 분열증

스트라빈스키의 음악이 쉼 없는 활동성을 보여주는 곳에서조차 절대로 표현에는 손을 내밀지 않는 파과증적 냉담함이 수동성과 상응하고 있다. 그의 리듬적 행동 양식은 긴장증 상태의 도식에 가깝게 나타난다. 정신분열증 환자들에서는 엔진처럼 동력을 얻은 장치가 스스로 독립적이 되는 증세가 나타나며, 이것은 자아의 와해에 맞춰 제스처나 말을 끊임없이 반복하는 것에 이르게 한다. 앞서 말한 바 대로, 충격 때문에 어쩔 줄 몰라 하는 사람의 경우가 이와 비슷하다. 이처럼 스트라빈스키의 충격 음악은 반복이라는 강제적 속박에 놓여 있으며, 이러한 속박은 반복된 것을 더욱더 손상시킨다. 《병사의 이

현적 요소와 일치한다. 음악에서의 연극적 연출은 표현을 구사하게 하는 것과 다름이 없다. 콕토는 니체의 논박에 기대어 자신의 논박을 유지시키고 있다. 스트라빈스키의 미학은 콕토의 미학으로부터 유래한다(원전 각주).

_245

야기》에서 나타나는 동물화된 우둔함의 영역과 같은, 이전에 누구도 음악적으로 발을 내딛어 본적이 없는 영역을 정복한 것은 긴장성 분열증적인 요소의 혼입에 힘입은 것이다. 그러나 이 혼입은 성격을 만들어내려는 의도에 도움을 주는 것으로 끝나는 것이 아니다. 음악의 흐름 자체가 긴장성 분열증적 혼입으로부터 감염되어 버린다. 스트라빈스키로부터 유래한 악파를 운동 악파(Motorik)라고 이름을 붙인 바 있었다. 악센트와 시간 간격에 음악을 집중시키는 것은 육체적 움직임이라는 환영을 불러오게 된다. 그러나 이러한 움직임은 같은 것의 회귀에서 성립된다. 즉, 동일한 선율 형식들, 동일한 화음들, 동일한 리듬 모형들 자체의 회귀에서 성립되는 것이다. 그러나 이러한 운동성이 ─힌데미트는 어떤 합창곡에 《중단되지 않는 것(Das Unaufhörliche)》이라는 이름을 붙인 바 있었다─ 동일한 것을 결코 계속해서 진전시키지 않음으로써, 고집, 힘의 과시는 정신분열증 환자가 몸짓으로 보여주는 도식이 가하는 허약함과 쓸데없는 짓으로 전락하고 만다. 거기서 소모되는 에너지는 목표가 없는 맹목적인 순종에 모두 사용된다. 그러한 순종은 맹목적인 규칙의 지배를 받으면서 시시포스(Sisyphos)의 고역에 묶여 있다. 가장 뛰어난 유치증적 작품에서는, 그렇게 정신을 잃고, 갇혀 있는 채로 자신의 꼬리를 무는 상태로부터 ─손아귀에서 벗어날 수 없는─ 낯설게 된 효과가 이끌려 나오게 된다. 긴장성 분열증 환자의 행위들은 굳어 있고, 동시에 기이하다. 이와 마찬가지로, 스트라빈스키 음악의 반복들은 관습을 고집하는 것과 손상시키는 것을 하나로 만든다. 관습을 지키는 것은 다수의 정신분열증 환자들에게서 볼 수 있는 대로 가면을 쓴 듯한, 의례적인 공손한 태도를 상기시켜 준다. 혼을 성공적으로 내쫓은 후에 이 음악에 남게 되는 것은 혼이 깃들었던 것의 빈 껍질들이다. 관습주의는 ─관습주의로부터, 나지막한 미학적 변위를 거치면서 신고전주의적 이상이 출현한다― 이와 동시에 "회복 현상"으로서, "정상적인 것"
으로 되돌아가는 가교로서 기능한다. 《페트루슈카》에서는 관습적
인 기억들, 즉 드레오르겔과 동요와 같은 통속적인 것이 매력 있는 가
치로서 모습을 드러냈다. 《봄의 제전》은 그런 기억들을 지속적으로
제거시킨다. 《봄의 제전》은 불협화음으로, 그리고 양식적으로 조련
된 모든 금기들을 통해서 관습의 안면을 강타한다. 더 나아가 관습에
적대적이라는 의미에서 전적으로 혁명적인 작품으로까지 이해된
다.[41] 이것은 《병사의 이야기》에서부터 변화된다. 천한 것으로 취급
받는 것, 모욕당하는 것, 즉 《페트루슈카》에서 울림의 한가운데에서
위트로서 모습을 드러내고 있던 통속성이 이제는 충격을 위한 유일
한 재료이자 동인이 된다. 이렇게 해서 조성의 르네상스가 시작되는

---

41) 《봄의 제전》 자체가 무조건적으로 관습에 반하는 것은 아니다. 주술사의
   등장을 예비하는 자리인 마상시합 장면(소악보 S.51, No.62 이하)은, 이 장
   면이 민중의 격앙을 묘사하고 있는 것처럼, 오페라 관습에 들어 있는 제스처
   를 양식화한 것이고, 형식적으로는 철저하게 중첩적으로 작곡되어 있다. 그
   랜드 오페라는 《포르티치의 벙어리 딸》 이래로 그러한 악구들을 알고 있었
   다. 스트라빈스키 작품 전체에 걸쳐 관습을 폐기시키지 않으려는 성향뿐만
   아니라 관습의 정수를 추출해 내려는 성향이 들어 있다. 《협주풍 춤》이나
   《발레의 정경》과 같은 말기 작품들 중 몇몇 작품들은 이러한 성향을 프로
   그램으로 만들었다. 그러한 성향은 스트라빈스키 한 사람만이 아니라 시대
   전체에 속해 있다. 음악적 유명론(唯名論)이 더욱 증대되면 될수록, 전래된
   형식들이 구속력을 상실하면 할수록, 기존의 대표적인 유형들에 이어지는
   특수 유형을 첨가하는 것은 더욱 중요하지 않은 일이 될 수 있는 것이다.
   작곡가들이 형식의 모든 먼저 주어지는 일반성을 포기하지 않은 곳에서는,
   그들은 자신이 허용하는 형식의 본질을 순수하게, 동시에 형식의 플라톤적
   인 이데아를 표현하려고 시도해야만 한다. 쇤베르크의 《관악5중주》는, 괴
   테의 "동화"가 어떻든 동화인 것과 같은 의미에서, 소나타이다(Cf. T. W.
   Adorno, Schönbergs Bläserquintett, l. c. Zur »Destillation« von Aus-
   druckscharakteren cf. Thomas Mann, Doktor Faustus, Stockholm 1947,
   S.741, 원전 각주).

것이다. 《봄의 제전》이나 《세 개의 현악4중주곡》과 같은 작품의 선례에 따라 완벽하게 가치를 잃게 된 선율적 핵심들은 행진곡, 바보스러운 바이올린 연주, 낡아 빠진 왈츠(Walzer), 탱고와 랙타임처럼 유행하던 춤곡들이 보여주는 하류의 저질 음악을 떠올리게 하는 것이다.[42] 선율 모델들을 찾고자 탐색되는 곳은 예술 음악 속이 아니라, 표준화되고 시장에 의해 격하된 실용적인 소품 음악들 속이다. 물론 이러한 실용 음악들은 단지 작곡의 비르투오조들에 의해 투명한 것이 되게끔 만들어질 필요가 있으며, 이에 따라 실용 음악이 선전해대는 골격이 모습을 드러내게 된다. 유치증은 실용 음악 영역과의 유사성을 통해 유치증의 "현실주의적인" 버팀목뿐만 아니라, 유치증이 충격을 전달하고 있듯이, 과거에 지나갔고 현재 있음직한 것에 붙어 있는 항상 부정적인 버팀목까지 획득한다. 유치증은 인간들이 인기 있는 음악을 통해 시장에 의해 순수하게 매개된, 사물과 같은, 소원한 것이 되어 버린 육체로서 충격을 받도록 하며, 인기 있는 음악이 인간들의 육체에 가까이 밀치고 들어올 수 있게 한다. 이렇게 함으로써 유치증은 앞에서 말한 두 가지 버팀목을 획득하는 것이다. 관습이 전복된다. 음악은 오로지 관습을 통해서만 낯설게 하기를 성취한다. 관습은 하층 음악의 해석에서 잘못된 성과와, 조직화되지 않은 부분 요소들을 함께 모으는 것에서 하층 음악의 잠재된 전율을 발견하며, 일

---

42) 이에 따라 위험이 없는 것의 위험성이 절박한 문제가 된다. 즉, 그것은 패러디가 필요 없을 정도로 경멸당하는 것의 패러디이며, 그런 점을 교묘하게 고려하여 이루어진 모방에서 문화시민조차도 음흉한 즐거움을 느끼고 있는 것이다. 확실히 범상치 않게 매력을 발산하며, 나중에는 비르투오조풍의 관현악곡으로 편곡된바 있는, 4개의 손을 위한 피아노곡들에서는 충격이 웃음 속으로 흡수된다. 《병사의 이야기》의 분열증적인 낯설게 하기(Verfremdung)는 더 이상 흔적도 없으며, 이 피아노곡들은 깨진 곳 없는 카바레 효과를 지닌 연주회의 인기곡이 된다(원전 각주).

반적인 비조직화로부터 그 조직화의 원리를 끌어낸다. 유치증주의는 망가진 것의 양식이다. 유치증주의의 음악은 우표들로 만들어진 작은 그림들이 보여주는 것처럼, 균열되어 있고 다시금 출구가 없이 밀착되어 달라 붙여진 몽타주처럼 들린다. 악몽과도 같이 협박하면서 울리는 것이다. 병원(病源)을 지닌 배열, 주변을 빙빙 돌면서 닫혀 있으며 통합되어 있지 않은 배열은 숨을 막히게 한다. 스트라빈스키 시대가 보여주는 음악적으로 결정적인 인간학적 사실관계가 그러한 배열에서 신호를 보내고 있으며, 이러한 시대의 시작에 《병사의 이야기》가 놓여 있다. 다시 말해, 경험의 불가능성이라는 사실관계가 음악적으로 신호를 보내고 있는 것이다. 벤야민이 카프카의 서사 문학을 건강한 인간 오성의 병듦이라고 규정했다면, 《병사의 이야기》의 손상된 관습들은 시민사회 시대를 통틀어 음악에서 건강한 인간 오성이라고 부를 수 있는 모든 것의 상흔들이다. 이런 상흔들에서 주체와 객관적인 것으로서 음악적으로 주체와 맞서는 것, 즉 어법 사이에 화해될 수 없는 균열이 나타난다. 주체는 어법만큼이나 무력한 것으로 퇴락하고 만다. 음악은 비극적이라 할지라도 올바른 삶의 형상이 스스로 되겠다는 생각을 포기해야 한다. 그 대신 음악은 삶이 더 이상 존재하지 않는다는 이념을 구체화한다.

🌳 _ 음악에 관한 음악

이렇게 해서 스트라빈스키 음악에 들어 있는 특정한 모순이 설명된다. 스트라빈스키의 음악은 표제 음악뿐만 아니라 인상주의의 시적인 흡인력에 들어 있는 음악적으로 "문학적인" 모든 것에 대한 반격이다. 작곡가로서는 미흡한 면이 있다 할지라도 스트라빈스키와 지적으로 가까이 놓여 있는 사티(Satie)와 같은 작곡가는 인상주의의 시적인 흡인력에 대해 조롱한 바 있었다. 스트라빈스키의 음악이 직접적인 삶의 과정으로서 등장하는 것이 아니라 절대적인 간접성으로 등장함으로써, 그리고 그 고유한 재료에서 삶의 해체뿐만 아니라 주체의 낯설게 된 의식 상태를 기록함으로써, 스트라빈스키의 음악은 전혀 다른 의미에서 스스로 문학적이 된다. 이렇게 함으로써 스트라빈스키의 음악은 이 음악이 기꺼이 붙어 있었던 근원에의 가까움을 이데올로기라고 비난한다. 표현에서의 파토스(Pathos)의 금지가 작곡적인 자발성을 스스로 서두르게 한다. 음악적으로 더 이상 자신에 대해 진술해서는 안 되는 주체는 이렇게 함으로써 "생산하는 것"을 중단하며, 더 이상 주체의 고유한 언어가 아닌 객관적인 음악적 언어의 공허한 메아리에 만족하게 된다. 스트라빈스키의 작품은, 루돌프 콜리쉬(Rudolf Kolisch)의 말을 빌리자면, 음악에 관한 음악(Musik über Musik)이다.[43] 이것은 유치증 시기에 가장 분명하게 나타나지만, 원래

---

43) 음악에 관한 음악을 쓰는 성향은 20세기 초에 확산되었다. 이런 성향은, 모차르트의 헨델(Händel) 모작에 책임을 지우려고 하지 않는다면, 슈포어(Spohr)에까지 거슬러 올라간다. 그러한 욕심으로부터 자유로운 말러(Mahler)의 주제들도 《음악의 명곡집》(Das Goldene Buch der Musik, 20세기 초 빈에서 출판된 노래 모음집, 역주)에서 유래하는 어린 시절의 기억들을 행복한 동경으로 옮겨 놓았으며, 슈트라우스도 수많은 암시와 모작에서 우쭐댔다. 이 모든 것은 바그너의 《마이스터징거》에서 그 전범(典範)을 갖고 있다. 마치 작곡가가 더 이상 자기 고유의 것을 말할 수 없게 된 것처럼 되고 이런 이유로 인해 잃어버린 것에 기생이나 하는 것처럼 되는 성향을 슈펭글러적 의미에서 알렉산드리아 문명적이라고 비난하는 것은 피상적이라고 해야 할 것 같다. 독창성에 관한 그러한 개념들은 시민사회적 소유에 의해 제거되었다. 비음악적인 재판관들이 음악적인 도둑들에 대해 판결을 내리고 있는 것이다. 이러한 경향의 근거는 기법적인 종류의 것이다. 경쟁의 시대에 미학자들에게 제한이 없어 보였던 "창안"의 가능성들은 조성(調性)의 도식에서 거의 수를 셀 수 있을 정도이다. 한편으로는 분산된 3화음에 의해, 다른 한편으로는 2도의 온음계적 연속에 의해 지속적으로 정의(定義)된다. 선율

부터 전적으로 그의 창작 전체에 걸쳐 나타난다. 스트라빈스키는 "예술을 따르는 예술을 만들지 말라"는 미학자의 조언을 지키지 않는다. 대략 《병사의 이야기》 이래 스트라빈스키의 모든 작품들이 근거하고 있는 손상된 조성의 구상 자체는 작품들의 내재적인 형식법칙성 외부에 놓여 있는, 외부로부터의 의식을 통해 "문학적으로" 주어진 음악 소재들을 —작곡은 바로 이것들에서 작동된다— 전제로 한다. 작곡은 모델들이 갖고 있는 차이와 작곡이 행패를 범했던 것을 이용해서 연명해 나간다. 쇤베르크 악파의 중심적 개념인, 작품 자체에 내재하는 음악적 재료는 엄격성에 있어서 스트라빈스키에게 거의 적용될 수 없다. 스트라빈스키의 음악은 언제나 다른 음악들을 응시한다. 스트라빈스키의 음악은 그 경직되고 기계적인 특징들로 과도하게 빛을 비춤으로써 다른 음악들을 "일그러트린다." 《병사의 이야기》는 폐허 상태에서 부서진, 외화(外化)된 음악 언어로부터 일관된 조작을 통해서 제2의, 꿈처럼 퇴행된 음악 언어로 결합된다. 이러한 언어는

적 "착상"보다는 형식의 총체성이 더욱 중요했던 빈 고전주의 시대에는 구사 가능한 것이 제한되어 있다는 것에는 생각이 미치지 못하였다. 주관적 예술 가곡의 선율이 해방되면서 제한이 더욱 많이 감지될 수 있게 되었다. 작곡가들은 슈베르트(Schubert)나 슈만(Schumann)처럼 "착상"을 갖는 것에 머물러 있었지만, 빈약한 재료는 소진되어 이미 존재하지 않았던 착상은 더 이상 성공할 수 없을 정도가 되었다. 이런 이유 때문에 작곡가들은 재고의 객관적 고갈을 재고에 대한 주관적 관계 안으로 수용하고, 그들의 주제를, 이미 알려진 것의 회귀하는 효과와 함께, "인용"으로서 많든 적든 열어 두면서 구성하였다. 스트라빈스키에게서는 이러한 원리가 절대적이 된다. 이 원리에 대치되는 것으로는 쇤베르크적인 처리처럼 화성적-선율적 테두리를 벗어나는 처리방식이 있을 뿐이다. 무조성(無調性)을 향한 충동들 중에서 재료 자체에 고유한 배열들과 재료의 상징성에 따라 바닥이 드러난 재료로부터 벗어나서 자유로운 곳에 이르려는 충동이 마지막 충동은 아니었다. —음악에 관한 음악을 쓰는 것의 역사적 측면과 한때 "선율"로 알고 있었던 것의 붕괴 사이의 유연성(有緣性)은 의문의 여지가 없다(원전 각주).

낮의 잔재들로 형성되는, 초현실주의자의 꿈의 몽타주에 비교될 수 있을 것이다. 라디오나 자동 축음기로부터 도시인들에게 흘러들어간 음악이 긴장이 풀린 도시인들의 의식 속에서 끌고 가는 내적 독백도 그러한 속성을 갖고 있는지도 모른다. 이처럼 흘러들어간 음악은 합성된 제2의 음악 언어이며, 기술화되어 있고 원초적이다. 그런 언어에 도달하려는 시도에서 스트라빈스키는 조이스(Joyce)와 접촉된다. 스트라빈스키의 가장 내적인 관심이 가장 가까이 다가섰던 것은 다른 것이 아닌 바로 이것, 즉 벤야민이 현대의 원사(原史)라고 불렀던 것의 구축이었다. 그러나 그는 극단에서 자신을 유지하지는 않았다. 이미 두 개의 랙타임과 같은 곡들은 기억이라는 꿈의 작업을 통해 음악 언어 자체를 ─조성을─ 낯선 것으로 만들기보다는, 오히려 개별적으로 명백하게 분리시킬 수 있는 실용음악 영역들의 모델들을 절대적인-음악적 형상물들로 바꾸어서 생각하고 있다. 이러한 유형의 많은 작품들에서는 이 작품들이 어떻게 해서 "제대로" 울리느냐에 따라 쓰여진 것처럼 보인다. 19세기의 폴카, 갈롭(Galopp), 저질 살롱 가요처럼 보이는 것이다. 손상시키려는 행위는 어법 그 자체로부터 본래 폐기되어 있던 쓰레기 쪽으로 옮겨진다. 최초로 발길을 돌리는 것이 이루어지고 있는 것이다. 심리학에 따르면, "권위주의적 성격"은 권위의 맞은편에서 이율배반적으로 행동한다. 스트라빈스키의 음악은 이렇게 우리 선조들의 음악을 조롱하고 있다.[44] 자신에게 고유한 생산에 대한 비판적인 노력에서 권위를 해체시키는 것 대신에 사람들에게 부당한 폭력을 행사하는 권위에 대한 존경심은 스트라빈스키

---

44) 반대 감정의 양립은 권위에 대한 중단되지 않은 긍정이 자리를 잡고 있었던 신고전주의 단계에서도 항상 다시 통용될 정도로 강력하다. 이에 대한 최근의 예로는 슈베르트의 《군대행진곡》을 끝에 이르러 다소 서툰 캐리캐처로 만든 《서커스 폴카》가 있다(원전 각주).

음악에 의해 잘 배제되어 있는 분노, 즉 전통 포기에 대한 분노와 함께 등장한다. 그러한 근성은 새로운, 권위주의적인 청중과 반쯤은 맞아 떨어진다. 폴카를 코믹하게 만듦으로써 재즈광에게 아부한다. 시간에 대해 추상적으로 올리는 환호는, 즉 유행의 변화에 의해 낡은 것으로 서술되는 것에 대한 환호는 혁명적 충동의 ─혁명적 충동은 이것이 이미 거대한 권력에 의해 은폐되어 있음을 스스로 아는 곳에서만 작동된다─ 대체이다. 그럼에도 불구하고 스트라빈스키의 문학적 특징은 스캔들의 영속적 가능성을 보존하고 있다. 스트라빈스키와 그를 모방하는 작곡가들의 차이점은, 모방자들이 스트라빈스키만큼 정신의 시달림을 받지 않은 채 성급하게 음악에 관한 음악을 작곡하려는 시도에 빠져 들었다는 점이다. 특히 힌데미트는 스트라빈스키로부터 신즉물주의적 요구 제기를 수용하였지만, 깨진 음악언어를 단기간의 극단적인 실행 후에 문자 그대로-견고한 것으로 변환시켰으며, 가면, 공허한 조형물과 독일 아카데미즘의 "절대" 음악 이상 사이에서 후퇴적인 연결선을 이끌어 냈다. 아폴리네르(Apollinaire)와 콕토(Cocteau) 미학으로부터 민중음악 운동, 청년음악 운동, 그리고 조직화된 저급 수공예와 유사한 사업들에 이르는 단락(短絡)은 문화재가 가라앉는 것을 보여주는 가장 기이한 예들의 하나일 것 같다. 힌데미트는 독일의 문화 파시즘이 국제적으로 지식인들에게 영향력을 행사하였던 열광에 대응하는 곡을 작곡하지 못한 것으로 볼 수 있을 것 같다. 지식인들이 시도하였던 혁신들은 히틀러적인 양식이 갖고 있는 질서에 의해 도착에 빠져 들었으며 폐기되었다.

🌳 _ 비자연화와 단순화

스트라빈스키가 시도한, 음악에 관한 음악 만들기는 선량한 독일 음악가가 지녔던 시골스러움을 비웃음거리로 만들었다. 다시 말해, 스트라빈스키는 수공업적인 작업이 가져오는 결과에 대해 예술적 감각이 부족한 뒤처짐으로 대가를 지불하게 하는 선량한 독일 음악가를 조롱한 것이다. 스트라빈스키는 음악적 사건 그 자체가 "자연"이라는 주장을 제기하지 않음으로써 음악에서 창조성이 없는 작가의 유형을 강력하게 계승하였다. 이렇게 해서 스트라빈스키는 그의 입장에서 다음과 같은 권리를 얻는다. 다시 말해, 후기산업사회적인 상품세계의 한복판에서도 영감을 받은 작가로서 숲속에서 홀로 살아가려고 하는 시인의 요구 제기에 대항하는 비창조적인 작가가 갖는 권리를 얻게 되는 것이다. 그의 작품이 자신의 것으로 삼고 있는 상태, 즉 자연으로부터 분열증적으로 차단된 상태는, 소외에 정면으로 맞서는 것 대신에 소외를 얼버무리는 예술의 태도에 대항하여 이를 교정시키는 것이 된다. 서양 음악에서 비창조적인 작가는 절도를 지킨다는 이상(理想)에서 그 전사(前史)를 갖는다. 영원한 것은 잘 만들어진 것이다. 무한성이라는 형이상학적 요구를 제기하는 것만이, 이러한 요구 제기를 통해, 만들어진 것의 특징을 제한된 것으로써 없애 가지려고 시도하며, 스스로 절대적인 것으로서 자신을 설정하려고 모색한다. 드뷔시와 라벨이 비창조적 작가와 유사했던 것은 그들이 훌륭한 시들에 곡을 붙였기 때문만은 아니었다. 특히 정교하게 다듬어진 장난감, 챌린지, 역업(力業)이라는 라벨의 미학은 더 이상 "자연의 서정시"를 쓰지 않았던 보들레르가 인공낙원(Paradis Artificiels)에서 제시한 판단에 종속되어 있었다. 테크놀로지적인 계몽에 참여하는 음악은 보들레르의 판단으로부터 더 이상 빠져 나올 수 없다. 바그너에서는 영감에 대해 기술적으로 지배력을 가지면서 만들어진 것, 즉 지배되지 않은 재료에 스스로를 내맡기는 것이 모든 의미에서 우위를 갖는다. 그러나 독일적 이데올로기는 바로 이러한 모멘트를 은폐할 것을 명하고 있다. 자연에 대한 예술가의 지배는 그 자체로서 자연으로 출현하여야 한다는 것이다. 바그너의 사악한 비합리주의와 수단들에 대한 의식적인 처리에서 나타나는 바그너의 합리주의는 동일한 사실관계의 두 가지 측면이다. 쇤베르크 악파는, 하늘이 주신 재능을 지닌 성악가라는 범주를 철저히 무효로 만드는 미적 생산과정에서 일어나는 역사적 변화들에 대해 눈을 감은 채, 바그너에서 발생한 사태를 뛰어 넘지 못하였다. 기묘한 우월성 논쟁들에서 독창성을 소유하려는 요구 제기들에서 마침내 정점을 찍고 있는 천재에 대한 어린이 같은 믿음이 12음 기법에서 재료의 총체적 합리화와 나란히 흐르고 있다. 아마도 음악을 엄격하고 순수하면서 철저하게 구성하기 위한 조건인 그러한 현혹은 그 자체로 어떻든 상관이 없다는 태도를 취하는 작곡가들의 근성에만 관계가 있는 것은 아니다. 이러한 현혹은 작곡가들의 음악의 정신적 기능에 관한 모든 물음들의 맞은편에서 작곡가들을 속수무책으로 만든다. 극단적인 독재를 지향하는 빈(Wien) 악파[45]는 문학적 비난들로부터 거리를 두거나 반명제적으로 문학적 비난들을 다루는 대신에 악극적인 도식에 따라 이러한 비난들을 배가시키는 것에 악의 없이 매달려 있다. 이러한 공기는 스트라빈스키 음악에서는 차츰 사라져간다. 음악의 인공적인 모멘트인 "창작"은 스스로를 의식하게 되고 스스로 고백함으로써, 음악이 순수한 영혼의 울림이며 일차적인 것이고 무조건적인 것이라는 거짓의 가시(Stachel)를 상실한다. 이것은 주체를 추방함으로써 횡재하게 되는, 진실에서의 획득이다. 프랑스어 비엥 페(bien fait, 잘 만들어진 것) 대신 교묘하게 비튼 말 페(mal fait, 안 좋게 만들어진 것)가 등

---

45) 빈 악파는 통상 고전파의 빈 악파를 말하며, 쇤베르크 악파는 제2 빈 악파로 통하지만, 아도르노는 의도적으로 제2 빈 악파라는 용어를 피한다. 즉, 고전파의 빈 악파를 인정하지 않는 태도를 보인다(역주).

장한다. 음악에 관한 음악은 자체 안에서 충족되는 소우주가 아니라 부서진 것들과 속이 비어버린 것들의 반사임을 암시하고 있다. 이러한 음악의 계산된 결함들은 피카소의 회화처럼 정통성을 인정받은 현대 회화의 열려 있는, 즉 형상들의 모든 닫혀 있는 모습을 부정하는 윤곽들과 근친관계에 놓여 있다. 음악에 관한 음악의 기본형식인 패러디는 무엇인가를 모방하는 것을 지칭하며 모방을 통해 조롱하는 것을 뜻한다. 시민들에게 일단은 지적인 악사의 태도로 의심을 받는 그러한 태도는 퇴행에 편안하게 순응한다. 어린이가 장난감을 분해한 후 결함이 있는 상태로 다시 조립하듯이, 유치증적 음악은 모델들에게 이처럼 어린이 같은 행동을 취한다. 완전히 길들여지지 않은 어떤 것, 제어되지 않은 미메시스적인 것, 자연은 자연이 아닌 것 속에 숨어 있게 된다. 이것은 야만족들이 선교사를 잡아먹기 전에 선교사를 춤추게 하고 싶어 하는 것과도 같은 것이다. 모방을 향한 충동은 좋아하는 모방을 금지시키고 모방을 오로지 불구가 되게 하는 모방으로서만 용인해주는 문명적인 압력으로부터 나오는 것이다. 거짓된 알렉산드리아주의가 아닌 바로 이것이 비판에 놓여 있는 것이다. 모델에 대한 악의 있는 시선은 음악에 관한 음악을 부자유 안에 묶어 놓는다. 음악은 이질적인 것에 묶여 있는 상태에서 손상되고 만다. 음악에 관한 음악은 자신의 남루함에 몰두하는 것 이상이 되지 못하고, 작곡상의 내용을 더 이상 스스로 요구할 수 없는 것처럼 보인다. 음악에 관한 음악은 자신의 부정적인 형상들에서 행복을 갖는다. 음악 문사가 자신의 모든 반응방식들로 저지르는 위험은, 다시 말해 파르지팔에 대항해서는 음악 홀을, 현악기의 도취에 대항해서는 기계 피아노를, 독일 낭만주의의 어린이 공포에 대항해서는 낭만적인 꿈의 아메리카를 대응시키는 위험들은 지나치게 많이 의식이 되어 있는 것, 부서져 있는 것, 분화되어 있는 것이 아니다. 그러한 위험은 오히려 우매하게 만들기이다. 이러한 위험은 음악에 관한 음악이 인용 기호를 감추려하자마자 명백하게 드러난다.

🌳_ 시간의 해체

음악적으로 직접적인 재료가 자신의 고유한 동력으로부터 전개되지 않고, 기억의 잔해들이 차례로 나란히 배열된다. 작곡은 전개에 의해 실현되지 않고, 작곡을 속속들이 관통하는 균열들에 힘입어 실현된다. 에이젠슈타인이 필름 몽타주 기법에 대해서 "보편적 개념", 의미, 제재의 부분 요소들의 종합은 이것들을 병치시키는 것으로부터, 이것들과 분리된 것으로서, 나오는 것[46]이라고 설명하였듯이, 균열은 이전에는 표현에 맡겨져 있었던 역할을 떠맡게 된다. 이렇게 됨으로써 그러나 음악적 시간 연속체 자체가 해체된다. 스트라빈스키의 음악은 후배 세대 전체에 걸쳐 그 양식이 확산되었음에도 불구하고 주변 현상에 머물러 있다. 스트라빈스키 음악이 바흐 이래 모든 위대한 음악의 본질을 이루는 음악적 시간의 흐름과의 변증법적 대결을 회피하기 때문이다. 리듬의 기예에 의해 작업이 되고 있는, 시간을 요술처럼 없어지게 하는 것은 스트라빈스키가 급작스럽게 이루어낸 업적은 아니다. 《봄의 제전》 이후 인상주의에 대항하는 교황으로 부름을 받은 스트라빈스키는 인상주의로부터 "무시간성(無時間性)"을 배웠던 것이다. 독일-오스트리아 음악으로 교육받은 사람들의 경험에는 드뷔시 이래 기대감이 실망으로 끝나는 것에 익숙해져 있다. 악의가 없는 귀는 곡을 듣는 내내 "이제 그것이 오는 건가?"의 여부를 느끼려고 긴장을 풀지 않는다. 모든 것은 전주곡, 음악적 충족에 이

---

46) Cf. Sergej Eisenstein. The Film Sense. New York 1942, p.30.

르는 전주곡, 후절로 가는 전주곡과 같은 것으로 출현한다. 후절은 기대와는 달리 일어나지 않은 채 머물러 있다. 드뷔시를 제대로 지각하기 위해서는 청각이 재교육되어야 한다. 흐름을 막히게 했다가 풀리게 하는 과정으로 음악을 듣는 것이 아니라, 그림에서 색채와 면들이 어떻게 병치되고 있는지 보는 것처럼 음악을 들어야 하는 것이다. 연속성은 동시적인 것을 의미에 따라 단지 보여주는 것일 뿐이다. 시각은 이처럼 캔버스 위를 배회한다. 이에 대해 기술적으로 도움을 주는 기술은 쿠르트 베스트팔(Kurt Westphal)의 표현을 따르자면 "무기능적인" 화성이다. 단계의 긴장들이 조 내부에서 또는 전조적(轉調的)으로 견뎌 내지는 것 대신에, 그 내부에서 정적이며 시간에서 교체 가능한 화성 복합체들이 교대로 등장한다. 화성적 힘들의 놀이는 놀이의 교체에 의해서 대체된다. 화성적 힘들의 놀이는, 그 이념에 따라, 12음 기법의 보충 화성(komplementäre Harmonik)과 비슷하지 않은 것은 전혀 아니다. 여타의 모든 것은 인상주의의 화성적 직관 방식으로부터 나온 것이다. 형식을 다룰 때 "철두철미한 전개"를 배제시키고 동요하면서 다루는 방식, 확장된 악장들 속에서 원래부터 교향곡적인 것 자체를 희생시키는 대가로 살롱에서 유래하는 특징적 소품 유형들이 우위를 차지하는 방식, 대위법의 부재, 화성복합체에 부여된 색채술이 과도한 가치를 지니는 방식이 인상주의의 화성적 직관 방식에 해당된다. "끝"이 존재하지 않는다. 곡은 등지면 끝나는 그림처럼 중단된다. 드뷔시에서 이런 경향은 전주곡 제2권과 발레음악 놀이(Jeux)에 이르기까지 주제적인 실체의 증대되는 원자화와 더불어 항상 더욱더 많이 강화된다. 여기에 들어 있는 드뷔시의 급진주의는 그의 가장 뛰어난 걸작 가운데 몇몇 곡의 인기를 빼앗아 갔다. 드뷔시의 후기 양식은 이에 대한 반동이다. 음악적인 시간의 흐름을, 동요하는 것의 이상을 희생시키지 않으면서, 다시 암시해 보려는 시도인

것이다. 라벨(Ravel)의 작업은 큰 틀에서 볼 때 드뷔시와는 거꾸로 진
행되었다. 초기 작품인 《물의 희롱》은 소나타 성향을 지니고 있음에
도 이 악파가 내놓은 작품들 중에서 전개성이 가장 없으며 가장 비역
동적인 곡들 중의 하나이다. 그러나 라벨은 《물의 희롱》 이후에는
단계적 시간 경과의 의식에 힘을 주려고 노력하였다. 이렇게 해서 브
람스와는 전혀 다른 선법성의 역할이 생긴다. 교회 선법들은 조성 음
계들에게 대용품을 제공한다. 그러나 교회 선법들은 선법성이 촉진
시켜 주는 종지 기능의 결함에 의하여 역동성을 잃게 된다. 오르가눔
효과와 포부르동(faux-bourdon) 효과와 같은 원시성은 일종의 단계적
진행을 가져다주고 정태적 병열의 감정을 유지하는 데 도움을 준다.
프랑스 음악의 비역동적 본질은 프랑스 음악의 철천지수인 바그너에
게로 소급될 수 있을지도 모른다. 바그너는 그러나 채워지지 않는 역
동성을 갖고 있다고 비난을 받는 작곡가이다. 바그너에서 시간의 흐
름은 이미 모든 곳에서 나타나는 단순한 변위이다. 바그너로부터 드
뷔시의 동기 기법이 나온다. 가장 단순한 음배열을 전개 없이 반복시
키는 기법이 나오는 것이다. 스트라빈스키의 계산된-결핍된 장식 선
율들은 물리적이라고 할 수 있는 드뷔시적인 동기들로부터 직접적으
로 물려받은 것이다. 이러한 동기들은, 바그너의 많은 동기들이 그러
했던 것처럼, "자연"을 의미한다는 것이다. 스트라빈스키는 근원 현
상들이 갖고 있는 표현의 절약을 통해서 근원 현상들에 대한 믿음을
만들려고 희망하였음에도 불구하고, 근원 현상들에 대한 믿음에 충
실히 머물러 있을 뿐이다. 지칠 줄 모르고, 예외적인 역동성으로서
마지막에는 스스로 지양되는 바그너의 역동성에는 사실상으로 가상
적인 것, 무상한 것이 숨어 있다. "모든 조용한 시작에 뒤이어 급속한
상승이 따른다. 만족을 모르지만 탈진하지 않는 바그너는 즉시 새롭
게 팽창하기 위해 정점에 도달한 후 새롭게 설정해야 한다는 필요에

쫓긴 나머지 탈출구에 빠져 들고 말았다."[47] 다시 말해, 상승은 앞으로 더 나아가지 못하며, 같은 것이 다시 한 번 되풀이되고 있을 뿐이다. 이에 상응하여, 예를 들면 《트리스탄과 이졸데》의 제2막에서처럼, 상승 부분들에 매번 근원으로 놓여 있는 동기 모델의 음악적 내용이 반복 진행을 되풀이하는 연속에 의해 거의 접촉이 되고 있지 않다. 역동적인 요소에 기계적인 요소가 짝을 이루고 있다. 바그너의 음악에 대한 오래된 제한적인 비난은, 즉 바그너 음악에는 형식이 없다는 비난은 이와 연관되어 있다고 보아도 될 듯하다. 바그너의 악극은 거대한 초벌 그림처럼 시간 경과의 즉각적인 공간화의 설정들과 시간적으로 해체된 병렬의 설정들을 보여주고 있다. 이러한 병렬은 나중에 인상주의, 스트라빈스키에서 지배적인 것이 되었고 형식의 환영(幻影)이 되었다. 바그너의 철학적 구축은 작곡적인 구축과 대단할 정도로 동질적이다. 바그너의 철학적 구축은 원래부터 역사가 무엇인지 알지 못하며, 자연에서의 영속적인 철회만을 알고 있을 뿐이다. 음악적 시간 의식에 대한 그러한 중지는 ―자신의 앞에 무엇이 놓여 있는가를 더 이상 보지 않음으로써 과정 자체를 거부하고 시간이 공간 안으로 되돌아가는 것에서 자신의 유토피아를 갖는― 시민성의 전체 의식에 상응한다. 인상주의의 감각적 비애는 바그너의 철학적 비관주의를 상속하고 있다. 어떤 곳에서도 울림은 시간적으로 스스로를 넘어서지 않으며, 공간에서 동요한다. 바그너에서는 포기, 즉 생의 의지의 부정이 중요한 형이상학적 카테고리였다. 비관주의적 형이상학 자체를 포함하여 모든 형이상학을 포기한 프랑스 음악이 행복이란 그저 여기에 있는 것이고, 절대적으로 지나가버린 것이며,

---

47) Ferruccio Busoni, Entwurf einer neuen Ästhetik der Tonkunst, 2. erw. Ausg., Leipzig o. J. [1916], (Insel-Bücherei. 202), S. 29.

이제 더 이상의 행복은 없다는 생각에 만족하면 할수록, 프랑스 음악은 그러한 포기를 객관적으로 더욱더 강하게 표명하고 있다. 체념의 이런 단계들은 개인의 절멸의 전(前) 형식들이다. 스트라빈스키 음악은 이러한 전 형식들을 거행하고 있는 것이다. 우리는 스트라빈스키를, 과장해서 말하자면, 자기 스스로에게 다가온 바그너라고 명명할 수도 있을 것이다. 스트라빈스키는 퇴행적 충동을 더 이상 주관성과 전개라는 시민사회적 이상들을 통해 감추지 않고, 반복에의 강제적 속박, 음악적 진행의 "악극적인" 공허 자체에 고의적으로 자신을 내맡기고 있다. 지난 시대의 바그너 비판, 특히 니체의 바그너 비판은, 바그너의 동기 기법이 음악적으로 둔한 자들에게, 즉 산업적 대중문화에 상응하는 성격을 가진 사람들에게 사상을 두들겨 집어넣으려는 의도를 갖고 있다는 비난을 제기하였다. 이처럼 두들겨 집어넣기는 타악기의 대가인 스트라빈스키에서는 용인된 기법적 원리가 되며 효과의 원리가 된다. 효과 자체의 선전을 위한 확실성이 되는 것이다.

🌳_ 회화로의 사이비 변용

드뷔시에서 스트라빈스키로의 이행이 인상파 회화에서 큐비즘으로의 이행과 유사하다는 사실은 항상 반복적으로 언급되었다. 이러한 유사성은 모호한 정신사적 공통성 이상의 것을 보여주고 있다. 이러한 모호한 공통성에서 음악은 문학과 회화의 뒤에서 통상적인 거리를 두면서 절뚝거리며 따라왔다. 음악의 공간화는 오히려 음악이 회화로 사이비적으로 변용하고 있으며 핵심에서는 음악이기를 포기하고 있음에 대한 증거이다. 이것은 프랑스의 특수한 상황으로부터 우선적으로 해명될 수 있을 것이다. 프랑스에서는 회화적인 생산력의 전개가 음악적 생산력의 전개를 능가하였고, 음악적 생산력은 위대한 회화에서 기댈 곳을 찾으려 하였다. 그러나 회화의 천부적 재능이 음악의 재능에 대해 거두는 승리는 시대 전체의 실증주의적 흐름에 순응하고 있다. 모든 회화는, 그리고 추상화조차도 존재하는 것에서 그 파토스를 갖는다. 모든 음악은 생성을 의도한다. 그러나 음악은 스트라빈스키에서는 음악의 단순한 현존이라는 허구를 통해서 생성으로부터 벗어나려고 한다.[48] 드뷔시에서는 개별적인 색채 복합

---

48) 판테온(Pantheon)에 관한 시민사회적 표상은 회화와 음악에 평화적으로 공존할 수 있는 자리를 할당해 주고 싶어 한다. 그러나 양자의 관계는 공감각적(共感覺的)으로 중첩되어 있는 재능에도 불구하고 서로 결합이 불가능할 정도로 모순에 가득 차 있다. 이것은 문화철학적으로 합일이 선언되어 있는 바그너의 종합예술작품에서 뚜렷하게 드러난다. 바그너의 종합예술작품의 조형적 요소는 처음부터 위축되어 있었기 때문에 음악적으로 가장 세련된 공연이 바이로이트에서는 먼지로 가득 차 있는 무대 그림들 앞에서 개최되었다고 해서 놀랄 필요는 없다. 토마스 만은 여러 예술들을 하나로 합친다는 이념을 "딜레탕트적인 것"이라고 지적했다. 그는 딜레탕트적인 것을 회화에 대한 몰취미적 관계로 규정했다. 바그너가 로마와 파리에서 마틸데 베젠돈크(Mathilde Wesendonk)에게 편지를 보내 "눈은 나에게는 세계를 지각하는 감각으로서 만족스러운 것이 못 되오"라고 썼으며, 라파엘은 결코 한 번도 그를 "감동시키려고" 하지 않았다고 썼다. "나를 위해 함께 보고 주변을 살펴보세요. 누군가 나를 위해 그렇게 해 주는 것이 필요합니다"(Thomas Mann, Adel des Geistes, Stockholm 1945, S.413). 이런 이유로 인해 바그너는 자신을 "반달(Vandal)인"이라고 부른다. 동시에 다음과 같은 예감이, 즉 음악은 문명적으로 파악되지 않은 것, 대상화된 합리성에 완벽하게 종속되지 않은 것을 내포하고 있는 반면에 규정된 사물들, 실제의 대상적인 세계를 붙들고 있는 눈의 예술은 이렇게 함으로써 테크놀로지적인 진보의 정신과 짝을 이루는 것을 보여준다는 예감이 바그너를 이끌고 있다. 다른 광물의 결정(結晶) 형식에서 어떤 광물이 나타나는 것처럼, 음악이 회화적인 기법에서 이러한 형식으로 나타나는 것은 ―합리적인 테크놀로지의 위력에 저항하는 것을 자신의 본질로 갖고 있었지만 그럼에도 지속적으로 진보하는 합리적인 자연지배에 스스로 자신을 맡겼던― 예술의 영역에서 합리적인 테크놀로지의 위력 앞에서 굴복한다(원전 각주).

체들이, 바그너의 "이행 기법"에 의해 매개되어 있는 것처럼, 아직도 서로 매개되어 있다. 울림이 정착되지 못하고 있으며, 매번 경계를 넘어서 흔들거리고 있다. 그렇게 내부에서 수영하는 것과 같은 것을 통해서 감각적인 무한성과 같은 것이 형성된다. 이것과 동일한 처리 방식에 따라, 음악이 인상파 기법을 흡수하였던 인상파 그림들에서는 역동적인 작용, 빛의 효과가 색의 점들이 병렬되는 것을 통해 성립되었다. 앞에서 말한 감각적 무한성은 인상주의의 시적이면서 아우라적인 본질이었다. 1차 대전 직전에 일어난 반란도 이러한 감각적 무한성에 해당된 것이었다. 스트라빈스키는 공간적-표면적 음악 구상을 바로 드뷔시로부터 직접적으로 물려받았으며, 복합의 기교나 선율의 원자적 모델의 속성도 드뷔시적인 것이다. 갱신은 복합체들 사이의 연결선이 절단되는 것과 차이가 나는 역동적 처리방식의 잔재들이 해체되는 것에서만 오로지 성립된다. 공간적인 부분 복합체들은 서로 완고하게 대치되어 있다. 부드럽게 진동하도록 놔두기 (laisser vibrer)에 대한 극단적인 부정은 힘을 만드는 증거가 된다. 역동성의 최종 산물인 결합되지 않은 것은 마치 대리석 더미처럼 겹겹이 쌓인 상태가 된다. 서로 내부적으로 맞물려 울렸던 것이 비유기적인 울림 화음으로 독립하게 된다. 공간화는 절대적인 것이 된다. 그 안에서 모든 인상주의 음악이 주관적 체험 시간과 같은 것을 붙들고 있는 조화의 측면은 제거된다.

🌳_ 발레음악 이론

스트라빈스키와 그의 악파는 음악적 베르그송주의에 종말을 준비한다. 그들은 지속적 시간(temps durée)에 대해 공간적 시간(temps espace)을 대항 패로 내놓는다.[49] 비합리주의 철학으로부터 원천적으

로 영감을 받은 처리방식은 기억을 갖고 있지 않은 계획과 계산의 의

---

49) 《병사의 이야기》는, 의미 있는 라뮈(C.F.Ramuz)의 텍스트의 구성에서, 작
품이 사실관계에 관한 의식의 문턱에 도달하고 있다는 점에서 스트라빈스키
작품의 진정한 중심임이 입증된다. 전쟁에 참여할 준비가 되어 있어서 파시
즘이 징집 자원으로 이용했던 세대인 1차 대전 이후의 세대의 전형에 해당되
는 주인공은 순간에서만 살라는 실업자의 계율을 어기기 때문에 파멸한다.
기억을 되살리는 것에서의 경험의 연관관계는, 자기 말소와 함께 매입해 들
이는 자기 보존에는 죽음을 부르는 적과 같은 것에 해당된다. 영문판 대본에
따르면 내레이터가 병사에게 다음과 같이 기억을 상기시켜 준다. "누구도 지
난날 가졌던 것에 지금 가지고 있는 것을 덧붙일 수는 없지 / 지금 있는 자신
에게 과거에 자신에게 있던 것이 덧붙여진 것은 없지 / 어느 누구도 모든 것
을 가질 수는 없지─ /그것은 금지된 것이야. / 단 하나의 행복이 완전한 행복
이지 / 거기에 무엇을 덧붙인다는 것은 그것을 파괴하는 것이지 …" 이것은
실증주의의, 불안에 가득 찬-거역할 수 없는 공리이다. 모든 지나간 것의 회
귀를 추방시키는 것은 신화로 되돌아가는 것을 의미하며, 이러한 추방은
《병사의 이야기》에서 악마가 구체화시키고 있는 권력에게 자신을 넘겨주
는 것을 뜻한다. 공주는 병사가 그의 이전의 삶에 대해 이야기하는 것을 들
은 적이 없음을 한탄하며, 이에 대해 병사는 그의 어머니가 살았던 도시에 대
해 흐릿하게 언급한다. 왕국의 좁은 국경을 넘었다는 병사의 죄는 어머니가
살았던 도시의 방문 이외의 다른 방법으로는 거의 생각될 수 없는 것이다.
도시의 방문은 과거에 바치는 희생으로서 생각될 수 있는 것이다. "잃어버린
시간을 찾는 것은 금지된다"(La recherche du temps perdu est interdite). ─
이것은 어떤 예술보다도 퇴행을 내밀한 법칙으로 삼는 예술에 해당된다. 주
체가 원시 세계적인 존재로 퇴행하여 변신하는 것은 주체에게서 자신을 깨
닫게 하는 것, 즉 기억을 절단시켜 버림으로써만 가능하다. 병사가 단순히
현재적인 영역에만 속박되어 있다는 것은 스트라빈스키 음악에서 전체적으
로 기호로 새겨져 있는 금기의 수수께끼를 풀어준다. 이따금씩 경련을 일으
키는, 쩡쩡 울리는 현재적인 반복들은 지속의 중단을 통해 기억의 차원을, 보
호된 지나간 것을 음악으로부터 제거시키려는 수단으로서 파악될 수 있을
것 같다. 지나간 것의 흔적들은 어머니와 동일하게 금기의 토대가 되어 있
다. 주체의 브람스적인 길, 즉 "어린이 왕국으로 되돌아가는" 길은 어린 시절
에 주체에 앞서서 있었던 측면을 다시 산출하고 싶어 하는 예술에게는 심대
한 죄악이 된다(원전 각주).

미에서 합리화를 옹호하게 된다. 자체에서 스스로 길을 잘못 든 음악은 후기 자본주의의 기술의 증대에 직면하여, 시대에 뒤쳐진 채, 기술에 대한 음악의 모순에 굴복하게 되는 것에 대해 두려워하고 있다. 음악이 그러나 춤꾼들의 도약을 통해 이러한 모순으로부터 빠져 나오려고 함으로써, 음악은 더욱더 깊은 모순에 휘말리게 된다. 스트라빈스키는, "시간의 속도"라는 정체를 알 수 없는 의미에서, 기계 예술에 거의 관계를 갖지 않았다. 그 대신에 그의 음악은 삶의 과정 전체의 도식으로서 광범위하게 수행되는 기술지배에 대해 반응하는 인간의 행동 양식을 붙잡고 있다. 역사의 수레바퀴 밑에 깔리고 싶지 않은 사람은 스트라빈스키 음악처럼 반응해야 한다는 것이다. 오늘날 역사적 시간이 행사하는 폭력에 대해 어떤 것을 그 내부에 갖고 있는 것 같은 음악은 없다. 경험의 몰락에 대해 건드리지 않고 보여주는 음악은 없다. 집중된 경제적인 운용이 행사하는 폭력에 의해 조종되는, 경제적 적응에의 진행 과정에 의해 '삶'이 대체되는 것에 대해 건드리지 않고 보여주는 음악은 없다. 음악에서의 주관적 시간의 소멸은 스스로 물건이 되고 자기 자신이 만든 조직화의 객체가 되는 인간사의 한가운데에서 피할 수 없는 것으로 보이며, 그 결과 작곡 행위의 양 극단에서도 이와 유사한 것이 관찰될 수 있다. 빈 악파의 표현주의적 세밀화(細密畵, Miniatur)는 쇤베르크의 말을 빌리자면 "단 하나의 몸짓으로 장편소설을 표현함"으로써 시간의 차원을 수축시킨다. 강력한 12음 기법의 구축들에서 시간은 통합된 처리에 의해서 보증된다. 이러한 처리는 자기 자체의 ―여기에서 전개가 시험될 수 있을 법하다― 외부에 있는 어떤 것도 견디지 못하기 때문에 전개가 없는 것을 부당하게 요구하고 있는 것이다. 그러나 음악의 내적인 조합에서의 시간 의식을 그렇게 변화시키는 것과, 연속성을 파괴하는 전기적 타격들에 의한 충격을 통해서 시간을 정지시킴으로써 음악적 시간을 공간에서 사이비적으로 변용시키는 것 사이에는 너무나 많은 차이가 있다. 전자의 경우에 음악은, 그 구조의 무의식적인 깊은 곳에서, 시간 의식의 역사적 운명에 몰두하고 있다. 후자의 경우에 음악은 스스로 시간의 심판자임을 자처하며 듣는 이들에게 체험하는 시간을 망각하고 공간화된 시간에 몸을 맡기도록 유도한다. 삶이 더 이상 존재하지 않는다는 것을 음악은, 자신의 성취로서, 그리고 삶의 객체화로서 칭찬하고 있는 것이다. 이를 위해 음악은 내재적인 복수를 서두르게 된다. 시간을 서커스 장면처럼 보증하는 것, 시간 복합을 마치 공간 복합처럼 보여주는 것과 같은, 스트라빈스키의 모든 형식 실행들을 정의하는 속임수는 스스로 소진된다. 이러한 속임수는 지속의 의식에 대한 힘을 상실한다. 이처럼 상실된 힘은 벌거벗은 채 이질적으로 전면에 나타나며, 음악적 의도를 지루한 것으로 책망한다. 이러한 속임수는 음악과 시간의 긴장을 감내하는 것 대신에 시간에게 술책을 부린다. 이로 인해, 음악이 시간을 그 내부에서 받아들이는 곳에서 음악에서 자라나는 모든 힘들이 스트라빈스키의 속임수에서 수축되고 만다. 스트라빈스키가 그의 특기 이상의 것을 얻고자 노력하자마자 모습을 드러내는, 꾸민 티가 나는 빈곤함은 공간화에 책임이 있다. 스트라빈스키는 원래부터 시간적인 관계를 밀어준다고 할 수 있는 것들인 이행, 고조, 긴장의 장과 해결(Auflösung)의 장 사이의 차이, 제시와 전개의 차이, 질문과 대답의 차이와 같은 것들을 스스로 거절함으로써,[50] 하나의 기법만을 제외한 모든 음악적인 기법 수단들이

---

50) 스트라빈스키는 여러 면에서 말러의 대극(對極)에 있지만 철저하게 부서져 있는 작곡 처리방식에서는 유사한 점이 있다. 스트라빈스키는 말러의 교향악법이 그 모든 야심을 채우는 것, 즉 후절에 대하여 무엇보다도 특히 격렬하게 반발하였다. 후절은 음악이 정지하였다가 다시 앞을 향해 움직이는 순간들이다. 스트라빈스키는 청자에 대한 절대적 지배권을, 청자의 무기력함의

심판에 빠져들게 된다. 문학적-퇴행적인 의도를 통해 정당화되려는 퇴행이 등장한다. 그러나 절대적-음악적인 요구 제기가 진지하게 제기되면, 이러한 퇴행은 재앙이 된다. 음악에 가장 둔감한 귀로도 감지할 수 있는 스트라빈스키의 지난 25년간 작품들의 약점은 창작력이 소진되었다는 것이 아니다. 이러한 약점은 음악을 회화에 기생하는 것으로 격하시킨 사태의 움직임에 의해 생겨난 것이다. 전체적으로 볼 때 스트라빈스키의 음악 복합체에 원래 들어 있지 않은 이러한 약점은 그가 한때 질서와 객관성을 보증해주는 것으로 여겼던 무용에 음악을 한정시키면서 치르는 대가이다. 이런 한정은 처음부터 작곡에게 봉사하는 것, 자율성을 포기하는 것을 부과하였다. 원숙한 음악과는 반대로, 현실의 무용은 정적인 시간 예술이며, 원을 이루며 도는 것이며, 나아감이 없는 운동이다. 현실의 무용에 들어 있는 이러한 의식에서 소나타 형식은 무용 형식을 해체한다. 근대 음악사 전체를 통틀어 미뉴에트와 스케르초는, 베토벤을 제외하고는, 소나타 악

증거를 다음과 같은 것에서 본질적으로 그 토대를 세우고 있다. 다시 말해, 그는 청자를 억류하고 있긴 하지만 모델들에 들어 있는 긴장의 특징을 위해서 청자가 어떤 권리를 갖고 있다고 믿게 하는 것에서 토대를 만들고 있는 것이다. 권리는 침전되어 버리며, 긴장 그 자체, 즉 아무 목표도 없는 제한되지 않고 비합리적인 노력이 작곡의 법칙이 되며, 작곡을 적절하게 파악하는 법칙이 되는 것이다. 매우 사악한 사람들이 한번 바른 행실을 하면 이에 대해 사람들이 감격에 빠져드는 경향이 있듯이, 그러한 음악도 이런 방식으로 가치를 인정받는다. 그러한 음악은 정제된 드문 예외적인 경우들에서 바로 이러한 회귀성에 힘입어 형용할 수 없는 은총처럼 들리는 후절과 유사한 절들을 허락하게 된다. 그 예는 론도(Rondo) 테마가 마지막으로 등장하기 이전에 나오는 《선택받은 여자의 춤(Danse de l'Elue, 《봄의 제전》의 한 곡, 역주)》에 들어 있는 강렬한 최후의 칸틸레나(No.184-86)이다. 그러나 바이올린이 수초 동안 "끝내기 음을 내는" 곳에서도 불변의 엄격한 오스티나토(Ostinato) 체계가 반주에 남아 있다. 후절은 원래부터 있는 것이 아니다(원전 각주).

장인 제1악장과 아다지오에 비해 항상 거의 쾌적한 느낌을 주는 부차적인 지위를 지니고 있었다. 무용을 위한 음악은 주관적 역동성의 저쪽이 아니라, 이쪽에 놓여 있다. 이렇게 되어 있는 한, 무용 음악은 시대착오적 요소를 내포한다. 이러한 요소는 스트라빈스키에서 표현을 적대시하는, 문학적으로 벼락 출세를 가져다 준 특징과 매우 특별한 모순에 빠지게 된다. 과거의 앞에 있었던 과거가 미래의 바꿔친 아이(Wechselbalg)[51]로 떠밀려 나온다. 무용 음악은 무용이 갖고 있는 규율적인 본질 때문에 과거 이전의 과거가 떠밀려 나오는 것에 적합한 것이다. 스트라빈스키는 무용의 규율적 본질을 다시 산출해낸다. 그가 사용하는 강세들은 무대를 향해 보내는 수많은 음향 신호들이다. 이렇게 함으로써 그는 춤출 수 있는 음악에, 유용성의 관점에서, 무용 음악이 낭만파 발레의 팬터마임적-심리적 또는 설명적인 의도들을 거치면서 근본적으로 상실하였던 정밀함을 부여하였다. 슈트라우스의 《요제프의 전설》[52]에 시선을 돌려보면 스트라빈스키와 디아길레프의 공동 작업이 지닌 극단적인 효과를 파악할 수 있다. 이러한 효과의 어떤 것이 절대 음악으로서 한 순간도 춤을 출수 있는 가능성을 잊지 않는 스트라빈스키 음악에 붙어 있는 것이다. 춤과 음악의 관계로부터 모든 상징적인 중간 심급들이 제거됨으로써 나팔 부는 대로 춤춘다는 표현들과 같은 구전 설화가 운명적인 우위를 차지하게 된다. 스트라빈스키 음악이 의도하고 있는 효과의 연관관계는 춤에서 표현된다고 여겨지는 영혼의 자극들과 청중을 동일화시키는 것이 아니다. 그러나 이러한 연관관계로 인해 춤꾼이 전기적(電氣的)으로 되는 것과 마찬가지로 청중들도 전기적으로 된다.

---

51) 벡셀발크. 유럽의 전설, 설화 속 아이. 페어리, 엘프와 같은 요정의 자식이 인간의 자식과 악마에 의해 뒤바뀌어 태어난 아이, 기묘한 공포의 대상(역주).

52) 리하르트 슈트라우스의 1914년 작 발레 음악(역주).

🌸_ 청취 유형들

이러한 모든 것과 더불어, 스트라빈스키는 부정적인 무역사성(無歷史性), 위계질서적으로 경직된 새로운 질서에 대한 사회적인 경향과 이러한 경향의 진보를 집행하는 작곡가임이 입증된다. 자아 소멸을 통한 자기 보존이라는 그의 속임수는 총체적으로 조직에 편입된 인류의 행동주의적인 도식으로 흘러들어 간다. 스트라빈스키의 음악은 명령에 따라 움직이는 집합체의 전체 체제 속에서 자아가 자아의 이해관계에 방해가 되기 때문에 자아를 버리려고 하였던 사람들 모두의 마음을 끌어당겼다. 이렇듯 그의 음악은 공간적-퇴행적 청취 유형에 정확히 들어맞는다. 전체적으로 볼 때, 우리는 음악 청취 유형을 두 가지 유형으로 구분해도 될 것이다. 이러한 유형들은 자연적으로 주어진 것으로서가 아니라 역사적인 본질로서 존재하며, 지배적인 특징 징후들에 따라 유형들에 병렬될 수 있다. 두 가지 유형은 표현적-역동적 청취 유형과 리듬적-공간적 청취 유형이다. 전자는 노래에 그 근원을 두며, 시간을 충족시키면서 제어하는 것을 지향한다. 표현적-역동적 청취 유형은 그것의 가장 높은 표출에서는 이질적인 시간의 흐름을 음악적 과정의 힘으로 돌려놓는다. 리듬적-공간적 청취 유형은 큰북을 치는 소리에 복종한다. 이 청취 유형은 시간을 일정 단위로 분할함으로써 나타나는 시간의 분절화에 뜻을 두며, 이러한 분절화는 시간을 잠재적으로 무력화시키고 공간화한다.[53] 두 가지 청취 유형은 주체와 객체를 분리시키는 사회적 소외에 힘입어 서로 이반 상태에 놓여 있다. 음악적으로, 모든 주관적인 것은 우연성의 위

---

53) 에른스트 블로흐(Ernst Bloch)가 구분한 음악의 변증법적 본질과 수학적 본질이 이러한 두 유형과 매우 근접해 있다(원전 각주).

협 아래로 밀려들어가게 되며, 집단적 객관성으로 나타나는 모든 것은 외화(外化)의 위협, 단순한 현존재의 억압적 가혹함의 위협 아래로 밀려들어가게 된다. 위대한 음악의 이념은 두 가지 청취 유형, 그리고 이것들에 적합한 작곡 카테고리들이 서로 침투해 들어가는 것에서 성립되었다. 소나타 형식에서는 엄격함과 자유의 통일성이 구상되었다. 소나타 형식은 춤으로부터는 법칙적인 통합, 전체를 향하는 의도를 받아들였으며, 노래로부터는 이러한 의도에 대립되는, 부정적인, 소나타 형식에 고유한 귀결로부터 다시 전체를 생성시키는 자극들을 수용하였다. 소나타 형식은 문자 그대로의 정칙(定則) 시간은 아니지만 템포의 원리적으로 관철되는 동일성에서 리듬적-선율적 형태나 개성의 다양성을 갖고 있는 형식을 충족시킨다. "수학적이고", 이러한 형식의 객관성에서 인정된 유사-공간적인 시간이 순간의 행복한 일치에서 주관적인 경험 시간과 함께 하는 경향이 나타난다. 음악적 주체-객체의 구도가 주체와 객체의 실재적인 이반에서 강탈됨으로써 이러한 구상에는 처음부터 역설(Paradoxie)의 요소가 내재되어 있었다. 베토벤은 이런 구도에 힘입어 칸트보다는 헤겔에 더 가까이 있었다. 베토벤은 교향곡 7번에서처럼 흠결 없는 음악적 일치에 도달하기 위해서 형식 정신을 가장 특별할 정도로 실행해야 할 필요성을 갖고 있었다. 베토벤 자신도 후기에는 역설적인 일치성을 포기하였다. 베토벤은 앞에서 말한 두 개의 카테고리들이 화해되어 있지 않은 상태를 그의 음악이 추구하는 최상의 진리로서 있는 그대로, 웅변조로 뚜렷이 드러나게 하였다. 낭만파 음악뿐만 아니라 신음악까지 포함한 베토벤 이후의 음악사에 대해, 이상주의적인 미에 대한 어구보다 더욱 많은 의무를 지우는 의미에서, 시민계급의 몰락과 똑같은 몰락을 겪었다고 흉내를 내듯이 말할 수 있다면, 몰락은 주체와 객체의 갈등을 감내할 수 없는 무력감에서 찾을 수 있을 것이다.[54] 음악에 대한 두 가지 경험 방식은 오늘날 매개되지 않은 채 서로 갈라지고 있으며, 서로 찢겨진 채로 두 가지 방식 모두 진리가 아니라는 대가를 지불하고 있다. 예술 음악의 생산물들에서 장식된 채 덮여 있는 이러한 비진리는 경음악에서는 뚜렷하게 드러난다. 경음악의 파렴치한 불일치는 상층 음악에서 취향, 노련함, 놀라게 하기의 베일 아래에서 발생하는 것을 부인(否認)한다. 경음악은 "지나친 감상성", 모든 객관적인 시간 조직화로부터 떨어져나가 있으며 동시에 자의적이고 표준화된 표현, 기계적인 것, 모든 게두델(Gedudel)에 따라 양극화된다. 이러한 게두델을 아이러니하게 모방하는 것에서 스트라빈스키의 양식이 조련되었다. 스트라빈스키가 음악에 가져온 새로움은 그것 자체로서의 공간적-수학적 음악 유형도 아니고 이러한 유형에 대한 신격화, 즉 춤의 베토벤적인 패러디도 아니다. 종합의 아카데믹한 가상은 환상

54) 이에 대한 가장 중요한 이론적인 기록은 지휘에 관한 바그너의 저작이다. 지휘에서는 주관적-표현적 반응 능력이 공간적-수학적 음악 의미를 매우 압도하기 때문에 음악 의미는 독일 변두리 지방의 박자 맞추는 사람들에게서나 볼 수 있는 속물적 시민성으로서나 나타날 뿐이다. 베토벤에 있어서도 형태들의 여러 가지 상이한 특징들에 따라 템포 자체의 급진적인 변용이 요구되고, 가장 현저한 경우에는 역설적인 통일성이 다양성 속에서 이미 희생된다. 드라마적인 도약, 즉 가장 내적인 것에서는 음악에는 낯선 무대 연기와 같은 도약이 구축 방식과 표현을 담당하는 세부 내용 사이의 단절을 넘어서게 한다. 이것은 나중에 더욱 새로운 노련한 지휘자의 표현매체가 되었다. 교향곡의 시간 문제가 ―시간에 대한 음악적 제어를 포기하고 의지가 없는 상태에서 지속에 몸을 맡겨 버리는― 단순한 주관적-표현적인 측면에 따라 밀쳐지는 것과는 대조적으로, 스트라빈스키의 처리방식은 단순한 반격을 표현하며 어떤 경우에도 원래의 교향악적인 시간의 변증법을 다시 받아들이는 것을 표현하지는 않는다. 고르디우스의 매듭이 단칼에 잘려나간다. 시간의 주관적 붕괴에 대해 시간의 객관적-기하학적 분할이, 시간의 차원과 음악적 내용 사이에 근본적인 연관관계가 성립되지 않은 채, 대립 상태에 놓이게 된다. 음악의 공간화에서는 시간이 정지에 의해 와해된다. 이것은 시간이 표현적인 양식에서 서정적인 모멘트들로 해체되는 것과 마찬가지이다(원전 각주).

을 잃은 상태에서 경멸의 대상이 되고 말았다. 그러나 이러한 가상과 더불어 주관적 요소도 주관에 의해서 경멸의 대상이 되었다. 스트라빈스키의 작품은 표현적-역동적 유형의 소멸로부터 친화성 있게 귀결을 이끌어낸다. 스트라빈스키의 작품은 오로지 리듬적-공간적 청취 유형, 유희적-재기적(才氣的) 유형에 공을 들이고 있다. 이러한 유형은 오늘날 라디오를 조립하거나 기계 조작하는 것을 좋아하는 아마추어들처럼 그 숫자가 증가하고 있으며, 사회에서 유래한 것임에도 자연으로부터 타고난 것인 체한다. 스트라빈스키의 음악은 극복해야 할 과제로서 이러한 유형과 마주하고 있는 것이다. 이러한 유형은, 항상 동일한 계측 단위를 지키는 질서로부터 벗어나지 않은 채, 스트라빈스키 음악이 가하는 공격들인 불규칙한 강세들의 타격에 몸을 맡겨야만 한다. 이렇게 해서 스트라빈스키 음악은 이질적이며 소외된 흐름과 상충될 수 있는 모든 자극에 대항하도록 리듬적-공간적 청취 유형, 유희적-재기적(才氣的) 유형을 조련시키는 것이다. 동시에 그의 음악은 자기 정당화의 근거로서 육체를, 극단적인 경우에는 맥박 고동의 규칙을 방패로 삼는다. 그러나 잘못된 불변성을 통한 정당화와 생리적인 것은 음악을 비로소 음악이 되게끔 해주었던 것을 말소시켜 버린다. 음악의 정신화는 변용적인 개입에서 성립되었다. 음악의 정신화는, 자연 음의 몇 개의 단순한 배음들만을 결합시키더라도 화음으로 지각될 수 있다는 것에서 보이듯이, 맥박의 일정함보다는 음악적인 자연 법칙에서 선서된다. 음악적 의식은 생리적인 청취 진행 자체를 그런 구속으로부터 해방시켰다. 스트라빈스키가 그의 에너지를 끌어내고 있는, 정신에 대한 증오에는 음악이 자연의 강제적 속박으로부터 벗어날 수 있는 것은 아닌가 하는 것과 음악 자체가 이상(理想)은 아닌가 하는 것을 음악이 암묵적으로 주장하고 있다는 거짓에 대한 분노가 관여되어 있다. 그러나 음악적 물리주의는 자연

상태, 이데올로기로부터 자유로운 순수 존재로 향하는 것이 아니라, 사회의 퇴행과 동조하게 된다. 정신에 대한 단순한 부정은 정신이 의도하였던 것을 실현시키고 있는 것처럼 행세한다. 정신에 대한 단순한 부정은 체계의 압력을 받아 일어난다. 체계에 종속된 모든 사람들에 대해 체계가 행사하는 불합리한 권력은, 체계가 모든 사람들에게 생각이 부리는 변덕에 익숙하게 적응하는 것을 없애 버리고 모든 사람들을 단순한 반응의 중심점들, 조건이 지어진 반사(反射)의 단자들로 축소시킬 때만 오로지 자신을 유지시킬 수 있다. 스트라빈스키의 우화는 교묘한 순응과 다루기 힘든 복종이며, 오늘날 모든 곳에서 득세하고 있는 권위주의적 특징의 견본이다. 그의 음악은 다른 것이 되고자 하는 시도를 더 이상 알지 못한다. 이전에는 주관적인 일탈이었던 것이, 주체를 더욱더 단단하게 재갈에 물려두기 위해서, 충격의 역할을 하면서 주체를 소름끼치게 하는 수단으로 넘어간다. 이렇게 됨으로써 원래부터 더 이상 실체를 갖고 있지 못한 미적 규율과 질서는 공허하고 구속력이 없게 되며, 오로지 항복의 제전이 될 뿐이다. 확실성에 대한 요구 제기는 권위주의적 행동 양식에 자리를 내주게 된다. 주저하지 않는 추종이 미적인 양식 원리, 좋은 취향, 주체의 기억의 상흔인 표현을 키취(Kitsch)로 격하시키는 금욕성으로서 설명된다. 그러한 권위주의적 태도에 있는 주관적인-부정적인 것에 대한 부정, 정신 자체의 부정, 이러한 부정에 유혹적으로 들어 있는 이데올로기적대적인 본질은 새로운 이데올로기로서 확고하게 고착된다.

🌳 _ 객관주의의 거짓

단순한 이데올로기로서 단단하게 굳게 되는 것이다. 권위성은 부정한 수단으로 얻어진 것이기 때문이다. 효과의 권위성은 형상물의 특정한 법칙, 형상물에 고유한 논리와 정합성으로부터 나오는 것이 아니라 형상물이 청자를 향해 취하는 몸짓으로부터 나온다. 곡은 셈프레 마르카토(sempre marcato)[55]로 연주된다. 곡의 객관성은 주관적인 편곡이지만, 초인간적이며 선험적으로 순수한 법칙성이라고까지 거드름을 피운다. 질서로서 규정된 비인간화인 것이다. 이러한 질서의 가상은 몇 차례 시험된, 계기의 교대되는 본질을 배려하지 않은 채 항상 다시 실행된 기술적 선동의 조치에 의하여 산출된다. 모든 생성은 마치 그것이 작곡 자체를 불순하게 만드는 것인 것처럼 기피된다. 작곡 자체가 단호한 처리로부터 벗어남으로써 작곡 자체는 모든 부가물로부터 자유로워진, 그 내부에서 쉬고 있는 기념비와 같은 것을 요구하고 있다. 모든 복합체는 교대되는 촬영 각도에서 사진이 찍혀져 있는, 화성적-선율적 핵심에서는 접촉되어 있지 않은 출발 당시의 재료에 제한되어 있다. 그 결과로 생기는, 음악적 형식의 결여는 전체에게 일종의 불멸성을 부여한다. 역동성의 누락이 영원성을 가장하고 있으며, 박절(拍節)을 통해 보이는 악마 같은 근성들이 가장된 영원성 안으로 얼마간의 리듬 교대를 집어 넣어준다. 객관주의는 전면에 내세우는 것일 뿐이며, 힘과 확실함이라는 환영(幻影)일 뿐이다. 객관화시킬 수 있는 아무것도 존재하지 않으며, 언제나 그렇듯이 스트라빈스키는 항거하는 것에는 결코 간여하지 않기 때문이다. 스트라빈스키의 환영은 더욱더 허약한 것임이 입증된다. 그 이유는 다음과 같다. 정적인 상태를 확고히 유지하는 출발 재료는, 미리 잘려진 채, 본래의 실체를 잃은 상태이며 이렇기 때문에 오로지 기능적인 연관관계에서만 생명을 얻을 수 있지만, 스트라빈스키의 양식은 바로 이러한 연관관계에 반발하기 때문이다. 기능적인 연관관계 대신

---

55) '매우 명료하게'라는 의미의 이탈리아어 연주 지시어(역주).

에 철저하게 덧없는 것이 태연하게 실행된다. 이러한 태연함은 덧없는 것이 마치 본질적인 것처럼 생각하게 만든다. 존재하지 않는 것을 권위주의적으로 반복시킴으로써 청자를 바보로 유지시키는 것이다. 청자는 구성 양식적인 것과 관계를 맺는 것이 아니라 구성 양식적인 것의 불규칙성에서 변화하는 것과 관계를 맺는 것이라고 처음에는 생각하게 된다. 이것이 청자 자신의 모습이 되면서 청자는 이 모습과 관계를 맺는 것이다. 청자는 이러한 모습과 자신을 동일시해야 한다는 것이다. 이와 동시에, 더욱 나쁜 것, 변화하지 않은 것의 도장이 찍혀진 전체가 청자를 가르친다. 청자는 이에 순응하지 않을 수 없다. 스트라빈스키의 확실성은 이러한 도식에 따라 세워진다. 이것은 찬탈적인 것이다. 자의적으로 세워진 것이, 이것의 우연성에 들어 있는 주관적인 것이 확인되는 것처럼, 일반적으로 의무가 지워진 것처럼 행세한다. 자의적으로 세워진 것이 에워싸고 있는 질서는 원리적으로 잘못된 교환성으로 인해 이러한 잘못된 교환성에 뒤따르는 모든 요소들에서 우연적인 것이 된다. 청자를 설득시키는 폭력은 일부는 주체의 자기 억압, 일부는 원래 권위적인 효과에 적합하게 설치된 음악 언어, 그리고 무엇보다도 특히 간략성과 격렬성을 하나로 묶는 강력하며 고압적인 관현악법의 덕택으로 유지되고 있다. 이 모든 것은 후대인들이 바흐에게서 듣게 되는 음악적 우주와는 너무나 멀리 떨어져 있다. 이러한 모든 것은, 길드 경제와 초기 공장제 수공업 시기에 아무 생각 없이 맞춰졌던 목표처럼, 설정된 목표에 의해 밀폐되어 있는 문화의 원자화된 사회의 위로부터 실행된 강제적 획일화와 같은 것이다.

🌳_마지막 속임수

　　스트라빈스키가 객관적인 요구 제기를 긍정적으로 제기하자마자 음악의 잘못된 전(前)주관주의적인 단계로부터 자신의 무기를 모을 수밖에 없었던 것은 배신적이다. 그는 자신의 형식 언어가 이 언어에 고유한 비중에 힘입어 죄를 지은 것으로 여겨지게 된 낭만주의적 요소를 넘어서도록 했었어야 함에도, 이렇게 하는 것 대신에 배신적인 길을 갔던 것이다. 스트라빈스키는 동시에 자구책을 알고 있었다. "고전파 이전의" 공식들과 자신에 고유한 의식 상태 및 재료 상태와의 사이에 존재하는 불일치를 매력으로 만들고, 자신이 시동을 걸었던 복고가 아이러니적인 유희에서 불가능하다는 점을 즐기는 것이 자신을 구하는 길이라는 것을 알고 있었던 것이다. 객관적 태도가 갖고 있는 주관적 탐미주의가 스트라빈스키에서 오인될 수는 없다. 이것은 니체에서 입증된다. 니체는, 바그너 열병으로부터 치료되었다는 것을 증명하기 위해, 자신에게 고유한 열정과 섬세함에 대해 조롱하였던 모든 것을 로시니, 비제, 저널리즘적인 오펜바흐에게서 좋아하게 되었다고 진술하였던 것이다. 예를 들어 페르골레지(Pergolesi)에 기댄 풀치넬라(Pulcinella) 모음곡의 우아한 비행(非行)에서처럼, 주관성을 배제함으로써 주관성을 붙들어 매는 것은 비교적 후기의 스트라빈스키에서 나타나는 가장 좋은 부분이다. 이 부분에서는, 이러한 주관성을 붙드는 것을 친숙하게 하면서 현대적이고자 하는 의도를 담은 것들에 대한 투기성에 의해서 이러한 주관성을 붙드는 것이 조용하게 울려 퍼지고 있다. 주관성의 배제를 통해 주관성을 붙드는 것은 스트라빈스키 음악이 유행을 타는 실용 예술을 준비하고 있음을 암시한다. 이것은 초현실주의가 쇼윈도 장식을 준비했던 것과 유사하다. 그러나 항상 더욱더 성급하게 도달한 화해는 현대와 전(前)고전파의 모순에서 편안해질 수 없다. 스트라빈스키는 이중적인 방식으로 모순의 균형을 찾으려고 한다. 18세기의 표현법들이 ―새로운 양식은 처음에는 이러한 표현법에 제한을 두었으며, 이러한 표현법들은 그 연속성에서 나와 깨트려진 채 문자적 의미와 전용된 의미에서 현저한 불협화음을 낸다― 일단은 작곡적인 어법 안으로 녹아 들어오게 된다. 이러한 표현법들이 이질적인 것으로 돌출하는 것 대신에, 음악적으로 준비된 것 전체가 이러한 표현법들에서 형성된다. 이러한 표현법들은 더 이상 눈에 뜨이지 않으며, 음악 언어는 이것들이 현대적 요소에 대해 갖는 모순을 매개로 하여 작품을 거듭할수록 부드러워진다. 그러나 이와 동시에 음악 언어는 18세기로부터 인용된 관습들에 더 이상 제한되지 않는다. 매번 기동(機動)된 과거의 것에 들어 있는 특별히 비낭만적이고 전(前)주관적인 속성은 더 이상 결정권을 갖지 않는다. 오히려 과거의 것 자체가 관습주의화된 주관적인 것이라고 해도, 과거의 것은 지나간 것이라는 점과 관습적인 것이라는 점만으로도 충분하다. 무분별한 공감이 모든 사물화와 희롱을 벌이며, 비역동적 질서의 상(像, imago)에 결코 묶여 있지 않게 된다. 베버, 차이코프스키, 19세기 발레-어휘가 엄격한 귀를 지닌 청자들 앞에서 용납되는 것이다. 이것이 더 이상 표현이 아니고 표현의 죽은 가면이어도, 표현 자체가 발생해도 되는 것이다. 양식이 마지막으로 보여주는 도착(倒錯)은 보편적인 시간증(屍姦症)이다. 시간증은 정상적인 것과 더 이상 구분될 수 없으며, 정상적인 것에서 시간증이 활동하게 된다. 시간증이 정상적인 것이 되어 제2의 자연으로서 음악에 확고하게 퇴적되는 것이다. 부모, 플러시 천, 뷔페, 애드벌룬과 같은 상(像)들의 세계가 막스 에른스트(Max Ernst)의 그래픽 몽타주들에서 이미 역사적인 것으로 출현함으로써 공황 상태를 불러일으키고 있다고 하는 것처럼, 스트라빈스키의 충격 기법도 이제 갓 지나간 것의 음악적 형상 세계를 점취(占取)하고 있는 것이다. 그러나 충격이 더욱 급속도로 수축되면서 —《요정의 키스(Le Baiser de la Fée)》[56]는 발레리나의 미니스커트와 안데르센 시대의 스위스 관광객 복장을 등장시키고 있음에도 불구하고 20년이 지난 오늘날에는 이미 버젓하게 별 해악이 없이 울리고 있다— 인용 가능한 음악 상품에서 이루어지는 중대는 과거와 현재 사이의 균열을 항상 더욱더 많이 조탁(彫琢)해 주고 있다. 최후에 획득된 표현법은 누구에게도 더 이상 충격을 주지 않는다. 최후의 표현법은 200년 동안의 시민사회적 음악에서 인가된 모든 것의 총체이며, 이 기간 동안에 스스로 인가된 리듬과 관련된 속임수적인 처리법에 따라 구사된다. 죽은 자가 살아 돌아오는 것처럼, 건전한 인간 오성은 이미 오래전에 폐기된 권리 안으로 다시 설정되는 것이다. 오늘날의 권위주의적 특징들이 예외 없이 타협주의자들이라면, 스트라빈스키 음악이 제기하는 권위적 요구는 철저하게 타협주의로 옮겨지고 있다. 스트라빈스키의 음악은 궁극적으로 모든 사람을 위한 양식이 되고자 한다. 그의 음악이 세상 어느 곳에서나 있는 양식과 함께 한 덩어리가 되어 있기 때문이다. 모든 사람들이 이러한 양식을 믿고 있고, 스트라빈스키 음악은 이러한 양식을 모든 사람들에게 다시 한 번 곧이 듣게 하려고 한다. 스트라빈스키 음악이 최후의 공격적인 충동들을 제어한 이래로 나타나는 냉담함, 즉 빈혈증은 그의 음악이 타협을 확실성의 심급으로서 인정함으로써 지불해야 하는 대가이다. 후기 스트라빈스키는 그가 우회로로서 사용하는 정신분열적 낯설게 하기(Verfremdung)를 절약한다. 스트라빈스키가 오래전에 이룩했던 성과물들과 위축 자체까지도 사라지게 만드는 위축 과정은, 진지하게 새로운 발견을 찾아 나서지 않은 채, 그의 음악을 쉽게

---

56) 스트라빈스키의 1928년 발레 음악(역주).

이해할 수 있는 가능성을 보증해준다. 부가적으로 주어진 제스처와 어느 정도 취향을 맞춰주는 재료들의 혼합이 아직도 기능하는 한, 앞에서 말한 위축 과정은 최소한 좋은 취향의 영역에서는 성공을 보증해주는 것이다. 물론 이런 단순화는 길들여진 감각에 대한 관심을 곧바로 지워버린다. 이러한 관심을 그렇게 간단하게 손에 넣고 싶어 하는 사람들은 그 관심을 자신에게서 더욱 단순화시킨다. 이런 사람들은 이러한 방식으로 스트라빈스키의 아류들에게 달려간다. 눈에 별로 띄지 않는 기분전환용 곡을 쓰는 작곡가나 젊은 나이에 화석처럼 굳어버린 작곡가들에게 달려가는 것이다. 이전에 깨어져 있던 표면은 번질번질하게 닫혀진다. 표현이 이전에는 주체에게서 절단되어 있었다면, 이제는 표현의 희생물에 대한 어두운 비밀 자체도 침묵된다. 직접적인 폭력의 지배에 의한 사회의 관리를 꿈꾸는 사람들이 와해로부터 구해내려고 하는 전통적인 가치들을 입에 달고 다니듯이, 객관주의적 음악은 이제부터 전통적 가치들을 보존하는 것으로서, 건강을 회복한 것으로서 등장한다. 주체의 해체로부터, 공식은 객관주의적 음악에게 세계의 미적 통합이 된다. 객관주의적 음악은 사회 자체의 파괴적 법칙과 절대적인 압력을, 마치 요술봉을 사용하듯이, 확실성의 구성적인 법칙으로 위조한다. 모든 놀라운 것을 우아하게 포기하는 사람이 사용하는 이별의 속임수는 스스로 의식한 긍정적인 것으로서 자기망각적인 부정적인 것이 왕관을 쓰는 것에 해당된다.

🌳 _ 신고전주의

그의 작품 전체가 이러한 술책을 향해 나아가려고 했던 동안에도, 이 술책은 신고전주의로의 전이(轉移)에서는 얌전한 듯한-교만한 사건이 된다. 결정적인 사실은, 순수한 음악적인 본질에 따르면 유치중적 작품들과 신고전주의적 작품들 사이에는 아무런 차이도 규정될 수 없다는 점이다. 스트라빈스키가, 독일의 고전 작곡가 반열에 오른 어느 작곡가처럼,[57] 혁명주의자에서 반동주의자가 된 것은 아닌가 하는 비난은 근거가 확실하지 않다. 신고전주의적 단계의 모든 작곡 요소들은 앞에 지나간 것에서 함의적으로 내포되어 있을 뿐만 아니라, 앞 단계에서처럼 이 단계에서도 전체의 내역을 정의(定義)하고 있다. 새로운 양식의 첫 곡에서 보이는 가면을 쓴 듯한 "마치 무엇인 것처럼"이라는 요소 자체도 음악에 관한 음악을 쓴다는 예전의 처리방식과 함께 만나고 있다. 《현악4중주를 위한 콘체르티노》와 《관악8중주》와 같은 1920년대 초의 작품들의 경우, 이 작품들이 유치중적인 단계에 귀속되는지 또는 신고적주의적 단계에 해당되는지에 대해서 말하는 것은 어려운 것처럼 보인다. 이 작품들은 특별하게 성공을 거두었다. 이 작품들은, 어떤 모델을 손에 잡힐 정도로 망가뜨리지 않은 상태에서, 유치중주의의 공격적인 부서짐을 유지하고 있기 때문이다. 이 작품들은 공격적인 부서짐을 패러디로 만들지도 않고 의식을 거행하듯이 다루지도 않고 있는 것이다. 신고전주의로의 전이는 쇤베르크가 바로 같은 시기에 실행하였던, 자유로운 무조성에서 12음 기법으로의 전이와 쉽게 비교될 수 있을 법하다. 이것은 고도로 특수한 성질을 갖도록 설정된 수단들이 자질을 상실한, 중성적인, 그 등장의 원천적인 의미로부터 분리된 재료로 변모하는 것을 의미한다. 그러나 유사성은 더 이상 나아가지 않는다. 쇤베르크에서 무조적인 표현 담지체들이 12음의 준비된 저장물 속으로 돌변하는 것은 작곡상의 중력 자체로부터 일어났으며, 이로 인해 음악 언어뿐만 아니라 개별적인 작곡들의 본질까지 결정적으로 변화시켰다. 스트라빈스

---

57) 바그너를 지칭하고 있음(역주).

키에서는 이러한 면모를 찾아볼 수 없다. 《병사의 이야기》의 코랄에서 내포되어 있는 것처럼, 조성으로의 후퇴는 점점 무분별해져서 도발적으로 잘못된 것에까지 이르게 되고 양념감이 될 정도로 눅이게 된다. 본질적으로 변화하는 것은 음악이 아니라 문학적인 것이다. 이것은 요구 제기이며, 이러한 요구 제기는 이데올로기라고까지 거의 말할 수 있을 것 같다.[58] 갑자기 음악은 문자 그대로 받아들여주기를 바라는 의지를 갖게 되는 것이다. 이것은 우상처럼 고정된 찌푸린 얼굴로서 신상(神像)처럼 숭배된다. 음악에 관한 음악을 만드는 것에 들어 있는 권위주의적 원리는 교묘한 것이다. 이렇기 때문에, 폐기된

---

58) 이렇게 하여 스트라빈스키의 작품을 전체로서 특징짓는 사실관계와 접하게 된다. 개개의 작품들이 그 내부에서 전개되고 있지 않은 것처럼, 작품들과 양식 단계들 전체도 고유한 전개가 없는 상태에서 연이어 뒤따르게 된다. 모든 작품들은 제의(祭儀) 의식의 경직성에서 하나가 된다. 시기들의 놀랄 만한 변화가 있는 것처럼 보이지만, 이것은 이미 앞에서 내어 놓았던 것의 항상 동일한 것의 일치에 지나지 않는다. 아무것도 변화하지 않기 때문에, 부단히 나타나는 우회와 아연실색할 관점에서도 근원 현상이 보여질 수 있다. 스트라빈스키가 보여주는 변전들은, 추론에 의해 이루어진다면, 속임수의 법칙에 놓여 있다. "중요한 것은 결단이다"(Arnold Schönberg, Der Neue Klassizismus, Drei Satiren für gemischten Chor, op. 28). 스트라빈스키를 이론적으로 다루는 것에는 많은 어려움들이 따른다. 일련의 그의 작품들에서 불변적인 것의 변화가 관찰자에게 자의적인 반(反)테제를 강요하거나 또는 불변적인 것의 변화가, "이해되는" 정신사에서 행해진 매개처럼, 모든 대립 관계들의 완벽한 매개를 강요하는 것이 그러한 어려움들 중의 마지막 어려움이 아닌 것이다. 쇤베르크에서는 각 단계들이 서로 간에 떨어져 있는 정도가 훨씬 덜 현저하다. 《8개의 가곡 op. 6》과 같은 초기 작품들에서는 나중에 전복의 힘으로 깨부수는 것이 떡잎 아래에서 이미 생각되고 있었다고 말할 수 있다. 그러나 새로운 질이 스스로 동일한 것으로 드러나는 것과 동시에 오래된 질과 다른 것으로 드러나는 것은 사실상 하나의 과정이다. 매개, 즉 생성은 변증법적인 작곡가에서는 내용 그 자체에서 생기는 것이며, 내용을 조작하는 행위에서 일어나는 것은 아니다(원전 각주).

음악 공식들이 역사적으로 잃어버린 구속력이, 즉 구속력을 더 이상 갖지 못하자마자 비로소 갖게 되는 구속력이 ㅡ생각해 낼 수 있는ㅡ 모든 폐기된 음악 공식들에게서 자기의 권리를 옹호받게 된다. 동시에 권위가 찬탈된 것이라는 점이 경미한 자의적인 행위들에 의해서 냉소적으로 강조되는데, 이러한 자의적 행위들은 ㅡ권위성에의 요구 제기에 관해 가장 작은 것도 허용하지 않은 채ㅡ 권위성에의 요구 제기의 불법성에 대해 눈을 깜박거리면서 청자들에게 알려준다. 낡았으며, 어떻게 보면 더욱 신중한 것 같기도 한 스트라빈스키 특유의 재치는 규범을 떠들썩하게 내세우면서도 같은 호흡에서 규범을 비웃는다. 규범은 그것에 고유한 정당성 때문이 아니라 규범이 갖는 전단(傳單)적인 힘 때문에 준수되는 것이다. 정중한 테러의 전략이 다음과 같이 기법적으로 처리된다. 즉, 전래의 음악 언어, 고전주의 이전의 시퀀스(동형 연속 진행)의 본질이 확실한 속행을 자동적이고 자명한 것으로서 요구하고 있는 것 같은 자리들에서, 속행이 기피된다. 그 대신 청자의 긴장된 기대를 속임으로써 청자를 흥겹게 하는 의외의 놀라운 것이 제공된다. 도식이 지배력을 행사한다. 그러나 도식이 약속하는, 경과의 지속성은 채워지지 않는다. 이런 점에서 스트라빈스키의 신고전주의는 파편처럼 분리된 모델들을 서로 짜 맞추는 오래된 관습을 실천하고 있다. 그것은 머릿결과는 반대되는 방향으로 빗질하는 것 같은 전통적인 음악이다. 그러나 놀라게 하는 것들은 그것들이 머물러 있는 질서에 가해진 일시적인 교란에 지나지 않는 것으로서 장밋빛 구름 속으로 사라진다. 놀라게 하는 것들은 공식들의 해체에서만 성립된다. 계류(繫留)를 형성한 음이나 화성과는 낯선 다른 음들처럼 헨델 양식에서 보이는 특징적인 수단들은 ㅡ그 기법적인 목적과 결합이 갖는 긴장된 목적으로부터 독립적으로, 예비와 해결도 없이ㅡ 예비와 해결을 악의적으로 기피하면서 사용된다. 스트라빈스키에 고유한 신즉물주의적, 기능주의적 처리방식이 음악적 연관관계의 정확한 기능에서 그 의미를 갖는 요소들을 이러한 기능들로부터 떼어내서 독립, 동결시키는 것은 스트라빈스키에 있는 역설 등 중에서 결코 사소한 역설이 아니다. 이렇기 때문에 초기 신고전주의 작품들은 현 위에서 바둥거리는 것처럼 들리며, 어수선한 《피아노 협주곡》과 같은 초기 신고전주의 작품들 중의 많은 작품들은 관절이 비틀린 협화음들을 통해서 문화 신봉자들의 귀를 예전의 불협화음들보다 더욱더 근본적으로 모욕한다. a단조류의 곡은 상식적인 사람들로부터 이해될 수 없는 무조성적인 카오스라는 비난을 받고 있다. 마법으로 불러낸 틀에 박힌 악구들이 음악적 의미를 정초시키는 음악적-논리적 구조의 통일성으로 조직되지 않고 오히려 이러한 통일성을 가차 없이 거부하는 것에 의해 조직되기 때문이다. 이처럼 틀에 박힌 악구들은 "유기적이지 않다." 틀에 박힌 악구들이 갖고 있는 명민함은 환영(幻影)일 뿐이다. 끌어 들여진 재료들의 막연한 친밀감, 전체의 회상적이고도 득의만만한 장중함, 보증된 것의 장식적인 외양에 의해 만들어진 환영일 뿐이다. 전통적인 것의 주관적인 인상에서 보이는 객관적 이해 불가능성은 청각을 거역하는 모든 물음을 굳은 침묵에 빠지도록 한다. 권위주의적 음악이 기대하고 있는 맹목적인 순종은 권위주의적 원리 자체의 맹목성과 상응한다. 인간은 자신이 이해하지 못하는 이념을 위해 죽을 수도 있다는, 히틀러에서 비롯되는 명제는 신고전주의 사원의 입구에 명문으로 새겨질 수 있을 것 같기도 하다.

🌳_ 확장의 시도들

신고전주의 단계의 작품들은 그 수준에서 극단적인 기복을 보인다. 후기 스트라빈스키에서 발전이라고 말할 만한 것이 있다면, 그것은 부조리라는 눈의 가시와 같은 것이 제거된다는 점이다. 신고전주의적 자극은 피카소에서 비롯되지만, 스트라빈스키는 피카소와는 달리 문제점이 많았던 질서정연함에 손상을 가할 필요를 더 이상 느끼지 않았다. 고집스런 평론가들만이 야성적인 스트라빈스키의 흔적을 아직도 찾고 있는 것이다. "지루하게 되어야 한다"라는 면밀하게 계획된 실망에서 얼마간의 귀결이 도출될 수는 있다. 이러한 귀결은 반란의 비밀을 지껄이고 있다. 반란에서는 첫 움직임부터 움직임이 문제되고 있으며, 자유가 문제되고 있는 것은 아니다. 후기 스트라빈스키에서 누출되기 시작한 긍정성은 ―주체를 덮쳤으며 어떤 압박에 대해서도 정당성을 부여하였던― 스트라빈스키류의 부정성이란 것이 이미 그 자체가 긍정적인 것이었고 어느 쪽이든 더욱 강력한 진영에 기대고 있었던 것임을 말해준다. 일단은 물론 확실한 것은, 긍정적인 것으로의 선회, 깨어짐이 없는 절대 음악으로의 선회는 절대음악적인 것의 가장 극심한 궁핍화를 초래한다는 점이다. 이런 점에서 《피아노를 위한 세레나데》나 발레 음악 《뮤즈를 이끄는 아폴로(Apollon Musagète)》[59]와 같은 곡들을 능가할 곡은 없다. 스트라빈스키로서도 그렇게 하려고 노력한 것은 아니었다. 오히려 그는 새롭게 선포된 평온을, 자신이 설정한 한계들 내에서 가능하였던 한, 전문가주의 음악의 내적 영역을 확대시키고 《봄의 제전》 이래 배척되었던 작곡적인 차원들로부터 몇 가지를 다시 받아들이는 데 이용하였다. 그는 경우에 따라서는 새로운 종류의 주제적 특징들을 감내하고, 보다 커다란 건축적 구성에 대한 조심스러운 물음을 추구하며, 더욱 복합적이고

---

59) Cf. Die Analyse von Hans F. Redlich, Strawinskys »Apollon Musagète«, in : Anbruch 11 (1929), S.41 ff. (Heft 1).

스스로 다성적인 형식들을 끌어들인다. 스트라빈스키처럼 암호와 같은 것들로 먹고 사는 예술가들은 그들 스스로 일단은 희망이 없는 것으로 낡아 빠져서 배척하였던 어떤 수단을 ―이러한 수단을 아방가르드적인 성과물로서 세상에 내놓기 위해서― 얼마 동안의 유예기간이 지난 후에 다시 불러오기만 하면 되는 전술적인 이점을 항상 갖고 있다. 그 내부에서 더욱 풍부한 음악적 구조물을 얻고자 하는 스트라빈스키의 노력은 청자에게 파고드는 것을 보여준다. 이러한 면은 《2대의 피아노를 위한 협주곡》의 처음 세 악장 ―제 2악장은 접하기 드문 독특한 윤곽을 가진 곡이다―, 《바이올린 협주곡》의 많은 부분, 진부하지만 활기 있는 피날레에 이르기까지 함축적인 의미가 있고 색채적인 곡인 《피아노와 오케스트라를 위한 카프리쵸》과 같은 곳들에서 나타난다. 그러나 이런 모든 것들은 신고전주의적 처리기법 자체에 기입될 수 있는 것이라기보다는 오히려 정신을 이용하여 양식에 억지를 부림으로써 무리하게 얻어낸 것이다. 단조롭게 분출되는 스트라빈스키의 생산은 《바이올린 협주곡》이 아직도 실행하고 있는 판에 박은 듯한 유치한 출발 동기들, 서곡풍의 점음표 유형들, 계단 모양으로 이동하는 시퀀스군(群)(동형 연속 진행)과 같은 가장 조악한 정형들을 점차적으로 배척하고 있다. 그럼에도 그의 작곡은 유치증적 단계가 남겨 놓았던 훼손된 조성의 재료 영역에 제한되어 있다. 그의 작곡은 무엇보다도 특히 개별적인 군락 내부에서 우발적으로 "잘못 사용한" 음표들에 의해 흐려지는 온음계와 같은 재료 영역에 한정됨으로써 형태를 더욱 큰 규모로 만들 수 있는 가능성도 제한된다. 이것은 마치 속임수 기법에 의한 작곡 과정의 억압이, 억압하지 않았으면 나타나지도 않았을 결함을 억압의 결과로서 초래한 것과 같다고나 할 것이다. 《2대의 피아노를 위한 협주곡》의 너무나 짧고 마무리되지 못한 푸가는 선행했던 모든 것을 철회시킨다. 그의 영리함이 예전에 스스로 거부하였던 대위법에 그가 다시 손을 대는 순간에, 종결부의 스트레토에 있는 고통스럽고 자발성이 없는 옥타브는 포기의 대가(大家)를 조롱한다. 그의 음악은 충격들과 더불어 힘을 상실한다. 발레곡 《카드놀이》나 《바이올린과 피아노를 위한 2중주》와 같은 곡들, 또는 1940년대에 나온 대다수 작품들은 상업예술적인 흐릿한 것을 지니고 있으며, 이것은 만년의 라벨(Ravel)과 유사하지 않은 것은 전혀 아니다. 단지 명성만이 그에게서는 아직도 공론적(公論的)으로 높게 평가받는다. 청중의 자발적인 호응을 유일하게 받는 곡은 자신의 청년시절 곡을 거리낌 없이 복사한 《러시아적 스케르초》와 같은 부차적 곡들뿐이다. 그는 청중에게 청중이 갖게 되는 것 이상을 주지만, 이로 인해 너무나 적게 주는 것과 다름이 없다. 비사회적인 스트라빈스키에게는 그가 냉정하게 사교적으로 대했던, 가슴이 차가운 사람들이 모여 들었던 것이다. 가장 참기 어려운 것은 새로운 장르의 대표작들이다. 이 곡들에서는 《라틴어에 의한 오이디푸스》와 《시편 교향곡》처럼 기념비적인 것에 대한 집단적 요구 제기를 목표로 삼고 있다. 위대함과 숭고함의 사칭과 못마땅하고-빈약한 음악적 내용 사이의 모순은 진지함을 스트라빈스키가 스스로 손가락질했던 재치로 변색시킨다. 최근의 작품들 중에는 1945년에 나온 《3악장의 교향곡》처럼 비중 있는 작품이 다시 한 번 등장한다. 이 작품은 고풍스러운 성분을 깨끗하게 씻어낸 상태에서 칼로 자른 듯한 예리함을 부여하며, 베토벤과 완전히 낯설지는 않았음직한 생각이 들어 있는 간결한 호모포니에 몰두한다. 이전에는 확실성의 이상(理想)이 이처럼 감춰지지 않은 채 드러난 적이 거의 없었다. 깨지기 쉬운-주제적인 하프 악절이나 푸가토(Fugato)에서의 피아노와 트롬본의 결합에서 보는 것처럼, 최고도로 목표가 분명하며 고도의 절약에도 불구하고 새로운 색채가 궁하지 않은 관현악법은 전적으로 확실성의 이상에 도달하기 위한 것이다. 그럼에도 불구하고 청중에게는 작곡이 무엇을 해야만 하는가가 다시금 단순히 암시되기만 할 뿐이다. 주석자들이 베토벤적인 것으로 평가한 방식, 즉 모든 주제적인 것을 가장 단순한 근원 동기들로 환원시키는 방식은 구조에 아무런 영향을 미치지 못하고 있다. 구조는 이전과 마찬가지로 "음향 블록들"을 정역학적으로 병렬시킨 것이며, 이것은 오랫동안 익숙해진 변이들과 함께 만들어진 구조이다. 프로그램에 따르자면 부분들 사이의 단순한 관계가 베토벤에서는 형식의 동역학이 결과로서 산출되는 종합을 세워야 한다. 그러나 동기 모델들의 극단적인 환원은 동기들의 역동적인 처리, 즉 확장을 요구하였다. 작품 요소들에 대한 계획적인 무시가, 스트라빈스키의 작품이 고집스럽게 붙들고 있는 관습적인 스트라빈스키-방법에 의해서, 불충분함, 내용이 없는 것의 강력한 보증으로 되고 만다. 미리 표명되는 내적 긴장은 나타나지 않는다. 단순히 음(音)만이 청동처럼 될 뿐이다. 흐름은 잘게 부스러지고, 첫 악장과 마지막 악장은 그것들이 임의대로 계속될 수 있을 법한 곳에서 단절된다. 그러한 악장들은 그것들이 명제의 특징 자체를 통해 이번에 약속했던 변증법적 작업을 이행하지 않고 있는 것이다. 동일한 것이 회귀하는 순간, 그것은 단조로운 것으로 떨어지며, 발전부와 유사한 대위법적 삽입들도 형식 경과의 운명에 아무런 힘을 미칠 수 없다. 비극적 상징들로서 많은 공감을 받았던 불협화음까지도 더욱 자세히 살펴보면 전적으로 길들여진 것임이 밝혀진다. 장3도와 단3도의 연결을 통해 만들어지는, 잘 알려져 있는 중성적인 2도와 같은 바르톡적인 효과가 착취되듯이 이용된다. 교향곡적인 열정은 추상적인 발레 모음곡의 어두운 얼굴 표정에 지나지 않는다.

🌳_ 쉰베르크와 스트라빈스키

　모든 국면에서와 마찬가지로 여기서도 스트라빈스키 음악이 출발점으로 삼고 있는 확실성의 이상은 그 자체로 결코 음악의 특권이 아니다. 바로 그것을 믿게끔 하고 싶어 하는 것이 양식이다. 추상적으로 파악할 때 그것이 오늘날 모든 위대한 음악들을 이끌고 있으며, 위대한 음악의 개념을 전적으로 정의하고 있다. 그러나 모든 것은 음악이 태도를 통해 확실성을 이미 획득한 것으로 주장하고 있는 것인지, 아니면 마치 외면하듯이 음악 자체의 요구에 자신을 내맡김으로써 비로소 확실성을 획득하고 있는 것인지의 여부에 달려 있다. 이를 위한 준비 자세야말로 그 모든 절망적 이율배반에도 불구하고 그간 온 세상의 은어로 타락해버린 객관주의에 대한 쉰베르크의 비교할 수 없는 우위를 결정하는 요소이다. 쉰베르크 악파는 작곡이라는 완성된 유명론의 주어진 것에 핑계를 대지 않고 순응한다. 쉰베르크는 음악에서의 모든 구속력 있는 유형들의 용해로부터 결론을 이끌어낸다. 이는 음악에 고유한 발전 법칙에 놓여 있었던 것을 따르는 것이었다. 점점 더 넓어지는 재료층의 분리와 절대적인 것을 향해 나아가는 음악의 자연지배로부터 결론을 도출하는 것이다. 쉰베르크는 조형 예술에서 양식 구성력의 소멸이라고 명명했던 것을 예술의 시민 사회적 원리의 자아실현이라고 날조하지 않는다. 이 문제에 대한 쉰베르크의 대답은 "버려라, 그리하면 얻을 것이다"이다. 그는 확실성이라는 가상을 자유주의 의식 상태와는 결합될 수 없는 것으로 보고 이를 희생시킨다. 자유주의적 질서가 의식을 계속해서 개별화의 양상으로 몰고 감으로써, 결국 의식은 이제까지 자신이 이루어낸 질서를 부정하기에 이르렀기 때문이다. 그는 이런 부정성의 상황에서 어떤 집단적 구속성도 날조해내지 않는다. 이 집단적 구속성은 오늘날

이 세계에서 주체에게는 피상적이며 억압적인 것으로서 대립적 관계에 있으며, 또한 주체와 화해를 이루지 못한 채 진리 내용에 따라 구속력이 사라진 것으로서 대립적 관계에 있다고 볼 수 있다. 그는 주저 없이 미학적 개별화 원리에 신뢰감을 표출하면서 낡은 사회의 실제적 몰락의 상황에 자신이 연루되어 있음을 감추려 하지 않는다. 그는 "문화철학적으로" 외연적 총체성의 이상을 구상하는 것이 아니라 그보다는 자기 자신을 의식하는 작곡 주체와 사회적으로 주어진 재료와의 충돌 속에서 요구로서 구체화되는 것에 단계적으로 조금씩 자신을 내맡긴다. 이 점에서 쇤베르크는 주저 없이 자력으로 감행한 시도, 즉 구속성에 대한 재구성의 시도로서의 더욱 큰 철학적 진리를 곧바로 객관적으로 입증해 보이고 있는 것이다. 쇤베르크의 어두운 충동은 의식에 고유한 실체를 완성하는 의식의 역사적 상태, 즉 강조적인 의미에서의 의식 "경험"으로부터 완전히 채워질 수 있는 것 외에는 어떤 것도 예술에서 구속적인 상태에 빠져 들지 않는다는 확신을 근거로 하여 유지된다. 말하자면 그런 창문 없는 정신의 운동이 이 운동에 고유한 논리의 힘에 의해 운동의 출발점인 사적인 것을 넘어선다고 하는 절망적 희망이 쇤베르크를 이끌어가는 힘이다. 그러나 그러한 객관적 논리에 적응할 수 있을 정도로 성숙한 것을 보여주지 못하는 사람들은 그 운동에서 사적인 것을 질책할 뿐이다. 확실성을 얻으려는 몸부림의 절대적 포기는 형상물의 확실성을 유일하게 가리켜 주는 지표가 된다. 주지적이라고 비난받았던 쇤베르크 악파는 그러한 모험적인 시도에서는 스트라빈스키와 그의 전체적인 주변에서 성행되고 있는 확실한 것의 조작에 비하면 순진하다. 쇤베르크 악파의 순진함[60]은 세계의 진행에 접해서는 후진적이고 지방적인 것

---

60) 쇤베르크 악파의 지방성은 이 악파와 대립관계에 있는 비타협적 급진주의와

을 보여주는 많은 특징들을 갖고 있다. 이 악파는 자신이 통합적인 사회에서 할 수 있는 것보다는 더욱 많은 것을 예술작품의 통합성에서 기대하고 있기 때문이다. 쇤베르크 악파가 이로 인해 거의 모든 작품을 위태롭게 만들지만 이러는 동안에도 그 대가로 더욱 밀도 있고 더욱 비자의적인 예술적 직관이 쇤베르크 악파에 부여될 뿐만 아니라 객관주의보다 더욱 높은 객관성, 다시 말해 내적인 정합성과 역사적 상태에 대한 왜곡되지 않은 적합성의 객관성이 부여된다. 쇤베르크 악파는 이러한 상태를 넘어서서 독자적으로 두드러진 객관성,

---

분리될 수 없다. 어떤 절대적인 것이 예술에 의해 성취된다는 것이 아직도 희망으로 남아 있는 곳에서는, 예술은 자신이 가진 특징들의 모든 특징을, 모든 음을 절대적으로 받아들이고 이렇게 함으로써 확실성을 추구한다. 스트라빈스키는 미적 진지함에 대해서는 영악한 모습을 보이고 있다. 모든 예술을 소비 품목으로 변모시켜 버리는 그의 의식은 오늘날 그가 가진 양식의 합성에 영향을 미치게 된다. 유희를 유희로써 객관주의적으로 부각시키는 것은 미적인 강령을 벗어나면서까지 전체가 지나치게 심각하게 받아들여져서는 안 된다는 것을 의미한다. ―전체를 심각하게 받아들이는 것은 답답한 것, 독일적인 것에 특유한 많은 것을 요구하는 것이 되며, 예술이 현실적인 것과 접하면서 오염됨으로써 예술에 낯선 것이 된다는 것이다. 취향이 예로부터 진지하지 못한 것과 짝을 이루어왔다면, 이제 오랜 전통의 결과인 이 단계에서는 진지함 자체가 취향이 없는 것으로 여겨진다. 바로 이러한 진지함의 거부에서, 현존재의 위력에 대한 저항을 포함하고 있는 예술의 책임성에 대한 부정에서 확실한 것이 성립되어야 한다는 것이다. 이렇게 되면 음악은 진지함에 대해 미소를 짓는 실행의 우화(寓話)로서 존재하게 되지만, 이러는 동안에 음악은 소름끼치는 공포에 자신을 내맡기게 된다. 어릿광대와 같은 행동거지의 확실성에서는, 그러한 현실주의적 근성은 F#장조로 조율된 그랜드 피아노에서 자신들이 만든 공식들을 자기 방식대로 두들겨 대면서 시대의 표현임을 자처하는 "작곡쟁이들(tune smiths)"의 고압적인 태도에 의해 압도되고, 불합리한 것에 이르게 된다. 그들에게 스트라빈스키는 "장발을 한 작곡가"이다. 반면에 그들 중에서 쇤베르크의 이름을 아는 사람은 매우 소수에 지나지 않으며, 따라서 그들은 쇤베르크를 유행가 작곡가라고 생각한다(원전 각주).

즉 12음 구성주의로 향하는 발걸음을 내딛도록 강제적으로 몰리게 된다. 그러나 이러한 발걸음은 음악 자체의 움직임이 주체에 의해 완전히 규명되지 않은 채 이루어질 뿐이다. 생산물의 알찬 내역 이외에는 다른 어떤 것도 배려하지 않는 독일적인 "좋은 음악가"라는 전문 직업인에 맞는 이상(理想)에 집착하는 순진성은 절대적 자율성이 타율적인 것으로, 그리고 해체되지 않은 소재적인 자기 소외로 전이되는 것을 통해 순진성이 치러야 하는 형벌을 견고한 객관성의 한가운데에서 발견하게 된다. 이렇게 해서 쇤베르크 악파도, 계몽에 고유한 정신을 거스르면서, 타율성의 정신에게, 그리고 원자화된 것의 의미 없는 통합에 세금을 지불하게 된다. 바로 이런 것이 스트라빈스키에서 고의로 일어난다. 시대가 대립적인 것들이 함께 하도록 강요하는 것이다. 스트라빈스키는 그러나 음악의 고통스런 자기 운동을 회피하고, 무대 감독으로서 자기 운동을 다룬다. 이렇기 때문에 그의 언어는 의사소통적인 언어나 농담으로부터 거의 벗어나 있지 않다. 진지하지 않은 것, 주체가 밖에서 유지된 채 이루어지는 유희, 미적인 "진리 전개"에 대한 거부가 진실한 것으로서의 확실한 것에 대한 보증인 역할을 자임하고 나서는 것이다. 이러한 모순에서 스트라빈스키의 음악은 몰락한다. 객관성의 고안된 양식이 저항하는 재료에게 그토록 폭력적이고 아무런 구속력이 없는 채로 강요된다. 이것은 50년 전에 유겐트양식에서 고안된 것이며, 모든 미적인 객관주의가 오늘날까지 유겐트양식의 배척을 근거로 해서 유지되고 있다. 양식 의지가 양식을 대체시키고, 이렇게 함으로써 양식에 대해 태업을 행하게 된다. 형상물이 스스로 되고자 하는 것의 객관성은 객관주의에 내재하지 않는다. 주관성의 흔적들이 제거되고 주관성의 공동(空洞)들이 진정한 공동체의 세(勢)들로서 선포됨으로써 객관주의가 정립된다. 쇤베르크 악파가 혹독하게 방어하고 있는 주체의 몰락은 스트라빈스키 음악에 의해서 더욱 높은 형식으로서 직접적으로 해석된다. 이러한 해석에 의하면, 더욱 높은 형식에서 주체가 지양된다는 것이다. 이렇게 해서 스트라빈스키는 오늘날 인간의 반사적 성격을 미적으로 변용시키는 것에서 끝나고 만다. 그의 신고전주의는 오이디푸스와 페르세포네의 이미지를 만들어 낸다. 그러나 그가 들여 놓은 신화는 이미 보편적으로 의존적인 것들의 형이상학이다. 이처럼 보편적으로 의존적인 것들은 어떠한 형이상학도 되려고 하지도 않고 필요로 하지도 않으며 형이상학의 원리를 비웃을 뿐이다. 이렇게 됨으로써 객관주의는 객관주의가 공포를 느끼는 것으로서, 공포를 느끼는 것을 고백하는 것이 객관주의의 모든 내용을 성립시키는 것으로서, 미적 주체의 공허한 사적 작업으로서, 마치 객관적인 정신인 것처럼 거들먹거리는 고립된 개인의 속임수로서 규정된다. 객관적 정신이 오늘날 동일한 본질을 간직하고 있다면, 그러한 예술이 정당화되지는 못할 것이다. 객관적 정신의 주체들에 대한 월권적 지배에 의해서 통합된 사회의 객관적 정신은 그것 자체로 진실하지 못한 것으로서 투명하게 드러나고 있기 때문이다. 바로 이 점이 확실성이란 이상(理想)의 절대적으로 보증된 상태에 대한 의문을 일깨우고 있다. 표현주의 시기에 쇤베르크 악파가 그 자체로서 닫혀 있는 완결된 예술작품에 대항하여 일으킨 반란은 사실상으로 완결성 개념 자체를 흔들어 놓았다. 그러나 쇤베르크 악파가 정신적으로 도전하였던 것이 실재적으로 지속됨으로써 이 악파의 반란은 완결성의 우위를 지속적으로 깨부수지 못한 채 진행되었다. 완결성의 개념은 전통적인 예술의 기본 요구를 포함하고 있다. 어떤 것이 모든 시대의 시작 때부터 거기에 있었던 것처럼 울려야 한다는 것은 모든 시대를 통해 이미 거기에 있었던 것을 반복하는 것을 의미하며, 실제적인 것으로서 가능한 것을 억압하는 힘을 보존하였던 것을 의미한다. 미적인 확실성은 사회적으로 필연적인 가상이다. 권력에 기초하여 세워진 사회에서는 어떤 예술작품도 자신의 권력을 과시하지 않고서는 성공할 수 없다. 그러나 이와 더불어 예술작품은 자신이 갖고 있는 진실과의 갈등, 권력을 더 이상 알지도 못하고 필요로 하지도 않는 다가올 사회를 위한 대리성(代理性)과의 갈등에 빠지게 된다. 태고적인 것의 메아리, 확실성에 대한 모든 미적 요구 제기가 유지되는 근거인 원시세계에의 회상은 영속화된 불의의 흔적이다. 확실성은 사유에서 동시에 불의를 해체한다. 그러나 확실성은 또한 그것의 모든 일반성과 구속력을 오늘날까지 불의에 유일하게 힘입고 있다. 스트라빈스키의 원시성으로의 퇴행은, 그가 형상물의 내재적 파열에서 확실성을 파괴하려고 했을지는 모르지만, 확실성에 외연적인 것은 아니다. 그가 신화를 준비하고 이렇게 함으로써 신화를 변조하면서 신화에 폭력을 가할 때, 거기에서는 그의 음악이 선언한 새로운 질서의 찬탈적인 본질이 뚜렷하게 나타날 뿐만 아니라 신화 자체의 부정적인 것도 드러난다. 죽음의 공포와 야만적인 예속에 의해 시간에서 성립되었던 것이 영원성에 관한 이미지로서, 그리고 죽음으로부터의 구제에 관한 이미지로서 신화에서 스트라빈스키를 홀리고 있는 것이다. 신화의 위조는 진정한 신화와의 친화성을 입증한다. 확실성의 이념으로부터 스스로 벗어나 있을 것 같은 예술, 그렇게 존재하고 있고 다르게 존재하고 있지는 않은 것으로부터 벗어나 있을 것 같은 예술이 비로소 아마도 확실하다고 말할 수 있을 것 같다.

선곡 목록

아놀트 쇤베르크

구레의 노래, 우니베르잘 판, 빈

8개의 가곡, 작품6, 우니베르잘 판

6개의 오케스트라 가곡, 작품8, 우니베르잘 판

실내 교향곡 제1번, E장조, 작품9, 우니베르잘 판

현악4중주 제2번, f#단조, 성악 붙임, 작품10, 우니베르잘 판

3개의 피아노곡, 작품11, 우니베르잘 판

슈테판 게오르게의 "공중 정원의 책"에 의한 15개의 시, 작품15,
    우니베르잘 판

5개의 오케스트라곡, 작품16, 페터스 판, 라이프치히

기대, 작품17, 우니베르잘 판

행복한 손, 작품18, 우니베르잘 판

6개의 피아노 소곡, 작품19, 우니베르잘 판

달에 홀린 피에로, 작품21, 우니베르잘 판

5개의 피아노 곡, 작품23, 한젠, 코펜하겐

세레나데, 작품24, 한젠

목관5중주, 작품26, 우니베르잘 판

혼성 합창을 위한 4곡, 작품27, 우니베르잘 판

혼성 합창을 위한 3개의 풍자, 작품28, 우니베르잘 판

현악4중주 제3번, 작품30, 우니베르잘 판

오케스트라를 위한 변주곡, 작품31, 우니베르잘 판

오늘부터 내일까지, 작품32, 작곡가 자비 출판

어떤 영상 장면을 위한 반주 음악, 작품34, 하인리히스호펜, 마그데부르크

남성 합창을 위한 6곡, 작품35, 보테 운트 보크, 베를린

바이올린과 오케스트라를 위한 협주곡, 작품36, 셔머, 뉴욕

현악사중주 제4번, 작품 37, 셔머

현악 오케스트라를 위한 모음곡, 셔머

실내 교향곡 제2번, 작품38, e♭단조(미출판)

현악 3중주, 작품45(수고로 복사됨)

알반 베르크

보체크, 작품7, 우니베르잘 판, 빈

현악 4중주를 위한 서정 모음곡, 우니베르잘 판

룰루 (단편), 우니베르잘 판

바이올린과 오케스트라를 위한 협주곡, 우니베르잘 판

안톤 베베른

현악 4중주를 위한 5개의 악장, 작품5, 우니베르잘 판, 빈

현악 3중주, 작품20, 우니베르잘 판

피아노를 위한 변주곡, 작품27, 우니베르잘 판

현악 4중주, 작품28, 부시 앤 호크스, 런던

이고르 스트라빈스키

페트루슈카, 루스 드 무지끄 판, 베를린, 모스크바, 라이프치히, 뉴욕

봄의 제전, 루스 드 무지끄 판

3개의 일본 노래, 루스 드 무지끄 판

여우, 체스터, 런던

병사의 이야기, 체스터

11주자를 위한 랙타임, 체스터

피아노 랙 뮤직, 체스터

4개의 손을 위한 피아노 곡, 2개의 모음곡, 체스터

현악4중주를 위한 콘체르티노, 한센, 코펜하겐

관악8중주, 루스 드 무지끄 판

피아노와 관악 오케스트라를 위한 협주곡, 루스 드 무지끄 판

A조의 세레나데, 피아노 곡, 루스 드 무지끄 판

오이디푸스 렉스, 루스 드 무지끄 판

뮤즈를 이끄는 아폴로, 루스 드 무지끄 판

요정의 입맞춤, 루스 드 무지끄 판

피아노와 오케스트라를 위한 카프리쵸, 루스 드 무지끄 판

시편 교향곡, 루스 드 무지끄 판

바이올린과 오케스트라를 위한 협주곡 D조, 쇼트, 마인츠

바이올린과 피아노를 위한 2중주, 루스 드 무지끄 판

2대의 피아노를 위한 협주곡, 쇼트

서커스 폴카, 어쇼시에티드 뮤직 퍼블리셔스, 뉴욕

3악장 교향곡(1945), 어쇼시에티드 뮤직 퍼블리셔스

메모

　『신음악의 철학』은 제5판을 목전에 두게 되었다. 저자가 이 책을 다시 한 번 출간하려고 결심하게 된 것은 이 책을 구하려고 했지만 헛수고를 하는 사람들에 대해 고마움을 표시하면서 행해야 할 의무보다는, 이 책은 그 책무를 다하였기 때문에 오늘날 사람들이 이 책을 더 이상 필요로 하지 않는다는 조금은 비우호적인 단언들이 저자를 움직였기 때문이다. 정신적인 형상물을 과거로 추방해 버리고 형상물 자체가 전개되는 자리에 순수한 시간을 밀어 넣음으로써 모든 것을 끝내 버리는 곳에서는, 정신적 형상물이 극복되지 않은 채 배척되어 버렸다는 의혹이 그 근거를 세우게 된다. 그러나 『신음악의 철학』이 이러한 이유로 인해 간직하고 있는 가시는 현재 음악이 처해 있는 상태에도 도움이 될지도 모른다. 20년 전에 집필된 쇤베르크-부분이 1950년대 이후에야 비로소 명백해진 음악사적 전개들을 비판적으로 선취했다는 점은 저자의 입장을 강화시켜 주고 있다. 이것은 그동안 죄르지 리게티(György Ligeti), 프랑코 에반젤리스티(Franco Evangelisti)와 같은 작곡가들, 하인츠-클라우스 메츠거(Heinz-Klaus Metzger)와 같은 이론가들에 의해 강력하게 확인되었다.

　저자는 이 책이 따르고 있는 사유의 실행이 오늘날에도 여전히 정당하다고 여기고 있으며 모든 본질적인 동기들을 지지하고 있기 때문에, 텍스트를 수정하지 않은 채 출판하고자 한다. 단지 몇몇 오식과 착오만을 수정하였으며, 그 대부분은 이탈리아판 번역가 지아

코모 만조니(Giacommo Manzoni)가 지적한 것이었다. 저자는 그의 애정 어린 세심함에 많은 빚을 지고 있다. 그러나 한때 사유했던 것에 대한 충실함과 모든 세부적인 것을 고집스럽게 고수한다는 것이 혼동되어서는 안 된다. 무엇보다도 특히, 저자는 오늘날 음악의 어떤 차원이 다른 차원에 의해 대체되는 가능성이 20년 전에 비해 더욱 실증적이 되고 있다는 점을 강조할 수 있을 것 같다. 저자는 음악적 재료의 운동을 구체적인 작품을 통해 경험하게 하는 매개를 얻기 위하여 당시보다 더욱 강하게 노력을 기울였다. 그러한 숙고들을 이 책 자체에 추가적으로 집어넣는 대신에, 이 책 이후에 나온 일련의 저작들을 여기에서 알려 주어도 되리라 본다. 일단 명명할 수 있는 저작들은 다음과 같다. 재료보다는 작품을 통해 작곡가를 해석하는 것을 시도한, 『프리즘(Prismen)』에 들어 있는 쇤베르크 에세이, 쇤베르크 음악의 입문에 도움이 될 논문으로 『프랑크푸르터 헤프텐(Frankfurter Heften, 1955)』에 실린 「쇤베르크 이해를 위하여」, 『그로센 도이첸(Grossen Deutschen)』 제4권에 들어 있는 전기(傳記) 중심의 논설, 음악에서의 물신적 특징에 관한 연구도 담고 있는 『불협화음(Dissonanzen)』에 들어 있는 「신음악의 노화(Das Altern der neuen Musik)」 등을 들 수 있다. 그러나 무엇보다도 2권의 음악적 저작을 빼 놓을 수 없다. 한 권은 「울림의 형태들(Klangfiguren, 1959)」과 「환상곡풍으로(Quasi una Fantasia, 1963)」를 담고 있으며, 다른 한 권은 음악적 실제를 위한 지침서인 『충실한 연습지휘자(Der getreue Korrepetitor, 1963)』이다. 2권의 저서에 실린 신음악에 관한 텍스트들, 마지막으로는 신음악에 관한 저작인 『즉흥곡(Impromptus, 1968)』에 실린 「난제들」, 베르크(Berg)에 관한 책(1968)도 또한 1948년에 마무리된 『신음악의 철학』이 드러냈던 것들에 대한 진보적인 성찰들을 담고 있다.

1969년 4월

부 록

_ 오해들에 대한 반박

발터 하르트(Walter Harth)[1]의 논고 「음악적 진보의 변증법(Die Dialektik des musikalischen Fortschritts)」은 나로 하여금 몇 가지 소견을 내놓게 하는 계기가 되었다. 저자인 나로서는 하르트의 상세하고도 품위 있는-논쟁적 비판에 대항하여 『신음악의 철학』을 방어하는 것이 중요한 것은 아니다. 저서가 제기한 주장들과 표현들은 저서 스스로 방어해야만 하는 일이다. 그럼에도 나는 하르트가 의도한 의미에 들어 있는 몇몇 오해들을 바로잡아도 된다고 생각한다. 이를 통해 나는 사안적인 물음들의 해명에 기여하게 되기를 바라며, 하르트가 제기한 많은 반론들로부터 그 토대를 없애고 싶은 마음도 물론 가지고 있다.

오해들을 부른 잘못이 이 책에 있는지, 또는 그 비평가에 있는지 나로서는 결정할 수 없다. 그가 텍스트를 위해 그렇게 노력한 것이 의심의 여지가 없는 것처럼, 내가 그러한 오해들로부터 나를 지키려고 시도한 것도 역시 의심의 여지가 없다. 두 사람 모두 성공에 이르지 못하였다는 것은 서로 의존되어 있지 않은 두 사람 중의 한 사람에게 그 이유가 있을 것이다. 나는, 내가 지지하는 철학의 일관성 내에

---

1) Vgl. Walter Harth, Die Dialektik des musikalischen Fortschritts(음악적 진보의 변증법). Zu Theodor W. Adornos »Philosophie der neuen Musik(신음악의 철학)«, in : Melos 16 (1949), S.333 ff. (Heft 12).(Anm. d. Hrsg.)

서, 개별 예술가의 두뇌들, 개별 작품들이 성취한 성과를 넘어서서 관철되는 객관적인 정신의 개념을 음악에 도드라지지 않게 적용하였다. 이 개념은 나의 정신적인 경험에게는 자명한 것이지만, 오늘날의 공론적인 의식에게는 너무 낯선 것이다. 내가 두 사람이 갖고 있는 사고들의 의사소통을 생각했었고 나에게는 사안의 적절한 표현으로 보였던 것을 생각하지 않았더라면, 나는 정신의 객관적 개념을 만들어 냈어야만 했었을 것이다.

정신의 객관적 이념은 하르트가 나에게 귀속시키고 있는 "진실로 진보적인 음악의" 분리된 "이상"을 금지할 뿐만 아니라, 이와 마찬가지로 자신에 고유한 귀결에 힘입어 자신을 넘어섰던 상태를 고정시키려고 하는 시도도 금지한다. 다른 말로 하면, 하르트가 수용하고 있듯이, 자유로운 무조성과 표현주의적 시기를 12음 작곡과 서로 반복을 시켜서 어부지리를 얻으려는 의도를 갖고 있지 않았다. 오히려 나는 표현주의 지점에서 움직이지 않은 채 경직될 수는 없다는 점을 분명히 말하였다. 나는 자신에게 고유한 논리에 따라 12음 기법을 결정(結晶)시키는 경향들, 즉 자유로운 무조성의 경향들을 명명하였다. 나는 "즉물성으로서의 표현주의" 항목에서 "표현주의적 유산이 작품들에 필연적으로 귀속된다"는 결론에 도달한 바 있다(이 책의 88쪽). 이러한 과정의 필연성과 합법성에의 통찰은 그러나 더욱더 높은 변증법적 차원에서 강제적으로 재생산되는 부정성(否定性)을 제거하면서 통로를 열어준다. 『계몽의 변증법』의 언어에서 진보의 대가(le prix du progrès)라고 명명하는 것으로 가도록 통로를 열어주는 것이다. 이것은 쇤베르크-장의 세 번째 부분인 12음 기법에 관한 부분에서 설명되고 있다. 또한 쇤베르크에서도 개념적 운동은 정지되어 있지 않다. 하르트는 내가 12음 기법을 긍정하면서도 12음 기법이 이율배반을 갖고 있다고 규정하는 것 사이에서 발생하는 모순을 보이고 있다면서 ―이것이 그의 비판의 핵심이다― 나를 비난하고 있다. 그는 또한 내가 《달에 홀린 삐에로》와 《기대》를 12음 작품들보다 더 높게 평가하면서도 12음 음악으로 가는 발전을 진리로 보는 것 사이에서 발생하는 모순을 지적하면서 이를 비판하고 있다. 이러한 모순들은 객관적인 정신을 받아들임으로써 해명된다. 객관적인 정신은 성공한 걸작들에서도 휴식 상태에 들어가지 않는다. 모순들이 있음은 확실하다. 그러나 이런 모순들은 옹호론과 비판적 의식 사이에서 이리저리 동요하는 처리에 그 부담을 돌릴 수 있을 것 같은 모순들은 아니다. 오히려 이러한 모순들은 사안에 들어 있는 것들이다. 이론가는 이러한 모순들을 표현하고 규정할 수는 있지만, 이론가 자신으로부터 시작하여 모순들을 해체시킬 수는 없다.

스트라빈스키의 경우에는 오해가 더욱 극심하게 일어나고 있다. 하르트는 내가 "광기 체계, 정신 분열, 억압 노이로제"처럼 "음악과 관계없는 위험한 논증들"을 수단으로 해서 스트라빈스키에게 다가서고 있다는 것을 자세히 설명하고 있다. 이에 따라 그는 내가 "사안적으로 올바른 사실들을 '잘못된 것'으로 가득 차 있는 임상적 고찰의 영역 안으로 밀쳐 버리려고" 시도하고 있다는 의견을 밝히고 있다. 그 밖에도, 『신음악의 철학』이 갖고 있는 의도들에 대해 광범위하게 동의하는 태도를 보이고 있는 슈투켄슈미트(H. H. Stuckenschmidt)도 이와 유사한 의견을 내놓았다. 이에 대해 나는 하르트의 해석과 분명히 반대되는 일련의 표현들을 내 책으로부터 지적해도 된다고 생각한다. 유치증적 작품들에 대해서는 다음과 같이 쓰여 있다. 유치증적 작품들은 "퇴행의 제스처를 **모방한다**"(이 책의 225쪽). 유치증은 "현재 나타나고 있는 원시 시대를 선언적으로 보여주기 위해 정신병의 관점을 **구축한다**"(이 책의 233쪽). "스트라빈스키 음악을 어느 독일 파시스트가 정신병자의 조형물이라고 불렀던 것과의 유사성에 따라 파악하는 것처럼 잘못된 것도 없을 것이다. 미적 의식을 통해 정신분열증적 특징들을 제어하는 것이 스트라빈스키 음악의 관심사인 것처럼, 그의 음악은 전체적으로 볼 때 건강함으로써의 광기를 반환으로서 청구하고 싶어 한다"(이 책의 237쪽 이하). 나는 경험주의적인 스트라빈스키를 정신병적이라고 간주하고 있지 않다. 나는 이 점을 더 이상 명백할 수 없을 정도로 확실하게 말할 수 있었다. 오히려 그의 음악은 원시적인 층(層)으로 들어가기 위해서 정신병적인 행동방식들을 미메시스적으로 자신의 것으로 만들고자 한다. 원시적인 층에서 그의 음악은 주관적인 것을 횡단하는 존재가 되고자 바라고 있는 것이다. 나를 비판하는 사람들이 이 점을 놓치고 있었던 것은 객관적 정신의 개념이 그들에게 결여되어 있기 때문이다. 이 점이 유일한 이유이다. 예술에서의 정신병이 논의의 대상이 되는 곳에서는, 예술가가 지배적으로 나타나는 관념에 따라 정신 착란의 증상을 보여야 할 것이며, 모방을 통해서, 그리고 확실한 의미에서 "지배"를 통해서 집단적-정신병적인 경향들을 기록할 필요는 없을 것이다. 이것은 추정컨대 인격체로서의 예술가가 정신병에 걸려 있지 않을 때 예술가에게 오로지 가능할 것이다. 나는 "미치고" 변종이 된 현대예술에 대해 분노하는 속물 인간과 나를 천편일률적으로 다룰 수도 있는 것을 꿈에도 생각해 보지 않았다. 그 밖에도 나는, 《병사의 이야기》처럼, 앞에서 말한 미메시스에 가장 대담하게 자신을 내맡기는 스트라빈스키의 작품들을 가장 결실이 큰 작품들이라고 특징지었다. 《병사의 이야기》의 경우에도, 내가 원래 시도한 비판은 이 곡이 "긍정성"으로 넘어가는 곳에서 시작된다. 고백해도 된다면, 나는 스트라빈스키-부분도 쇤베르크-부분과 마찬가지로 주의 깊게 읽혀졌으면 하는 바람을 갖고 있다. 단지 영화에 대해서만 증명되는 것으로 끝나지 않았던 스트라빈스키의 개인적인 통합성과 그의 보존된 사적인 독립성과 시민적인 용기에 대해 의문을 제기하는 것은 나에게는 매우 멀리 떨어져 있는 사안일 뿐이다. 나는 이 점을 첨언할 필요조차 없다고 본다. 스트라빈스키의 순응주의도 근성의 문제가 아니라 객관적으로 관철되는 경향의 문제이다. 스트라빈스키의 작품을 내 말대로 "신음악 운동의 굴복"이라고 본다면, 그의 음악에서 이러한 굴복은 "스트라빈스키 음악에 고유하게 내재하는 무게로부터 작품마다 일어나는 것이지"(이 책의 22쪽), 계산적인 숙고로부터 일어나는 것이 아니다. 나는 이 점을 그려내 보이려고 시도하였다. 나는 스트라빈스키의 음악적인 "정역학" 구상에 맞서 하나의 생성으로서의 음악이라는 구상을 외부에서 오는 관점으로서 이의를 제기하려는 의도를 갖고 있지 않았다. 오히려 나는 스트라빈스키에 내재되어 있는 작곡상의 문제에서 정역학의 허구적으로-기획되었던 것을 발전시키고 이렇게 함으로써 객관주의를 넘어서려는 의도를 갖고 있었다. 그러나 이를 통해 나는 오해들을 바로 잡는 것의 한계에 다다르고 있으며, 원래의 논쟁을 건드리고 있다.

마지막으로 나는 이 책이 "저자가 어떤 그룹²⁾의 구성원으로서 그 그룹이 갖고 있었던 사고의 흐름들을 요약하기 전에 이미 이 악파에 널리 퍼져 있었던" 사고의 흐름들을 전달하는 데 어려움이 있다는 점을 말해도 된다고 본다. ─어떻든, 하르트도 그 나름대로 "객관적인 정신"을 의도하고 있었다. 쇤베르크 부분이 1940/41년 뉴욕에서 성립되었을 때, 나는 콜리쉬, 슈토이어만, 그리고 크레네크를 제외하고 나의 음악 친구들과 완전히 단절된 상태였다. 이 책이 어떤 그룹에 대해 이야기하고 있다면, 그것은 뉴욕의 사회조사연구소 그룹이 될 것이다. 이 책이 담지하고 있는 철학적 카테고리들은 막스 호르크하이머와의 공동 작업에 속해 있다.

---

2) 쇤베르크 악파를 지칭함(역주).

『신음악의 철학』은 나치 정권이 끝난 후 독일에서 출판된 아도르노의 첫 저작으로 1949년 튀빙겐의 J. C. B. 모르 출판사(파울 지벡)에서 출간되었다. 이 출판사는 1933년에는 키르케고르의 책도 출판한 바 있다. 『신음악의 철학』 제1판은 1953년 절판되었고 저작권은 저자에게로 다시 돌아갔다. 제2판은 1958년에 프랑크푸르트 암 마인에 소재한 오이로페이서 페어락스안슈탈트에서 출간되었다. 제2판의 마지막 부분에 아도르노는 "1958년 3월"로 날짜가 적힌 "메모"를 첨가하였다. 메모로 된 이 텍스트는 "1966년 10월"에 나온 제3판의 "메모"에도 들어가 있다.

아도르노가 살아 있을 때 나온 마지막 판본인 제3판은 1966년에도 오이로페이서 페어락스안슈탈트에서 나왔다. 제3판은 이전의 판본을 그대로 인쇄한 판본이었다.

1969년 4월에 아도르노는 예정되어 있었던 제4판을 위해 책의 마지막 부분에 들어 있었던 "메모"에서 몇 군데를 약간 수정하였다.

그러나 실제로 제4판은 1972년에야 울스타인 출판사의 "울스타인 문고판 2866번"으로 프랑크푸르트 암 마인, 베를린, 빈에서 나왔으며 위에서 언급한 수정은 이 판본에 들어가지 않았다. 이러한 수정은 현재의 판본에서 고려되었다. 동시에 편집자는 "메모" 첫 줄에서 판본의 번호 부여를 그 의미에 맞게 변화시켰다. 아도르노 "전집" 속에 포함된 판본이 제5판임을 나타내고 있는 것이다. 인용들에 대해서는 가능하다면 상세히 검토하고, 필요하다면 바로잡았다.

아도르노가 『신음악의 철학』의 리뷰에 답하여 쓴 글을 복사하여 이 책의 부록으로 덧붙였다. 이 텍스트는 『멜로스』지의 첫 인쇄본에 따른 것으로, 1950년, 년간 17호, 제3권, 75-77쪽에 들어 있는 내용이다.

1975년 2월

옮긴이
후기

　『신음악의 철학』은 『계몽의 변증법』, 『부정법증법』, 『미학이론』, 『미니마 모랄리아』와 더불어 아도르노의 5대 저작 중의 하나에 속하는 중요한 저작이다. 이 책은 음악에 대한 철학적 인식이나 철학적 해석의 영역에서, 서구의 음악이론사에서나 서구 철학사에서 그 선례를 찾아보기 어려울 정도로 높은 수준의 논의를 보여줌으로써 음악이론뿐만 아니라 예술철학의 인식진보에 크게 기여하였다. 신음악은 세계를 인식하며 세계가 인간에게 주는 고통을 표현하는 음악이라는 것이 이 책이 매개하는 인식의 정수(精髓)이다. 아도르노는 이런 시각을 쇤베르크 편의 마지막 부분에서 단호하게 알리고 있다. "신음악은 세계가 저지르는 죄의 모든 어두움을 자신의 내부에서 받아들이고 있다. 신음악은 불행을 인식하는 것에서 자신의 모든 행복을 얻는다. 신음악이 갖는 모든 아름다움은 아름다운 것의 가상을 거부하는 것으로부터 획득된다." 이러한 시각에 따라 아도르노는 쇤베르크 음악을 신음악이 성취한 긍정적인 결과, 즉 진보라고 옹호하고 있으며, 쇤베르크 음악을 신음악이 성공한 사례로 평가하고 있다. 반면에, 그는 스트라빈스키 음악을 신음악이 빠져든 퇴행이라고 비난하고 있다.

　『신음악의 철학』은 음악 연구에서는 도전적인 저서이다. 철학적 토대는 『계몽의 변증법』이 제공하고 있지만, 20세기에 들어 음악에서 조성의 해체 이후 등장한 새로운 음악을 대표하는 쇤베르크와 스트라빈스키를 대비시켜 그들의 음악 세계에 대해 비판적이고도 변증법적으로 해석을 시도한 책이 바로『신음악의 철학』이다. 아도르노는 쇤베르크의 음악은 이해하기 힘들고 베토벤의 음악은 이해하기가 용이하다는 생각에 동의하지 않는다. 그는 피카소를 이해하는 것은 용이하지만 쇤베르크는 이해하는 것은 거의 불가능하다는 생각에도 충격을 가한다. 아도르노는 스트라빈스키가 쇤베르크보다 더 인기 있는 작곡가로 사랑받는다는 이유로 그를 쇤베르크와 견줄 수 있는 작곡가라는 통념에도 동의하지 않는다. 오히려 아도르노는 이러한 인식들을 낳은 상황에 담겨진 시대적 정신과 이데올로기적 요소를 해부하여 음악적 · 예술적 진실을 파헤친다.

『신음악의 철학』은 아도르노가 막스 호르크하이머와 함께 저술한『계몽의 변증법』과 자매 관계에 놓여 있다고 볼 수 있는 책이다. 아도르노 자신도 서문에서 이 책이『계몽의 변증법』의 여론(餘論)으로 읽히는 것을 바라고 있다.『계몽의 변증법』은 자연의 절대적 위력에 두려움을 느낀 인간이 탈주술화 과정, 탈신화화 과정으로 실행한 계몽이 인간을 해방시키기는커녕 계몽이 만들어 낸 신화의 강제적 속박에 다시 예속시키는 과정을 매우 어둡게 서술하고 있다.『계몽의 변증법』은 계몽의 부정성에 관한 철저한 해부이자 반성인 것이다. 계몽은 인간으로 하여금 자연의 위력으로부터 떨어져 나와 주체를 확립하고 자연과 세계를 지배하게 해주는 것이었지만, 결국 자기 파괴로 귀결될 수밖에 없었다는 것이 계몽에 대한 호르크하이머와 아도르노의 인식이다. 하버마스가『계몽의 변증법』을 계몽의 자기 파괴 과정을 인식시킨 책이라고 평가한 것은 따라서 적절하다고 볼 수 있다.

아도르노는 계몽에 의한 퇴행의 메커니즘이 고통스런 현실과 맞물려 음악과 같은 추상적 예술 속에서 은밀하게, 그러나 더욱 극성스럽게 작동되고 있다고 본다. 이런 현실 속에서 아도르노가 보는 진정한 예술이란 그러한 메커니즘의 비인간성을 인식하게 해야 하며, 감추거나, 호도하지 않고 그것이 주는 고통을 드러내는 예술이다. 단적으로 말해서, 『신음악의 철학』은 계몽의 이중적 성격에 대한 인식과 예술관을 바탕으로 신음악의 대표 작곡가인 쇤베르크와 스트라빈스키를 양극으로 삼아 그들의 음악을 해석하고 있으며, 그들의 실체를 변증법적으로 분석하고 있다.

아도르노는 이미 1920년대에 음악비평의 최일선에서 활동하였으며, 알반 베르크에게서 작곡을 배웠고, 다수의 곡을 남긴 작곡가이기도 하였다. 조성을 버리고 19세기 낭만주의 전통에서 탈피하려고 시도하는 새로운 음악들이 창작되고 연주되는 것을 현장에서 지켜보았으며, 새로운 음악의 동향에 예민한 관심을 지니고 있었다. 이런 음악적 능력과 경험은 그의 철학을 비롯한 여타의 방대한 학문적 능력과 융합하여 거대한 음악적 담론을 낳게 하였다. 『신음악의 철학』은 보편사상가이자 20세기 최고의 음악이론가인 아도르노에 의해 성취된, 위대한 음악비평서이자 음악이론서이다. 이 책은 단순한 음악이론서에 머물러 있지 않으며, 철학, 미학, 사회학과 같은 학문들이 음악과 함께 마치 용광로를 이루면서 음악론을 구체화시킨 역사적 저작이다. 이런 위상에 걸맞게 『신음악의 철학』은 서구 음악학계나 예술철학의 영역에서는 이미 고전으로 자리매김이 되었다.

아도르노는 음악이 '음'이라는 자연적, 물리적 현상에서 비롯된 예술이지만 음이 추상적인 것이기 때문에 인간의 인식, 역사, 언어로부터 자유로울 수는 없다고 본다. 음악을 현실과 분리된 음들의 자유로운 유희, 혹은 형식으로 보는 음악관은 19세기 후반 한슬릭(E. Hanslick) 이후 득세하게 된다. 이런 음악관은 때로는 음악이 지닌 특권으로, 때로는 이데올로기로서 부정적으로 작용해왔으며, 이것은 아도르노에게는 용인될 수 없는 것이었다. 작곡가 앞에 선택 가능한 것으로 놓여 있는 음표와 기호들은 역사적인 '재료'로서 존재하며, 그것을 바탕으로 작업하는 작곡가의 정신적 형상물 속에 담겨 있는 내용은 현실의 추세와 작곡가의 대응에 따라 판이하게 다를 수밖에 없다는 것이 아도르노의 생각이다. 음악 속에 담긴 진리 내용은 그의 독특한 변증법적 음악 분석을 통해 인식 가능하다. 음악은 인식을 제공하는 것이다. 한편, 서구 시민사회 음악의 토대였던 '조성(調性)'의 몰락은 1910년대 쇤베르크의 '무조 음악'과 스트라빈스키의 '원시주의'를 통해 가속화된다. 1920년대 이후 양자는 판이한 길을 가게 된다. 쇤베르크는 '12음 음악'으로 나아가며, 스트라빈스키는 '신고전주의'로 방향을 튼다. 아도르노는 앞에서 말한 인식을 바탕으로 해서 두 사람의 현대 작곡가의 음들 속에, 즉, '창문 없는 단자'로서의 예술 속에 현실이 어떻게 퇴적되어 있으며 어떤 진실이 담겨 있는지 인식하고자 시도한다.

쇤베르크의 음악은 시민사회의 전개에서 주체와 객체가 합일을 이루지 못하고 주체가 소외되고 고통당하며 마침내 절멸에 이르는 과정과 추세에 진실하게 대응하고 있다는 것이 아도르노의 쇤베르크론의 바탕을 이룬다. 즉, 쇤베르크 음악은 현실의 거짓된 조화를 거부하고 사심 없이 주체의 절멸로 나아간다는 것이다. 그 결과물이 '12음 음악'이다. 그러나 12음 음악은 역사적 필연이지만, 그것 자체로도 부정적인 측면을 지니고 있다. 12음 음악은 모든 음악적 요소를 총체적으로 합리적으로 구성하고자 한다. 아도르노가 보기에, 이런 시도는 그러나 자연지배가 낳은 극단화된 결과이며, 강압적인 부정성을 지닌 것으로 결국 실패할 수밖에 없다. 12음악은 보편적 작곡 원리가 아니라 한 시대의 진실로 파악되고 있는 것이다. 그것은 보편적 작곡 양식으로 추종될 수 없는 것이다.

아도르노의 스트라빈스키 분석은 많은 논란을 불러일으킨다. 아도르노는 스트라빈스키 음악이 일부 작품에서 긍정적인 경우가 없는 것은 아니지만, 기본적으로 거짓된 확실성을 내세우고 있다고 비판한다. 주체의 절멸이라는 비극적 상황을 비웃으면서 집행하고, 정신의학적으로 문제가 있는 증상들의 행태가 음악적으로 모방되고 실현되고 있다고 분석한다. 아울러 스트라빈스키는 현대사회에 일반화된 권위주의적 성격을 음악적으로 보여주고 있으며, 번성하는 문화산업, 상품 음악과도 맥을 같이하고 있다는 것이 아도르노의 시각이다. 스트라빈스키는 자격을 갖추지 못한 작곡가로서, 갑자기 최고 작곡가 자리에 오르려고 시도하는 "찬탈(簒奪)"의 작곡가로 아도르노에 의해 평가절하되고 있는 것이다.

아도르노가 『신음악의 철학』을 『계몽의 변증법』의 여론(餘論)으로 읽기를 권하는 근거는 스트라빈스키 편에서 극명하게 드러난다. 『계몽의 변증법』에서 호르크하이머와 아도르노는 광기와 폭력의 체계의 형태로 출현한 20세기의 전체주의는 계몽이 초래한 20세기의 신화이며, 이 신화는 유혈을 부르는 원시 제전에서 그 싹을 이미 잉태하였다고 보고 있다. 인간이 자연의 위력으로부터 자신을 보존하기 위해 제물을 희생시키면서 주술사를 자연과 인간의 중재자로 삼아 집단적으로, 조직적으로 실행하는 행사가 바로 원시 제전이다. 자연지배의 단초는 원시 제전에서 출발하였으며, 세계를 탈주술화시키는 과정인 계몽도 원시 제전에서 이미 시작되었다는 것이 『계몽의 변증법』이 제기하는 인식이다. 이 책은 부자유한 노동을 통해 개인을 집단에 강제적으로 동일화시키는 속박의 시초도 역시 원시 제전에서 시작된다고 보았다. 자연의 절대적 위력으로부터 인간의 해방을 추구한 계몽이 진행되면서 한편으로는 외부 자연에 대한 지배가 가속되면서도 다른 한편으로는 내적 자연에 대한 지배, 즉 주체성의 자기 포기가 동시에 실행됨으로써 마침내 총체적 현혹의 연관관계(universaler Verblendungszusammenhang)에 이르게 되었다는 것이『계몽의 변증법』이 제공하는 핵심적 인식이다. 주체의 자기 포기, 정신분열, 광기가 총체적으로 구조화되어 있는 것이 총체적 현혹의 연관관계이다. 아도르노는 스트라빈스키 음악에서 원시 제전의 원시성을 보고 있으며, 주체의 자기 포기, 정신분열, 광기가 스트라빈스키 음악에 들어 있는 것으로 해석하고 있다. 아도르노는 집단적인 것과의 동일화, 정신병적인 측면, 파과증, 긴장성 분열증과 같은 개념들을 제시하여 스트라빈스키 음악을 비판함으로써『계몽의 변증법』에서 획득된 인식을 스트라빈스키 비판에 적용하고 있는 것이다. 이 책의 부록으로 첨부된「오해들에 대한 반박」에서 보이는 것처럼, 하르트(W. Harth)는 아도르노가 "광기 체계, 정신 분열, 억압 노이로제"처럼 "음악과 관계없는 위험한 논증들"을 통해 스트라빈스키 음악에 접근하고 있다고 비판하고 있고, 아도르노가 이에 대해 반박하고 있다. 이것은『계몽의 변증법』에서 아도르노가 제기한 인식이 스트라빈스키 해석에서 결정적 역할을 하고 있다는 사실을 반증하고 있다.

아도르노가『신음악의 철학』에서 문제삼고 있는 것은, 타락하여 파국으로 치닫는 문명사와 암울한 현실 앞에서 예술가로서의 음악가가 보여주어야 하는 진실함이다. 쇤베르크는 이러한 현실과 비판적으로 대결하는 자세를 취하였으나 스트라빈스키는 집단성과의 동일화 등을 보여주는 체제순응적인 음악을 작곡함으로써 진실함을 상실하였다는 것이다.

『신음악의 철학』은 출간된 지 60년이 지났음에도, 20세기 이후 등장한 신음악에 대한 근본적이고도 새로운 시각을 열어 보이는 고전으로 평가받기에 여전히 부족함이 없다. 계몽에 대한 비판을 통해 현대 문명의 광기와 폭력을 파헤쳤던 아도르노가 아우슈비츠와 2차 대전의 파국 속에서 쇤베르크의 음악을 통해 그 파국의 징후와 필연

성을 인식해 내고, 그러한 음악이야말로 파국을 막아달라는 도움의
요청으로 파악하고 있는 것이다.

　　한국어판『신음악의 철학』은 아도르노 전집 제12권을 완역한 것
이다.『신음악의 철학』은 난해하다. 문장마다 주석을 필요로 할 정도
로 읽기가 쉽지 않다. 변증법적 사유를 축으로 하여 철학, 미학, 사회
학, 문학, 심리학, 정신분석, 음악사, 음악 분석을 자유로이 넘나드는
아도르노의 글은 옮긴이들에게 많은 어려움을 주었다. 또한 원문 자
체가 지닌 난해함과 더불어 무수하게 등장하는 작품명과 작곡명들은
원문 자체에서도 축소된 형태로 등장하거나 다른 내용과 구분되지
않은 경우가 많아 이해의 어려움을 가중시킨다. 더구나『신음악의 철
학』은 쇤베르크 악파와 스트라빈스키의 대표 작품들 악보 하나하나
에 대한 아도르노 자신의 미세한 분석을 바탕으로 하고 있기 때문에,
이 음악들에 대한 어느 정도의 이해가 없이는 텍스트에 접근하기가
쉽지 않은 것이다. 옮긴이들은 독자를 위해 음악 작품의 경우에는
《《행복한 손》》의 경우처럼 《 》 표시를 추가하였으며, 필요한 곳에
는 역주를 달아 독자의 이해에 도움을 주려고 시도하였다. 일부 음악
용어들에 대해서는 통일된 번역어가 없어서 옮긴이들은 원어나 영어
식 표현을 사용할 수밖에 없었다. 이것은 음악 용어에 익숙하지 않은
독자들에게는 또 다른 어려움이 될 수 있다고 생각한다. 그럼에도,
모두에서 말했듯이 아도르노의 고전적 저서들 가운데 중요한 위치를
차지하는『신음악의 철학』은 그의 사상에 접근하려는 이들에게는 긴
요한 가치를 지니고 있다. 이 점에서, 옮긴이들은 힘든 번역과정이었
지만 공역을 통해 이 책을 한국의 독자들에게 내놓게 된 것을 기쁘게
생각하면서도 다른 한편으로는 두려움을 느낀다.
　　문병호는 서론과 쇤베르크 편을 우리말로 옮겼고, 김방현은 스

트라빈스키 편과 부록의 번역을 담당하였다. 아도르노 사상 전반에 대해서는 문병호가 책임을 지는 입장을 취하였고, 음악 분야의 전문적인 문제에 대해서는 김방현이 책임을 맡았다. 전체의 일관성을 유지하기 위해 양자는 여러 차례 토론을 하였고, 이를 반영하여 원고를 수정하는 작업을 수차 진행하였다. 2년 반 동안에 걸친 작업에도 불구하고, 옮긴이들은 다층적·다의적·다차원적·농축적 언어로 집필된 아도르노 텍스트의 해독과 해석에서 수많은 오류를 저질렀을 것으로 생각하고 있다. 독자 여러분의 가차 없는 질책을 바란다.

마지막으로, 이 책의 출판을 위해 애를 써주신 세창출판사 임직원 여러분에게 감사드린다.

2012년 8월

문병호, 김방현

신음악의 철학